Regulierungseffekte von kollektivem Rechtsschutz auf dem Kapitalmarkt

Europäische Hochschulschriften Recht

European University Studies in Law

Publications Universitaires Européennes de Droit

Band/Volume 6795

Rajib Matin

Regulierungseffekte von kollektivem Rechtsschutz auf dem Kapitalmarkt

PETER LANG

Berlin - Bruxelles - Chennai - Lausanne - New York - Oxford

Bibliografische Information der Deutschen Nationalbibliothek
Die Deutsche Nationalbibliothek verzeichnet diese Publikation in der Deutschen Nationalbibliografie; detaillierte bibliografische Daten sind im Internet über http://dnb.d-nb.de abrufbar.

Zugl.: Frankfurt (Main), Univ., Diss., 2022

D 30

ISSN 0531-7312
ISBN 978-3-631-92049-7
E-BOOK 978-3-631-92052-7
E-PUB 978-3-631-92053-4
DOI 10.3726/b21922

Verlegt durch: Peter Lang GmbH, Berlin, Deutschland

info@peterlang.com http: www.peterlang.com

Diese Publikation wurde begutachtet.

Vorwort

Die vorliegende Arbeit wurde im September 2020 vom Promotionsausschuss der Goethe-Universität Frankfurt am Main angenommen. Die Disputation der Arbeit fand am 20.01.2022 statt.

Die Arbeit begann im Rahmen meiner Tätigkeit als wissenschaftlicher Mitarbeiter am Lehrstuhl von Prof. Dr. Brigitte Haar, welche mir wertvolle Anregungen für die Schwerpunkte und Themensetzung der Arbeit gab.

Die weitere Bearbeitung der Dissertation erlebte Pausen aufgrund des eigenen Referendariats und dem Arbeitsbeginn in der hessischen Justiz. Eine jähe Unterbrechung fand sie durch den zu frühen Tod der Betreuerin Frau Prof. Dr. Haar. Fertiggestellt und eingereicht wurde die Arbeit im September 2020.

Zwischen Annahme der Arbeit und der Disputation wurde die Verbandsklagenrichtlinie der Europäischen Union erlassen. In der Annahme, dass die deutsche Umsetzung der Richtlinie fristgerecht bis zum 31.12.2022 erfolgen wird und diese auch in der Arbeit dargestellt werden kann, wurde die Veröffentlichung der Arbeit zunächst zurückgestellt. Tatsächlich hat sich die deutsche Umsetzung der Verbandsklagenrichtlinie bis Oktober 2023 verzögert. Die Veröffentlichung erfolgt daher erst jetzt.

Mein besonderer Dank gilt Prof. Dr. Roland Broemel. Er hat dankbarerweise die weitere Betreuung der Arbeit übernommen und mir wertvolle Hinweise für den Abschluss der Bearbeitung gegeben. Sein ausführliches Erstgutachten ist besonders erwähnenswert.

Mein weiterer Dank gilt Prof. Dr. Joachim Zekoll, der während des Studiums mein Interesse an der Rechtsvergleichung geweckt hat, und als Zweitgutachter mit dieser Arbeit befasst war.

Bedanken möchte ich mich auch bei dem Graduiertenkolleg „Law & Economics of Money and Finance“ an der Goethe-Universität Frankfurt am Main, der den Dialog mit Promovierenden der Wirtschaftswissenschaften ermöglichte, welcher zu einem fruchtbaren Austausch von Perspektiven und Ideen führte.

Schließlich möchte ich mich auch bei meiner Familie und meinen Freunden die bei der Anfertigung stets zur Seite standen und wertvolles Feedback gaben herzlich bedanken. Ihnen ist diese Arbeit gewidmet.

Frankfurt a. M., im Februar 2024

Inhaltsverzeichnis

Abkürzungsverzeichnis

%	Prozent (von Hundert)
§	Paragraph
aA	andere/r Ansicht
aaO	am angegebenen Ort
a.F.	alte Fassung
AAPSS	American Academy of Political and Social Science
Abs.	Absatz
ADAC	Allgemeiner Deutscher Automobil-Club e.V.
AG	Aktiengesellschaft
AnwBl	Anwaltsblatt
Am.	American
B.	Boston
BaFin	Bundesanstalt für Finanzdienstleistungsaufsicht
BB	Betriebs-Berater
BDSG	Bundesdatenschutzgesetz
BGB	Bürgerliches Gesetzbuch
BörsG	Börsengesetz
BRAO	Bundesrechtsanwaltsordnung
Brook.	Brooklyn
BT-Drs.	Bundestag-Drucksache
BVerfG	Bundesverfassungsgericht
bzw.	beziehungsweise
C.	College
CAFA	Class Action Fairness Act
CDR-News	Commercial Dispute Resolution News
CFL	Corporate Finance Law
Cin.	Cincinnati
Civ.	Civil
Cath.	Catholic
Colum.	Columbia
Comp.	Comparative (Vergleichende)
DAX	Deutscher Aktienindex
DB	Der Betrieb

Denv.	Denver
Ders.	Derselbe
DIRK	Deutscher Investor Relations Verband e.V.
Dies.	Dieselbe/-n
DM	Deutsche Mark
DRB	Deutscher Richterbund
DSGVO	Datenschutz-Grundverordnung
Dtl.	Deutschland
DZWIR	Deutsche Zeitschrift für Wirtschafts- und Insolvenzrecht
EBLR	European Business Law Review
EBOR	European Business Organization Law Review
EJCL	Electronic Journal of Comparative Law
ErwGr	Erwägungsgrund
EU	Europäische Union
EuCML	The Journal of European Consumer and Market Law
EUR	Euro
Eur. J. Fin.	The European Journal of Finance
Eur. J. Law Econ.	European Journal of Law and Economics
EuZW	Europäische Zeitschrift für Wirtschaftsrecht
Exchange Act	Securities Exchange Act of 1934
EZB	Europäische Zentralbank
F.	Financial
FACTA	Fair and Accurate Credit Transaction Act
FAS	Frankfurter Allgemeine Sonntagszeitung
FAZ	Frankfurter Allgemeine Zeitung
FinDAG	Finanzdienstleistungsaufsichtsgesetz
FINRA	Financial Industry Regulatory Authority
FRCP	Federal Rules of Civil Procedure (US Bundeszivilverfahrensordnung)
FS	Festschrift
Ga.	Georgia
GbR	Gesellschaft bürgerlichen Rechts nach § 705 BGB
GG	Grundgesetz
Geo. Wash.	George Washington
GKG	Gerichtskostengesetz
GPR	Zeitschrift für das Privatrecht der Europäischen Union

GRUR Int	Gewerblicher Rechtsschutz und Urheberrecht International
GWR	Zeitschrift für Gesellschafts- und Wirtschaftsrecht
Hrsg.	Herausgeber
Inc.	Incorporated
Int'l	International
Int'l Rev. L. & Econ.	International Review of Law and Economics
idF	In der Fassung
ILQ	The International Law Quarterly
iRd	im Rahmen des/der
iVm	in Verbindung mit
IWRZ	Zeitschrift für internationales Wirtschaftsrecht
J.	Journal
Jb.f.SozWiss	Jahrbuch für Sozialwissenschaft
JEL	Journal of Economic Literature
J. Emp. Leg. Stud.	Journal of Empirical Legal Studies
JITE	Journal of Institutional and Theoretical Economics
JFEP	Journal of Financial Economic Policy
JFRC	Journal of Financial Regulation and Compliance
JLB	Journal of Law and Business
JLEO	Journal of Law, Economics & Organization
JLEP	Journal of Law, Economics & Policy
J. Legal Stud.	The Journal of Legal Studies
jM	juris – Die Monatszeitschrift
J. Pol. Econ.	Journal of Political Economy
JZ	Juristenzeitung
KAGB	Kapitalanlagegesetzbuch
KapMuG	Kapitalanleger-Musterverfahrensgesetz
KV	Kostenverzeichnis
L.	Law
L.A.	Los Angeles
LG	Landgericht
Loy. U. Chi.	Loyola University Chicago
LTO	Legal Tribune Online
MüKo	Münchner Kommentar
Md.	Maryland

mwN	mit weiteren Nachweisen
MwSt.	Mehrwertsteuer
NASD	National Association of Securities Dealers Inc.
NJW	Neue Juristische Wochenschrift
NGO	Non-governmental organization (Nichtregierungsorganisation)
No.	Number (Nummer)
NYSE	New York Stock Exchange
NYU	New York University
NZG	Neue Zeitschrift für Gesellschaftsrecht
NZKart	Neue Zeitschrift für Kartellrecht
NZV	Neue Zeitschrift für Verkehrsrecht
OeAR	Ökonomische Analyse des Rechts
OLG	Oberlandesgericht
p.	page (Seite)
Pa.	Pennsylvania
Para./para.	Paragraph
PM	Pressemitteilung
Pol'y	Policy
PSLRA	Private Securities Litigation Reform Act (Gesetz zur Reform der privaten Kapitalmarktverfahren)
Pub.	Public
RabelsZ	Rabels Zeitschrift für ausländisches und internationales Privatrecht
Rev.	Review
RIW	Recht der Internationalen Wirtschaft
R. L. R.	Ritsumeikan Law Review
RNotZ	Rheinische Notarzeitschrift
RuP	Recht und Politik
RVG	Rechtsanwaltsvergütungsgesetz
S.	Seite
S.D.N.Y.	United States District Court for the Southern District of New York
SEC	Securities Exchange Commission
SSRN	Social Sciences Research Network
Stan.	Stanford
Stud.	Studies

Sup. Ct. Rev.	Supreme Court Review
SZ	Süddeutsche Zeitung
taz	Die Tageszeitung
Transnat'l	Transnational
Tul. L. Rev.	Tulane Law Review
U.	University
U. Chi. L. Rev.	The University of Chicago Law Review
UKlaG	Unterlassungsklagengesetz
US/U.S.	United States (Vereinigte Staaten)
USA/U.S.A.	United States of America (Vereinigte Staaten von Amerika)
UWG	Gesetz gegen den unlauteren Wettbewerb
v.	vom
v./v	versus (gegen)
Va.	Virginia
Vand.	Vanderbilt
VDuG	Verbraucherrechtedurchsetzungsgesetz
vgl.	vergleiche
Vol.	Volume (Band)
VRUG	Verbandsklagenrichtlinienumsetzungsgesetz
VuR	Verbraucher und Recht
VV	Vergütungsverzeichnis
VwGO	Verwaltungsgerichtsordnung
vzbv	Verbraucherzentralen Bundesverband
Wash & Lee	Washington and Lee University
WCAM	Wet Collectieve Afwikkeling Massaschade
Wis. L. Rev.	Wisconsin Law Review
WM	Wertpapiermitteilungen Zeitschrift für Wirtschafts- und Bankrecht
WP	Working Paper
WpHG	Wertpapierhandelsgesetz
WuW	Wirtschaft und Wettbewerb
ZBB	Zeitschrift für Bankrecht und Bankwirtschaft
ZEuP	Zeitschrift für Europäisches Privatrecht
ZfPW	Zeitschrift für die gesamte Privatrechtswissenschaft
ZIP	Zeitschrift für Wirtschaftsrecht
ZIS	Zeitschrift für internationale Strafrechtsdogmatik
ZJS	Zeitschrift für das juristische Studium

ZGR	Zeitschrift für Unternehmens- und Gesellschaftsrecht
ZHR	Zeitschrift für das gesamte Handels- und Wirtschaftsrecht
ZPO	Zivilprozessordnung
ZRP	Zeitschrift für Rechtspolitik

Einleitung und Gang der Arbeit

Nicht erst seit der Debatte um mögliche Versorgungslücken im Alter wird die Notwendigkeit der privaten Altersvorsorge betont. Ständiger Vorschlag ist, dass private Haushalte (unter anderem) durch Anlagen auf dem Kapitalmarkt drohende Versorgungslücken ausgleichen sollen. Befeuert durch die Staatsschuldenkrise und der Niedrigzinspolitik der Europäischen Zentralbank (EZB) sind die Zinsen für traditionelle Sparmodelle (Lebensversicherungen, Immobilien, Sparbriefe, Sparguthaben[1]) auf einem Rekordtief. Diese Rahmenbedingungen sollten eigentlich dazu führen, dass deutsche Kleinanleger verstärkt auf den Kapitalmarkt drängen. Die tatsächlichen Zahlen liefern jedoch ein anderes Bild. So lag der Anteil der Aktionäre an der Gesamtbevölkerung Ende 2013 bei 15,2 %.[2] Die Höchstmarke in Deutschland war zur Zeit des „Neuen Marktes" 2001 bei ca. 20 %. Im internationalen Vergleich liegt die deutsche Aktionärsquote weit zurück; in den USA beträgt sie 21,2 %, in Australien 31,88 %, in Kanada 37,52 %, in Dänemark 23,47 % und Japan weist eine Quote von 30,75 % auf.[3] Die geringe Quote wirkt angesichts der Niedrigzinspolitik umso befremdlicher, traditionelle Sparguthaben schaffen es nur noch knapp oder gar nicht über den Inflationswert, auf dem Kapitalmarkt hingegen werden Rekorddividenden ausgezahlt.[4]

Die Gründe der deutschen Zurückhaltung sind vielfältig. Viele der heutigen „Verweigerer" meiden den Kapitalmarkt aus Angst vor Verlusten,[5] unter anderem auch aufgrund der Erfahrungen der *dot-com* Blase.[6] Angefeuert durch den Börsengang der *Deutschen Telekom AG,* in Verbindung mit der Werbekampagne als „Volksaktie", kam es zu Massenkäufen durch Verbraucher.[7] Anfänglich kam es zu Kursgewinnen des Wertpapiers, so versiebenfachte sich der Wert zwischen

---

1 Braunberger, FAZ v. 26.09.2013, S. 17.

2 Fondsbesitzer und Aktionäre, DAI 2019, S. 17.

3 Fonds und Aktien; USA 2005, Australien 2008, Kanada 2004, Dänemark 2005, Japan 2006, Daten aus Grout/Megginson/Zalewska, ssrn.com.

4 2014 wohl eine Billion USD weltweit vgl. Wiechmann, dasinvestment.com v. 03.03.2014; trotz Krisen wie der Corona Pandemie immer noch rentabler als Sparguthaben.

5 Braunberger, FAZ v. 26.09.2013, S. 17.

6 So Wilhelm, Börsenzeitung v. 23.11.2013, S. B1; Sauter, WP 139, 5.

7 Zum *Telekom* Verfahren als Katalysator für die Einführung von Kollektivverfahren ausführlich, S. 160 ff.

1996–2000 (28,50 DM bei Ausgabe, 103,50 EUR im März 2000), stürzte dann aber ins Bodenlose. Im Juni 2012 verzeichnete er den Tiefstand mit 7,70 EUR.[8] Andere argumentieren, dass das staatliche Rentensystem keine Anreize schaffe, um auf dem Kapitalmarkt zu investieren.[9]

Die Aktionärsstruktur scheint auch darauf zu deuten, dass die Zurückhaltung nicht allgemein ist. Der Bildungsstand scheint die Anlagebereitschaft positiv zu beeinflussen, so investieren Personen mit Abitur häufiger.[10] Die Zurückhaltung könnte auch das Informationsdefizit und die Verunsicherung des durchschnittlichen Kleinanlegers wiedergeben. Ebenfalls wird das fehlende Vertrauen in Kontroll- und Sanktionsinstanzen angesprochen.[11] Zwar existiert die Bundesanstalt für Finanzdienstleistungsaufsicht (BaFin) als Aufsichtsbehörde für den Kapitalmarkt. Jedoch bemängeln nicht nur die Verbraucherverbände, dass die BaFin Kleinanleger (und -sparer) oftmals ignoriert.[12] Dies entspricht auch der ursprünglichen Aufgabe der BaFin. Die Funktionsfähigkeit des Kapitalmarkts als Ganzes steht im Mittelpunkt der behördlichen Aufgabe, der individuelle Anlegerschutz wird nur als Rechtsreflex aus dem Erhalt der Funktionsfähigkeit verstanden.[13] Aus (Klein-)Anlegersicht ist dies aber nicht zufriedenstellend. Andere Regulierungsbehörden verstehen den Anlegerschutz nicht nur als reinen Reflex. Die SEC (Securities and Exchange Commission) nennt den Anlegerschutz sogar als erste ihrer Aufgaben.[14]

An dem Aspekt des Vertrauens wird die vorliegende Arbeit ansetzen. Um das (wirtschaftspolitische) Ziel der Erhöhung der Aktionärsquote zu erreichen, ist es unerlässlich, das Vertrauen der Anleger in die Institution des Kapitalmarktes zu erhöhen.[15] Gerade Anleger, die im Rahmen der *dot-com* Krise Verluste hatten, scheuen nun als „gebrannte Kinder“ ihr Geld erneut anzulegen. Ein umfassendes

---

8 Bernau et al., SZ v. 12.12.2014, S. 23.

9 Vgl. Sauter, WP 139, 6.

10 25,9 % mit (Fach-)Abitur, 11,8 % mit mittlerer Reife, 6,5 % mit Hauptschulabschluss, DAI 2013, 8.

11 Die Prospektprüfung der BaFin als kaum wirksam, Schirp/Kondert, NJW 2010, 3287.

12 Sehen auch sonst wenige Alternativen für Anleger in Deutschland, Schirp/Kondert, NJW 2010, 3287.

13 Siehe BT-Drs. 14/7034, S. 36; mwN, Rohlfing, WM 2005, 311, 316.

14 („*The mission of the U. S. Securities and Exchange Commission is to protect investors, maintain fair, orderly, and efficient markets, and facilitate capital formation.*“, https://www.sec.gov/Article/whatwedo.html [zuletzt abgerufen: 08.06.2020].

15 Entwickelte Kapitalmärkte bieten Anlegerschutz, La-Porta et al., 46 JEL 285, 294, 298 (2008); auch als Grundlage für die Institutionen, Poelzig, S. 397.

und effizientes System, dass die Einhaltung überwacht und Fehlverhalten sanktioniert, könnte die Anlagebereitschaft wieder erhöhen. Die Frage, bleibt wie dieses System organisiert werden soll. In Deutschland herrscht die Überzeugung, dass Überwachung und Regulierung Kernaufgaben der öffentlichen Gewalt sind.[16] In anderen Staaten wird Regulierung nicht nur als Teil der öffentlichen Gewalt verstanden, explizit sollen Bürger ihre (Rechts-)Mittel einsetzen, damit Regulierung effektiver und effizienter wird.

Ein Weg hierfür ist, geschädigten Anlegern die Möglichkeit anzubieten, ihre Ansprüche zu bündeln und kollektiv durchzusetzen.[17] Der Mangel der einfachen und effizienten Durchsetzung von Ansprüchen wird unter anderem auch als Grund für die geringe Aktionärsquote in Deutschland ausgemacht.[18]

Die Einführung des kollektiven Rechtsschutzes sollte daher unter regulatorischen Gesichtspunkten betrachtet werden. Auf den ersten Blick erzeugt die Durchsetzung von Schadensersatz lediglich Effekte für Kläger und Beklagte. Durch die Durchsetzung werden darüber hinaus aber positive Nebeneffekte (Externalitäten) für die Gesellschaft erzielt.[19] Interessant sind diese Externalitäten insbesondere aus Regulierungssicht. Durch kollektiven Rechtsschutz wird ein Grad der Abschreckung erreicht, den die öffentliche Hand alleine nicht erreichen kann.

Die These ist, dass als Folge der (Kollektiv-) Verfahren ein Anstieg der Normeinhaltung feststellbar sein wird. Daneben verfeinern öffentliche Gerichtsverfahren die Anwendung von bestehenden Normen und konkretisieren die Regelungsdichte für andere Akteure, „[das Recht] beutet die Streitlust der Menschen aus, um Möglichkeiten für zukünftige Normproduktion zu schaffen".[20] Auch dies sollte das Anlegervertrauen erhöhen.

Wissenschaft, Justiz und Rechtsanwälte sowie Teile der Politik versuchen seit Jahrzehnten Mittel und Wege zu finden Rechtsbehelfe effektiv(er) zu bündeln. Die Motivation hierfür ist unterschiedlichster Natur; teilweise sind

---

16 So Liegsalz, S. 150; ebenso Koch, JZ 2011, 438, 443.

17 Anlegerschutz als geeignet für Kollektivverfahren, Empfehlung der Kommission 2013/396/EU ErwGr 7.

18 So Rotter, VuR, 2011, 443, 444; Merkmal der entwickelten Kapitalmärkte in GB und USA, BT-Drs. 15/5091, S. 13; zu Schwierigkeiten des deutschen Kleinanlegers, Feess/Halfmeier, 20 Eur. J. Fin. 361 (2014).

19 In der OeAR als positive Externalitäten bezeichnet; „Erfüllung von öffentlichen Interessen als Nebeneffekt des Prozessrechts", Hass, S. 49; Shavell, 11 J. Legal Stud. 333, 334 (1982).

20 Hutter/Teubner, in: Fuchs/Göbel, 110, 119.

Verbraucherrechte ausschlaggebend, teilweise der Wunsch Kosten für das nationale Gerichtssystem niedrig zu halten.

In den vergangenen Jahren ist es zur Einführung von solchen Instrumenten in verschiedenen Staaten der Europäischen Union gekommen.[21] Die Ausgestaltung der Instrumente umfasst eine große Bandbreite;[22] von Musterverfahren über *class actions* nach amerikanischen Vorbild bis hin zu Kollektivvergleichen.[23] Die Einführung solcher Instrumente erfolgte unter starker Kritik von Wissenschaft, Praktikern als auch von Unternehmen als potentielle Beklagte.[24]

So wird angeführt, dass kollektive Verfahren zu Kosten für die Wirtschaft führen werden, die am Ende auf die Verbraucher abgewälzt werden, dass die Justiz durch eine Flut von substanzlosen Klagen überschwemmt wird und dass Instrumente der kollektiven Rechtsdurchsetzung generell nicht in das individualistische Justizsystem Europas passen.[25] Befürworter der Einführung argumentieren vor allem damit, dass die Abschreckungswirkung von Sammelklagen den von individuellen Klagen um ein Vielfaches übertrifft. Die Konzeption des kompensatorischen Schadensersatzrechts würde um den Abschreckungseffekt von Kollektivverfahren erweitert.[26] Des Weiteren wird erhofft, dass Sammelklagen Geschädigten mit geringem Schaden die Rechtsverfolgung vereinfachen werden bzw. sogar erst ermöglichen werden.[27]

Hinter all den pro und contra Argumenten verbirgt sich eine alte Debatte zwischen privater und öffentlicher Rechtsdurchsetzung von allgemein gültigen (Schutz-)Normen.[28] Während in Ländern mit verankerten Instrumenten des kollektiven Rechtsschutzes diese als adäquates Mittel der privaten Rechtsdurchsetzung gelten, tun sich Länder ohne starke private Rechtsdurchsetzung schwer solche zu akzeptieren.[29]

---

21 Für eine Auswahl: Mattil/Desoutter, WM 2008, 521, 522 f.

22 Empfehlung der Kommission 2013/396/EU ErwGr 12.

23 Kapitalanlegermusterverfahrensgesetz (KapMuG) in Deutschland, *Lag om grupprättegång* (Gesetz über Gruppenprozesse) in Schweden, *Wet Collectieve Afwikkeling Massaschade* (WCAM; Gesetz über Kollektivvergleiche) in den Niederlanden.

24 Vgl. Clausnitzer, EuZW 2009, 169–172.

25 Vgl. Brand, NJW 2012, 1116, 1120; Walter, 11 Duke J. of Comp. & Int'l L. 369 (2001).

26 Der Abschreckungseffekt als „wirklicher" Effekt von Sammelklagen Tamm, EuZW 2009, 439, 443.

27 Schäfer, in: Basedow /Hopt/Kötz/Baetge (Hrsg.), 67, 69.

28 Siehe Reich, USA Today v. 11.02.1999, S. 15.A; erkennt in Europa die Haltung, Regulierung öffentlichen Stellen zu überlassen, Warren, 37 Brook. J. Int'l L. 1075, 1083 mwN.

29 So zur Lage in Europa, Koch, JZ 2011 438, 443.

Ein Aspekt der Arbeit ist darzustellen, ob das *private enforcement* durch kollektive Rechtsverfolgung eine gangbare Alternative zur staatlichen Regulierung bildet. Es ist zu analysieren, ob das Prinzip der *regulation through litigation*[30] Einzug im europäischen und insbesondere im deutschen Raum gefunden hat. Die Frage stellt sich, ob ein Regulierungsprinzip aus dem anglo-amerikanischen Raum erfolgreich in europäische Rechtsordnungen integriert werden kann. Von besonderem Interesse ist das Aufeinandertreffen der unterschiedlichen Ansätze im Zivilverfahrensrecht. Zum einen das kontinentaleuropäisch geprägte Bild des Zivilprozesses als Auseinandersetzung zwischen zwei vernünftigen Parteien[31] (ohne Berücksichtigung von gesellschaftlichen Belangen) und zum anderen das (zumindest beim kollektiven Rechtsschutz) vorherrschende Modell in den USA (unter Einbeziehung von gesellschaftlichen Belangen).[32]

Es wird untersucht, welche Vorteile kollektive Verfahren gegenüber individuellen bieten. Untersucht wird dies anhand verschiedener Verfahrensformen. Weiterhin wird erörtert, ob eine Ausweitung von Kollektivverfahren möglich ist und angestrebt werden soll. Insbesondere wird dies vor dem Hintergrund des Konflikts zwischen privater und öffentlicher Überwachung, Regulierung und Vollstreckung erörtert. Die Analyse wird die Anreizstrukturen für die Beteiligten bei verschiedenen Kollektivverfahren in den Mittelpunkt stellen. Ebenso werden die Verfahrensformen auf die Schaffung von positiven Externalitäten untersucht.

Die Untersuchung wird zunächst abstrakt die gemeinsamen Elemente von typischen Kollektivverfahren erläutern. Dies wird gefolgt von einer ausführlichen Darstellung verschiedener Formen von Kollektivverfahren. Im Fokus stehen: Die *class action*, das Musterverfahren nach dem deutschen Vorbild, der Kollektivvergleich nach dem niederländischen Modell, das Modell des „privilegierten Klägers“ in der Form der Verbandsklage bzw. des öffentlichen Klägers sowie die einfache Bündelung und Abtretung.

Betont werden muss, dass diese Darstellung nicht versucht eine ausführliche rechtsvergleichende Untersuchung zu leisten. Vielmehr wird versucht die unterschiedlichen Ausgestaltungen des kollektiven Rechtsschutzes anschaulich darzustellen und die Gemeinsamkeiten der Verfahren festzustellen. Eine ausführliche rechtsvergleichende Untersuchung würde anhand der Vielzahl von zu untersuchenden Rechtssystemen den Rahmen dieser Arbeit sprengen.

---

30 Eigene Übersetzung als *Regulierung durch Zivilverfahren.*

31 BT-Drs. 15/5091, S. 13.

32 Öffentliche Interessen werden einbezogen, Burch, 43 Ga. L. Rev. 63, 75 (2008).

Naturgemäß werden einzelne Rechtssysteme vertieft besprochen, um eine konkrete Verfahrensform genauer darzustellen. So beispielsweise die US *class action* oder das deutsche Kapitalanleger-Musterverfahrensgesetz (KapMuG). Die vorliegende Arbeit ist dennoch nicht als rechtsvergleichende Arbeit zu verstehen. Schwerpunkt ist die Untersuchung des kollektiven Rechtsschutzes auf einer funktionellen Ebene, losgelöst von nationalen Rechtsordnungen. Abschließend werden die Erkenntnisse über die Vor- und Nachteile der verschiedenen Variationen in einem möglichen Modell für Deutschland verarbeitet. Ein Vergleich des zugrundeliegenden Haftungsrechts wird mit Ausnahme einiger Exkurse nicht stattfinden. Im Fokus bleibt der Vergleich von Verfahrensformen.

Der Vergleich erfolgt unter Berücksichtigung der Interessen der Verfahrensteilnehmer. Die Anreize der Verfahrensformen für Kläger, Beklagte und Anwälte werden untersucht. Insbesondere wird geprüft, welche Verfahrensform die Teilnahme vereinfacht, welche Form Anwälten den größten Anreiz bietet und bei welcher Form der Abschreckungseffekt am größten ist. Es ist offensichtlich, dass die Interessen dieser drei Personengruppen oftmals nicht deckungsgleich sind. Unter Berücksichtigung des Ansatzes der ökonomischen Analyse des Rechts (OeAR) gilt es diese Verfahrensformen zu bewerten.

Die Arbeit schließt mit einem Entwurf einer „optimalen" Form für Deutschland. Optimale Verfahrensform meint dabei eine solche, bei der die unterschiedlichen Anreize der Verfahrensteilnehmer berücksichtigt werden, mit dem Ziel eine Form zu finden, bei der die Bereitschaft zur Teilnahme für alle Beteiligten am höchsten ist. Ausführlich werden dabei die verschiedenen Kritikpunkte am System des kollektiven Rechtsschutzes erörtert.

In der Gesamtbetrachtung wird die Arbeit die Vor- und Nachteile des kollektiven Rechtsschutzes herausarbeiten und bewerten. Im Gegensatz zu vielen anderen Arbeiten zu diesem Thema wird aber nicht die Durchsetzung von privaten Rechten das Leitmotiv der Arbeit sein. Stattdessen liegt der Fokus auf den positiven Externalitäten, die durch die individuelle Kompensation im Wege des kollektiven Rechtsschutzes erzeugt werden. Insbesondere die Regulierungswirkung, die bei diesen Verfahren entsteht, wird untersucht. Durch diese Arbeit wird die Debatte um die Einführung von kollektivem Rechtsschutz hoffentlich um eine neue Facette erweitert.

Der Kapitalmarkt bietet sich hier als besonders geeignet zur Untersuchung an. Es besteht die Annahme, dass Anleger bei der Wahl ihrer Investition (weitestgehend) rational agieren. In Fortführung dessen, kann angenommen werden, dass sie auch im Rahmen einer etwaigen Rechtsdurchsetzung rational agieren werden. Sie dürften dabei eine Kosten-Nutzen-Analyse durchführen, bevor sie den Rechtsschutz anstreben. Diese finanziellen Interessen lassen sich gut quantifizieren und sind daher einfacher zu vergleichen als nicht-finanzielle Anreize. Streuschäden und Massenschäden sind schließlich auch typische Vorfälle auf dem Kapitalmarkt.[33]

Diese betrifft natürlich nur die unbestimmte Masse von Anlegern. Sie schließt nicht aus, dass der individuelle Anleger irrational handelt oder der individuelle Geschädigte aus ideellen oder strategischen Motiven eine Klage initiiert. Diese Annahmen sollen aber zur Vereinfachung im Rahmen dieser Arbeit dienen.

---

33 Poelzig, S. 235; *securities class actions* als Prototypen für Streuschäden, Zirngibl, S. 24.

Teil 1: Einführung in die Thematik

A. Sinn und Zweck des kollektiven Rechtsschutzes

Der kollektive Rechtsschutz wird in Europa vor allem in der Version der US-amerikanischen *class action* wahrgenommen.[34] Oftmals werden Sammelklagen als besondere Domäne des US-Justizwesens dargestellt.[35] Kontinentaleuropäische Äquivalente scheinen in der Diskussion nicht zu existieren. Es stellt sich nun die berechtigte Frage, wieso ein Rechtsinstrument, das dem US-Rechtswesen zugerechnet wird, überhaupt in Deutschland eingeführt werden soll. Soweit ein Verlangen nach kollektivem Rechtsschutz besteht, so kann doch in den USA geklagt werden.[36] Dies gilt insbesondere für Aktionärsklagen. Die *securities class actions*[37] machen in den USA einen erheblichen Teil der *class actions* aus.

Mehrere Umstände führten nun aber dazu, dass auch in Deutschland (und Europa) Stimmen lauter wurden, die eine Einführung von Kollektivverfahren fordern. Zum einen ist nach der *Morrison* Entscheidung des US Supreme Court[38] die Eröffnung einer (ausländischen) *securities class action* nur noch unter erschwerten Bedingungen möglich. Weiterhin werden die Vorteile von kollektivem Rechtsschutz auch in Europa erkannt. Die *Morrison* Entscheidung wird teilweise auch als Katalysator für die europäische Entwicklung gesehen.[39]

---

34 Fiktiv dargestellt z. B. *Erin Brokovich*, *Zivilprozess*, *Michael Clayton*; zum anderen die deutsche Berichterstattung zu *class actions*, siehe JALSOVEC, SZ v. 12.06.2013, S. 17; JAHN, FAZ v. 06.01.2009, S. 11.

35 Kritisiert die fehlende Rezeption in der Ausbildung, BACKHAUS, in: BACKHAUS ET AL. (2012), S. 69.

36 So z. B. die Klagen gegen die Deutsche Bank und andere wegen Unterstützung des Apartheid Regimes in Südafrika; auch gegen die Deutsche Telekom selbst wurde eine *class action* aufgrund des Börsenganges durchgeführt, dass in einem Vergleich über 120 Mill. US-Dollar endete, vgl. TILP, in: FS Krämer 331, 339.

37 Kollektive Kapitalanlegerstreitigkeiten.

38 Durch Aufgabe des *effect-conduct test* und strikter Einhaltung des *transaction test* ist eine Teilnahme an einer *securities class action* nur noch möglich soweit das Wertpapier in den USA erworben wurde, ausdrücklich als Mittel bezeichnet, um die Anzahl von *foreign cubed class actions* zu verringern, 561 U. S. 247, 249.

39 PALMISCIANO, 53 B. C. L. Rev. 1847, 1878 (2012); HENSLER, 79 Geo. Wash. L. Rev. 306, 307 (2011).

In mehreren europäischen Ländern wurden Kollektivverfahren eingeführt. Mit der Einführung wurde eine Verbesserung von verschiedenen Faktoren angestrebt; der Effizienzgewinn des Verfahrens, die Kompensation des tatsächlichen Schadens und die Abschreckungswirkung durch das Verfahren sollten erhöht werden.[40] Diese und weitere Aspekte werden im Folgenden kurz skizziert.

I. Ausschluss von ausländischen Klägern in den USA

Bis vor einigen Jahren galten die USA noch als Mekka der Anlegerstreitigkeiten. Das liberale Prozessrecht erlaubte das einfache Einreichen von *class actions*. Begleitet wird das Prozessrecht durch klägerfreundliches Haftungsrecht.[41] Dieses Potential wurde in der Vergangenheit ausgiebig im Rahmen von *foreign cubed securities class actions* genutzt. Dies lässt sich am besten mit „dreifach ausländisch" übersetzen. Gemeint sind Fälle, in denen die Parteien keine US-Amerikaner waren und die betroffenen Wertpapiere nicht in den USA erworben wurden.[42] Die Anwendung des amerikanischen Rechts wurde lange von US-Gerichten nach den *conduct* oder *effect tests* bewertet.[43] Nach der *Morrison* Entscheidung wurden diese Möglichkeit stark eingeschränkt. Auch von deutschen Geschädigten wurde die Möglichkeit der Klageerhebung in den USA ausgiebig genutzt,[44] möglicherweise auch zum Nachteil der deutschen Wirtschaft.[45]

Kläger des *Morrison* Verfahrens waren *Morrison* sowie weitere Käufer von Wertpapieren der *National Australian Bank (NAB)* (damals die größte Bank in Australien), die Parteien waren alle in Australien angesiedelt. Die *NAB* war an keiner US-Börse gelistet. Nach dem Kauf der *NAB* durch *HomeSide Lending*, dem zweiten Beklagten, mussten verschiedene Vermögenswerte neu bewertet werden. Dies führte zu einem Kursverlust der Aktie von *NAB*. Die Kläger versuchten mittels einer *class action* diese Kursverluste als Schadensersatz gegen *NAB* und *HomeSide Lending* geltend zu machen. Nachdem die unteren Instanzen die sachliche Zuständigkeit ablehnten,[46] entschied der *Supreme Court* 2010

---

40 Vgl. Hess, AG 2003, 113, 114 ff.; Vermeidung von Interessenkonflikten, Dam, 4 J. Legal Stud. 47, 48 (1975).

41 Zur *reliance* und der *fraud on the market presumption* siehe S. 155 f.

42 Als *f-cubed actions*; *Morrison v. NAB*, 547 F.3d 167, 172, U. S. Court of Appeals 2nd Cir.; Mankowski NZG, 961, 962 Fn. 8; Sessler/Reichert, WM 2012, 678, 679; mwN Choi/Silberman, 2009 Wis. L. Rev. 465, 466.

43 Vgl. Sessler/Reichert, WM, 2012, 678, 679.

44 Vgl. Micklitz/Stadler, EBLR 2006, 1473, 1474.

45 Mit Beispielen, Hess/Michailidou, WM 2003, 2318, 2325.

46 Siehe 547 F.3 167 (2008) U. S. Court of Appeals 2nd Cir.

endgültig und beschränkte den Anwendungsbereich des materiellen Rechts auf rein inländische Sachverhalte.[47]

In der Mehrheitsentscheidung, formuliert durch Scalia, wurde die Stellung der USA als „Shangri-La" von Gruppenklagen stark kritisiert. Ausländische Kläger, die in ihren Heimatländern keine Klagemöglichkeit haben, „flüchten" sich in die *US-class action*. Die extraterritoriale Anwendbarkeit des US Rechts stelle einen unberechenbaren Faktor dar.[48] Weiterhin erkannte das Gericht eine Vermutung gegen eine extraterritoriale Anwendung in der US Verfassung.[49] Konsequenterweise wurde der *transaction test* eingeführt.[50] Verkürzt dargestellt knüpft dieser nur noch an den Ort der Wertpapiertransaktion an. Eine Anwendbarkeit des US-Rechts ist nur noch gegeben, solange das Wertpapier in den USA gehandelt wurde.[51] Damit seien *foreign cubed actions* effektiv ausgeschlossen. Der Test war nicht unbestritten. Das Minderheitsvotum der Richter Breyer und Ginsburg führte Bedenken an. Nach deren Auslegung sei der Test zu restriktiv und könne Klagen von US-Bürgern über US-Wertpapiere ausschließen.[52] Diese Entscheidung wurde nicht durch den Gesetzgeber modifiziert, daher wird ein Einverständnis vermutet.[53]

Nach dieser Entscheidung war der Zugang für ausländische Kläger in den USA erschwert.[54] Deshalb wirkt es nicht überraschend, dass ein erhöhter Zulauf für Kollektivverfahren in Europa erwartet wurde.[55] Die Forderungen nach europäischen Alternativen erscheinen nur verständlich.[56] Daneben haben auch europäische Staaten ein genuines Interesse ihren eigenen Kapitalmarkt zu regulieren. Die Hoheit über die gerichtliche Auseinandersetzung von Anlegerstreitigkeiten gehört ebenfalls dazu. Bereits vorher bestand in den USA die Tendenz

---

47 Zur Unterscheidung zwischen *subject-matter jurisdiction* und Unanwendbarkeit, 561 U. S. 247, 253 seq.

48 Vgl. *amicii curiae letters* von verschiedenen Staaten und Interessenverbänden, deren Argumentation sich in der Mehrheitsentscheidung wiederfindet, 561 U. S. 247, 269.

49 „*Presumption against extraterritoriality*", 561 U. S. 247, 248, 272 seq.

50 Ausführlich zum *conduct test* Choi/Silberman, 2009 Wis. L. Rev. 465, 470–475.

51 Vgl. mit Nachweisen zur Post-*Morrisson* Praxis, Sessler/Reichelt, WM 2012, 678, 681–685.

52 Obwohl Handlung und Schaden (*conduct and effect*) weiterhin in den USA erfolgen würde, 561 U. S. 247, 285 (Concurring Opinion Stevens (joined by Ginsburg)).

53 So Mankowski, NZG 2010, 961, 967.

54 Sessler/Reichert, WM 2012, 678, 687.

55 So auch Jelsma/Cordewener, ILQ, Summer 2011, 13, 16, 19.

56 Stadler, EBLR 2013, 731, 733.

Kläger auszuschließen, wenn die Sicherheit bestand, dass ein Urteil aus einer *class action* nicht im Ausland vollstreckbar wäre.[57] Für heimische Anleger waren daher alternative Kollektivverfahren zur eigenen Rechtsdurchsetzung in Europa notwendig.

II. Vermeidung von *Capture*

Generell bestehen Verbindungen zwischen Regulierern und Regulierten. Beide sind auf den Austausch von Informationen und Erfahrungen angewiesen. Bei der Entwicklung von Regelungen ist es hilfreich, wenn Erfahrungen aus der Praxis einfließen. Insoweit ist es naheliegend, dass Beziehungen zwischen den beiden Parteien bestehen. Problematisch werden diese, wenn sich ein Drehtür-Effekt beim Wechsel von Regulierern zu Regulierten (aber auch umgekehrt) entsteht.[58] Zum Teil wird eine solche Beeinflussung auch unter dem Begriff des *regulatory capture* gefasst.[59] Unter diesem Begriff ist die „Vereinnahmung" des Regulierers durch die Regulierten zu verstehen. Anders ausgedrückt: die übermäßige Beeinflussung der Regulierer durch die Regulierten.[60]

Eine Stärkung des *private enforcement* könnte diese Bedenken zerstreuen. Soweit Private die Vollstreckung von Regeln neben oder anstelle der Regulierer durchführen, würde auf diesen nicht mehr der Vorwurf der Beeinflussbarkeit lasten.[61] Bei Einführung von Kollektivverfahren ist dies umso ausgeprägter. Bei der Vielzahl von potentiell Geschädigten ist die Gefahr der Vereinnahmung effektiv ausgeschlossen.[62] Dadurch ist es möglich, das Vertrauen in die Regulierung zu stärken. So wird *private enforcement* in den USA auch von Regulierern als notwendig zur Vermeidung von *capture* angesehen.[63]

---

57 Mit weiteren Fallbeispielen, Choi/Silberman, 2009 Wis. L. Rev. 465, 480 f.

58 Vgl. Macey, 33 Harvard J. L. & Pub. Pol'y 639, 640, 649; ebenso Lodge/Wegrich, S. 32; die Arbeit bei den Regulierern als „Super-Ausbildung", Kalven/Rosenfield, 8 U. Chi. L. Rev. 684, 718, 721 (1941).

59 Vgl. Lodge/Wegrich, S. 30; vgl. COOPER, 11 Duke J. Comp. & Int'l L 215, 217 (2001); Buttigieg et al., ECFR 2020, 419, 431 ff.

60 Lodge/Wegrich, S. 28 f.; vertieft zur Problematik S. 97.

61 Burch, 43 Ga. L. Rev. 63, 65 (2008).

62 Issacharoff, 44 Loy. U. Ch. L. J. 369, 387 (2012)

63 „*Private enforcement is a necessary supplement […]. It is also a safety valve against the potential capture of the agency by industry.*" Goldschmidt nach Labaton, N.Y. Times v. 29. Oktober 2006, 1.

III. Nutzung von privaten Ressourcen

Teilweise wird vertreten, dass Beamte bei der Vollstreckung von Normen nicht ausreichend motiviert sind, da bei ihnen kein persönliches Interesse besteht. Private, die ihren eigenen Schaden kompensieren wollen, sind wohl stärker motiviert.[64] Zusätzlich ist dies eine Möglichkeit die ressourcenintensive Überwachung „auszugliedern". Durch das finanzielle Interesse der Kläger werden diese intensiver überwachen,[65] auch können sie Expertise beisteuern.[66] Das *private enforcement* wird zum Teil auch als „Allheilmittel" gegenüber bestehenden Schwächen des *public enforcement* betrachtet.[67]

Dem Staat als „originären" Wächter stehen nur begrenzte Ressourcen zur Verfügung. Es ist schlichtweg nicht möglich sämtliche Konfliktbereiche umfassend zu überwachen.[68] Auch kann bezweifelt werden, dass ein politischer Wille hierfür existiert.[69] Zusätzlich besteht auch die Gefahr, dass staatliche Regulierer aus Gründen der politischen oder gesellschaftlichen Zustimmung überstürzt und nur kurzfristig planend eingreifen.[70] Gibt man potentiell Geschädigten die Möglichkeit kostengünstig und einfach Klage bei Rechtsverstößen zu erheben, ergibt sich die Möglichkeit einen Teil der Überwachungsaufgaben „auszulagern". So scheint die Auslagerung von staatlichen Aufgaben auf Private in einigen Bereichen auch kosteneffizienter zu sein.[71]

---

64 Poelzig, S. 569; aA van den Bergh/Keske, ERCL 2007, 468, 472.

65 Vgl. PORINI/RAMELLO, 3 JFEP 140, 143 (2011).

66 Mögliches Informationsdefizit gegenüber Privaten, van Boom/Loos, WP 2008, S. 15; grundsätzliches Informationsdefizit der Regulierer, Lodge/Wegrich, S. 40; Poelzig, S. 570; Macey, 33 Harv. J. L. & Pub. Pol'y 639, 648; Dam, 4 J. Legal Stud. 47, 68 (1975).

67 Als Mittel gegen *capture,* starre Regularien und begrenzte Ressourcen, Issacharoff, 44 Loy. U. Ch. L. J. 369, 385 (2012); vgl. auch Schmolke, NZG 2016, 721, 725.

68 Lodge/Wegrich, S. 75; vertieft zum Vollzugsdefizit, Poelzig, S. 20 ff.

69 Cooper, 11 Duke J. of Comp. & Int'l L. 215, 217 (2001); Halfmeier/Wimalasena, JZ 2012, 649, 652; kein Zweifel an einem Rechtsdurchsetzungsdefizit koch, JZ 2011, 438, 444; sieht vermehrt die Vollstreckung in einfache Ziele („*low-hanging fruit*"), Macey, 33 Harv. J. L. & Pub. Pol'y 639, 646; selbst, wenn die staatliche Regulierung vorzugswürdig gegenüber privater ist, scheitert dies an begrenzten Ressourcen, Dam, 4 J. Legal Stud. 47, 67 (1975); Wackerbarth, Corporate BLawG, 22.08.2013; Krüger, VuR 2017, 321, 322.

70 Anreizstruktur der SEC kritisierend, vgl. Macey, 33 Harv. J. L. & Pub. Pol'y 639–646; sieht Gefahr der selektiven Vollstreckung, Burch 43, Ga. L. Rev. 63, 65 (2008).

71 Vermutung der „Privatisierung" aus Effizienzgründen, Micklitz/Stadler, EBLR 2006, 1473, 1483; Privatisierung erzeugte erst die Notwendigkeit der privaten Tätigkeit, vgl. Reimann, Bitburger 2008, 105, 107.

Potentiell Geschädigte sind durch die mögliche Verletzung ihres Vermögens stärker auf Rechtsverstöße sensibilisiert und werden voraussichtlich den Bereich, in dem sie tätig sind, intensiver überwachen.[72] Verfahren können auch als Frühwarnsystem hinsichtlich rechtsmissbräuchlicher Unternehmen dienen. Insbesondere Unternehmen, die unter internen *agency* Problemen leiden, scheinen häufiger Beklagte in Kollektivverfahren zu sein.[73] Insoweit haben Kollektivverfahren eine Art Signalwirkung, indem sie diese internen Probleme durch die Öffentlichkeit des Verfahrens dem Kapitalmarkt gegenüber publik machen.[74]

Dies erlaubt eine weitreichende Überwachung, ohne dass staatliche Ressourcen in Anspruch genommen werden.

IV. Zugang zum Recht

Kollektiver Rechtsschutz gewährleistet, dass Parteien mit geringen Schäden ihre Rechte effizient durchsetzen können.[75] Hohe Rechtsdurchsetzungskosten sind einer der Faktoren, die gesellschaftlich nützliche Rechtsverfolgung vereiteln.[76] Soweit Parteien sich einfach und günstig einer existierenden (Kollektiv-)Klage anschließen können, erleichtert es für sie das Abwägen zwischen dem möglichen Gewinn der Klage und den Kosten des Verfahrens. Indem sie ihre Rechte zusammen mit anderen gemeinsam durchsetzen, ist ihnen die Rechtsverfolgung zu einem Bruchteil der Kosten (gegenüber der individuellen Durchsetzung) möglich.[77] Nach einer (ökonomischen) Ansicht ist die Einführung von kollektivem Rechtsschutz gerechtfertigt (wenn nicht sogar geboten), wenn durch die rechtlichen und regulatorischen Rahmenbedingungen eine Vielzahl von Geschädigten die Möglichkeit zur Durchsetzung erhalten, die sie vorher nicht hatten.[78]

---

72 Vgl. PORINI/RAMELLO, 3 JFEP 140, 143 (2011); vgl. VAN DEN BERGH/KESKE, ERCL 2007, 468, 471.

73 STRAHAN, ssrn.com, 1, 25 (1998).

74 Vgl. BAUM ET AL., 48 Int'l Rev. L. & Econ. 14, 24(2016)

75 Erleichterte Rechtsdurchsetzung als Regelungsziel, BERGMEISTER, S. 39.

76 Siehe SHAVELL, 11 J. of. Legal Stud. 333, 336 (1982); ausführlich SCHÄFER, in: BASEDOW ET AL., 67, 69; Kosten als Barriere für effektiven Rechtsschutz TILP, in: FS Krämer, 331, 344; früh als Problem erkannt, KALVEN/ROSENFIELD, 8 U. Chi. L. Rev. 684 (1941).

77 KOCH, JZ 2011, 438, 442; CASSONE/RAMELLO, Eur J. Law Econ. (2011) 32:205–211.

78 Als *judicial market failure & failure of regulation*, CASSONE/RAMELLO, Eur J. Law Econ. (2011) 32:205–210; Empfehlung der Kommission 2013/396/EU, ErwGr 9; vgl. BGH, VuR 2023, 25, 27.

Das Kollektivverfahren ist dann das geeignete Instrument um diese Probleme zu beseitigen.[79]

Auf dem Kapitalmarkt könnte der Verzicht von effizienten Durchsetzungsmöglichkeiten dazu führen, dass Kleinanleger den Schaden hinnehmen und ihr verbleibendes Kapital abziehen.[80] Gerade um dies zu verhindern, ist die Einführung einer effektiven Verfahrensform geboten. Im Kapitalmarktrecht besteht eine hohe materiell-rechtliche Regelungsdichte.[81] Gleichzeitig ist, vor allem bei Kleinanlegern, ein Durchsetzungsdefizit zu beobachten. Diese Situation stellt sich als optimal für die Einführung von Kollektivverfahren dar.[82]

Hohe Rechtsverfolgungskosten machen die Rechtsdurchsetzung unwahrscheinlich,[83] dies bevorteilt rechtswidrig handelnde Unternehmen.[84] Das Phänomen der rationalen Apathie[85] wird durch Einführung von Instrumenten des kollektiven Rechtsschutzes stark zurückgehen.[86] Die Überwindung der rationalen Apathie würde die verhaltenssteuernde Wirkung des Haftungsrechts wieder herstellen.[87] Neben dem rein ökonomischen Aspekt der rationalen Apathie, nach der nur möglicher Gewinn gegen die Kosten der Rechtsverfolgung abgewogen wird, könnten Instrumente des kollektiven Rechtsschutzes auch helfen, dass die psychologische Hemmschwelle für Klageerhebungen überwunden wird.[88] Nach einer Studie des Eurobarometers sind 79 % der Verbraucher in Europa eher dazu

---

79 Insbesondere *free-rider* Effekte und *collective action* Probleme, MACEY/MILLER, 58 U. Chi. L. Rev. 1, 8 (1991); Überwindung der rationalen Apathie, HEMPEL, NJW 2015, 2077; „*access to justice issue*", HODGES, S. 1.

80 XU, 45 Int'l Rev. L & Econ. 23, 26 (2016).

81 Zu den Regulierungszielen und dem Haftungsrecht S. 62 ff.

82 Vgl. HALFMEIER, NJW 2016, 1126; Verzicht als „*substantial failure*", BACKHAUS ET AL. in: BACKHAUS ET AL. (2012), S. 3, 4.

83 Geht von einem Verzicht von 50 % der Geschädigten aus, JÜNEMANN nach MAUSKE, VuR 2013, 157; mit weiteren Zahlen, NICOLAI/WÖLBER, ZRP 2018, 229.

84 Vgl. ISSACHAROFF, 44 Loy. U. Chi. L. J. 369, 378 (2012); als Rechtsdurchsetzungsdefizit, HASS, S. 51; MAUME, ZHR 2016, 358, 362; falsche Anreizsetzung, HALFMEIER, BTA-WP 18/46, S. 13; BT-Drs. 19/2507, S. 1, 13.

85 Vertieft zum Begriff der rationalen Apathie siehe S. 103.

86 GURKMANN nach JALSOVEC, SZ v. 21.06.2013, S. 17; ebenso; MACEY/MILLER, 58 U. Chi. L. Rev. 1, 8 (1991).

87 Vgl. BERGMEISTER, S. 28; Nichtverfolgung von (potentiell) werthaltigen Ansprüchen als *judicial market failure*, CASSONE/RAMELLO, Eur J. Law Econ. (2011) 32:205–210.

88 Laut Allensbach-Umfrage würden es nur 20 % es auf einen Prozess ankommen, nur 32 % erwägen einen auch, wenn sie sich im Recht fühlen, nach HIRSCH, FAZ v. 19.02.2015, S. 8; KESSLER, BTA-WP 18/46, S. 24.

bereit ihre Rechte durchzusetzen, wenn sie sich dafür mit anderen Geschädigten zusammenschließen könnten.[89]

Verbraucher werden durch psychologische Hürden oder durch die Komplexität von juristischen Verfahren an der Rechtsdurchsetzung gehindert.[90] Durch Bündelung der verstreuten Kompetenzen und Finanzen der Geschädigten ist auch ein „druckvolleres Vorbringen“ gegenüber den Beklagten möglich.[91] Weiterhin sichert ein erleichterter Zugang zur Justiz auch ein hohes Verbraucherschutzniveau.[92] Schließlich hat der Zugang zum Recht auch eine normative Komponente. Das Gerechtigkeitsempfinden der Bürger wird beeinträchtigt, sollten sie keine Möglichkeit der Schadenskompensation haben.[93] Nicht nur deswegen wird durch die Europäische Union die Einführung von Kollektivverfahren empfohlen.[94] Kollektivverfahren sollten daher auch geeignet sein, das Schutzniveau von Verbrauchern zu erhöhen.

Exkurs: Grundlage des Justizgewährungsanspruchs in Deutschland

Auch unter dem Gesichtspunkt der effektiven Justizgewährung erscheint die Einführung von kollektivem Rechtsschutz sinnvoll. In Deutschland wird der Justizgewährungsanspruch aus dem Rechtsstaatsprinzip iVm Art. 2 Abs. 1 GG abgeleitet.[95] Art. 19 Abs. 4 GG, der besondere Justizgewährungsanspruch, ist bei Rechtsverletzungen durch die öffentliche Gewalt gegeben.[96] Der allgemeine Justizgewährungsanspruch verpflichtet den Staat, der das Gewaltmonopol beansprucht, zur Einrichtung von Rechtsschutzmöglichkeiten für zivilrechtliche

---

89 Flash Eurobarometer #299, S. 8; großen Zuspruch von Verbrauchern, SAASTAMOINEN nach MAUSKE, VuR 2013, 157; ebenso, ZIRNGIBL, S. 32.

90 Vgl. Resolution des EP P7 TA(2012)0021, Punkt E; BACHMANN, in: BASEDOW ET AL., 379, 382.

91 So TAMM, EuZW 2009, 439, 440.

92 Empfehlung der Kommission 2013/396/EU, ErwGr 1.

93 BILLEN nach MAUSKE, VuR 2013, 157, 158; MÜLLER/STEINEKE, RuP 2016, 98; fehlende Durchsetzung als *moral hazard*, ROTHER/UNSELD, zpoblog.de v. 09.08.2018; vgl. CALABRESI/SCHWARTZ, 32 Eur. J. Law Econ. 169, 182 (2011).

94 Empfehlung der Kommission 2013/396/EU, Nr. 1; Verbandsklagerichtlinie (EU) 2020/1828.

95 Als Verbindung von Rechtsstaatsprinzip und Grundrechten, BVerfGE 107, 395, 406 f.; als „Gewährleistung eines wirkungsvollen Rechtsschutzes“ aus dem Rechtsstaatsprinzip abgeleitet BVerfGE 54, 277, 291.

96 Zur Reichweite siehe BVerfGE 107, 395, 405 f.; Gutachten A 70. DJT, S. 46.

Streitigkeiten seiner Bürger.[97] Ebenso lässt sich ein Justizgewährungsanspruch aus Art. 6 EMRK ableiten.[98] Für die Inanspruchnahme kann der Staat entsprechende Gebühren verlangen, die mit den Kosten die dem Staat für diese Leistung entstehen sachlich verknüpft ist. Hierbei darf aber die wirtschaftliche Leistungsfähigkeit des Einzelnen nicht den Zugang zum Recht vereiteln.[99] Nach Ansicht des BVerfG liegt eine solche bereits vor, wenn das Kostenrisiko mit dem wirtschaftlichen Erfolg derart außer Verhältnis steht, dass die Anrufung der Gerichte nicht mehr sinnvoll erscheint.[100] Dies stellt auch eine passende Beschreibung der rationalen Apathie innerhalb des Komplexes der Streuschäden dar.[101]

Dass finanzielle Leistungsfähigkeit bzw. die negative Prognose über den wirtschaftlichen Erfolg einer Klage den Justizgewährungsanspruch vereiteln können, wurde bereits erkannt. So wurde die Prozesskostenhilfe nach § 114 ZPO vor diesem Hintergrund eingeführt.[102] Das BVerfG erkannte später, dass die reine Prozesskostenhilfe in einigen Fällen nicht mehr ausreichend ist. Vor diesem Hintergrund entschied es 2006 über die Erfolgsvergütung in Deutschland.[103] Das Verbot des Erfolgshonorars hat sich als Hindernis für den Zugang zum Recht erwiesen.[104] Einschränkungen des Justizgewährungsanspruches gelten nur dann als gerechtfertigt, wenn sie mit rechtsstaatlichen Verfahrensordnungen vereinbar sind und der Einzelne nicht übermäßig belastet wird.[105]

Soweit keine effizienten Alternativen für eine kollektive Durchsetzung vorhanden sind, ist zu erwarten, dass sich in Europa ein *forum shopping* um den klägerfreundlichsten Ort bildet.[106] Sollten sich in Deutschland keine Möglichkeiten für Kleinanleger oder Massengeschädigte bieten, so stellt sich die berechtigte Frage, ob der Staat dem Justizgewährleistungsanspruch nachkommt.[107]

---

97 BeckOK-GG\Hustor/Rux, Art. 20 Rn. 199; BVerfGE 54, 277, 291; Gaier/Freudenberg ZRP 2013, 27.

98 MwN BeckOK-EMRK\Valerius, Art. 6 Rn. 5.

99 BVerfG, NJW 1979, 1345, 1346.

100 BVerfG, NJW 1992, 1673.

101 Ausführlich S. 106 f.

102 Unter weiterer Berücksichtigung des Rechtsstaatsprinzips und dem Gleichbehandlungsgrundsatz gem. Art. 3 GG siehe MüKo-ZPO\Motzer, § 114 ZPO Rn. 1.

103 Das Gericht geht von einem Volumen von 2–6 Mrd. EUR aus, BVerfG, NJW 2007, 979, 984.

104 BVerfG, NJW 2007, 979, 984.

105 BVerfG, NJW 1993, 1635.

106 Vgl. Grace, 15 J. Transnat'l L. & Pol'y 281, 287 (2006); näher auf S. 131 f. ausgeführt.

107 Vgl. Schwintowski, VuR 2017, 241; Kutschaty/Freudenberg/Gerhardt, ZRP 2018, 27, 28.

Durch das Phänomen der rationalen Apathie erfolgt keine Kompensation der Geschädigten. Individuen sehen die individuelle Verfolgung eines Anspruchs als nicht mehr lohnend an. Indem das Kollektivverfahren wieder Anreize zur Durchsetzung setzt, wird die Kompensation wiederhergestellt.[108] Kollektivverfahren, die die rationale Apathie überwinden, verbessern insoweit den effektiven Rechtsschutz des Einzelnen.[109]

Um die Unzulänglichkeiten der Individualrechtsbehelfe zu mindern, empfiehlt auch die Europäische Kommission die Einführung von kollektiven Rechtsbehelfen, zumindest für die Bereiche, in denen das Unionsrecht den Bürgern Rechte gewährt.[110]

V. Verfahrenseffizienz

Soweit eine Möglichkeit für eine effiziente Bündelung fehlt, ist jeder Geschädigte darauf angewiesen seine Rechtsposition individuell durchzusetzen. Bei Massenschäden können Tausende oder sogar Zehntausende Klagen entstehen.[111] Wenn Geschädigte gezwungen sind individuelle Klagen einzureichen, ist es nachvollziehbar, dass Gerichte damit überlastet sind.[112]

Es erscheint nicht überraschend, dass die Bündelung dann nicht als revolutionär, sondern als notwendiges Mittel der Verfahrenseffizienz betrachtet wird.[113] Soweit das Prozessrecht Bündelung zulässt, ist eine Optimierung möglich. Der zeitliche Aufwand der Gerichte lässt sich reduzieren, zudem kommt den Geschädigten eine Verfahrensbeschleunigung zugute.[114] Kollektivverfahren könnten somit auch das Beschleunigungsgebot fördern.[115] Durch die Komplexität eines

---

108 Vgl. Dam, 4 J. Legal Stud. 47, 49 (1975).

109 BT-Drs. 15/5091, S. 16; vgl. Hass, S. 11.

110 Empfehlung der Kommission 2013/396/EU, ErwGr 7.

111 Beim Telekom-Verfahren zwischen 15.000–17.000, siehe Fn. 978; im Dieselskandal gibt der Anbieter myright.de allein ca. 15.000 Geschädigten an, https://www.myright.de/ueber-uns [zuletzt abgerufen 08.06.2020].

112 Nach Angaben des LG Frankfurt entsprachen die Klagen zum Telekom Verfahren dem durchschnittlichen Pensum von 10 Jahren, PM LG Frankfurt vom 08.06.2004; als „Staueffekt" bezeichnet, Hass, S. 37; vgl. *Butler v. Sears*, 702 F.3d 796, 801 (7th Cir. 2013); vgl. Deffains et al., 49 Int'l Rev. L. & Econ. 33 (2017); auch ein Anstieg der Justizkosten, Poelzig, S. 371; Ausführungen zur richterlichen Belastung im Rahmen von „Diesel-Fällen", Rebehn, DRiZ, 2021, 438 f.

113 Yeazell, 77 Colum. L. Rev. 866 (1977), Hass, S. 37–39; ebenso die Begründung zum KapMuG BT-Drs. 15/5091, S. 17; Poelzig, S. 541.

114 Skaleneffekte realisieren sich, Ulen, in: Backhaus et al. (2012), S. 75, 77 f.

115 Zum Beschleunigungsgebot, Gutachten A 70. DJT, S. 58.

Kollektivverfahrens benötigen diese zwar mehr Zeit als Individualverfahren, doch der Zeitvorteil gegenüber der Durchführung sämtlicher Einzelklagen bleibt bestehen.[116]

Die staatliche Gewährleistung der effektiven Rechtsdurchsetzung erfordert neben der bloßen Bereitstellung auch einen funktionalen Justizapparat.[117] Geschädigte Kleinanleger benötigen neben dem bloßen Zugang zur Justiz auch die Gewissheit, dass ihr Anspruch in einer angemessenen Zeit durchsetzbar wird. Dies erfordert die Bearbeitung in einer angemessenen Dauer. Ineffizienzen, wie beispielsweise die massenhafte individuelle Abwicklung von gleichgelagerten Ansprüchen, erschweren daher die zeitnahe Kompensation.[118]

Bereits aus prozessökonomischen Gründen ist ein Kollektivverfahren gegenüber einer Vielzahl von gleichgelagerten Einzelverfahren zu bevorzugen.[119] Die konzentrierte Bearbeitung von gemeinsamen Rechts- und Tatsachenfragen beseitigt auch die Gefahr der Entscheidungsdivergenz.[120]

Durch Kollektivverfahren lassen sich Effizienzgewinne an verschiedenen Stellen im Rechtswesen und in der Wirtschaft ausmachen. Dam charakterisiert diese als „administrative Effizienz" und „gesamte Effizienz".[121] Effizienzsteigerungen führen zu einer Erhöhung der gesellschaftlichen Wohlfahrt.[122] Denn dann wird das gleiche oder sogar ein höheres Niveau der „Leistung" erzielt, während die Kosten für das Gemeinwohl sinken.

Auch außerhalb des Kapitalmarktes sind Kollektivverfahren zur Entlastung geeignet. Ein jüngeres Beispiel ist der sogenannte Widerrufs-Joker bei

---

116 So dauern *securities class actions* in den USA 3,2-mal so lang wie Einzelverfahren und können einen 11-fachen Arbeitsaufwand bedeuten, Willging et al., p. 23; Ersparnis bleibt bestehen, da sonst Tausende Einzelverfahren bearbeitet werden, vgl. Porrini/Ramello, 3 JFEP 140, 147 (2011); Effizienzgewinne in Verfahrensabläufen (zB durch Bündelung) werden als geboten gesehen, wenn die Ressourcen (Verfügbarkeit von Richtern/Gerichten) endlich sind, Dam, 4 J. Legal Stud. 47, 48 (1975).

117 Koch, JZ 2011, 438, 442; Poelzig, S. 350; vgl. Maume, ZHR 2016, 358, 362.

118 Vgl. Xu, 45 Int'l Rev. L & Econ. 23, 25 (2016); vgl. Möllers/Wolf, BKR 2021, 249, 250.

119 Ebenso Möllers/Pregler, ZHR 2012, 144, 151; Cassone/Ramello, Eur J. Law Econ. (2011) 32:205–211.

120 HALFMEIER/WIMALASENA, JZ 12, 649, 651; Reuschle, WM 2004, 966, 973; ein Praxisbericht über die verschiedenen Gerichtsstände Jahn, FAZ v. 04.06.2010, S. 25; vgl. Poelzig, S. 371; Biard, S. 20.

121 *„administrative efficiency"* und *„overall efficiency"*, Dam, 4 J. Legal Stud. 47, 48 (1975).

122 Vgl. Baumann, RNotZ 2007, 297; sieht auch Steigerungen für die individuelle Kompensation von Geschädigten, Xu, 45 Int'l Rev. L & Econ. 23, 28 (2016).

Darlehensverträgen. Dieser beschäftigte durch die schiere Anzahl einige Gerichtsbezirke. Dies ist auch der aggressiven Werbung von Klägerkanzleien geschuldet.[123] Die zugrunde liegenden Fragen sind gleichgelagert. Es geht um die Frage, ob gewisse AGB zulässig sind. Durch bindende Musterverfahren wäre es möglich gewesen, über konkrete Formulierungen eine grundsätzliche Entscheidung zu fällen. Hierdurch hätte die Vielzahl von Klagen vermieden werden können.[124] Aktuell bietet sich der Dieselskandal als neues Feld zur Erprobung von Kollektivverfahren an.[125] Aufgrund der Klagewelle wurde unter anderem mit der Musterfeststellungsklage eine neue Variation eingeführt.

Diese Kollektivverfahren tragen dazu bei, dass eine Verfahrensbeschleunigung eintritt. Mittelbar ist dies auch dazu geeignet, das Vertrauen der Bürger in die Justiz zu erhöhen.[126]

VI. Regulierungswirkung

In der Tradition des *private enforcement* können sich kollektive Rechtsbehelfe als Ergänzung zur behördlichen Durchsetzung etablieren.[127] Die Durchsetzung von privaten Interessen kann Allgemeininteressen stärken.[128] Durch die Bündelung von gleichgelagerten Ansprüchen kann eine so hohe Abschreckungswirkung erzielt werden, dass sich unternehmerische Pflichtverletzungen schlichtweg nicht mehr lohnen.[129] Aktuell kommt es bei Streuschäden zur gegenteiligen Situation. Durch fehlende Anreize müssen Schädiger keine Rechtsdurchsetzung befürchten und haben somit keine Anreize zur Schadensvermeidung.[130] Mangels entsprechender Klageanreize der Geschädigten kann sich die verhaltenssteuernde Wirkung des Haftungsrechts dann nicht mehr entfalten.

---

123 Beziehungsweise verschiedene Interessengruppen die mit Kanzleien zusammenarbeiten, z. B. widerruf.info.

124 Vgl. Schwemmer, ZfPW 2022, 41; Erhaltung der Funktionsfähigkeit der Justiz als eigentliche Rechtfertigung von Kollektivverfahren, Müller, IWRZ 2022, 49.

125 So wurden die Prozesskosten in diesem Komplex mit 1,2 Mrd. EUR angegeben, FD-ZVR 2021, 443665.

126 Vgl. Leutheuser-Schnarrenberger, LTO v. 21.09.2017.

127 Empfehlung der Kommission 2013/396/EU ErwGr 6; bereits durch einfache Durchsetzung, Poelzig, S. 25.

128 Vgl. Hess, JZ 2011, 66, 67; ebenso Wackerbarth, Corporate BLawG, 22.08.2013; Poelzig, S. 21.

129 Hensler, 622 AAPSS 7, 9 (2009); Choi, 57 Vand. L. Rev. 1465, 1522 (2004).

130 Schäfer, in: Basedow et al., 67, 69; vgl. auch van Boom/Loos, WP 2008, S. 14; Halfmeier, NJW 2016, 1126; vgl. Poelzig, S. 236.

Das Kollektivverfahren wirkt wie ein Multiplikator für die Regulierungsvollstreckung.[131] Soweit der Schadensersatz als Teil der regulatorisch gebotenen Abschreckung verstanden wird, multiplizieren Kollektivverfahren diese Abschreckungswirkung. Denn die Abschreckungswirkung wird um den Faktor der Klägergemeinschaft erhöht.[132]

Diese Idee des *private enforcement* ist in den USA bereits verankert und viel diskutiert. In Deutschland hingegen wird diese noch skeptisch behandelt.[133] Hintergrund dieser These ist die Überlegung, dass Unternehmen, die eine Vielzahl von (vergleichsweise) „kleinen“ Verstößen begangen haben, darauf vertrauen, dass diese nicht eingetrieben werden.[134] Wegen fehlender Sanktionierung (unter anderem wegen fehlender Kollektivrechtsbehelfe) gibt es für Unternehmen wenig Anreize zu rechtskonformem Verhalten.[135]

Sieht man die private Durchsetzung als Regulierungsinstrument, so macht es Sinn, diese durch Einsatz von innovativen Verfahrensformen effizienter zu gestalten. Angesichts der Tatsache, dass der Staat ein Interesse hat, die eigenen Kapitalmärkte selber zu kontrollieren und die Anwendung des ausländischen Rechts zu mindern,[136] erscheint die Implementation von Kollektivverfahren in das nationale Recht nur als nächster konsequenter Schritt. Dies kann die öffentliche Vollstreckung ergänzen.[137]

Zusätzlich zur Überwachungs- und Vollstreckungsfunktion erfüllen Zivilverfahren die notwendige Funktion der Normkonkretisierung und -klärung.[138] Jede gerichtliche Streitbeilegung erfüllt grundsätzlich zwei Funktionen; zum

---

131 „*intensifies the penalty*“, Coffee, 42 Md. L. Rev. 215, 223 (1983); RUBENSTEIN, 57 Vand. L. Rev. 2129, 2151 (2004); Umfang der „Sanktion“ beeinflusst die Normeinhaltung, Poelzig, S. 375.

132 „wirkliche Kraft aus Gruppen- und Klassenklagen“, Hecht, BTA-WP 18/46, S. 15.

133 Hopt, WM 2009, 1873, 1879; Abschreckung als Legitimation der *class action*, Coffee, 106 Colum. L. Rev. 1534, 1536 (2006); sehen dies als Teil der europäischen DNA, Rother/Unseld, zpoblog.de v. 09.08.2018; wobei es im Bereich des Kartellrechts und vereinzelt im Verbraucherschutz als Alternative zu staatlichem Handeln anerkannt ist.

134 Zu der fehlenden Möglichkeit (rechtlich und faktisch), Halfmeier/Wimalasena, JZ 2012, 649, 658.

135 Halfmeier/Wimalasena, JZ 2012, 649, 658.

136 BT-Drs. 15/5091, S. 17.

137 Empfehlung der Kommission 2013/396/EU, ErwGr 6.

138 Poelzig, S. 39.

einen die konkrete Beilegung des Streites und zum anderen die Norminterpretation und -setzung.[139]

Gerichtsverfahren erreichen weiterhin durch die vorgeschriebene Transparenz und Öffentlichkeit, dass sie sowohl den Staat als auch Unternehmen verantwortlich machen.[140] Urteile legen Missstände sowohl beim Staat, beispielsweise im Verhalten der Regulierer oder auch in Lücken des Rechts, sowie Fehlverhalten der Regulierten offen.

Regulierung darf nicht nur isoliert als Beziehung zwischen Regulierern und Regulierten verstanden werden. Das Recht ist integraler Bestandteil jeder Regulierungsarchitektur. Dabei ist nicht nur das Haftungsrecht zu verstehen, sondern auch das Verfahrensrecht muss einbezogen werden. Denn nur dieses erlaubt die tatsächliche Durchsetzbarkeit des materiellen Rechts. Das Recht bzw. die rechtlichen Instrumente, in Form des Zivilverfahrens, sind nach der in dieser Arbeit verfolgten Ansatzes Bestandteile der Regulierung und der übergeordneten Wirtschaftspolitik.

Das Vertrauen in den Kapitalmarkt ist essentiell. Anleger müssen die Sicherheit haben, dass ihre Anlagen geschützt sind. Natürlich wissen Anleger, dass der Wert ihrer Anlage schwanken kann und dass sie auch unter dem Risiko eines Totalverlustes stehen. Jedoch müssen sie die Gewissheit haben, dass die Informationen, aufgrund derer sie eine Anlage tätigen, auch korrekt sind. Sollten die notwendigen Informationen nicht korrekt gewesen sein, so benötigen sie eine Möglichkeit, um ihren Schaden zu kompensieren.

Ohne effiziente Möglichkeit der Schadenskompensation verlieren Anleger Vertrauen in die Institution des Kapitalmarktes. Fehlendes Vertrauen reduziert die Anlagebereitschaft. Geringere Anlagen erhöhen die Kapitalbeschaffungskosten von Unternehmen. Wenn die Kosten der Kapitalbeschaffung steigen, schädigt es letztlich die Gesamtwirtschaft.[141]

Effiziente Durchsetzungsverfahren erhöhen die Bereitschaft von Anlegern weiteres Kapital zu investieren.[142] Der Nachweis, dass das anwendbare Haftungsregime auch für Kleinanleger gilt, erhöht das Vertrauen in die Institution des Kapitalmarkts. Die These ist, dass Kleinanleger erfolgreiche Kompensation von

---

139 Am Bild des *common law*, z. T. aber auch anwendbar für Kontinentaleuropa, COOTER/RUBINFELD, 27 JEL 1067, 1070 (1989); Klarifikation als Vorteil, ROMANO, 7 JLEO 55, 85 (1991).

140 BURCH, 43 Ga. L. Rev. 63, 67 (2008).

141 Statt vieler COFFEE, 106 Colum. L. Rev. 1534, 1565 (2006).

142 XU, 45 Int'l Rev. L & Econ. 23 (2016).

Schäden beobachten. Durch die Zuversicht, dass sie bei möglichem Fehlverhalten von Emittenten ihre Schäden auch ersetzen lassen können, dürfte ihr Vertrauen in den Kapitalmarkt als Anlagemöglichkeiten steigen. Dies hat positive Effekte auf die Gesamtwohlfahrt.

Zusammenfassung

Es gibt verschiedene Argumente Kollektivverfahren in größerem Umfang zuzulassen. Im Rahmen dieser Arbeit sind aber die wichtigsten Argumente: der erleichterte Zugang zur Justiz bei (vergleichsweise) niedrigen Streitwerten sowie die regulierende Wirkung, die Kollektivverfahren auf Marktteilnehmer ausüben. Die bisherigen deutschen Verfahrensformen sind nur punktuell und unsystematisch,[143] ein kohärenter Ansatz fehlt noch.

Insbesondere die Regulierungswirkung hat das Potential Kollektivverfahren zu einem tragenden Element einer modernen und flexiblen Regulierungsarchitektur zu machen. Sie können gleichzeitig das private Interesse an Kompensation als auch das öffentliche Interesse an Abschreckung erfüllen.[144]

Neben diesen „technischen" Argumenten ist auch zu berücksichtigen, dass Gerichtsverfahren eine öffentliche Aufgabe erfüllen. Durch die öffentliche, gerichtliche Beilegung eines Streites wird der Zugang zum Recht gestärkt und es wird ein Forum für den öffentlichen Austausch von gesellschaftlichen Belangen geboten.[145]

B. Ökonomische Analyse des Rechts als verwendetes Analysemittel

Die ökonomische Analyse des Rechts stellt die deutsche Version des *law and economics* Ansatzes aus den USA dar.[146] Das *law and economics movement* gilt als die einflussreichste Bewegung in der amerikanischen Rechtswissenschaft.[147] In Deutschland wird dieser Ansatz von der breiten Mehrheit in den Rechtswissenschaften noch kaum berücksichtigt,[148] wobei es in den letzten Jahren zu einer

143 Montag, ZRP 2013, 172, 174; Tilp/Schiefer, NZV 2017, 14, 19; Kranz, NZG 2017, 1099.

144 Generell ein Element der privaten Rechtsdurchsetzung, Reimann, Bitburger 2008, 105, 108.

145 Burch, 43 Ga. L. Rev. 63, 69 (2008).

146 Vgl. Eidenmüller, S. 4.

147 Ausführlich Hosemann, MPPL RP 13/29, 1, 12; Poelzig, S. 365.

148 Vgl. Eidenmüller, S. 7 f.

langsamen Akzeptanz gekommen ist.[149] Einige Grundbegriffe der ökonomischen Analyse werden nachfolgend skizziert:

Effizienz und *homo oeconomicus*

Im Sinne der ökonomischen Analyse soll Recht so gestaltet werden, dass es effizient im Sinne der Wohlfahrtsökonomik ist.[150] Dies verfolgt letztlich einen utilitaristischen Ansatz.[151] Erreicht werden soll eine optimale Verteilung der Ressourcen bei minimalen gesamtwirtschaftlichen Kosten.[152] Kosten und Nutzen von Maßnahmen werden dabei miteinander verglichen.

Die Figur des *homo oeconomicus*[153] ist dabei das Leitbild in der ökonomischen Analyse. In den Rechtswissenschaften wird er häufiger als rationaler Akteur[154] oder auch als vernünftige Person[155] bezeichnet.[156] Trotz der künstlichen Herangehensweise bei der Skizzierung von Verhaltensmustern[157] ist es dennoch ein leistungsfähiges Modell.[158] Der *homo oeconomicus* als rationaler Akteur ist dabei zunächst wertfrei und nur auf seinen eigenen Vorteil bedacht.[159] Bei mehreren Optionen, die ihm zur Verfügung stehen, wird er die für ihn günstigste auswählen.[160] Seine Handlung stellt die *rational choice* dar und dient der Maximierung seines Vorteils,[161] Konsequenzen für Dritte werden nicht

149 Skepsis in Deutschland, Feess/Halfmeier, 20 Eur. J. Fin. 361, 367 (2014); für ein Mehr, vor allem im Verfahrensrecht, Gutachten A 70. DJT, S. 25.

150 Hosemann, MPPL RP 13/29, 1, 13, 26; vgl. Eidenmüller, S. 4.

151 Vertieft zum „utilitaristischen Erbe", Eidenmüller, S. 22 ff., 233 f.

152 Als Ausfluss der Institutionenökonomik, Poelzig, S. 363.

153 Zur Entstehungsgeschichte der Figur, vgl. Tietzel, 32 Jb.f.SozWiss, 115 (1981); ausführlich, Eidenmüller, S. 29 ff.

154 Eidenmüller, JZ 2005, 216, 217; mwN Poelzig, S. 364.

155 *Homo oeconomicus* vergleichbar mit der „vernünftigen Person", Cooter/Rubinfeld, 27 JEL 1067, 1068 (1989); kritisch gegen beide Fiktionen aber Gemeinsamkeiten erkennend, Hutter/Teubner, in: Fuchs/Göbel, 110, 113 f., 141; unterbewusste Akzeptanz der Juristen, Coase, 3 J.L. & Econ. 1, 22 (1960).

156 Zu Gemeinsamkeiten Cooter/Ulen, 1st ed., S. 11; zu den unterschiedlichen Menschenbildern, Smeddinck, ZRP 2014, 245 f.

157 Zu *behavioural economics* und *rational choice* im Alltag, Heinig, verfassungsblog v. 15.12.2014; Stout, in: Drobak, 13, 19.

158 Eidenmüller, JZ 2005, 216, 217; notwendige Nutzung von Figuren in den Sozialwissenschaften, Tietzel, 32 Jb.f.SozWiss, 115, 136 (1981).

159 Cooter/Ulen, 1st ed., S. 11; vgl. Baetge, RabelsZ 73 (2009), 669, 673.

160 Tietzel, 32 Jb.f.SozWiss, 115, 120 (1981).

161 Eidenmüller, JZ 2005, 216, 217; Cooter/Ulen, S. 18 f.

berücksichtigt.[162] Dabei wird nicht versucht das Individuum an sich zu erklären, vielmehr werden Tendenzen und Häufungen berücksichtigt.[163] Berücksichtigt wird, dass gleiche Handlungsalternativen für unterschiedliche Individuen nicht notwendigerweise den gleichen Wert haben müssen.[164]

Es wird angenommen, dass der rationale Akteur über ein vollständiges, nichtwidersprüchliches Präferenzsystem verfügt und aufgrund der ihm gegebenen Handlungsmöglichkeiten mittels einer Kosten-Nutzen-Analyse die für ihn vorteilhafteste Alternative aussucht.[165] Er ist in der Lage die verschiedenen Handlungsalternativen anhand seiner Anreize und Präferenzen zu ordnen und unter Berücksichtigung von Begrenzungen eine Entscheidung zu treffen.[166] Offensichtlich hat der Akteur keine allumfassende Kenntnis der Realität mit allen relevanten Informationen. Dennoch wird angenommen, dass er im Rahmen seiner Kenntnisse zu der Entscheidung gelangen wird, welche innerhalb seines Präferenzsystems den höchsten Nutzen erbringen wird.[167]

Insoweit wird ein Marktbeteiligter in Kenntnis der gebotenen Verfahrensformen kalkulieren, ob er normwidrig handelt und die damit eingehende Gefahr der zivilrechtlichen oder öffentlich-rechtlichen Verfolgung einpreist, oder ob er normgerecht agiert.[168]

Offensichtlich bildet dieses Modell nicht die Realität ab. Gerade normative Zielsetzungen werden ausgeblendet.[169] Die Entscheidungsstruktur des *homo oeconomicus* gilt nur für einen kleinen Teil des menschlichen Handelns als anwendbar.[170] Es stellt selbstverständlich nur ein verkürztes Modell dar. Niemand

---

162 Stout, in: Drobak, 13, 25.

163 Eidenmüller, S. 40; vgl. Bergmeister, S. 19.

164 Tietzel, 32 Jb.f.SozWiss, 115, 121 (1981); Biard, S. 126.

165 Eidenmüller, JZ 2005, 216, 217; dass dem rationalen Akteur in der Realität nicht alle Informationen bekannt sind ist häufiger Kritikpunkt an der Figur, dazu sowie zu weiteren *bias* des rationalen Akteurs aaO, 218 f.; zur „individuellen Rationalität", Fleischer, ZGR 2001, 1, 3; verschiedene *biases* die Richter betreffen können, Biard, S. 183 f.; mit weiteren Fallgruppen, mwN Eidenmüller, S. 125 ff.

166 Cooter/Ulen, S. 18 f.; Biard, S. 120.

167 Tietzel, 32 Jb.f.SozWiss, 115, 123 ff., 129 (1981).

168 Vgl. Poelzig, S. 375; vgl. Eidenmüller, S. 35.

169 Vgl. Halfmeier/Rott/Feess, S. 74; „nur eingeschränkt die Rechtswirklichkeit", Hess, BTA-WP 18/46, S. 69; Poelzig, S. 365; Fleischer, ZGR 2001, 1, 32.

170 Kritisieren eine rationale Präferenzwahl die auf einem, unrealistischem, universellen Rationalitätskonzept basiert; Hutter/Teubner, in: Fuchs/Göbel, 110, 129; jedoch sollte in Bezug auf Anlageentscheidungen eine ökonomisch-rationale Entscheidungsstruktur vermutet werden.

erwartet, dass Richter, Anwälte und Gesetzgeber nur ökonomisch effizient agieren, ohne ihre eigenen und gesellschaftliche Wertvorstellungen (die idealerweise nicht nur vom Effizienzgedanken geprägt sind) zu berücksichtigen.[171]

Ungeachtet dessen bleibt die ökonomische Analyse ein gutes Instrument um die Effizienz von (rechtlichen) Verfahren zu untersuchen.[172] Die Figur des *rational agent* eignet sich für die Analyse der Anreizstrukturen im Kontext dieser Arbeit.[173] Die Prämissen sind natürlich verkürzt, bieten aber einen ersten Ansatz um die Attraktivität von Verfahrensmodellen zu bewerten.

Die Anreize der Beteiligten haben enorme Auswirkungen auf die Einleitung und Organisation eines Verfahrens. Soweit der Gesetzgeber diese Anreize in der Gestaltung des Verfahrens berücksichtigt, wird es wahrscheinlicher, dass diese auch in deren Sinne gestaltet werden.

Gerade Zivilverfahren im Bereich der Anlegerstreitigkeiten sind ideal für die ökonomische Analyse. Idealerweise werden Anlagen nach einer rationalen Analyse durchgeführt, Anleger sollten diese rationale Sichtweise auch nach einem Schadensfall fortsetzen.[174] Im Bereich der Anlegerstreitigkeiten kommt es auch nur zu finanziellen Schäden, eine emotionale Prägung wie bei Schmerzensgeld muss nicht berücksichtigt werden. Durch die „Einheit" Geld und durch entsprechende Kosten-Nutzen-Rechnungen ist es möglich eine Vergleichbarkeit zwischen den unterschiedlichen Entscheidungen (den Präferenzen) zu gewährleisten.[175] Aufgrund dessen kann eine *rational choice* eines *homo oeconomicus* unterstellt werden. Eine ökonomische Analyse von deutschen Verfahren wird derzeit nur selten getätigt, doch erhofft man sich damit neue Erkenntnisse über deren Effizienz.[176]

Effizienz gilt dabei als das Leitbild der ökonomischen Analyse. Effizient ist ein Verfahren, wenn es nicht möglich ist, den gleichen *output* mit günstigeren *input*

---

171 Cooter/Ulen, S. 50 f.; 1st ed., S. 12; Eidenmüller, S. 427; Biard, S. 127 f.

172 Im Ergebnis zustimmend, Poelzig, S. 367, 395.

173 Mit Kritik am Begriff, aber die Operabilität für die Rechtswissenschaften bejahend solange Konsens über Kosten- und Vorteilskategorien besteht, Hutter/teubner, in: Fuchs/Göbel, 110, 128 f.

174 Dass tatsächlich sowohl Anlageentscheidungen als auch Rechtsdurchsetzung in vielen Fällen irrational sind steht dem nicht entgegen solange der „Durchschnittsanleger" immer noch vernünftig/rational handelt; zum „irrationalen" Anleger, Poelzig, S. 366.

175 Geld ermöglicht einen quantifizierbaren Vergleich, im Gegensatz zu einem qualitativen Vergleich zwischen mehreren individuellen Präferenzen, Hutter/teubner, in: Fuchs/Göbel, 110, 127.

176 Vgl. Gutachten A 70. DJT, S. 25 mwN in Fn. 93.

Kosten zu erreichen oder wenn ein höherer *output* mit dem gleichen *input* nicht möglich ist.[177] Die Allokationseffizienz liegt iSd *Pareto-Effizienz* vor, wenn die Lage einer Person nicht mehr verbessert werden kann, ohne dass sich die Lage einer anderen Person verschlechtert.[178]

Augenscheinlich ist die *Pareto-Effizienz* für die Bewertung von Zivilverfahren ungeeignet.[179] Leistungsklagen haben immer die Verschlechterung einer Position zur Folge, dies ist ein inhärenter Bestandteil des Zivilverfahrens. Anstelle einer Bewertung anhand des *Pareto* Maßstabes wird daher eine Bewertung anhand des *Kaldor-Hicks* Maßstabes vorgenommen.[180] Dann ist es immer noch effizient, soweit durch die erlangten Vorteile die Nachteile kompensiert werden können und ein weiterer Mehrwert verbleibt.[181] Ein Verfahren kann dann effizient sein, auch wenn eine Partei dadurch geschädigt wird, solange es insgesamt zu einer Verbesserung führt. Solange der Nachteil einer Partei durch die gesamten Zugewinne kompensiert werden könnte, wäre das Verfahren iSd *Kaldor-Hicks* Maßstabes effizient.[182] Dies stellt sich dann als utilitaristische Kosten-Nutzen-Analyse dar.[183]

Transaktionskosten

Der Begriff der Transaktionskosten wurde ursprünglich in der Neuen Institutionenökonomik erörtert. In einem hypothetischen System ohne Transaktionskosten wäre es möglich, jede denkbare Form der Ressourcennutzung für jeden individuell zu regeln.[184] In der Realität fallen für jede Form der

177 „*1. It is not possible to produce the same output of using a lower-cost combination of inputs, or 2. It is not possible to produce more output using the same combination of inputs.*", Cooter/Ulen, S. 13.

178 Eidenmüller, S. 48; vgl. Cooter/Ulen, S. 14; Staudinger-Eckpfeiler\Honsell, B. Einl. zum BGB Rn. 71.

179 Cooter/Ulen, 1st ed., S. 499; Allen et al., S. 4; „unbrauchbar", Eidenmüller, S. 49 f.

180 Eidenmüller, S. 51, 172.

181 Stark vereinfacht; durch die vereinfachte Kosten-Nutzen-Analyse beliebt bei Policy Makern vgl. Allen et al., S. 5; der Optimierungsmaßstab nach der ökonomischen Analyse des Rechts, Baumann, RNotZ 2007, 297, 298; Poelzig, S. 370.

182 Eine tatsächliche Kompensation muss aber nicht stattfinden, Eidenmüller, S. 51.

183 Detailliert Cooter/Ulen, S. 42; vertieft noch zum utilitarischen Aspekt unter Berücksichtigung der Gesamtwohlfahrt, 1st ed., S. 50 f.

184 Das *Coase* Theorem, Coase, 3 J. L. & Econ. 1, 4 ff. (1960); zur Kritik, Eidenmüller, S. 85 ff.

Kooperation Kosten an, für Verhandlungen, Informationsermittlung oder auch Vertragsüberwachung.[185]

Aus Sicht der ökonomischen Analyse soll die Funktion des Rechts die Abschaffung bzw. Minimierung von Transaktionskosten sein.[186] Dies basiert auf der Annahme, dass rationale Akteure in einem perfekten Markt, mit umfassenden Informationen, in der Lage sind eine perfekte Allokation von Dienstleistungen und Gütern durch Verhandlungen zu erreichen.[187] In der Realität besteht weder ein perfekter Markt noch sind umfassende Informationen verfügbar.[188] Auch ist es nicht möglich, dass Verhandlungen ohne Transaktionskosten erfolgen.[189] Die Aufgabe des Rechts soll dann sein, die bestehenden Kosten soweit zu minimieren, als dass eine „perfekte" Verhandlungssituation erreicht werden kann.[190] Solche Transaktionskosten sind ebenfalls bei Zivilverfahren zu berücksichtigen.[191]

Transaktionskosten sind nicht nur die tatsächlichen Kosten, die im Rahmen eines Austausches erfolgen, sondern auch die „Begleitkosten". Dies kann der Aufwand sein, der für die Informationserlangung aufgebracht werden musste,[192] aber auch der allgemeine Aufwand für Kommunikation, Monitoring und Organisation.[193]

Ein Gerichtsverfahren erzeugt naturgemäß Transaktionskosten. In einem perfekten System könnten Geschädigte ihre Ansprüche ohne „Reibungsverluste" durchsetzen. Tatsächlich müssen sie Aufwendungen für Information und Organisation leisten und anwaltliche Vertretung vergüten. Organisationsaufwand und finanzielle Kosten fallen ebenfalls beim Anspruchsgegner an. Weitere Kosten fallen bei der Organisation des gerichtlichen Verfahrens an. Diese Transaktionskosten können die Kompensation des erlittenen Schadens mindern.[194]

185 Als ökonomisches Äquivalent zur mechanischen Reibung (*friction*), Williamson, 135, 142; „Produktionskosten", Eidenmüller, S. 99 f.

186 Eidenmüller, S. 63 f.

187 Coase, 3 J. L. & Econ. 1, 4 (1960); ungeachtet des Haftungsregimes aaO, 10; als Entwicklung der neuen Institutionenökonomik, vgl. Hosemann, MPPL RP 13/29, 1, 24.

188 Friedman, 13 J. Legal Stud. 379, 388 (1984).

189 Coase, 3 J. L. & Econ. 1, 15 (1960).

190 Cooter/Ulen, 1st ed., S. 99.

191 Cooter/Ulen, S. 242; daraus folgt der Anspruch auf Kostenminimierung im Verfahrensrecht, S. 385.

192 Kalven/Rosenfield, 8 U. Chi. L. Rev. 684, 685 (1941); zu den verringerten Kosten des Kollektivverfahrens, Deffains/Langlais, in: Backhaus et al. (2012), S. 147–177.

193 Vertieft zu Transaktionskosten, Cooter/Ulen, S. 88 f.; Eidenmüller, S. 99 ff.

194 Caskey, 30 JLEO 493, 494, 516 (2013).

Externalitäten

Ein weiterer Begriff, der zu erörtern ist, sind Externalitäten. Dies sind Effekte, die sich außerhalb von (Vertrags-) Beziehungen niederschlagen.[195] Grundsätzlich finden Austauschbeziehungen zwischen zwei Parteien statt. Diese Beziehung ist freiwillig und vom Gedanken des gegenseitigen vorteilhaften Austauschs geprägt. Leistungen sollen nur zwischen den Parteien ausgetauscht werden.

Externalitäten sind die „Beiprodukte", die aus einer Transaktion entstehen und sich außerhalb der Rechtsbeziehung der Transaktionspartner niederschlagen.[196] Diese können sowohl negativ als auch positiv sein. Das klassische Beispiel der negativen Externalität sind Abgase.[197] Diese „schlagen sich nieder" bei einer Vielzahl von anderen Personen (der Allgemeinheit). Für negative Externalitäten gibt es eine Vielzahl von Methoden eine Kompensation herbeizuführen.[198] Naheliegend sind hier z. B. Steuern oder Schadensersatz. Anders verhält es sich mit positiven Externalitäten. Hier entsteht ein positiver Mehrwert aus einer Markttransaktion, die über die Transaktionsteilnehmer hinauswirkt. Solche sind zu fördern, stellen sie doch eine „kostenlose" Verbesserung dar.

Im Rahmen dieser Arbeit stellt das Gerichtsverfahren zwischen den Geschädigten und dem Schädiger eine Austauschbeziehung dar. Im Rahmen des Gerichtsverfahrens kommt es zu einem „Austausch" in Form der Kompensation. Über das Gerichtsverfahren hinaus kommt es aber zu einer regulatorisch positiven Externalität. Denn das Gerichtsverfahren führt durch Abschreckung zu einer stärkeren Normeinhaltung.[199] Durch Minimierung der Transaktionskosten soll das gerichtliche Kollektivverfahren attraktiver werden.

Agency Probleme

Die *agency* Kosten sind ein klassischer Aspekt aus der Prinzipal-Agenten Beziehung.[200] Dies beschreibt die Kosten bzw. Verluste, die durch ein Auseinanderfallen

195 „*[...] choices that ignore costs and benefits to others:*", Stout, in: Drobak, 13, 14.

196 Cooter/Ulen, S. 39 f.; Externalitäten des Gerichtsverfahrens, Shavell, 11 J. Legal Stud. 333, 334 (1982).

197 Vertieft zu Externalitäten, Cooter/Ulen, S. 39 f.; 166 f.

198 Zur Internalisierung von negativen Externalitäten, Becker, 76 J. Pol. Econ. 169, 191 ff. (1968).

199 Vertieft S. 65 f.

200 Beziehung als vergleichbar mit Auftraggeber und Beauftragtem iSd § 675 BGB, Fleischer, ZGR 2001, 1, 7.

der Interessen zwischen Prinzipal und Agenten entstehen.[201] Klassischerweise ist der Anwalt Agent und der Mandant ist der Prinzipal.[202] Als Agent ist er im Sinne des Prinzipals tätig und berät diesen.[203]

Ein *agency* Problem entsteht dann, wenn der Agent einen höheren Profit erreichen kann indem er nicht mehr die Interessen des Prinzipals verfolgt.[204] In Gerichtsverfahren versucht der Mandant seinen Schadensersatz zu maximieren, der Anwalt versucht sein Honorar zu maximieren.[205] Interessendivergenzen können sich bei jedem Honorarmodell ergeben. Es bestehen dann Anreize für den Anwalt (unnötige) Mehr- oder Minderarbeit zu leisten.[206] Die Angleichung der Interessen sowie die Lösung des Konfliktes gelten in der Literatur als die gewichtigsten Probleme für Kollektivverfahren.[207]

In der gängigen Ansicht kann das *agency* Problem durch Überwachung gelöst werden.[208] Der Agent wäre sich der Überwachung bewusst, und wüsste um die Möglichkeit seiner Auswechslung, er würde dann um seine Absetzung zu verhindern im Interesse des Prinzipals agieren. In Kollektivverfahren ist das *agency* Problem aber komplexer.[209] Bereits die übliche Zuordnung von Prinzipal

---

201 Ulen, in: Backhaus et al. (2012), S. 75, 82; am Beispiel des Aktionärs und Vorstand, Armour et al., 6 J. Emp. Leg. Stud. 687, 691 (2009).

202 Für klassische Verfahren akzeptiert, siehe Rubenstein, 57 Vand. L. Rev. 2129, 2162 (2004); in einem Kollektivverfahren ist der Prinzipal schwieriger zu bestimmen, soweit die Definition des *private attorney general* von Rubenstein akzeptiert wird (S. 92) kann der Agent eine Vielzahl von möglichen Prinzipalen haben (u. a. Mandant oder auch die „Öffentlichkeit"), aaO, 2132; siehe Cooter/Rubinfeld, 27 JEL 1067, 1070 (1989); allgemein zur Prinzipal-Agent Beziehung, Jensen/Meckling, 3 J. of Fin. Econ. 305, 308 (1976); ebenso Macey/Miller, 58 U. Chi. L. Rev. 1, 3 (1991).

203 Macey/Miller, 58 U. Chi. L. Rev. 1, 3 (1991).

204 Zerschneidung des Bandes zwischen Mandant-Anwalt, Schäfer, in: Basedow et al., 67, 68.

205 Als Beispiel der Interessendivergenz, Cooter/Rubinfeld, 27 JEL 1067, 1070 (1989); Baetge, RabelsZ 73 (2009), 669, 674.

206 Ausführlich, Cooter/Ulen, S. 168; vertieft S. 110 ff.

207 Rubenstein, 57 Vand. L. Rev. 2129, 2164 (2004).

208 Mit Kosten für den Prinzipal verbunden, Jensen/Meckling, 3 J. of Fin. Econ. 305, 308 (1976).

209 Schwierigkeit der Qualitätsbewertung, Schäfer, in: Basedow et al., 67, 78; Problem der Governance, Issacharoff, 7 Sup. Ct. Rev. 337, 340 (1999); regelmäßige Interessendivergenz, Macey/Miller, 58 U. Chi. L. Rev. 1, 12 (1991); Backhaus, in: Backhaus et al. (2012), S. 69.

und Agent ist komplizierter.[210] Es fehlt zudem der Anreiz für die Geschädigten selbstständig zu überwachen.[211] Zur Überwindung des Problems wird angeregt, dass Dritte Überwachungsaufgaben übernehmen.[212]

Als weitere Lösungsansätze werden zum einen finanzielle Anreize zur besseren Angleichung der Interessen genannt.[213] Andere fordern die stärkere Beteiligung von (stärkeren) Prinzipalen, wieder andere fordern eine stärkere Kontrolle durch die Gerichte.[214]

Das Honorarmodell und die fehlenden Überwachungsanreize sind wohl die Hauptursachen für *agency* Konflikte im Kollektivverfahren.[215] Bestehende Informationsasymmetrien und fehlende Fachkenntnis tun ihr Übriges um den Konflikt zu verschärfen.[216] Bei einer Masse von Geschädigten entsteht eine Lage, in der der Anwalt dann keinem seiner „Mandanten" rechenschaftspflichtig ist.[217]

Der Aspekt der Interessenkonflikte, die sich als Folge von Honorarstrukturen ergeben können, wurde in Europa in der rechtswissenschaftlichen Diskussion bisher noch nicht ausreichend diskutiert. Dies verwundert angesichts der Auswirkungen, die sich auf die Verfahrenspraxis ergeben können.

Das erste Ziel eines Honorarmodells sollte es sein diese Konflikte zu minimieren. Idealerweise sollte ein Gleichklang zwischen den finanziellen Interessen von Prinzipal und Agent erreicht werden.[218] Hier haben sowohl das zeitbasierte Modell als auch das Erfolgshonorarmodell Defizite.[219] Eine vollständige Interessenangleichung kann nicht gewährleistet werden.

---

210 So kreiert der Agent (unternehmerischer Anwalt) durch das Kollektivverfahren erst den Prinzipal (Mandant), Issacharoff, 7 Sup. Ct. Rev. 337, 341 (1999); Resnik, 148 U. Pa. L. Rev. 2119, 2169 (2000).

211 Vgl. *Redman v. Radioshack,* 768 F.3d 622, 629, 635 (7th Cir. 2014); auch weil die Geschädigten verstreut sind und keine Koordinierung erfolgt, Macey/Miller, 58 U. Chi. L. Rev. 1, 3 (1991).

212 Zum Beispiel die Gerichte, Macey/Miller, 58 U. Chi. L. Rev. 1, 3 (1991).

213 Vgl. Jensen/Meckling, 3 J. of Fin. Econ. 305, 308 (1976).

214 Eine detaillierte Darstellung der unterschiedlichen Lösungsansätze mit Nennung der Autoren findet sich bei Rubenstein, 57 Vand. L. Rev. 2129, 2163 f. Fn. 121–126 (2004).

215 Backhaus, 32 Eur J. Law Econ., 225, 228 (2011); Alexander, 48 Stan. L. Rev. 1487, 1520 (1996).

216 Zumindest für Kleinanleger, Xu, 45 Int'l Rev. L & Econ. 23, 26 (2016).

217 Biard, S. 33.

218 Führt zur Verringerung der *agency* Kosten, Macey/Miller, 58 U. Chi. L. Rev. 1, 4 (1991).

219 Vertieft ab S. 110.

Bedingt durch opportunes und nutzenmaximierendes Verhalten der Individuen werden die Interessen von Prinzipal und Agent divergieren. Dieser „Verlust" bzw. die Kosten, die aufgewendet werden müssen, um eine interessengerechte Erledigung zu gewährleisten, werden als *agency* Kosten bezeichnet.[220]

Collective Action Problem

Das *collective action problem* ist ein Standardproblem bei der Organisation von größeren Gruppen. Organisationskosten sind grundsätzlich geringer, wenn die Anzahl der Beteiligten niedrig ist. Je größer eine Gruppe ist, umso mehr Aufwand muss betrieben werden, um einen Konsens über die Organisation der Gruppe zu erreichen.[221] Ebenso erschweren Informationsasymmetrien die erfolgreiche interne Koordination.[222]

Neben den steigenden Kosten ergibt sich bei größeren Gruppen das Problem der *hold-outs*. Dies sind Akteure, die sich einer gütlichen Einigung zunächst verweigern, die Einigung mit allen Akteuren aber notwendig zur Konfliktbeilegung ist. Diese Verweigerungshaltung basiert auf der Erwartung einer höheren Rendite. Diese Verweigerer gehen davon aus, dass der Großteil der Geschädigten sich zunächst mit dem Schädiger einigen wird. Da die Einigung mit allen Geschädigten erforderlich ist, gehen sie davon aus, dass sie mit ihrer Verweigerung am Ende einen höheren „Preis" fordern können, da ihre Zustimmung schließlich notwendig ist. Da jeder Geschädigte diese „Rechnung" durchführt, hätte dies zur Folge, dass niemand zu einer gütlichen Einigung bereit ist.[223] Verwandt damit sind *free-riding* Effekte, Mitnahmeeffekte, die Passivität verursachen.[224]

C. Grundlagen des kollektiven Rechtsschutzes

Zur Vereinfachung werden nachfolgend die Grundlagen des kollektiven Rechtsschutzes in Kürze dargelegt. Diese Konzepte werden im Lauf der Bearbeitung beständig genutzt.

Es liegt in der Natur des kollektiven Rechtsschutzes, dass dieses ein komplexes Verfahren mit einer Vielzahl von Beteiligten ist. Im Rahmen eines solchen Verfahrens müssen unterschiedliche Aspekte geregelt werden. Im Fokus

---

220 Jensen/Meckling, 3 J. of Fin. Econ. 305, 308 (1976).

221 Vgl. Cooter/Ulen, S. 168; vgl. Baetge, RabelsZ 73 (2009), 669, 678.

222 Biard, S. 15, 28.

223 Cooter/Ulen, 1st ed., S. 175.

224 Vgl. Ulen, in: Backhaus et al. (2012), S. 75, 82 f.

stehen: die Beteiligten, die Kostentragungs- und Vergütungsstruktur sowie die Bindungswirkung.

Angefangen werden kann mit der Definition des Begriffs des „Verfahrens des kollektiven Rechtsschutzes".[225] Die Europäische Kommission definiert dieses als:

> ***i)*** *ein rechtliches Verfahren, mit dem zwei oder mehr als zwei natürliche oder juristische Personen gemeinsam oder eine zur Erhebung einer Vertretungsklage befugte Einrichtung die Einstellung einer rechtswidrigen Verhaltensweise verlangen können (kollektives Unterlassungsverfahren) oder* ***ii)*** *ein rechtliches Verfahren, mit dem zwei oder mehr als zwei natürliche oder juristische Personen, die geltend machen, bei einem Massenschadensereignis geschädigt worden zu sein, gemeinsam oder eine zur Erhebung einer Vertretungsklage befugte Einrichtung Schadensersatz verlangen können (kollektives Schadensersatzverfahren).*[226]

Das Massenschadensereignis ist hierbei ein Ereignis, bei dem mindestens zwei Personen geltend machen, durch dasselbe rechtswidrige Verhalten oder durch ähnliches rechtswidriges Verhalten einer oder mehrerer natürlicher oder juristischer Personen geschädigt worden zu sein.[227] Essentiell sind ein gemeinsames Ereignis und mehr als zwei Beteiligte.[228]

Im Kontext von Kollektivverfahren werden Streuschäden und Massenverfahren thematisiert. „Echte" Massenverfahren stellen die Bündelung bzw. Verfahrenskonzentrationen von bestehenden Rechtsdurchsetzungsmaßnahmen dar. Unterstellt wird, dass die individuellen Geschädigten bereits einen Anreiz zur Rechtsdurchsetzung haben.[229] Das klassische Beispiel ist die Verfahrensbündelung oder auch die gemeinsame Durchsetzung durch verschiedene Streitgenossen.[230] Streuschäden stellen hingegen eine Situation dar, bei der es zu massenhaften (relativ) geringen individuellen Schadenseinschlägen gekommen ist, die die individuelle Rechtsdurchsetzung unattraktiv machen aber in der Gesamtheit des Schadens so groß ist, dass eine Durchsetzung notwendig ist.[231]

---

225 Im Rahmen dieser Arbeit wird dies synonym als Kollektivverfahren oder Sammelklage bezeichnet.

226 Empfehlung der Kommission 2013/396/EU, Nr. 3a.

227 Empfehlung der Kommission 2013/396/EU, Nr. 3b.

228 „Bündelung gleichartiger Ansprüche […] gegen denselben Beklagten", Koch, R., DZWIR 2016, 351, 352.

229 Poelzig, S. 42; Gsell, BKR 2021, 521, 523

230 § 147 ZPO; § 59 ff. ZPO.

231 Reimann, Bitburger 2008, 105, 135; Poelzig, S. 40, 137; BT-Drs. 15/5091, S. 1; auch als „Bagatellschäden" bezeichnet, Zirngibl, S. 15; mwN, Vogel, S. 14; Basedow, JZ 2018, 1, 3.

I. Beteiligte

Die Beteiligten, die im Fokus dieser Arbeit stehen sind; Kläger, Beklagte, Anwälte, Gerichte sowie der Staat. Diese werden an dieser Stelle lediglich kurz dargestellt. Eine ausführliche Analyse der unterschiedlichen Anreizwirkungen für die Beteiligten folgt in Teil 2 (S. 101 ff.).

1. Kläger

Die Kläger stellen die zahlenmäßig größte Gruppe der Verfahrensbeteiligten dar. Die Anzahl von Klägern kann bei Verfahren schnell mehrere Tausend erreichen. Zu beachten ist, dass die Kläger nicht alle aktiv am Verfahren beteiligt sein müssen. So kann es zu Streitigkeiten kommen, in denen Geschädigte von einem Vergleich bzw. einem Urteil profitieren, obwohl sie weder aktiv an dem Verfahren teilgenommen haben noch namentlich als Kläger im Verfahren benannt sind oder anderweitig aktiv geworden sind.

Die Kläger in einem kapitalmarktrechtlichen Kollektivverfahren können typische Kleinanleger sein. Der klassische institutionelle Investor bzw. einzelne Großaktionäre dürften ausreichende Anreize haben, um eigenständig ein Individualverfahren zu verfolgen.[232] Der Kleinanleger ist nicht eindeutig gesetzlich definiert, ist wohl aber am ehesten dem Privatanleger gleichzustellen. Dieser ist nach § 1 Abs. 19 Nr. 31 iVm Nr. 33 Kapitalanlagegesetzbuch (KAGB) mit einer Anlage von weniger als 200.000 EUR ausgestattet.[233] Im WpHG werden Privatkunden negativ als solche definiert, die nicht professionelle Kunden sind.[234]

2. Beklagte

Größtenteils sind Beklagte einzelne Unternehmen, teilweise auch mehrere. Üblicherweise sind dies große Unternehmen mit entsprechenden finanziellen Reserven. Kleinere oder mittlere Unternehmen sind nur in den seltensten Fällen Beklagte eines Kollektivverfahrens.[235] Diese sind aufgrund von mangelnden Finanzreserven oftmals kein „rentables" Ziel.

---

232 Was nicht ausschließt, dass auch solche ein Kollektivverfahren einleiten können.

233 Neben anderen Bedingungen, zur Vereinfachung ist es ausreichend auf die Investitionssumme abzustellen.

234 § 67 Abs. 3 WpHG, wobei professionelle Kunden nach § 67 Abs. 2 Nr. 2 WpHG natürliche Personen mit mindestens 2 Mio. EUR Eigenmittel bzw. 20/40 Mio. EUR an Bilanzsumme oder Umsatzerlöse sind.

235 So in den USA, Choi, 57 Vand. L. Rev. 1465, 1473, 1481 (2004).

In einem kapitalmarktrechtlichen Kollektivverfahren sind die typischen Beklagten entweder emittierende Unternehmen oder Intermediäre wie Banken. Beklagte nehmen eine weitaus aktivere Rolle ein als der Großteil der Kläger. Dies ist nur verständlich, da sie bei einer gerichtlichen Niederlage zur Zahlung verurteilt werden. Eine aktive Verteidigung ist daher der Regelfall.[236] In Deutschland selten, aber regelmäßig in den USA, sind die Mitglieder des Vorstandes ebenfalls Beklagte.

3. *Anwälte*

Anwälten kommt eine tragende Sonderrolle zu.[237] Wenn im Kontext dieser Arbeit von Anwälten gesprochen wird, sind regelmäßig Kanzleien gemeint, Einzelanwälte sind aufgrund der Komplexität der Verfahren nur selten tätig. Wenn das Kostenrecht es zulässt, können Anwälte durch Erfolgsvereinbarungen direkt von der Sammelklage profitieren. Darüber hinaus können sie als Vertreter der Kläger im Verfahren größtenteils autonom wirken.[238] Insbesondere bei den Vergleichsverhandlungen kommt den Anwälten hier eine große Gestaltungsmacht zu. In vielen Fällen sind sie bereits im Stadium der Verfahrenseinleitung eine treibende Kraft, so vor allem in den USA. Hier sind Fälle bekannt, in denen Anwälte eine Reihe von „Musterklägern" in ihrem „Mandantenportfolio" haben und bei Kursänderungen Klage einreichen.[239] Solche Extreme dienen üblicherweise nur dem Interesse der beteiligten Anwälte (und werden durch besondere Bedingungen im US-Verfahrensrecht begünstigt, vertieft S. 154 ff.). Nachhaltige positive Effekte auf die Gesamtwohlfahrt können bezweifelt werden.

Anwälte stehen sowohl auf Beklagten- als auch auf Klägerseite. Abhängig von den Vergütungsstrukturen können unterschiedliche Anreize auf sie einwirken. In kapitalmarktrechtlichen Verfahren dürften es vor allem spezialisierte Anwälte sein. Auf Klägerseite haben sich in den letzten Jahren verschiedene „Anlegeranwälte" gebildet. Diese werben offensiv um Geschädigten und suggerieren ihnen, dass ihre (möglicherweise auch nicht durch Pflichtverletzungen entstandenen) Verluste durch Gerichtsverfahren wieder „gerettet" werden können.

---

236 Vgl. Becker, 76 J. Pol. Econ. 169, 195 (1968).

237 Vgl. Kalven/Rosenfield, 8 U. Chi. L. Rev. 684, 715 (1941).

238 Soweit nicht Kläger mit einem größeren Anteil aktiv im Verfahren teilnehmen, die Problematik des nicht überwachten Rechtsbeistandes wird in Teil 2 vertieft dargestellt (S. 108 ff. & S. 111 ff.).

239 Ulen, in: Backhaus et al. (2012), S. 75, 94.

Auf Beklagtenseite werden zumeist größere Wirtschaftskanzleien mandatiert, oftmals international agierende. Je nach Komplexität des Verfahrens werden auch mehrere Kanzleien beauftragt. Ihre Arbeit wird in der Regel durch zeitbasierte Vergütungen abgerechnet, regelmäßig durch stundenbasierte Honorare.

4. *Gerichte*

Die Rolle der Gerichte ist im Vergleich zu Individualverfahren relativ ähnlich geblieben. Durch die Komplexität erhöht sich aber der Arbeitsaufwand. Es obliegt den Gerichten die Führung des Prozesses zu überwachen, den Parteien angemessenen Raum für ihre Beweisführung zu geben und anhand einer Beweiswürdigung zu einer Entscheidung zu kommen. Soweit die Parteien einen Vergleich anstreben, hat das Gericht die anspruchsvolle Aufgabe sicherzustellen, dass die Interessen aller Geschädigten angemessen berücksichtigt werden. Die Anforderungen an das gerichtliche Prozessmanagement sind daher gestiegen.[240]

In kapitalmarktrechtlichen Streitigkeiten ist nicht nur wegen des Streitwerts das Landgericht zuständig, gemäß § 71 Abs. 2 Nr. 3 GVG besteht eine ausschließliche, sachliche Zuständigkeit für Kapitalmarktstreitigkeiten.[241] Je nach Geschäftsverteilungsplan des jeweiligen Gerichtsbezirks wird die zuständige Kammer bestimmt. In der Regel sind dies Bankenkammern. Das jeweilige Verfahren wird in der Praxis oft einem Richter der Kammer als Einzelrichter übertragen. Die gesetzliche vorgesehene Kammerentscheidung nach § 348 Abs. 1 Nr. 2 lit. b) ZPO wird aus Praktikabilitätsgründen durch das Verfahren vor dem Einzelrichter ersetzt.[242] Richter an den Bankenkammern zeichnen sich durch besondere Expertise in den relevanten Gebieten aus. Aufgrund von immer komplexeren Streitigkeiten und gleichbleibenden oder sogar sinkenden Kapazitäten haben auch Gerichte das Problem, dass weniger Zeit pro Verfahren eingesetzt werden kann.[243] Für die Musterverfahren nach dem KapMuG (im Detail auf S. 164 ff.) haben die Oberlandesgerichte eine spezielle Zuständigkeit, die sich aus § 6 KapMuG ergibt.

---

240 Vgl. Bachmann, in: Basedow et al., 379, 392.

241 Auflistung der relevanten Schadensersatzansprüche, MüKo-ZPO\Zimmermann § 71 GVG Rn. 8.

242 Kritisch zur Ressourceneinsparung, Gutachten A 70. DJT, S. 11.

243 Vgl. Mausz et al., DRiZ 2019, 254, 255.

5. *Staat*

Der Staat ist zwar kein originärer Beteiligter in einem Kollektivverfahren, dennoch müssen seine Interessen berücksichtigt werden. Dies ist nicht einfach durchzuführen, denn diese sind nicht homogen. Aufgrund der amorphen Struktur ist eine einheitliche Interessendarstellung des „Staates" unmöglich und wird auch nicht versucht. Im Rahmen der Untersuchung der Effizienz der Verfahrensformen wird aber berücksichtigt, welche Auswirkungen sich für Justiz und auf die Regulierung ergeben.

Je nachdem in welcher Funktion der Staat tätig wird, hat er andere Interessen und verfolgt andere Ziele. Eine systematische Analyse wird auch dadurch erschwert, dass der Staat nicht uniform agiert. Je nach Funktion unterscheidet sich die Arbeitsweise.

Der Staat setzt die Grundlagen für das gesamte Rechtswesen. Nicht nur durch die rechtssprechende Gewalt, sondern als Gesetzgeber und auch durch die Verwaltung. Innerhalb der Gewalten agiert der Staat aber nicht homogen. Durch die Legislative (bzw. soweit möglich die Exekutive) ist der Staat die rechtssetzende Instanz. Dies beinhaltet das relevante Verfahrensrecht sowie das materielle Haftungsrecht. Multiple Faktoren bestimmen sein Tun bzw. setzen verschiedene Anreize.

Bei sämtlichen Aktionen des Staates im Bereich der Kapitalmarktregulierung sind unterschiedliche Interessen zu berücksichtigen. Einerseits soll der Kapitalmarkt als attraktive Investitionsmöglichkeit gewahrt werden, daneben soll auch die Kapitalbeschaffungsfunktion gewährleistet werden. Die Regulierungskosten für den Staat sollen geringgehalten werden, gleichzeitig soll der Aufwand für die Regulierten nicht überhandnehmen. Verbraucher- und Anlegerschutz[244] sollen gestärkt werden, ohne dass das Wirtschaftswachstum leidet. Reformansätze, die die Durchsetzung von Schadensersatzansprüchen erleichtern, werden im Hinblick auf eine Beibehaltung von günstigen Rahmenbedingungen für Unternehmen kritisch bewertet. Diese Interessen des Verbraucherschutzes und der Wirtschaftsförderung stehen sich teilweise diametral gegenüber. Einen perfekten Ausgleich zu finden ist nicht immer möglich.

Während die Justiz Interesse an einer höheren Personaleinstellung hat, hat die Verwaltung, insbesondere der Teil, der für den Finanzhaushalt zuständig ist, das Interesse Kosten zu begrenzen. Regulierer haben das Interesse an einer

---

244 Zur problematischen Abgrenzung von Anleger und Verbraucher, Veil, ZGR 2014, 544, 547 f.

umfassenden *Compliance* der Regulierten. Die Exekutive könnte stattdessen das Interesse haben die Regulierungsdichte zu reduzieren, um Investitionen zu erhöhen. Die Interessen und Anreize sind heterogen und können sich erheblich unterscheiden.

II. Bindungswirkung einer Entscheidung

Entscheidendes Element des kollektiven Rechtsschutzes ist die Bindungswirkung der Entscheidung.[245] Der klassische Ansatz des Zwei-Parteien Prozesses mit einer *inter partes* Wirkung besteht nicht uneingeschränkt. Hier sind die Grenzen auszuloten; zwischen einer überbordenden Allgemeinwirkung ohne Mitwirkungsmöglichkeiten des Einzelnen und übermäßig komplexen Lösungen, die aus einem effizienten Kollektivverfahren wieder ein faktisches Individualverfahren machen.

Als typisches Element des Kollektivverfahrens ist festzuhalten, dass die Bindung über die des Zwei-Parteien Verfahrens hinausgeht. Problematisch ist, wie diese Bindungswirkung erreicht werden soll. Hier wird zwischen *opt-in* und *opt-out* Verfahren unterschieden. Bei der *opt-in* Klage muss jeder Betroffene seinen Teilnahmewillen ausdrücklich erklären. Bei der *opt-out* Klage hingegen wird ein generelles Einverständnis der Betroffenen vermutet. Hier wird im Namen *aller* Betroffenen geklagt, diese sind von der Bindungswirkung umfasst. Ein Betroffener muss aktiv sein Ausscheiden erklären, er ist dann frei eine separate Individualklage zu verfolgen.[246]

III. Kosten der Verfahren, ihre Erhebung und ihre Verteilung

Die Einleitung eines Kollektivverfahrens benötigt Arbeitsleistung von Gerichten und den Beteiligten. Ressourcen (der Verwaltung, von Klägern, Beklagten, den Rechtsbeiständen und dem Justizwesen) werden für die Organisation des Verfahrens „aufgebraucht".

Es stellt sich die Frage, wie diese Kosten aufzuteilen sind. Für den Anfang lassen sich die Kosten in zwei Positionen aufteilen. Diese sind: Gerichtskosten, die an das Justizwesen das Verfahren zu zahlen sind, sowie die Rechtsverfolgungs- und Abwehrkosten, die den Parteien des Verfahrens anfallen. Hinsichtlich der

245 Bindungswirkung als Beiwerk („*incidental*"), KALVEN/ROSENFIELD, 8 U. Chi. L. Rev. 684, 711 (1941).

246 POELZIG, S. 386.

Kostentragung und der Erhebung bestehen hier erhebliche Unterschiede zwischen verschiedenen Jurisdiktionen.

1. Gesetzliche Grundlage der Gerichtskosten in Deutschland

Gerichtskosten sind die Kosten, die von den Parteien direkt an das Justizwesen gezahlt werden. Diese Kosten stellen eine Gegenleistung der Parteien für die Inanspruchnahme der Gerichte dar.[247] Diese Kosten entsprechen aber nicht den tatsächlichen Ausgaben der Justiz und stellten nur einen „Zuschuss" dar. Die Gerichtsgebühren dienen vielmehr dazu Anreize für oder gegen Gerichtsverfahren zu setzen.[248] Hohe Gerichtskosten verbunden mit Kostentragungsregeln, die der unterlegenen Partei die Kosten aufbürden (sogenannte *English rule*, vorherrschendes Prinzip der Kostentragung[249]), führen zu geringerer Klagebereitschaft.[250]

Geringere Gerichtsgebühren, teilweise auch gebündelt mit Kostentragungsregeln, die nicht nur die unterlegene Partei belasten, machen das Kostenrisiko eines Prozesses überschaubarer. Die Klagebereitschaft in solchen Systemen ist generell höher.

Die Gerichtskosten sind in Deutschland durch das Gerichtskostengesetz (GKG) geregelt. Die Höhe bestimmt sich gem. § 3 GKG nach dem Streitwert. Ein höherer Streitwert führt zu höheren Gebühren. Die Steigerung ist nicht linear, sondern ist in einzelne Stufen eingeteilt.[251] Die Gerichtsgebühren betragen mindestens 105 EUR in der ersten Instanz.[252] Diese (vergleichsweise) hohen Gebühren machen die klageweise Durchsetzung von niedrigem Schadensersatz unattraktiv.[253]

Diese Gerichtsgebühren können bei jedem Verfahren als fixe Kosten berücksichtigt werden. Die Höhe steht bereits bei der Eröffnung des Verfahrens fest

---

247 Binz/Dörndorfer/Petzold/Zimmermann\Zimmermann, § 1 GKG Rn. 6; als Justizsteuer, Beck-OK-Kostenrecht\Semmelbeck § 22 GKG Rn. 2.

248 Gutachten A 70. DJT, S. 106 f.

249 Vgl. Olson, Point of Law v. 21.05.2004.

250 „Klagewert" ist höher, wenn Verfahrenskosten niedrig sind, Cooter/Rubinfeld, 27 JEL 1067, 1082 (1989).

251 Anlage 2 zu § 34 GKG.

252 3,0-facher Satz gem. Nr. 1210 der Anlage 1 zu § 3 Abs. 2 GKG iVm einer Gebühr von 35 EUR für Streitwerte unter 500 EUR gem. Anlage 2 zu § 34 GKG.

253 Hass, S. 12; vgl. LG München, Urt. v. 07.02.2020 – Az. 37 O 18934/17, BeckRS 2020, 841, Rn. 93 ff.

und wird sich nur in den seltensten Fällen verändern (so z. B. bei der Streitwertanpassung). Im Falle eines Vergleichs reduzieren sich die Gebühren weiter auf ein Drittel.[254] Die in der Praxis häufig vorkommende Widerklage spielt bei Kollektivverfahren keine Rolle. Neben den fixen Gerichtsgebühren können noch weitere Auslagen wie für Sachverständige oder Zeugen hinzukommen, diese dürften aber in der Regel bei kapitalmarktrechtlichen Streitigkeiten keine allzu große Rolle spielen und werden, auch um die Rechnungen zu vereinfachen, ausgeblendet.

Als Beispiel für die Höhe können wir nun von einem Kapitalanleger mit einem finanziellen Schaden von 1.000 EUR ausgehen. In diesem Fall sind die Gerichtsgebühren wie folgt:

Ein Streitwert 1.000 EUR führt gem. Anlage 2 zu § 34 GKG zu einer Gebühr von 58 EUR. Das erstinstanzliche Verfahren wird nach Nr. 1210 der Anlage 1 zu § 3 GKG mit einer 3-fachen Gebühr berechnet. Die Gerichtskosten betragen dann 174 EUR.

Im europäischen Vergleich sind die deutschen Gebühren als durchschnittlich einzustufen. So wird für ein Verfahren mit gleichem Streitwert im Vereinten Königreich 6 GBP fällig,[255] in Frankreich 35 EUR,[256] in Italien 43 EUR,[257] zwischen 79 und 223 EUR in den Niederlanden[258] und 150 oder 300 EUR in Spanien.[259] In New York, USA verursacht ein Anspruch von 1.000 USD eine *filing fee* von 15 USD.[260]

---

254 Nr. 1211 der Anlage 1 zu § 3 Abs. 2 GKG.

255 Ca. 73 EUR (Kurs v. 08.06.2020) Schedule 1 to Art. 2 of The Civil Proceedings Fees Order 2008.

256 Grundsätzliche Kostenfreiheit für Verfahren, Erwerb einer Steuermarke (35 EUR) als Zulässigkeitsvoraussetzung, Art. 54 de Loi 2011-900 du 29.06.2011.

257 Art. 13 Testo unico delle disposizioni legislative e regolamentari in materia di spese di giustizia.

258 Einkommensabhängig (höher für juristische Personen), siehe Bijlage zu Wet griffierechten burgerlijke zaken.

259 Streitwertunabhängige Pauschalgebühr, unterschiedlich für vereinfachte und normale Verfahren, Art. 7 Ley 10/2012 de 20.11.2012.

260 Sec. 1803 (a) New York City Civ. Court Act, the Uniform District Court Act and the Uniform City Court Act; grundsätzlich seien Gerichtskosten in den USA vernachlässigbar, Zirngibl, S. 89.

2. *Rechtsverfolgungs- und Abwehrkosten*

Weiterhin bestehen Rechtsverfolgungs- und Abwehrkosten. Diese Kosten lassen sich aufteilen in (schnell) bestimmbare Kosten sowie unbestimmbare bzw. schwer bestimmbare Kosten (z. B. der Zeit- und Organisationsaufwand). Diese fallen in unterschiedlicher Höhe für Kläger und Beklagten an. Abhängig ist dies von dem gewählten Vergütungsmodell und den anwendbaren Kostentragungsregeln.

a) Klägerkosten

Den Klägern fallen zunächst die direkten Kosten für die Rechtsverfolgung an. Hauptsächlich das Honorar für den Rechtsbeistand aber auch, falls notwendig, Gutachterkosten und Gerichtsgebühren. In den Staaten mit *English rule* kann der Kläger diese Kosten bei Obsiegen (teilweise) vom Beklagten zurückfordern.

Daneben fallen noch indirekte Kosten an, die Verfahrensorganisation, Informationskosten und der generelle zeitliche Aufwand.[261] Während die direkten Kosten gut berechenbar sind, sieht es bei den indirekten Kosten anders aus. Welchen Wert der Faktor Zeit oder Aufwand hat, ist von Kläger zu Kläger verschieden. Erschwert wird die Berechnung der indirekten Kosten dadurch, dass nicht alle Kläger im gleichen Maße diese Kosten aufwenden. Bei Kollektivverfahren ist es üblich, dass es einen oder wenige aktive „Leitkläger“ gibt, die sich um die Organisation des Verfahrens kümmern. Dem gegenüber steht eine Vielzahl von passiven Klägern, denen diese indirekten Kosten nicht anfallen. Dennoch werden diese passiven Kläger im späteren Verlauf von einem positiven Verfahrensausgang profitieren.[262]

Soweit eine streitwertabhängige Vergütung vorliegt, sind die Anwaltsgebühren anhand des Rechtsanwaltsvergütungsgesetzes (RVG) noch recht simpel zu kalkulieren.[263] Jedoch ist zu bedenken, dass durch die Komplexität und den anspruchsvollen Fragen des Kapitalmarktrechts nur Spezialisten für solche Verfahren geeignet sind. Dass diese eine Vergütung nach dem RVG akzeptieren, kann bezweifelt werden.[264]

Die Kosten für den Rechtsbeistand können arbeitsabhängig, erfolgsabhängig oder pauschal erhoben werden.[265] Die Erfolgsbeteiligung beteiligt den Anwalt am finanziellen Erfolg der Klage. Die anderen Vergütungsmodelle sichern ihm

---

261 Hass, S. 13.
262 Je nach Ausgestaltung des Verfahrens aber möglicherweise nicht im gleichen Maße.
263 § 13 RVG iVm Anlage 1.
264 Vgl. Wolf/Flegler, NJW 2018, 3586.
265 Variationen oder Kombinationen sind möglich, detailliert infra S. 110 f.

eine Bezahlung auch im Falle des Unterliegens. Das Erfolgs- und Pauschalhonorar sichern den Klägern eine Kostenbegrenzung. Die Kosten der arbeitsabhängigen Vergütung lassen sich im Vorfeld einer Klage nicht immer einwandfrei einschätzen. Die verschiedenen Formen der Vergütung sowie die daraus resultierenden Anreizeffekte auf die Beteiligten werden ausführlich im Kapitel Anreizwirkungen untersucht (S. 110 f.).

b) Beklagtenkosten

Die Beklagtenkosten bestehen üblicherweise in dem Honorar für den Rechtsbeistand sowie den internen Kosten für die Bearbeitung des Verfahrens. Üblicherweise erhalten die Anwälte von Beklagten ein zeitbasiertes Honorar.

Daneben fällt den Beklagten ein Arbeitsaufwand für die interne Bearbeitung des Verfahrens an. Dies beinhaltet beispielsweise den Personalaufwand, um notwendige Dokumente aufzubereiten und den Sachverhalt mit den Rechtsbeiständen zu besprechen.[266]

Darüber hinaus können sich nicht-finanzielle Kosten ergeben. Verfahren können Reputationskosten auslösen,[267] welche die Marktsituation und den Aktienkurs negativ beeinträchtigen können.[268] Ebenso kann das Kundenvertrauen durch das Verfahren schwinden.

3. Verteilung der Kosten

Ein großer Aspekt bei jedem Rechtsstreit ist die Frage, wer die Kosten nach Beendigung des Verfahrens zu tragen hat. Dabei wird zwischen der *American* und der *English rule* unterschieden. Bei Anwendung der *American rule* trägt jede Partei ihre eigenen Kosten. Die *English rule* hingegen operiert nach dem Prinzip *loser pays*, die unterlegene Partei trägt die Kosten des gesamten Rechtsstreites. Deutschland, wie auch die meisten Länder der Welt,[269] hat die *English rule* in seinem Prozessrecht (§ 91 ZPO) verankert.

Im Falle des Unterliegens muss die unterlegene Partei die dem Gegner angefallenen Kosten sowie die Gerichtsgebühren übernehmen. Diese Übernahme stellt eine Art Kompensation für die obsiegende Partei dar.[270] Denn hätte die unterlegene Partei das Verfahren nicht initiiert oder den Anspruch sofort anerkannt,

---

266 Vgl. Raeschke-Kessler, NJW 2019, 2678, 2679.
267 Zirngibl, S. 23.
268 Hensler, 11 Duke J. of Comp. & Int'l L. 179, 190 (2001).
269 Vgl. OLSON, Point of Law v. 21.05.2004.
270 „Unterliegenshaftung“, MüKo-ZPO\Schulz, § 91 Rn. 1.

wären der obsiegenden Partei nicht die Kosten entstanden. Bei teilweisem Unterliegen müssen die Kosten anteilig übernommen werden (§ 92 ZPO). Dies folgt dem Prinzip der Kostenverursachung. Das *loser pays* Prinzip ist nicht „Strafe" für unbegründetes Prozessieren, sondern soll ein Ausdruck des Veranlasserprinzips sein.[271]

Die unterlegene Partei muss jedoch nicht die tatsächlichen Aufwendungen für den Rechtsbeistand des Gegners tragen.[272] Eine solche Kostenregel würde nur zu „Anwaltsschlachten" führen. Nach § 91 Abs. 2 ZPO sind die gesetzlichen Gebühren zu erstatten, welche im RVG geregelt sind.[273] Im obigen Beispiel von 1.000 EUR führt dies zu 285,60 EUR.[274]

Diese Kosten gliedern sich auf in eine Verfahrensgebühr iHv 114,40 EUR (Nr. 3100, 1008 VV RVG), eine Terminsgebühr iHv 105,60 EUR (Nr. 3104 VV RVG), Auslagen iHv 20,00 EUR (Nr. 7001, 7002 VV RVG) sowie die Mehrwertsteuer iHv 45,60 EUR. Im Falle des Unterliegens sind auch die gegnerischen Kosten in gleicher Höhe zu tragen. Daneben sind noch Gerichtskosten iHv 174,00 EUR zu tragen (Nr. 1210 KV GKG). Das Kostenrisiko im Falle des Unterliegens beträgt für Kläger somit 745,20 EUR ca. 75 % des geltend gemachten Schadens.[275]

Die Frage nach dem Kostenrisiko beeinflusst maßgeblich die Klagebereitschaft. Bei Anwendung der *American rule* hat der Kläger nur seine eigenen Kosten zu tragen. Soweit der Klägeranwalt ein Erfolgshonorar akzeptiert, hat er sogar keinerlei Kosten zu schultern. Bei der *English rule* muss der Kläger einkalkulieren, dass er bei Unterliegen nicht nur seine eigenen Kosten zu zahlen hat, sondern auch die des obsiegenden Beklagten.

Häufig wird daher auch die Anwendung der *English rule* als Abschreckungsfaktor für voreilige Klagen genannt. Die *American rule* wird gleichzeitig als Erklärung für eine klagefreudige Gesellschaft wahrgenommen.[276]

---

271 Vgl. MüKo-ZPO\Schulz, Vorbem. zu den §§ 91 ff. Rn. 26, 27; ebenso BeckOK-GKG\Semmelbeck Vorbem. zu § 22 GKG, Rn. 2a.

272 Eine solche Kostenübernahme ist bei Schiedsverfahren nicht grundsätzlich ausgeschlossen, vgl. Raeschke-Kessler, NJW 2019, 2678, 2680.

273 BeckOK-ZPO\Jaspersen/Wache, § 91 ZPO Rn. 166.

274 VV3100 1,3-fache Verfahrensgebühr, VV3102 1,2-fache Terminsgebühr; Auslagen und 19 % MwSt.

275 Weitere außergerichtliche Kosten wurden nicht berücksichtigt.

276 Vgl. Stadler, VuR 2011, 79; Warren, 37 Brook. J. Int'l L. 1076, 1085 f.; als Kollektivverfahren im weiteren und engeren Sinn bezeichnet, BeckOK-ZPO\Lutz § 606 ZPO Rn. 3.1.

IV. Verfahrensformen

Kollektivverfahren können in unterschiedlichster Form auftreten. Teilweise bestehen einzelne Formen nur in einigen Ländern, teilweise sind auch mehrere Formen vertreten.[277] In der deutschen Aufarbeitung des Themenkomplexes wird nicht immer klar zwischen den verschiedenen Formen unterschieden.[278] In diesem Abschnitt werden die verschiedenen Formen nur angerissen, eine vertiefte Auseinandersetzung erfolgt später.

Grundsätzlich bestehen zwei Formen, wie mit Massen- und Streuschäden gerichtlich verfahren werden kann. Zum einen besteht die Möglichkeit der genuinen Kollektivverfahren, bei denen eine Person im Namen von anderen Geschädigten als Repräsentant agiert, zum anderen solche Verfahren, die bestehende individuelle Durchsetzungen konsolidieren und bündeln.[279]

Die gängigen Formen sind:

Kollektivklagen: Hier bilden die Geschädigten eine Gruppe, die gemeinsam vorgeht. Die tatsächliche Durchsetzung wird häufig durch einen Repräsentanten durchgeführt. Das bekannteste Beispiel ist die *class action* nach US-amerikanischem Prinzip (ausführlich S. 150 ff.).

Kollektivvergleiche: Diese ähnelt stark der Kollektivklage, mit dem Unterschied, dass ein Verfahren eingeleitet wird, um einen Vergleich zu erzielen. Zwar enden viele der Kollektivklagen ebenfalls in einem Vergleich, können auch in einem Urteil enden. Bei einem Kollektivvergleich ist ein Urteil hingegen nicht vorgesehen. Am bekanntesten ist das WCAM Verfahren in den Niederlanden. Dieses ist größtenteils außergerichtlich organisiert (ausführlich S. 143 ff.).

Das Modell des „privilegierten Klägers" lässt sich in unterschiedlichen Varianten finden. In Deutschland ist die Verbandsklage die wohl bekannteste Variante. Es ist möglich, dass diese von Interessenverbänden im öffentlichen Interesse durchgeführt wird (ausführlich S. 176 ff.).

Musterverfahren: Diese sind eine etablierte Form, um eine Bindungswirkung über den *inter partes* Bereich hinaus zu erreichen. Man könnte bereits in einem Urteil einer weiteren gerichtlichen Instanz ein Proto-Musterverfahren erkennen, denn hier wird eine „Leitentscheidung" für einen Streitgegenstand etabliert. Ein fortgeschrittenes Modell stellen komplexe Musterverfahren dar. Die Urteile in

---

277 Eine Darstellung der europäischen Verfahrensformen MONTAG, ZRP 2013, 172, 173.

278 MÜLLER/STEINEKE, RuP 2016, 98.

279 CALABRESI/SCHWARTZ, 32 Eur. J. Law Econ. 169, 170 (2011); BIARD, S. 46 f., 209.

diesen Verfahren können eine größere Reichweite haben. Ein Beispiel hierfür ist das Kapitalanleger-Musterverfahrensgesetz (KapMuG) (ausführlich S. 160 ff.).

Pooling von Ansprüchen ist wohl die einfachste Form eines Kollektivverfahrens.[280] In dieser Version lässt sich eine (juristische oder natürliche) Person die Ansprüche von einer Vielzahl von Geschädigten abtreten, um diese in eigenem Namen zu verfolgen. Die Zedenten der Ansprüche lassen sich diese entweder direkt bei Abtretung vergüten oder werden im Erfolgsfall an der erstrittenen Summe *pro rata* beteiligt (ausführlich S. 135 ff.).

Zusammenfassung

Trotz neuer Termini bleibt der kollektive Rechtsschutz weiterhin in den Strukturen des Zivilprozessrechts verankert. Lediglich die Komplexität des Verfahrens erweitert sich. Die bisher bekannten Muster lassen sich aber auch hier wiederfinden. Immer geht es um die Frage, welche Anreize den Beteiligten geboten werden und wie diese Verfahren effizienter gestaltet werden können. Diese kurze Darstellung soll nur eine kleine Einführung in die wichtigsten Begriffe geben, eine ausführliche Auseinandersetzung erfolgt in den späteren Kapiteln.

D. Regulierungseffekte des kollektiven Rechtsschutzes

Die klassische Definition sieht Regulierung als nachhaltige und fokussierte Kontrolle von Verhalten anhand von etablierten Werten einer Gemeinschaft durch einen öffentlichen Akteur.[281] Dabei ist Ziel der (Markt)Regulierung bestehende Ineffizienzen zu beseitigen und Marktversagen zu verhindern.[282] Die typische Assoziation des Regulierers ist der Gesetzgeber, der durch Normsetzung das Verhalten der Gesellschaft beeinflusst, oder es versucht.[283] Die moderne Ansicht sieht Regulierung aber nicht nur in der Herstellung von „starken" Normen durch öffentliche Akteure, auch Private können regulierend tätig werden.[284] Zudem sind „starke" Normen nicht zwingend, Regulierung kann ebenso durch *soft law* oder *best practice standards* erreicht werden.[285]

---

280 Die tatsächliche Qualifikation als Kollektivverfahren ist streitig.

281 Vgl. Lodge/Wegrich, S. 17; als engste Definition „spezifisches Set von rechtlichen Befehlen" ["specified set of legal command"], aaO, S. 15.

282 Stark vereinfacht, detailliert Lodge/Wegrich, S. 18 ff.

283 Vgl. Eidenmüller, S. 3.

284 Detailliert zur Selbstregulierung Lodge/Wegrich, S. 102 ff.

285 Zum Begriff „Recht", Spiesshofer, IWRZ 2018, 145.

Traditionell wird Regulierung präventiv verstanden. Regeln werden etabliert, die den Handlungsspielraum bestimmen.[286] Alternativ zum präventiven Modell steht der *ex-post* Ansatz. Bei diesem erzeugt die Sanktionierung des Fehlverhaltens einen Abschreckungseffekt, der zu einer Verhaltensänderung führen soll. Es stellt sich nun die Folgefrage, ob prozessuale Instrumente dazu geeignet sind, ein Instrument solcher *post* Regulierung zu sein.[287]

Um diese Frage zu klären ist es zunächst notwendig zu ermitteln, welche Ziele mit „klassischer" Regulierung verfolgt werden[288] und dann in einem zweiten Schritt zu klären, ob Kollektivverfahren geeignet sind diese zu erreichen.

I. Modelle der Regulierung

Im Hinblick auf Regulierungsmodelle existieren zwei Ansätze, der *ex-ante* und der *ex-post* Ansatz.[289] Im *ex-ante* Ansatz werden Zugangsbeschränkungen für den Markt errichtet.[290] Teilnehmer können nur auf dem Markt agieren, soweit sie die geltenden Normen einhalten. Die Nichteinhaltung führt zum Ausschluss vom Markt.[291] Der *ex-post* Ansatz ist von der Haftung geprägt.[292] Der Marktzugang ist recht offen, die Teilnahme ist ohne weitere Beschränkungen möglich. Die Teilnahme am Markt unterliegt weiterhin den geltenden Normen, nur die Konsequenz der Nichteinhaltung unterscheidet sich. Während der *ex-ante* Ansatz den Ausschluss vom Markt vorsieht, sollen nach dem *ex-post* Ansatz die finanziellen Folgen der Nichteinhaltung getragen werden. Das regulatorische Ziel wird durch die finanzielle Haftung erreicht.[293]

Durch das „Einpreisen" einer Sanktion soll eine Verhaltensänderung bewirkt werden mit dem Ziel, dass bei ökonomischer Betrachtung das rechtskonforme

---

286 Vgl. Eidenmüller, JZ 2005, 216, 217.

287 Kritisch gegenüber der *class action* (sieht keinen positiven Effekt für die Aktionäre) Bergmeister, S. 325.

288 Effizienz als Leitbild von Regulierung, Lodge/Wegrich, S. 2.

289 Als Teilelemente einer größeren Betrachtungsweise, Biard, S. 22.

290 Als präventive Regulierung bezeichnet, Poelzig, S. 17.

291 Z. B. Börsenausschluss, vgl. Grunewald/Schlitt, § 15 II Nr. 3; mwN Stöhr, 23 JFRC 73, 80 (2015).

292 Kritisch hinsichtlich der Berücksichtigung von öffentlichen Interessen Koch, 11 Duke J. of Comp. & Int'l L. 355, 358 (2001); Missbrauchsaufsicht im Kartellrecht als Beispiel, Poelzig, S. 135 f.

293 *„regulating after the fact"*, Issacharoff, 44 Loy. U. Ch. L. J. 369, 384 (2012), frühe US Regulierung als *laissez-faire "blue sky laws"* Brummer, 84 Fordham L. Rev. 977, 983 (2015); vertieft Poelzig, S. 52 f.

Verhalten günstiger ist.[294] Die Sanktionen dienen als Abschreckung gegenüber unerwünschtem Handeln.[295] Möglich ist es, dass ein Marktteilnehmer, der mehrfach die geltenden Normen missachtet, weiterhin am Markt tätig bleibt, sollte er die Sanktionen finanziell verkraften. Hierfür muss er aber die negativen Konsequenzen in Form des Schadensersatzes bzw. der Sanktion wieder internalisieren.[296]

Sowohl der *ex-ante* als auch der *ex-post* Ansatz werden hier in ihrer extremen Form dargestellt. Diese Pole sind lediglich theoretischer Natur und dienen zur Veranschaulichung. Die heutigen Regulierungsmodelle nutzen Aspekte aus beiden Ansätzen.[297] So besteht auch die deutsche Kapitalmarktregulierung aus Fragen der Zulassung zum organisierten Markt und beinhaltet darüber hinaus ein Haftungsregime für die Beteiligten.

1. Ex-ante Regulierung

Bei einer Regulierung, die sich am *ex-ante* Ansatz orientiert, erscheint die öffentliche Hand als Wächter über den Zugang naheliegend. Der Staat nimmt eine zentrale Rolle ein.[298] Durch das Gewaltmonopol verbleibt das Vollstreckungsprivileg beim Staat.[299] Die zuständigen Stellen, die die Regulierung aktiv betreiben, sind idealerweise politisch unabhängig.[300] Zu erwarten ist eine Bündelung der notwendigen Informationen bei staatlichen Akteuren. Die Vollstreckung der „Sanktion“ (der Ausschluss) ist mit höheren Kosten verbunden. Auch in selbstregulierenden Organisationen ist zu beobachten, dass die Regulierung durch

---

294 Buell, 82 U. Cin. L. Rev. 505, 509 (2013); Bergmeister, S. 20; Dam, 4 J. Legal Stud. 47, 49 (1975); Macey/Miller, 58 U. Chi. L. Rev. 1, 61 (1991); vgl. Lodge/Wegrich, S. 73; Alexander, 48 Stan. L. Rev. 1487, 1489, 1493 (1996); Poelzig, S. 362, 368.

295 Shavell, 34 JEL 255, 258 (1993); Eidenmüller, JZ 2005, 216, 218; Poelzig, S. 17, 434; grundlegend zur Abschreckung, Becker, 76 J. Pol. Econ. 169, 176 ff. (1968).

296 Vgl. Coase, 3 J.L. & Econ. 1, 3 (1960).

297 Heutige Regulierungsarchitektur stellt sich nicht als „Entweder-Oder“ sondern als „Sowohl-Als-Auch“ dar, Reimann, Bitburger 2008, 105, 127; Friedman, 13 J. Legal Stud. 379 (1984); mwN Hopt, WM 2013, 101, 102, 111; vgl. La-Porta et al., 46 JEL 285, 307, 309 (2008); vgl. Vogel, S. 5; Wirtschaftsrecht grundsätzlich als Hybrid zwischen Privat- und öffentlichem Recht, Fikentscher, § 2 I 2, 3.

298 Auch als Ausprägung von *civil law* Ländern, La-Porta et al., 46 JEL 285, 286 (2008); vgl. Bruns, NJW 2018, 2753, 2754.

299 Vgl. Koch, 11 Duke J. of Comp. & Int'l L. 355, 358 (2001).

300 Lodge/Wegrich, S. 3.

eine zentrale Stelle übernommen wird. Es besteht eine vertikale Struktur, in der die Vollstreckung durch Regulierer gegenüber Regulierten durchgeführt wird.[301]

In einem staatlich geprägten *ex-ante* Modell bestimmt der Staat über die Sanktion alleine. Es kann sogar argumentiert werden, dass auf die Mitwirkung von anderen Teilnehmern verzichtet werden muss. Denn diese interagieren untereinander und stehen sich teilweise als Konkurrenten gegenüber. Die Beteiligung von konkurrierenden Marktteilnehmern in einem Vollstreckungsverfahren, an dessen Ende der Ausschluss steht, birgt die Gefahr von Interessenkonflikten.

Anreize für Marktteilnehmer regulatorisch tätig zu werden existieren in einem solchen System nicht. Bereits die grundlegende Konzeption sieht die Beteiligung von Privaten nicht vor, denn das öffentliche Interesse soll durch öffentliche Stellen gesichert werden. Daneben erzeugt das Tätigwerden keine Rendite für andere Marktteilnehmer. Diese haben bei einem erfolgreichen Abschluss möglicherweise den Ausschluss eines unredlichen Akteurs erreicht, dies ist aber nicht mit einem unmittelbaren Gewinn verbunden. Nur mittelbar profitieren sie von einer höheren Anzahl von rechtstreuen Akteuren. Dass dies ausreichend für das Tätigwerden ist, kann angezweifelt werden. Einzig Konkurrenten hätten einen Anreiz, einen Ausschluss ihrer Konkurrenten zu fördern.

Ein solches System erzeugt hohe Kosten. Regulierer, die ein solches Modell etablieren, müssen höhere Aufwendungen in Überwachung und Vollstreckung in Kauf nehmen. Der Ausschluss stellt eine *ultima-ratio* Sanktion dar. Zwar erzeugt dies eine höhere Abschreckungswirkung und erhöht auch (theoretisch) die Rechtstreue. Doch fallen dafür höhere Überwachungskosten an. Gerade bei Märkten, die komplex sind oder eine Vielzahl von Akteuren umfassen, besteht ein dementsprechend hoher Aufwand. Darüber hinaus ist aufgrund der Schwere der Sanktion (dem Ausschluss) auch zu erwarten, dass eine stärkere Abwehr vorgenommen wird. Dies kann sich darin äußern, dass beispielsweise gerichtlich über alle Instanzen gegen den Ausschluss vorgegangen wird. Dies erhöht auch die Kosten des Regulierers, dieser muss Personal für die aufwändigere Vollstreckung berücksichtigen. Zur effektiven Regulierung in einem *ex-ante* Modell ist eine umfassende (staatliche) Finanzierung notwendig.

Staaten, die ein solches Modell nutzen, sehen die Vermeidung von negativen Externalitäten als staatliche Aufgabe und Regulierung als öffentliches Gut. Es ist stärker auf Prävention ausgelegt. Es sollte daher nicht überraschen, dass *ex-ante*

---

301 Struktur mit Skepsis gegenüber Kollektivverfahren, BACKHAUS ET AL. in: BACKHAUS ET AL. (2012), S. 3, 6.

Regulierung insbesondere in Staaten verbreitet ist, die stärker in wirtschaftliche Kreisläufe intervenieren.[302]

2. *Ex-post Regulierung*

Im Rahmen eines *ex-post* Modells wird eine Struktur gebildet, bei der Akteure eine Wahl über ihre weiteren Handlungen haben.[303] Durch eine Vollstreckung die auf Abschreckung zielt, lässt sich das Verhalten im Sinne der gewünschten Regulierungsziele beeinflussen. Die Sanktionierung muss nicht zwangsläufig durch den Staat erfolgen, auch private Sanktionierung ist möglich.

Vor diesem Hintergrund hat sich in den letzten Jahren die Diskussion über *public* und *private enforcement* gebildet. *Public enforcement* sei hauptsächlich auf die Prävention von zukünftigen Pflichtverletzungen ausgestaltet.[304] Es ist aber nicht zwingend, dass die öffentliche Hand ein solches *enforcement* betreiben muss, dies kann auch durch private Kläger erzeugt werden.[305]

Ex-post Regulierung kann auf Initiative von Privaten entstehen, beispielsweise als Produkt von Zivilverfahren. Private müssen aber Anreize haben, um tätig zu werden. In Rechtssystemen, in denen der Fokus auf eine Selbstregulierung des Marktes gelegt wird, wird das *private enforcement* auch stärker unterstützt.[306] Anders in Staaten, in denen öffentliche Akteure Regulierung stärker kontrollieren. In solchen Rechtssystemen wird das *private enforcement* als Teil

---

302 Am Beispiel Taiwans, mit interventionistischer *ex-ante* Regulierung und staatlicher, *ex-post* Haftung LIN, 4 NYU JLB 143, 176 f. (2007); zur Selbstregulierung auf dem Finanzmarkt mwN, STÖHR, 23 JFRC 73, 78 (2015).

303 *Choice architecture*, LODGE/WEGRICH, S. 113, 115.

304 BUELL, 82 U. Cin. L. Rev. 505, 514 (2013).

305 In den USA als Regelfall, STADLER nach MAUSKE, VuR 2013, 157, 159; aber nicht alleiniges Abschreckungsinstrument, CHOI/SILBERMAN, 2009 Wis. L. Rev. 465, 496; im Kartellrecht anerkannt siehe KAINER/PERSCH, WuW 2016, 2, 3; als Regelfall bei der privaten Normdurchsetzung, POELZIG, S. 18.

306 Am Beispiel der USA, GRACE, 15 J. Transnat'l L. & Pol'y 281, 291 (2006); LIEGSALZ, S. 149 f.; „*ex-post accountability as hallmark of the common law*", ISSACHAROFF, 44 Loy. U. Ch. L. J. 369, 384 (2012); differenziert zur *public-private distinction*, HOSEMANN, MPPL RP 13/29, 1, 10 f., 18; zum *private enforcement* in der US-amerikanischen Rechtstradition, REIMANN, Bitburger 2008, 105, 141 ff.; als Folge des Vertrauens auf eine marktbasierte, private Regulierung, LA-PORTA ET AL., 46 JEL 285, 305 (2008); sehen keine verstärkte Nutzung im UK, ARMOUR ET AL., 6 J. Emp. Leg. Stud. 687, 721 (2009); BRUNS, NJW 2018, 2753 f.

der Regulierungsstruktur (noch) restriktiv eingesetzt.[307] Auch wird argumentiert, dass *private enforcement* lediglich in „schwachen" Staaten aufkommt. Dort erfüllt das *private enforcement* eine (notwendige) Reservefunktion.[308] Allmählich kommt es aber zu einem Umdenken und zu einer größeren Akzeptanz der regulatorischen Effekte des Haftungsrechts.[309]

Im Kontext dieser Arbeit ist eine Klage die „Markttransaktion". Innerhalb der Rechtsbeziehung zwischen den Parteien wird die Kompensation bzw. die Klageverteidigung verfolgt. Die Parteien berücksichtigen dabei nicht die Interessen des Allgemeinwohls. Als „Nebenprodukt" der Klage entstehen aber diverse positive regulatorische Externalitäten,[310] insbesondere der Abschreckungseffekt.

Es wird teilweise vertreten, dass der Abschreckungsgedanke und die damit einhergehende Präventivwirkung nicht das vorherrschende Ziel des deutschen Schadensersatzrechts sind.[311] In den vergangenen Jahren war meines Erachtens ein Wechsel zu beobachten.[312] So betonte der BGH in der *Caroline* Entscheidung ausdrücklich die präventive Funktion, die durch den Schadensersatz ausgeht.[313] Auch das Bundesverfassungsgericht hat den Präventivcharakter des Schmerzensgeldes ebenfalls bestätigt.[314] Die beiden genannten Entscheidungen sind jeweils zum Schmerzensgeld, speziell zu Verletzungen des Persönlichkeitsrechts, erfolgt. Die *Caroline* Entscheidung kann als Sonderfall in der Rechtsprechung verstanden werden, der nicht ohne Weiteres übertragbar ist. Dort lag ein immaterieller Schaden zugrunde. Eine solche Lage liegt bei finanziellen Schäden von Kleinanlegern gerade nicht vor.

---

307 Vgl. Issacharoff/Miller, 62 Vand. L. Rev. 179, 209 (2009); Deutlmoser, EuZW 2013, 652, 656.

308 *„weak public/strong private"* vgl. Rubenstein, 57 Vand. L. Rev. 2129, 2150 (2004); ähnlich, HAY/SHLEIFER, 88 Am. Econ. Rev. 398, 402 (1998).

309 MwN Koch, 11 Duke J. of Comp. & Int'l L. 355, 363 (2001); Poelzig, S. 248.

310 Der Grundgedanke ist vergleichbar zu dem Prinzip der marktbasierten Regulierung, zu dem Begriff Lodge/Wegrich, S. 106 f.; Cassone/Ramello, in: Backhaus et al., (2012), 101, 120 f.

311 Statt vieler, Staudinger-Eckpfeiler\Vieweg, J. Schadensersatzrecht Rn. 13; die Einführung der Präventivfunktion über europäisches Recht wird aber für möglich gehalten aaO.

312 Zur Entwicklung dieses Rechtsgedankens, Müller, DB 2001, 83–85; teilw. zustimmend, Vogel, S. 3.

313 BGH, NJW 1995, 861, 865.

314 BVerfG, NJW 2000, 2187, 2188.

Aus dieser Rechtsprechung ist natürlich kein fundamentaler Wechsel im Kompensationsgedanken des deutschen Schadensersatzrechts zu schließen. Zu erkennen ist aber, dass der Präventionsgedanke immerhin stärker anerkannt wird.[315] Ungeachtet dessen, ob eine solche Präventivwirkung vom Gesetzgeber intendiert war, ist zumindest anzuerkennen, dass die Durchsetzung von Recht zu einer Abschreckungswirkung führt.

Deutlich wurde dieser Gedanke bei der Einführung des KapMuG berücksichtigt.[316] Dieses wurde ausweislich der Regierungsbegründung dazu eingeführt, dass die Steuerungsfunktion des Haftungsrechts durch Kollektivierung gesteigert werden soll.[317] Insoweit sollte klar sein, dass der Präventionscharakter (und die Steuerungsfunktion), obwohl nicht vorherrschendes Ziel, zumindest einen Aspekt darstellt.

Der Schadensersatzanspruch hat neben der kompensatorischen Funktion auch immer eine verhaltenssteuernde Funktion. Zwar steht die Kompensation im Vordergrund, doch entfaltet dies zwangsläufig eine verhaltenssteuernde Funktion, die einen Regulierungszweck verfolgt.[318] Potentielle Schädiger erhalten das Signal, dass eine schädigende Haltung keinen Gewinn einbringen wird.[319] Der „Gewinn" aus der schädigenden Handlung ist wieder zurückzugeben. Zusätzlich sind auch noch die „Transaktionskosten" der Durchsetzung zurück zu zahlen. Es erfolgt damit einer Internalisierung der Kosten beim Schädiger.[320] Durch die Wahrnehmung der individuellen Rechte kann gleichzeitig die Funktionsfähigkeit der Institution geschützt werden.[321] Trotz einiger Kritik an der (general) präventiven Funktion des Haftungsrechts ist dessen grundsätzliche verhaltenssteuernde Wirkung anerkannt.[322]

Jede Durchsetzung eines Schadensersatzanspruches erhöht (potentiell) die Abschreckungswirkung des zugrundeliegenden Haftungsrechts. Soweit andere

---

315 Zur Tendenz des Gesetzgebers diese stärker zu betonen, Poelzig, S. 434; Engel, JZ 1995, 213, 216; ebenso Heese, NZV 2019, 273, 278.

316 Detailliert siehe S. 160 ff.

317 BT-Drs. 15/5091, S. 13, der ordnungspolitische Aspekt wird nur oberflächlich besprochen aaO, S. 16.

318 EuGH, *Courage und Crehan*, Rn. 27; zum Teil nicht als „abschreckend" sondern als „überzeugend", Lodge/Wegrich, S. 76 ff.

319 Halfmeier/Rott/Feess, S. 74; Zirngibl, S. 33.

320 Cassone/Ramello, in: Backhaus et al., (2012), 101, 120; van den Bergh/Keske, ERCL 2007, 468, 472.

321 Poelzig, S. 248.

322 Poelzig, S. 32; vgl. Vogel, S. 84.

Marktteilnehmer Kenntnis von Durchsetzungsmaßnahmen erhalten, nehmen sie Abstand von möglichem Fehlverhalten.

Insoweit entfaltet der Schadensersatzanspruch regulatorische Ziele, denn er erzeugt und erhöht die verhaltenssteuernde Funktion im Sinne der jeweiligen Regulierung.[323] Neben dem materiellen Haftungsrecht ist aber auch das Verfahrensrecht essentiell zur Verwirklichung des Steuerungszieles des materiellen Rechts.[324]

II. Elemente der Regulierungsarchitektur

Regulierung kann also staatlich sein, muss es aber nicht. Auch Selbstregulierungsmechanismen sind ein Modell für Regulierung. Eine funktionierende Regulierungsstruktur besteht grundsätzlich immer aus drei Bestandteilen (stark vereinfacht). Diese sind: Normsetzung, Überwachung und Vollstreckung bzw. Sanktionierung.[325]

Ungeachtet dessen, ob die Regulierung staatlich oder privat organisiert wird, besteht zunächst eine Phase der Normsetzung (*rule setting*). Diese Normen müssen nicht in Form von Verordnungen oder Gesetzen erstellt werden. Möglich sind auch *soft-law* Elemente wie *best practice* Standards, Selbstverpflichtungserklärungen oder Empfehlungen.[326]

Bei staatlicher Regulierung ist es üblich Normsetzung von der Überwachung und Vollstreckung zu trennen. Die Aufgabe der Normsetzung übernimmt regelmäßig die Legislative, während Überwachung und Vollstreckung von der Exekutive übernommen werden. Eine klare Grenzziehung ist oftmals aber nicht möglich, wie sich beispielsweise bei Verhaltenskodizes oder Empfehlungen durch Aufsichtsbehörden zeigt, bei denen die Exekutive in Form der Verwaltung an der Normsetzung beteiligt ist.[327]

---

323 Vgl. EuGH, *Courage und Crehan*, Rn. 27; Recht ist immer steuernd, FIKENTSCHER, § 1 I 10, § 3 I 1.

324 HALFMEIER/ROTT/FEESS, S. 74.

325 Bezeichnen diese drei Elemente als *standard-setting*, *behaviour-modification* und *information-gathering* LODGE/WEGRICH, S. 13 f., 25, sind aber größtenteils vergleichbar mit der hier genutzten Terminologie; „Regulation" und „supervision" als getrennt zu behandelnde Merkmale, BUTTIGIEG ET AL., ECFR 2020, 419, 421 f.

326 Ausführlich LODGE/WEGRICH, S. 60 ff.

327 Kritisch gegenüber solch fragmentierter Regulierung, LODGE/WEGRICH, S. 243.

Die Normsetzung intendiert bereits eine Verhaltensänderung der Akteure.[328] Eine noch so effiziente Normsetzung ist jedoch allein (noch) nicht ausreichend.[329] Soweit nicht gewährleistet ist, dass diese eingehalten wird, ist sie zunächst wirkungslos.[330]

Daher bedarf es neben der Normsetzung auch Mechanismen zur Überwachung der Einhaltung und Sanktionierung (im Falle der Nichteinhaltung).[331] Nicht immer, aber regelmäßig, sind Überwachung und Sanktionierung bei der gleichen Stelle angesiedelt.[332] Durch die Vollstreckung soll das Verhalten der Akteure verändert werden.[333] Die Sanktionierung erzeugt Abschreckung, die eine Verhaltensänderung einleiten soll.[334]

Die Vollstreckungsphase setzt dabei die Regulierungsziele aus der Normsetzungsphase in die Praxis um. Effektive Regulierung bedingt, dass neben der Normsetzung auch eine Vollstreckung erfolgt. Andernfalls besteht die Gefahr, dass sich die Regulierten den Normen entziehen.[335]

Dies stellt auch das Grundgerüst des *private enforcement dar.*[336] Dabei wird nicht eine ordnungspolitische Sanktion verhängt, stattdessen werden durch Verfolgung der Kompensation eine Abschreckungswirkung und eine Verhaltensänderung herbeigeführt.[337] Geschädigte können durch die Durchsetzung ihrer eigenen Ansprüche die Funktionsfähigkeit der Institutionen unterstützen.[338]

Das vorliegende Werk wird sich nicht mit Normsetzung befassen. Dies bleibt Domäne der Legislative bzw. privater Organisationen im Falle der

---

328 Haftungsrecht immer verhaltensändernd, Dam, 4 J. Legal Stud. 47, 49 (1975); Reimann, Bitburger 2008, 105; auch von sanktionslosen, Eidenmüller, S. 342.

329 Vgl. Armour et al., 6 J. Emp. Leg. Stud. 687, 712, 715 (2009); Schäfer, ssrn.com, 1, 2.

330 Maume, ZHR 2016, 358, 362.

331 Ähnlich Hopt, WM 2009, 1873, 1881; für die Finanzmarktregulierung, vgl. Stöhr, 23 JFRC 73, 76 (2015); Lodge/Wegrich, S. 72; Poelzig, S. 16; La-Porta et al., 46 JEL 285, 300 (2008); ansonsten droht *under-enforcement*, Poelzig, S. 372; vgl. Becker, 76 J. Pol. Econ. 169 (1968).

332 Lodge/Wegrich, S. 84.

333 Lodge/Wegrich, S. 13 f.

334 Friedman, 13 J. Legal Stud. 379, 394 (1984).

335 Vgl. Rother/Unseld, zpoblog.de v. 09.08.2018; zu Vollstreckungswahrscheinlichkeit und *compliance* Cooter/Ulen, S. 4 f.; Poelzig, S. 16; am Kartellrecht, aaO, S. 135; ebenso, Vogel, S. 91.

336 Vgl. Reimann, Bitburger 2008, 105, 106.

337 Vgl. Alexander, 48 Stan. L. Rev. 1487, 1489 (1996).

338 Poelzig, S. 248 f.

Selbstregulierung. Die maßgebliche Frage für diese Arbeit ist, wer mit welchen Mitteln den Überwachungs- und Sanktionsauftrag übernimmt und damit die Rechtseinhaltung erhöht.[339]

Die Selbstverständlichkeit, mit der heute der staatliche Träger damit beauftragt ist,[340] wird auf ihre Zweckmäßigkeit untersucht. Bei dieser Analyse kommt es zu einem Vergleich zwischen den verschiedenen staatlichen Akteuren und Privaten, die im eigenen Interesse agieren. Es wird untersucht, wer das größte Interesse an diesen Aufgaben hat und wer am effizientesten arbeitet.[341] Ausgehend davon wird untersucht, ob Zivilverfahren dazu geeignet sind, positive Externalitäten in den Bereichen Überwachung und Sanktionierung zu generieren.

III. Regulierung des Kapitalmarktes

Der Kapitalmarkt ist nicht nur für Laien eine komplexe Institution.[342] Auch in der Rechtswissenschaft ist eine klare Aufarbeitung schwierig, eine einheitliche Definition existiert nicht.[343] Wird der Aufteilung in Geld- und Finanzmarkt gefolgt, ist die Anlagedauer ein Kriterium. Von einem Kapitalmarkt lässt sich sprechen, wenn die Anlagetitel eine mittel- bis langfristige Anlagedauer haben.[344]

Eine der zentralen Funktionen des Kapitalmarktes ist es, Unternehmen eine Kapitalquelle, abseits von Banken, zu bieten.[345] Anschaulich ist dies bei Erstemissionen. Auch ist dies im nicht organisierten Markt möglich, so beispielsweise bei Immobilienfonds oder durch Ausgabe von Zertifikaten auf dem „grauen" Markt. Die Kapitalbeschaffung auf dem Kapitalmarkt gilt dabei als günstiger gegenüber anderen Formen der Fremdfinanzierung.

Sollten die Kosten der Kapitalbeschaffung für Unternehmen steigen, entstehen zusätzliche Kosten für die Gesamtwirtschaft.[346] Die Kosten können aber auch steigen, wenn das Anlegervertrauen in die Funktionsfähigkeit des Kapitalmarkts sinkt, denn dann sinkt die Anlagebereitschaft.[347] Durch intransparente

---

339 Trennung der Elemente ist künstlich, denn sie sind interdependent, Lodge/Wegrich, S. 14, 47.

340 Hopt, WM 2009, 1873, 1881; Liegsalz, S. 150; für China Xu, 45 Int'l Rev. L & Econ. 23, 25 (2016).

341 Wobei an dieser Stelle noch offenbleiben kann, *für* wen gearbeitet werden soll.

342 Gilt auch für die Anleger, Poelzig, S. 242.

343 Rittner/Dreher, § 33 Rn. 9.

344 Rittner/Dreher, § 33 Rn. 9.

345 Allen et al., S. 3.

346 Vgl. Coffee, 106 Colum. L. Rev. 1534, 1565 (2006).

347 Poelzig, S. 211.

oder missbräuchliche Informationen können aber auch Blasen auf dem Kapitalmarkt entstehen. Dies kann ebenfalls dazu führen, dass das breite Anlegerpublikum seine Investitionsmittel reduziert. Nicht verwunderlich ist daher, dass die ersten Regulierungen gerade auf die Vermeidung von Blasen abzielten.[348]

Ein wesentlicher Aspekt der Kapitalmarktregulierung ist die Schaffung und Steigerung des Anlegervertrauens.[349] Damit Anleger einen Anreiz zur Investition haben, müssen sie auch darauf vertrauen können, dass sich alle Akteure normgerecht verhalten. Dies umfasst den Emittenten, die anderen Anleger auf dem Sekundärmarkt und die Intermediäre. Daneben ist auch ein grundsätzliches Vertrauen in die Institution des Kapitalmarktes notwendig, dieses wird unter anderem durch das Vertrauen in die Aufsichts- und Regulierungsstellen begründet.

Die Regulierung des Kapitalmarktes ist darauf angelegt durch Transparenz- und Offenlegungsverpflichtungen dieses Vertrauen zu erhöhen, um damit eine Grundlage für eine informierte Anlageentscheidung zu bieten.[350] Ein Vertrauensverlust der Anleger bedroht die Integrität des Kapitalmarktes als Ganzes. Kollektivverfahren bieten sich als Mittel der Vertrauensschaffung an. Geschädigte Anleger erhalten dadurch ein effektives Mittel ungerechtfertigte Schäden wieder ersetzt zu erhalten. Dies steigert das Vertrauen in die Institution und erhöht wiederum die Anlagebereitschaft. Das Fehlen entsprechender Institute senkt die Anlagebereitschaft am heimischen Kapitalmarkt.[351]

Exkurs: Struktur des Kapitalmarkts und Notwendigkeit der Regulierung

Zum besseren Verständnis über die Anwendung des kollektiven Rechtsschutzes auf dem Kapitalmarkt ist es notwendig, dessen Struktur darzustellen. Der folgende Exkurs versucht nicht eine umfassende Darstellung zu bieten, sondern stellt nur die Aspekte dar, welche zum Verständnis für die Eignung des kollektiven Rechtsschutzes dienen. Soweit im Rahmen der Arbeit vom Kapitalmarkt gesprochen wird, handelt es sich um den organisierten Handel mit

---

348 Siehe Loss/Seligman, S. 2, 8.

349 BT-Drs. 15/5091, S. 13; Maume, ZHR 2016, 358, 360 f.; Baum/Yamanaka, ECFR 2021, 464, 467 f.

350 MwN BGH, BB 2014, 2954, 2956; „information model“ als Grundlage von Anlegerschutz, Baum/Yamanaka, ECFR 2021, 464, 467 f.

351 Feess/Halfmeier, 20 Eur. J. Fin. 361, 375 (2014).

Wertpapieren.[352] Wertpapiere können dabei Aktien, Anleihen, Derivate oder Fondsanteile gem. § 2 Wertpapierhandelsgesetz (WpHG) sein.[353] Im Rahmen dieser Arbeit wird sich auf Aktien konzentriert, die von Unternehmen emittiert werden.[354] Emissionen können dabei mit dem Ziel des Börsenhandels erfolgen oder zum Handel im Freiverkehr bzw. auf dem grauen Kapitalmarkt.[355]

Der Kapitalmarkt ist grundsätzlich in den Primärmarkt sowie in den Sekundärmarkt unterteilt, wobei der Primärmarkt die Erstemission durch den Kapitalnehmer darstellt und der Sekundärmarkt den Handel zwischen den Anlegern.[356] Der Sekundärmarkt ist an den Börsen organisiert oder erfolgt außerbörslich.[357] Aufgrund der Bedeutung für die gesamtwirtschaftliche Entwicklung müssen Börsen eine staatliche Erlaubnis einholen, auch sind sie teilrechtsfähige öffentlich-rechtliche Anstalten.[358] Börsen bringen gem. § 2 Abs. 1 Börsengesetz (BörsG) die Interessen einer Vielzahl von Personen am Kauf und Verkauf von zum Handel zugelassenen Wirtschaftsgütern zusammen. Wertpapierbörsen sind nach § 2 Abs. 2 BörsG die Börsen an denen Wertpapiere gehandelt werden. Als Gegenstück existiert der *Open Market*, der einen organisierten Freiverkehr von Wertpapierhandel ohne staatliche Genehmigung zulässt.[359]

Unterstellt wird, dass der Kapitalmarkt eine allokative Funktionsfähigkeit verfügt. Die Vermutung ist, dass das Kapital, bei funktionierendem Markt, derart investiert wird, dass die höchstmögliche Rendite entsteht.[360] Die Kapitalaufnahme am Markt soll innovationsfördernd und wohlfahrtssteigernd sein, durch diese sei eine Sozialisierung von Risiken möglich.[361]

Im Fokus dieser Arbeit steht der organisierte Handel an den Börsen. Durch die Rahmenbedingungen, der Zulassung und der bestehenden Aufsicht, ist die

---

352 Zu den Abgrenzungen und der fehlenden rechtlichen Definition, vgl. Grunwald/Schlitt, § 1 I 1.

353 Ausführlich Grunewald/Schlitt, § 1 III.

354 Ausführlich zu Emissionen, Rittner/Dreher, § 33 Rn. 48 ff.

355 Grunewald/Schlitt, § 1 VI 2; Rittner/Dreher, § 33 Rn. 42.

356 Rittner/Dreher, § 33 Rn. 10.

357 Zu den Unterscheidungen vgl. mwN Grunewald/Schlitt, § 1 II 1, § 10 VI 3.

358 Rittner/Dreher, § 33 Rn. 30; Grunewald/Schlitt, § 10 III.

359 Rittner/Dreher, § 33 Rn. 42.

360 Kapitalverteilung wird durch die Verbreitung von Informationen gefördert, vgl. Baetge/Wöbke, in: Basedow et al., 363, 369; Rittner/Dreher, § 33 Rn. 20; Poelzig, S. 211.

361 Fleischer, ZGR 2001, 1, 17.

Regulierungsarchitektur anschaulich darstellbar. Ein solcher Vergleich wäre nicht möglich, soweit der „graue Kapitalmarkt" untersucht wird.

Der Kapitalmarkt ist grundsätzlich von schuldrechtlichen Verträgen durchdrungen. Im Primärmarkt werden bei Erstemission Anteile an Investoren veräußert (auch über Emissionsbanken oder anderen Intermediären), im Sekundärmarkt werden diese Anteile zwischen Anlegern frei gehandelt. Im Kern liegen Kaufverträge zugrunde.

Ausgehend vom Gedanken der Privatautonomie ist es natürlich jedem selbst überlassen zu entscheiden, ob und wie er solche schuldrechtlichen Verpflichtungen übernimmt. Darüber hinaus ergibt sich über die Relativität der Schuldverhältnisse, dass die Konsequenzen der Transaktion nur für die beiden Vertragsparteien spürbar sein sollten. Den Gewinnen der einen Partei stehen die Verluste der anderen Partei entgegen, insoweit lässt sich hier (soweit Transaktionskosten ausgeblendet werden) ein Nullsummenspiel annehmen.[362]

Akzeptiert man diesen Gedanken, scheint zunächst kein Regulierungsbedarf zu bestehen. Unvermeidbar sind Verhandlungsungleichgewichte zwischen den Parteien, ob diese durch eine spezifische Kapitalmarktregulierung behoben werden müssen erscheint zweifelhaft. Die bestehenden Regeln des allgemeinen Zivilrechts könnten bereits ausreichen.[363] Es ist aber fraglich, ob diese theoretische Konzeption des Kapitalmarkts als Masse von schuldrechtlichen Verhältnissen überzeugend ist.

Der moderne Kapitalmarkt zeichnet sich durch hohe Organisation und Komplexität aus. Die durchgeführten Transaktionen sind vereinfacht betrachtet in der Tat nur reine schuldrechtliche Beziehungen, es fehlt aber an individuell ausgehandelten Vertragsbestandteilen.[364] Der Großteil der Transaktionen auf dem Sekundärmarkt findet über den elektronischen Handel statt, ohne dass tatsächliche Vertragsverhandlungen erfolgt sind.[365] Aufgrund dessen findet eine effiziente Preisermittlung statt. Der konkrete Preis eines Wertpapiers wird durch die Summe von Einzeltransaktionen bestimmt.[366] Essentiell für den Kapitalmarkt

362 Vgl. Schäfer, in: Basedow et al., 67, 93; vgl. Bergmeister, S. 21; Alexander, 48 Stan. L. Rev. 1487, 1496 (1996).

363 Diese als „marktunterstützende" oder „marktschützende" Normen bezeichnet, Poelzig, S. 25.

364 *Basic Inc. v. Levinson,* 485 U. S. 224, 244 (1988)

365 An der Frankfurter Börse nach Abschaffung des Parketthandels ausschließlich, Grunewald/Schlitt, § 10 IX 3.

366 Vgl. Kasiske, WM 2014, 1933, 1934; detailliert Grunewald/Schlitt, § 10 IX 3; zu Problemen der Preisbildung siehe, Brummer, 84 Fordham L. Rev. 977, 991 (2015).

sind korrekte Informationen. Die Akteure müssen darauf vertrauen können, dass sie nicht getäuscht werden.[367] Daher ist der Kapitalmarkt nicht nur ein reines Forum, auf dem Verträge geschlossen werden. Durch die Organisation hat sich eine eigenständige schützenswerte Institution gebildet.[368]

Soweit eine Partei während einer Transaktion über Sachverhalte täuscht, so würde sich der Schaden auf der ersten Ebene nur innerhalb des Vertragsverhältnisses niederschlagen, es würde zunächst kein Schaden für die Gesamtwohlfahrt entstehen.[369] Auf zweiter Ebene lässt sich festhalten, dass der Schaden nicht isoliert verbleibt. Das Anlegervertrauen in den Kapitalmarkt als Ganzes wird beeinträchtigt.[370] Dies stellt sich aufgrund der Bedeutung des Kapitalmarktes für die Gesamtwohlfahrt als Schaden dar.[371] Insoweit ist der daraus resultierende Vertrauensverlust eine negative Externalität für die Allgemeinheit.[372]

Soweit Anleger den Eindruck gewinnen, dass ihr Schaden nicht berücksichtigt wird, könnte es dazu führen, dass ihre Anlagebereitschaft sinkt.[373] Daher ist die Regulierung darauf auszulegen, dass das Vertrauen nicht nur in die Vertragsbeziehung, sondern auch in die Institution bestehen bleibt. Diese Regulierung wirkt dann „markterhaltend“ oder „marktoptimierend“.[374]

Die Reduzierung auf die einfache Vermögensverschiebung blendet den damit verbundenen Vertrauensverlust der Anleger aus. Sollten diese zu viel Vertrauen verlieren, leidet deren Investmentbereitschaft. Der damit verbundene Kapitalabfluss wird negativ auf die Gesamtwohlfahrt wirken.

Ähnlich argumentiert auch die *fraud on the market theory* im US-Recht.[375] Sie geht von effizienten Märkten aus, die im Preis alle verfügbaren Informationen rezipieren. Eine Fehlinformation könnte zu einem künstlichen Preisanstieg führen, der schädlich für die Anleger ist, die zum künstlich erhöhten Wert kaufen

---

367 Hopt, WM 2013, 101, 102.

368 *„market as the unpaid agent of the investor“*, *Basic Inc. v. Levinson,* 485 U. S. 224, 244 (1988).

369 Porrini/Ramello, 3 JFEP 140 f. (2011); als klassisches Privatrecht, Poelzig, S. 28.

370 Ähnlich die strafrechtliche Bewertung, vgl. Beckemper, ZIS 2011, 318; ebenso Halfmeier/Rott/Feess, S. 75; Vertrauensverlust als *social cost*, Alexander, 48 Stan. L. Rev. 1487, 1497 f. (1996).

371 Poelzig, S. 209; Buttigieg et al., ECFR 2020, 437.

372 Poelzig, S. 28 f.

373 Vgl. Porrini/Ramello, 3 JFEP 140, 141, 144 (2011); Schäfer, in: Basedow et al., 67, 93.

374 Vgl. Poelzig, S. 26.

375 Vertieft S. 155 f.

und nicht zum realen Wert.[376] Die Vermeidung von Täuschung, beispielsweise durch Kollektivverfahren, erzeugt wohlfahrtssteigernde Effekte als positive Externalität. In diesem Sinne können effiziente Kollektivverfahren nicht nur ungerechtfertigte Vermögensverschiebungen rückgängig machen, sondern auch das Vertrauen in den Kapitalmarkt erhöhen und wohlfahrtsfördernd wirken.[377]

1. *Ziele der Regulierung*

Die Regulierung des Kapitalmarktes gilt als Unterpunkt des Wirtschaftsrechts.[378] Der Begriff des Wirtschaftsrechts erweckt zunächst Assoziationen mit dem allgemeinen Zivilrecht, als reines Regelwerk für die Beziehungen zwischen den Akteuren. Eine solche Definition ist jedoch zu kurz, wohl unbestritten werden weitere Zwecke verfolgt. Dieser Ansatz ist komplexer als nur die Regelung von reinen Parteibeziehungen.[379] So ist das Wirtschaftsrecht nicht nur ein Mittel zur Rechtsdurchsetzung privater Interessen, sondern dient auch als Instrument zur Erreichung von wirtschafts- und staatspolitischen Zielen.[380] Besonders prägend ist die Ausrichtung zur Sicherung der Funktionsfähigkeit des Marktes.[381] Die Rechte und Pflichten schützen und verpflichten nicht nur die Akteure des Kapitalmarktes. Das Ziel der Regelungen besteht nicht lediglich in der Bereitstellung von individuellen Rechten, vielmehr ist eine Wohlfahrtssteigerung für das gesamte System intendiert.[382] Zum Erhalt der Funktionsfähigkeit und der Wohlfahrtssteigerung ergeben sich deswegen gewisse Marktverhaltensnormen für die Akteure.[383]

Kapitalmarktregulierung schützt das Anlegerpublikum vor Betrug und den Markt als Institution.[384] Regulierer haben hierzu unterschiedliche Prioritäten.

---

376 Darstellung der *fraud on the market theory*, Ventoruzzo, 52 Va. J. Int'l L. 405, 425 f. (2011–2012); Informationsermittlung als Grundlage der Anlage, Brummer, 84 Fordham L. Rev. 977, 984 (2015).

377 Xu, 45 Int'l Rev. L & Econ. 23 (2016); vgl. Engel, JZ 1995, 213, 216.

378 Poelzig, S. 210.

379 Zusammenfassend zur Debatte und den unterschiedlichen Standpunkten, Poelzig, S. 11–13; vertieft Fikentscher, § 1 II 5.

380 Vgl. Basedow, JZ 2018, 1, 2; auch normativen Zielen, Fikentscher, § 1 I 4; Buttigieg et al., ECFR 2020, 419, 430.

381 Poelzig, S. 13.

382 Engel, JZ 1995, 213, 214; vgl. Eidenmüller, S. 159 f.

383 Vgl. Poelzig, S. 14.

384 Brummer, 84 Fordham L. Rev. 977, 979 (2015); krit., Buell, 61 Duke L. J. 511, 515 ff. (2011).

Während die SEC Anlegerschutz als gleichrangig mit Institutionenschutz bewertet,[385] gibt die BaFin vorrangig den Institutionenschutz als Ziel der Regulierung an.[386] Das Anlegervertrauen werde bereits durch die Funktionsfähigkeit des Marktes gestärkt.

Die Funktionsfähigkeit lässt sich als wirtschaftspolitisch motiviert klassifizieren (Stärkung des Wirtschafts- und Finanzstandortes), während der Anlegerschutz (Gerechtigkeitsziel) wohl als sozialpolitisch klassifiziert werden kann.[387] Die beiden Ziele sind dennoch untrennbar miteinander verbunden.[388] Die Integrität des Kapitalmarktes basiert auf dem Vertrauen der Anleger.[389] Das Anlegervertrauen wiederum basiert auf dem Vertrauen in einen effektiven Schutzmechanismus. Zum Erhalt dieses Vertrauens werden den Teilnehmern Marktverhaltensnormen auferlegt.[390]

Das Anlegerpublikum, als unbestimmte Personengesamtheit, ist Geschützter der Regulierung. Dies ist nicht notwendigerweise deckungsgleich mit dem einzelnen Anleger.[391] Veranschaulicht wird dies in der Norm des § 264a StGB. Dieser schützt das unbestimmte Anlegerpublikum, nicht aber den individuellen Anleger vor Schädigungen durch unrichtige Angaben und dient letztlich dem Erhalt der Funktionsfähigkeit des Kapitalmarktes.[392] Deutlich wird, dass der individuelle Anlegerschutz in der deutschen Kapitalmarktregulierung nicht im Fokus steht,[393] sondern lediglich ein (willkommenes) Nebenprodukt ist. Funktionsfähigkeit und Anlegerschutz sind aber nicht getrennt zu bewerten. Schwindet das Vertrauen, leidet auch die Funktionsfähigkeit und umgekehrt.[394]

---

385 Konflikte zwischen den Zielen können bestehen, Brummer, 84 Fordham L. Rev. 977, 1037 (2015).

386 „Ihr Hauptziel ist es, ein funktionsfähiges, stabiles und integres deutsches Finanzsystem zu gewährleisten.“, https://www.bafin.de/DE/DieBaFin/AufgabenGeschichte/aufgabengeschichte_node.html [zuletzt abgerufen 08.06.2020]; Rittner/Dreher, § 33 Rn. 17; Anlegerschutz als sekundäres Schutzgut im Kapitalmarktrecht, Poelzig, S. 399.

387 So Rittner/Dreher, § 33 Rn. 16.

388 „zwei Seiten derselben Medaille“, Hopt, WM 2013, 101, 102; ebenso Poelzig, S. 401.

389 So auch die Begründung für das Insiderhandelsverbot, vgl. Fleischer, ZGR 2001, 1, 30.

390 Poelzig, S. 14.

391 Rittner/Dreher, § 33 Rn. 22.

392 Siehe unter anderem, BGH, NZG 2014, 949, 951 mwN.

393 Lediglich als Ausnahme, Rittner/Dreher, § 33 Rn. 23.

394 „untrennbarer Zusammenhang“, Poelzig, S. 211; „Funktionenschutz erfolgt durch Anlegerschutz“ aaO, S. 233; Anlegerschutz und -vertrauen als Einheit, Grunewald/Schlitt § 1 IV 5.

Die (Makro-)Idee hinter der Kapitalmarktregulierung ist dabei die (allgemeine) Wirtschaft vor Schäden zu schützen, mit dem Ziel Kapitalmärkte am Ende zu (echten) öffentlichen Institutionen anwachsen zu lassen.[395] So sind Regelungen darauf ausgelegt das Vertrauen in die Institutionen zu erhöhen.[396] Das Vertrauen der Akteure erhöht sich, indem unerwünschte Handlungen unterbunden oder sanktioniert werden.[397] Unerwünscht sind Handlungen, wenn die erwartete Beeinträchtigung den sozialen Gewinn überschreitet.[398] Die gesamte Regulierung ist daraufhin ausgelegt, den Institutionen die Rahmenbedingungen zu bieten, die ein wohlfahrtsförderndes Handeln erlauben.[399] Die Regulierung hat das Verhältnis zwischen den Teilnehmern und den Aufsichtsbehörden als Fokus.[400]

Die Funktionsfähigkeit der Märkte ist folgerichtig das regulatorische Ziel,[401] ein Marktversagen soll verhindert werden.[402] Durch die Stellung des Kapitalmarktes im modernen Wirtschaftsleben wirkt sich ein Marktversagen negativ auf die Realwirtschaft aus. Das Vertrauen in die Institution des Kapitalmarkts hat somit die Stellung eines öffentlichen Gutes. Dies sind die Güter, die der Staat bereitstellen muss, da Private keinen Anreiz zur eigenen Bereitstellung haben.[403] Der Staat muss dabei nicht die Institution bereitstellen, sollte aber gewährleisten, dass das Vertrauen in die Institution bestehen bleibt.

Insoweit kann festgehalten werden, dass Ziele einer effizienten Kapitalmarktregulierung der Erhalt und die Verbesserung der Funktionsfähigkeit[404] und der Anlegerschutz sind, wobei diese untrennbar miteinander verbunden sind.

Exkurs: Haftung

Das Haftungsrecht kann durch Verhaltenspflichten das Marktverhalten der Akteure unmittelbar steuern. Das Haftungsrecht hat daher eine weitaus größere

---

395 Manipulationsausschluss als Grundlage für den Wandel zur öffentlichen Institution, LOSS/SELIGMAN, S. 8.

396 Vgl. BECKEMPER, ZIS 2011, 318, 320.

397 Vgl. GRUNEWALD/SCHLITT, § 1 I 2.

398 SHAVELL, 34 JEL 255, 257 (1993).

399 Vgl. FIKENTSCHER, § 1 I 10.

400 RITTNER/DREHER, § 33 Rn. 23.

401 POELZIG, S. 209.

402 Vgl. PORRINI/RAMELLO, 3 JFEP 141, 144 (2011).

403 ISSACHAROFF, 44 Loy. U. Ch. L. J. 369, 378 (2012).

404 MÖLLERS/PREGLER, ZHR 2012, 144, 157; sowie Finanzmarktstabilität, VEIL, ZGR 2014, 544, 547, 576.

(unmittelbare) Steuerungsfunktion als das Verfahrensrecht. Letzteres muss aber dennoch so gestaltet sein, damit das Haftungsrecht auch letztlich durchgesetzt werden kann.

Diese Arbeit kann keine ausführliche Darstellung des kapitalmarktrechtlichen Haftungsrechts bieten. Nichtsdestotrotz muss ein Exkurs in das Gebiet gemacht werden. Es besteht eine Haftung insbesondere für fehlerhafte Prospekte und unzureichende Publizität von *ad-hoc* Informationen. Weiter bestehen Haftungsfälle für fehlerhafte Beratung, welche aber im Rahmen dieser Arbeit nicht thematisiert werden.[405] Die Haftung orientiert sich am traditionellen Konzept der Kompensation. Der Schaden beim Geschädigten soll vom Schädiger durch Zahlung eines Schadensersatzes beseitigt werden. Die Prävention von schädlichem Verhalten ist dabei regelmäßig nur eine Begleiterscheinung.[406]

Die Haftungsregelungen sanktionieren unerwünschtes Verhalten, dass nicht im Allgemeininteresse ist.[407] Das Haftungsrecht erhöht die Einhaltung der Marktverhaltensnormen, indem es Schadensersatz nach Pflichtverletzungen ausspricht. Es wird dadurch Abschreckung erzeugt, die Durchsetzung von solchen Haftungsregeln ist daher auch im Gemeininteresse.[408]

Die Prospekthaftung gilt als älteste Form des (deutschen) Anlegerschutzes. Sie stellt eine reine Emittentenhaftung dar und betrifft nur den Primärmarkt.[409] Dabei gilt sie als Prototyp der standardisierten Haftung.[410] Emittenten bzw. die begleitenden Banken müssen sicherstellen, dass die Wertpapierprospekte im Rahmen von Erstemissionen und Kapitalerhöhungen vollständig und richtig sind.[411] Aus dem Prospekt muss sich der Anleger ein Bild über die Lage des Unternehmens bilden können, er muss über die vertragsrelevanten Umstände aufklären.[412] Die Frage ob ein Mangel im Prospekt vorliegt, kann einheitlich für alle Anleger geklärt werden.[413] Diese Haftungsregelungen sollen eine Steuerungsfunktion im regulierenden Sinne entfalten.[414]

---

405 Aufgrund der nicht typisierten Kausalität der individuellen Anlageberatung.

406 AA, als Steuerungsinstrument der Marktregulierung, Poelzig, S. 223, 232; mwN, Vogel, S. 107 f.

407 Poelzig, S. 233.

408 Fehlende Kompensation als ineffizient für das Gesamtsystem, Eidenmüller, S. 160.

409 Hopt, WM 2013, 101, 102 ff.

410 BT-Drs. 15/5091, S. 16.

411 Grunewald/Schlitt, § 2 III 1 c, § 3 II 7, § 12 II 2.

412 Vgl. mwN, BGH, AG 2017, 424, 428.

413 Hess, AG 2003, 113, 123.

414 Poelzig, S. 220.

Die *ad-hoc* Publizität soll zur Informationsvermittlung dienen und somit das Anlegervertrauen stärken,[415] sie gilt als Kernstück des Insiderrechts.[416] Relevante Insiderinformationen nach Art. 7 VO (EU) 596/2014 (Marktmissbrauchsverordnung – MAR) sind die Informationen, die nicht-öffentlich bekannt sind und geeignet sind den Kurs zu beeinflussen. Sie müssen gem. Art. 17 MAR durch die Emittenten so bald wie möglich bekannt gemacht werden.[417] Eine Zuwiderhandlung löst nach § 97 WpHG Schadensersatzansprüche aus. Darüber hinausgehende Schadensersatzansprüche nach § 826 BGB sind nicht ausgeschlossen.[418] Diese sollen dem gesellschaftlichen Zweck dienen, allen Akteuren am Kapitalmarkt umfassend Informationen bereitzustellen.[419] Auch diese Ansprüche können einheitlich bewertet werden.[420] Mangels Beweislastumkehr sind diese Regelungen nicht so anlegerfreundlich wie die Regelungen zur Prospekthaftung.[421] Die Regelungen zur *ad-hoc* Publizität betreffen nur den Sekundärmarkt. Der Emittent ist nicht mehr direkt betroffen, übernimmt aber die Stellung eines „Garanten und Informationslieferanten".[422]

Das Verbot des Insiderhandels ist Ausdruck des Transparenzgebotes. Gehandelt werden soll nur mit den auf dem Markt verfügbaren Informationen. Insider nutzen aber gerade nicht solche Informationen, sondern verschaffen sich einen unredlichen Vorteil. Es kommt zum Marktmissbrauch, welches das Anlegervertrauen und somit die Integrität der Finanzmärkte untergraben könnte.[423] Insiderhandel beeinflusst damit die „natürliche" Preisbildung am Markt durch chancengleiche Anleger, Haftungsregeln soll dies unterbinden.

---

415 Poelzig, S. 211, nicht auf den individuellen Anleger bezogen, S. 213 f.; Thomale, NZG 2018, 1007, 1008.

416 Grunewald/Schlitt, § 14 I.

417 Zum Umfang der Pflichten, Grunewald/Schlitt, § 14 II.

418 Grunewald/Schlitt, § 14 III 1; das allgemeine Deliktsrecht weist jedoch Vollzugsdefizite im Kapitalmarktrecht auf, mwN Poelzig, S. 220 f.; Thomale, NZG 2018, 1007, 1008; vgl. Baum/Yamanaka, ECFR 2021, 464, 508 ff.

419 Dem Anleger eine Informationslage bieten aufgrund derer er die Anlageentscheidung fällt, mwN BGH, BB 2014, 2954, 2956; und damit wiederum die Kapitalmarkteffizienz fördern, mwN Fleischer, ZGR 2001, 1, 31.

420 Hess, AG 2003, 113, 123.

421 Vgl. Feess/Halfmeier, 20 Eur. J. Fin. 361, 364–366 (2014).

422 Thomale, NZG 2018, 1007, 1008, 1013.

423 ErwGr 23, 24 Verordnung (EU) Nr. 596/2014 (Marktmissbrauchsverordnung).

2. *Heutige Regulierungsarchitektur in Deutschland*

In Deutschland existiert eine dreistufige Struktur[424] im Rahmen eines vertikalen Regulierungsmodells. Die Aufsichtsbehörden sind die BaFin, die Börsenaufsichten der Länder und die Selbstverwaltungsorgane der Börsen.[425] Diese teilen sich die Aufsicht über die Börsen, den Handel und die Marktintermediäre.[426]

Die BaFin ist in der Pflicht, sämtlichen Missständen im Rahmen des Handels mit Wertpapieren entgegenzuwirken, sie hat die Marktaufsicht.[427] Dies gilt auch für solche Wertpapiere, die nicht ausdrücklich durch das WpHG geregelt werden.[428] Das Kapitalmarktrecht in Deutschland stellt sich insgesamt als Mischung aus privatrechtlichen, öffentlich-rechtlichen und strafrechtlichen Bestimmungen dar.[429] Die Börsenaufsicht wird vom Bundesland vollzogen, die Überwachung des Handels und der Abwicklung obliegt den Börsen.[430]

Das 1994 in Kraft getretene WpHG gilt dabei wohl als das „Grundgesetz" des Kapitalmarktrechts,[431] dieses ist nunmehr in großen Teilen in der MAR geregelt. Kernstücke des Gesetzes sind die Aufsicht durch die BaFin, die Insiderüberwachung durch *ad-hoc* Publizität, das Verbot der Marktmanipulation, Stimmrechtsanteilsmitteilungen sowie Verhaltens-, Organisations- und Transparenzpflichten.[432] Maßgeblich ist der Emittent als Verpflichteter. Anleger sind durch die Regeln über den Insiderhandel verpflichtet, daneben haben sie eine Meldepflicht bei Beteiligungsveränderungen gem. § 33 WpHG.[433]

Problematisch für den Anlegerschutz ist, dass die BaFin ihre Aufsichtsaufgaben nur im öffentlichen Interesse wahrnimmt.[434] Ein Recht der einzelnen Anleger gegenüber der BaFin zur Durchführung von Aufsichts- und

---

424 Als Überwachungstrias bezeichnet, Grunewald/Schlitt, § 10 IV 3; Rittner/Dreher, § 33 Rn. 24.

425 Rittner/Dreher, § 33 Rn. 24; zu den Aufsichtspflichten siehe Grunewald/Schlitt, § 1 VII.

426 Grunewald/Schlitt, § 10 IV 3; „complex multilayered mosaic or kaleidoscope of regulations", Baum/Yamanaka, ECFR 2021, 464, 485.

427 Rittner/Dreher, § 33 Rn. 25.

428 Rittner/Dreher, § 33 Rn. 62.

429 Grunewald/Schlitt, § 1 I 2.

430 Rittner/Dreher, § 33 Rn. 26 f.

431 So Hopt, WM 2009, 1873, 1875; als „Kernstück", Grunewald/Schlitt, § 1 V 1.

432 Hopt, WM 2009, 1873, 1875.

433 Zu den Schwellenwerten, Grunewald/Schlitt, § 15 VI 1.

434 Siehe BGH, WM 2013, 1511, 1512; Poelzig, S. 215; im Gegensatz zur SEC, („*[...] was designed to protect the common investor.*"), Buell, 82 U. Cin. L. Rev. 505, 516 (2013).

Überwachungsmaßnahmen besteht regelmäßig nicht.[435] Daneben wird auch bemängelt, dass die BaFin kaum präventiven Anlegerschutz betreibt.[436] Die Aufsichtsfunktion bezieht sich auf die Funktionsfähigkeit und dient dem Anlegerpublikum als Ganzes.[437] Ein Schutz des individuellen Anlegers ist hingegen nicht vorgesehen.[438] Die von der BaFin getroffenen Maßnahmen werden teilweise publik gemacht,[439] jedoch entfalten sie keine Bindungswirkungen (zumindest keine rechtlich verbindlichen) für *follow-on* Klagen.[440] Der direkte Nutzen von Aktivitäten der BaFin für den einzelnen Anleger ist daher recht gering. Im Gegensatz zu anderen Regulierungsbehörden ist der Anlegerschutz für die BaFin sekundär, der Schutz der kollektiven Verbraucherinteressen wird aber inzwischen als Aufgabe verstanden (§ 4 Abs. 1a FinDAG).[441] Der BaFin stehen weitreichende Ermittlungsbefugnisse zu. Als Steuerungsinstrumente dienen eine Reihe von straf- und ordnungswidrigkeitsrechtlichen Vorschriften.[442]

Die BaFin hatte im Haushaltsplan 2016 einen Etat von ca. 260 Mio. EUR.[443] Hierbei ist zu bedenken, dass sie neben der Kapitalmarktaufsicht auch die Aufsicht der Versicherungswirtschaft hat. Ein Vergleich mit der SEC zeigt die Unterfinanzierung. Die SEC hatte für das Haushaltsjahr 2016 einen Etat von ca. 1,7 Mrd. USD.[444] Natürlich ist der Kapitalmarkt in den USA größer als der

---

435 Vgl. Rittner/Dreher, § 33 Rn. 69; Möglichkeit zum Handeln aufzufordern, BGH, WM 2013, 1511, 1512.

436 Kritisiert den Prüfungsmaßstab hinsichtlich Verkaufsprospekten, Schirp/Kondert, NJW 2010, 3287.

437 Poelzig, S. 215.

438 Rohlfing, WM 2005, 311, 316; zur Rolle der Aufsichtsbehörden, Poelzig, S. 19; Problem auch von der Regierung erkannt, so bemängelt im Referentenentwurf zum Kleinanlegerschutzgesetz, RefE v. 28.07.2014, S. 1.

439 Echtes *shaming* wird nicht betrieben, Möllers/Pregler, ZHR 2012, 144, 157; aber möglicherweise zukünftig, Maume, ZHR 2016, 358, 378; anders der europäische Ansatz, Veil, ZGR 2014, 544, 590.

440 Defizit gegenüber dem Kartellrecht, auch zu den Schwierigkeiten der Informationserlangung, Möllers/Pregler, ZHR 2012, 144, 157 ff.; Poelzig, S. 245.

441 Jedoch ohne Anerkennung einer Schutzpflicht gegenüber dem individuell geschädigten Anleger, RefE v. 28.07.2014, S. 28; skeptisch hinsichtlich des individualschützenden Charakters, Poelzig, S. 210.

442 Poelzig, S. 215

443 http://www.bafin.de/SharedDocs/Downloads/DE/Bericht/Haushalt/Haushaltsplaene/dl_haush_2016_gesamt.pdf?__blob=publicationFile&v=4 [zuletzt abgerufen 08.06.2020], vor S. 1.

444 https://www.sec.gov/about/reports/secfy16congbudgjust.pdf [zuletzt abgerufen 08.06.2020], S. 15.

deutsche. Dennoch hat die SEC auch unter Berücksichtigung des Unterschiedes ca. 50-mal höhere Mittel.[445]

IV. Eignung des kollektiven Rechtsschutzes als Instrument der Regulierung

Die Idee, dass Zivilverfahren dazu geeignet sind, Regulierungszwecke voranzutreiben, wirkt zunächst befremdlich.[446] Üblicherweise haben diese den Zweck, dass Einzelne ihre Rechte gegenüber anderen geltend machen können. Insbesondere im deutschen Zivilverfahrensrecht gilt das Idealbild des Gerichtsverfahrens als „Streit zwischen zwei vernünftigen Parteien". In diesem Streit sind lediglich die Bedürfnisse und Interessen der konkreten Parteien zu berücksichtigen.[447] Die regulatorische „Strafe" sei zivilprozessfremd.[448] Prägend ist die Befriedigung des eigenen Interesses, nicht regulatorische Zwecke.

Zwischen dem regulatorischen Zweck und der individuellen Kompensation muss aber kein Widerspruch bestehen. Kollektive Durchsetzung erlaubt die Verfolgung beider Ziele, ohne dass sie sich ausschließen. Neben der Befriedigung von Geschädigteninteressen ist auch die Verfolgung von regulatorischen Zwecken durch Kollektivverfahren möglich.

Hier gilt der Schutz von Gemeinschaftsgütern als entsprechendes regulatorisches Ziel. Im Bereich des Kapitalmarktes ist die Funktionsfähigkeit (und die damit verbundenen Marktverhaltensnormen) ein entsprechendes Gemeinschaftsgut.[449]

---

445 MwN Reimann, Bitburger 2008, 105, 115; auch unter Berücksichtigung der Marktkapitalisierung oder auch der Mitarbeiterzahl wird bei der Bafin eine deutlich unterdurchschnittliche Ausstattung festgestellt, vgl. Maume, ZHR 2016, 358, 373 f.

446 Gleichwohl wird bei *public enforcement* der Abschreckungsgedanke betont, vgl. Buell, 82 U. Cin. L. Rev. 505, 506 (2013), sieht Skepsis in Europa, Reimann, Bitburger 2008, 105, 127, 130, 144; mit langer Tradition, vgl. Poelzig, S. 44, ausführlich S. 255 ff., die EU scheint diese Skepsis nicht zu teilen, vgl. S. 315.

447 In Deutschland besteht kein Konzept des *private attorney general*, Koch, 11 Duke J. of Comp. & Int'l L. 355, 358 (2001), zur Diskussion, Poelzig, S. 30 ff.; zur privaten Durchsetzung des Unionsrechts, S. 257 ff.

448 Jünemann nach Mauske, VuR 2013, 157, 158, aA Stadler nach Mauske, ebda; sieht öffentliches Interesse an der Durchsetzung des objektiven Rechts, Meller-Hannich, ZBB 2011, 180, 182; öffentliches Interesse an der „organisierten privaten Rechtsdurchsetzung zur Sanktionierung", Halfmeier, BTA-WP 18/46, S. 13.

449 Meller-Hannich, ZBB 2011, 180, 190; ebenso Poelzig, S. 34.

Solche Allgemeininteressen können nicht „sich selbst überlassen werden". Eine Verfolgung kann nicht durch den „Markt" selbst erfolgen, denn dieser besitzt keine eigene Rechtssubjektivität, daher müssen die Interessenträger aktiv werden.[450] Verstöße gegen Marktverhaltensnormen beeinträchtigen die Interessen der Allgemeinheit und können eine Vielzahl von Anlegern treffen.[451] Die Verfolgung zum Zweck der Allgemeininteressen kann dann durch den Staat aber auch durch andere betroffene Marktteilnehmer übernommen werden.[452] Aufgrund bestehender Limitierungen (vgl. S. 29 f.) ist eine umfassende Verfolgung durch den Staat nicht möglich.

Problematisch ist, dass selten Anreize für Marktteilnehmer bestehen damit sie Gemeininteressen verfolgen. Sie sind schließlich nicht unmittelbare Berechtigte des Gemeininteresses, dieses stellt sich ihnen nicht als Vermögensbestandteil dar. Durch die vereinfachte, kollektive Durchsetzung von Anlegerschäden lässt sich aber die Verfolgung zugunsten des Allgemeininteresses wieder fördern.

Dabei sollen die jeweiligen Anleger nur ihren individuellen Schaden verfolgen können, ohne Gemeininteressen zu berücksichtigen. Das Allgemeininteresse wird aber dennoch durch die Durchsetzung gefördert.[453] Die zivilrechtliche Verfolgung von Schadensersatz „sanktioniert" die Missachtung von Marktverhaltensnormen. Durch Verfolgung wird Abschreckung erzeugt, welche die Funktionsfähigkeit fördert.[454] Die Funktionsfähigkeit stellt sich dann als Institutionenschutz dar, welcher durch die wirtschaftsrechtlichen Marktverhaltensnormen geschützt wird.[455]

Grundsätzlich stellt dies die Kehrseite des individuellen Rechtsschutzes dar, denn damit wird immer auch die Durchsetzung des objektiven Rechts verfolgt.[456] Die Verhaltenssteuerung des Haftungsrechts wird durch zivilprozessuale Instrumente erreicht, Prävention durch Kompensation befördert.[457] Das materielle Recht dient hierbei dem Schutz (ausgewählter) privater Interessen,

450 Vgl. Poelzig, S. 400.

451 Poelzig, S. 40.

452 Vgl. zur privaten Durchsetzung, EuGH, *Courage und Crehan*, Rn. 26; vgl. Maume, ZHR 2016, 358, 364.

453 Durchsetzung der individuellen Rechte dient dem Marktschutz, Poelzig, S. 401.

454 EuGH, *Courage und Crehan*, Rn. 27.

455 GWB und UWG sowie WpHG seien Ausprägungen, Poelzig, S. 250, 397.

456 Meller-Hannich, ZBB 2011, 180, 190.

457 Reimann, Bitburger 2008, 105; Kocher nach Mauske, VuR 2013, 157, 159; Poelzig, S. 39, 241, Prozessrecht als zweite Ebene der materiell-rechtlichen Normdurchsetzung, S. 510.

während das Prozessrecht der Verwirklichung dient.[458] Dem liegt zugrunde, dass vernünftige Personen durch Abschreckung ihr Verhalten ändern werden.[459] Umstritten ist, ob die erzeugte Abschreckungswirkung der privaten Rechtsdurchsetzung grundlegender Bestandteil oder nur erwünschtes Nebenprodukt ist.[460] Dies ändert aber nicht, dass sie erzeugt wird.

Das Niveau derartiger „Regulierung" kann durch Kollektivverfahren, erhöht werden.[461] Die gerichtliche Klärung und Konkretisierung des anwendbaren Rechts wird aufgrund des erhöhten Verständnisses der Regulierten zu stärkerer Normeinhaltung führen. Kollektivverfahren beseitigen darüber hinaus auch die Gefahr von divergierenden Entscheidungen bei gleichgelagerten Sachverhalten.[462]

Im Schwerpunkt dieser Arbeit steht die Frage, ob kollektiver Rechtsschutz in der Lage ist diese regulatorischen Ziele zu erreichen.[463] Soweit festgestellt werden kann, dass kollektiver Rechtsschutz hierzu geeignet ist, ist zu untersuchen, welche Anreize den Akteuren geboten werden müssen, damit sie teilnehmen. Kurz gesagt: Wie muss ein Kollektivverfahren ausgestaltet sein, damit Kläger, Beklagte, Anwälte und der Staat dieses den Individualverfahren vorziehen? Durch die höhere Attraktivität solcher Kollektivverfahren wird ein erhöhter Regulierungseffekt erzeugt. Kapitalanlegerklagen sind gut geeignet, um die Effektivität zu prüfen. Hier lässt sich sicherstellen, dass alle Vermögensschäden auf die gleichen Ereignisse zurückgehen, den fehlerhaften Kapitalmarktinformationen.[464]

Die Vollstreckung durch Kollektivrechtsbehelfe potenziert die Haftungswirkung,[465] verstärkt insoweit den Steuerungseffekt. Kollektivrechtsbehelfe verbinden dabei das individuelle Interesse des Geschädigten an Kompensation sowie das öffentlich-regulatorische Interesse an Abschreckung.[466]

---

458 Hass, S. 23.

459 Eidenmüller, JZ 2005, 216, 218.

460 Zur Diskussion, Poelzig, S. 31 ff.

461 Vgl. Maume, ZHR 2016, 358, 369.

462 Vgl. Meller-Hannich, ZBB 2011, 180.

463 Funktion des modernen Kollektivverfahrens sei regulatorisch und nicht mehr kompensatorisch, Alexander, 48 Stan. L. Rev. 1487, 1488 (1996); zu dem Ansatz Hensler, 11 Duke J. of Comp. & Int'l L. 179, 183 (2001).

464 Stadler, JZ 2009, 121, 127.

465 Zur Multiplikatorfunktion der *class action* auch Cassone/Ramello, Eur J. Law Econ. (2011) 32:205–207.

466 Coffee, 106 Colum. L. Rev. 1534, 1538 (2006); „*deterrence as spillover*" Burch, 43 Ga. L. Rev. 63, 67 (2008); sieht Kompensation als primäre Funktion, Dam, 4 J. Legal.

Neben der privaten Kompensation erzeugt es eine positive Externalität, einen gesellschaftlichen Erlös (*social benefit*) über das Verfahren hinaus.[467] Nicht nur die konkreten Parteien profitieren von diesen Effekten, auch Andere werden begünstigt.[468] Marktteilnehmer werden in ihrem Verhalten beeinflusst, so dass die Klage verhaltenssteuernd wirken kann.[469]

Daneben werden Schäden, die sonst sozialisiert werden, wieder beim Schädiger internalisiert.[470] Diese Internalisierung der Kosten fördert den Abschreckungseffekt und ist im öffentlichen Interesse.[471] In der Gesamtbetrachtung ist eine entsprechende Klage gesellschaftlich erwünscht, wenn der gesellschaftliche Erlös die erwarteten Nachteile übersteigt.[472]

Wie bereits angesprochen, basiert die Idee der *ex-post* Regulierung auf dem Gedanken der Abschreckung. Diese Abschreckung wird (teilweise) durch private Akteure erzeugt.[473] Diese Einbeziehung von Privaten zur Verfolgung von öffentlichen Zwecken (Abschreckung) wird in Deutschland (noch) kritisch gesehen.[474]

Entsprechende Entwicklungen in diese Richtung sind in den letzten Jahren innerhalb des Kartellrechts und des Verbraucherschutzes aufgetreten. Das *private enforcement* von Kartellgeschädigten ist (auch durch Entwicklungen im europäischen Recht) inzwischen etablierter Bestandteil des Vollstreckungsregimes

---

Stud. 47, 53 (1975), jedoch Abschreckung als Rechtfertigung für unterlassene Kompensation, aaO S. 60; Macey/Miller, 58 U. Chi. L. Rev. 1, 61 (1991).

467 Sieht die Prävention dabei nicht nur als „Nebenprodukt“ der privaten Kompensation, Poelzig, S. 31 f.

468 Burch, 43 Ga. L. Rev. 63, 89 (2008).

469 Shavell, 11 J. of L. Stud. 333, 334 (1982); Doppelfunktion von Kompensation und Prävention, Fiss, 53 Wash. & Lee L. Rev. 21 (1996); zur Verhaltenssteuerung, BT-Drs. 15/5091, S. 16.

470 Liegsalz, S. 148; im Strafrecht, vgl. Becker, 76 J. Pol. Econ. 169, 207 (1968); Engel, JZ 1995, 213, 215.

471 Cassone/Ramello, Eur J. Law Econ. (2011) 32:205–211; vgl. Poelzig, S. 434.

472 Vgl. Shavell, 34 JEL 255, 257 (1993).

473 Als Aufgabenbereich von privaten und öffentlichen Akteuren, Fiss, Wash. & Lee L. Rev. 21 (1996); Private als Teil des wettbewerbsrechtlichen Sanktionsgefüge, Kainer/Persch, WuW 2016, 2, 5.

474 *Private attorney general* in Deutschland unbekannt, Liegsalz, S. 150; *private enforcement* (trotz Kritik) als mögliches Instrument, Halfmeier/Wimalasena, JZ 2012, 649, 652; auch in den USA kritisch betrachtet, aber vorzugswürdig gegenüber Inaktivität, Reich, USA Today v. 11.02.1999, S. 15.A; zur positiven Einstellung der Kommission zum *private enforcement*, vgl. Reimann, Bitburger 2008, 105, 106 f.

neben behördlicher Vollstreckung. Im Verbraucherschutzrecht haben die Verbraucherschutzverbände eine ähnliche Stellung wie Private innerhalb eines *ex-post* Regulierungsregimes.[475]

Auch im Verwaltungsrecht sind solche Strukturen bekannt. Die Fahrverbote aufgrund der Feinstoffbelastung wurden erst auf Betreiben der Deutschen Umwelthilfe gerichtlich bestätigt. Auch das KapMuG wurde eingeführt, um eine „zweite Spur der Finanzmarktaufsicht" zu etablieren.[476] Zur Beibehaltung der Steuerungsfunktion des Haftungsrechts ist auch die Anpassung des Verfahrensrechts erforderlich,[477] um effektive private Vollstreckung zu ermöglichen.

Die These ist, dass rationale Marktteilnehmer eine Kosten-Nutzen-Analyse durchführen. Sie werden von normwidrigem Verhalten absehen, wenn die Kosten dafür zu hoch sind. Die Höhe der erwartbaren Kosten wird durch die Durchsetzungsmöglichkeiten der Ansprüche beeinflusst. Indem Anreize zur Klageerhebung durch die Geschädigten gesetzt werden, erhöht sich die Durchsetzungswahrscheinlichkeit und damit auch die Kosten für Schädiger.[478]

Kollektivverfahren, die einen Schadensersatzanspruch verfolgen, haben eine besondere Bedeutung im *private enforcement*.[479] Durch die Zahlung eines Schadensersatzes werden die Folgen der Pflichtverletzungen kompensiert. Die „ungerechtfertigte Bereicherung" des Schädigers wird rückgängig gemacht. Zwar entfaltet bereits das Bestehen des Schadensersatzanspruches eine gewisse Abschreckungswirkung auf Akteure die eine Pflichtverletzung in Betracht ziehen.[480] Bei Massenschäden können Schädiger darauf vertrauen, dass ein Großteil der Geschädigten keine Verfolgung betreiben wird.[481] Teilweise beruht dies auf den anwendbaren Verfahrensordnungen. Gerichtsgebühren, *English rule* und die Folgen der rationalen Apathie machen eine Rechtsverfolgung bei geringen Summen unwahrscheinlich.

---

475 Vgl. Shavell, 34 JEL 255, 260, 283 (1993).

476 BT-Drs. 15/5091, S. 16.

477 Poelzig, S. 234.

478 Poelzig, S. 394; Biard, S. 24; Vogel, S. 102.

479 Macey/Miller, 58 U. Chi. L. Rev. 1, 11 (1991); Woode Hutchinson, 1983 Sup. Ct. Rev. 459, 482.

480 Erfordert auch ein effektives Mittel zur Entziehung des rechtswidrigen Gewinns, Stadler, VuR 2011, 79, 80.

481 Sehen darin einen Anreiz Gewinn durch *harmful actions* zu generieren, Cassone/Ramello, Eur J. Law Econ. (2011) 32:205–222; vgl. *Butler v. Sears,* 702 F.3d 796, 801 (7th Cir. 2013); vgl. Röthemeyer, jM 2022, 178, 179.

In solchen Fällen verliert das Haftungsrecht seine abschreckende Wirkung und damit auch seinen präventiven Effekt.[482] Diese ist aufgrund der lückenhaften Durchsetzung nicht mehr gewährleistet.[483] Die gebündelte Durchsetzung mittels Kollektivverfahren kann diese Wirkung wiederherstellen.[484] Hier besteht das Potential, dass die Abschreckungswirkung durch Vereinfachung und Bündelung der Durchsetzung so weit erhöht wird, dass Teilnehmer Pflichtverletzungen mangels Profitabilität nicht mehr erwägen.[485] Einer ähnlichen Logik folgt auch die private Kartellrechtsdurchsetzung in den USA. Hier werden die Schadensersatzklagen durch das Institut der *treble damages* („dreifachen Schadensersatz") „aufgewertet", so dass sie einen höheren Abschreckungseffekt erzielen.[486] Dies erhöht die Verhandlungsmacht der Geschädigten gegenüber dem Schädiger, erhöht aber auch das Erpressungspotential.[487]

Durch Veränderungen im Prozessrecht, die den Klageanreiz erhöhen, wäre es möglich, die ursprüngliche Steuerungs- und Abschreckungsfunktion des Haftungsrechts wiederherzustellen.[488] Durch die Bündelung von Ansprüchen ist eine Erhöhung der Abschreckungswirkung möglich. Die „künstliche" Erhöhung durch Strafschadensersatz oder *treble damages* ist dann nicht mehr notwendig, denn die vereinfachte Durchsetzung der Kompensation ist bereits ausreichend. Es bedarf aber einer effizienten Verfahrensform, um das diese Funktion des Haftungsrechts wieder herzustellen.[489]

Kollektive Rechtsdurchsetzung würde dann als „zweite Spur", neben der staatlichen Aufsicht im Marktordnungsrecht dienen.[490] Vom regulatorischen Ziel aus

---

482 Poelzig, S. 510; vgl. Deffains/Langlais, in: Backhaus et al. (2012), S. 147.

483 Poelzig, S. 377.

484 Dam, 4 J. Legal Stud. 47, 49 (1975); hinsichtlich der Erhöhung der Haftungssumme sowie der Verfolgungswahrscheinlichkeit durch Kollektivverfahren, Cassone/Ramello, Eur J. Law Econ. (2011) 32:205–208; mwN Hosemann, MPPL RP 13/29, 1, 27; vgl. Reimann, Bitburger 2008, 105, 129 f.

485 Hensler, 622 AAPSS 7, 9 (2009); Billen nach Mauske, VuR 2013, 157, 158.

486 Reimann, Bitburger 2008, 105, 112, 130; zusätzlich um den Überwachungsaufwand zu kompensieren, Engel, JZ 1995, 213, 214; sieht angesichts der Verzinsung keine Notwendigkeit, Vogel, S. 101.

487 Reimann, Bitburger 2008, 105, 136.

488 Reuschle, WM 2004, 966, 967; durch Mittel des Prozessrechts den Grad der Rechtsdurchsetzung und der verhaltenssteuernden Wirkung des Haftungsrechts zu verstärken, Bergmeister, S. 19.

489 Poelzig, S. 252.

490 Ordnungspolitisches Motiv des KapMuG, BT-Drs. 15/5091 S. 16; Reuschle, WM 2004, 966, 972; Durchsetzung durch private und öffentliche Betreibung, Möllers/

betrachtet, ist es zunächst sogar egal, wer der Empfänger des Schadensersatzes ist, solange überhaupt gezahlt wird.[491] Durch entsprechende Anreizsetzung für Kollektivverfahren ist es dann möglich, diese regulatorischen Ziele erreichen.[492] Die Institution des kollektiven Rechtsschutzes wirkt mit staatlicher Intensität aber durch Private, für Bereiche in denen der Staat nicht oder nicht ausreichend reguliert.[493]

Der Kapitalmarkt bietet sich besonders für den kollektiven Rechtsschutz an.[494] Haftungsfragen entstehen in der Regel durch Fehler in Verkaufsprospekten bzw. anderen Mitteilungspflichten. Die haftungsbegründenden Tatsachen sind dadurch mit einem geringen Aufwand für eine Vielzahl von Klägern festzustellen.[495]

1. Die Figur des private attorney general

Vor allem in der englischsprachigen Literatur gilt der Initiator eines Kollektivverfahrens als sogenannter *private attorney general*[496] (wörtlich übersetzt als privater Generalstaatsanwalt). Diese Figur bezeichnet ein privates Rechtssubjekt, welches öffentliche Aufgaben übernimmt, dabei aber nicht dem Staat oder der Öffentlichkeit rechenschaftspflichtig ist.[497] Abzugrenzen ist diese Figur von dem

---

Pregler, ZHR 2012, 144, 182; hinsichtlich der Sanktionswirkung, Empfehlung der Kommission 2013/396/EU ErwGr 7; Jahn, ZIP 2008, 1314, 1316.

491 Nur durch Zahlung ist Prävention gegeben, Schäfer, in: Basedow et al., 67, 91; ebenso Dam, 4 J. Legal Stud. 47, 60, 62 (1975); Entziehung nicht Entschädigung als Ziel, Stadler, VuR 2011, 79, 80; ebenso Calabresi/Schwartz, 32 Eur. J. Law Econ. 169, 171 (2011); Halfmeier, BTA-WP 18/46, S. 51; Poelzig, S. 369, 372; Engel, JZ 1995, 213, 217; zur vergleichbaren *cy pres* Entschädigung, Zirngibl, S. 82 f.

492 Vgl. Bergmeister, S. 22 f.

493 Kollektiver Rechtsschutz als (sektorale) Verdrängung der staatlichen Autorität, Issacharoff, 7 Sup. Ct. Rev. 337, 338(1999); „Regulierungsperspektive" des kollektiven Rechtsschutzes, Halfmeier, BTA-WP 18/46, S. 13.

494 Aufgrund desselben Lebenssachverhalts bei einer Vielzahl von Anlegern, Baetge/Wöbke, in: Basedow et al., 363; ebenso Stadler, JZ 2009, 121, 127; Anlegerschutz als Feld in dem kollektive Rechtsverfolgung empfohlen wird, Empfehlung der Kommission 2013/396/EU ErwGr 7.

495 Erforderlich, dass diese Fragen einheitlich geklärt werden, Hess/Michailidou, WM 2003, 2318, 2319; aA eine Vielzahl von individuell zu klärenden Fragen, Meyer, WM 2003, 1349, 1353 f.

496 Zur historischen Entwicklung des Begriffs, mwN, Rubenstein, 57 Vand. L. Rev. 2129, 2130, 2134 (2004), Rabkin, 61 Law & Contemp. Probs. 179 (1998), kritisiert das Fehlen einer einheitlichen Definition, aaO, 194 f.

497 Nach Rabkin, 61 Law & Contemp. Probs. 179 (1998).

Beliehenen aus dem deutschen Verwaltungsrecht. Der *private attorney general* wird regelmäßig nicht im Auftrag des Staates tätig. Das Gegenstück, der *public attorney general*, ist regelmäßig eine öffentliche Institution.

Der *private attorney general* will seine eigenen (regelmäßig wirtschaftlichen) Interessen durchsetzen. Nur als Nebeneffekt entstehen positive Wohlfahrtseffekte.[498] Bereits umstritten ist, wer im Kontext eines Kollektivverfahrens der *private attorney general* ist oder, ob überhaupt ein solcher existiert. Der Begriff kann die Kläger oder den Anwalt bezeichnen,[499] oder sogar jeden der privaten und öffentlichen Interessen bei der Rechtsdurchsetzung verbindet.[500]

Aus regulatorischer Sicht ist diese Debatte letztlich belanglos. Solange der positive Abschreckungseffekt erfolgt, ist es unbeachtlich, wer *private attorney general* ist. Entscheidend ist die Inanspruchnahme von Schädigern zur Abschreckung.[501]

Nachfolgend wird die Figur des *private attorney general* neben dem *public attorney general* und dem *private attorney* erläutert, um den Einfluss der Figur und seine Rolle in der Regulierungsstruktur zu verdeutlichen.

Nach Rubenstein ist eine klare Abtrennung in zwei distinktive Formen, dem *public* und dem *private attorney*, nicht möglich. Diese beiden Formen stellen lediglich die beiden Enden eines Spektrums dar. Dazwischen existieren, je nach Verfahrensform und -gegenstand, verschiedene Kombinationen.[502] Unterschiedliche Faktoren beeinflussen die konkrete Ausgestaltung. Der einfachste Faktor scheint der des Klienten zu sein. Bei einem privaten Rechtssubjekt sollen private Interessen dominieren, öffentliche Interessen dominieren bei öffentlichen Klienten.[503]

---

498 Vgl. Fiss, 53 Wash. & Lee L. Rev. 21, 22 (1996); Hosemann, MPPL RP 13/29, 1, 26; zum gemeinnützigen Potential privater Normdurchsetzung, Poelzig, S. 29, als Vertreter des gesamtwirtschaftlichen Interesses, S. 369.

499 Für den Anwalt, Fiss, 53 Wash. & Lee L. Rev. 21, 23 (1996); für den Kläger, aber erkennt an, dass der Terminus häufig für den Anwalt genutzt wird, Rabkin, 61 Law & Contemp. Probs. 179, 180 (1998).

500 So, Rubenstein, 57 Vand. L. Rev. 2129, 2131 (2004); „*class action can be understood best as a fusion of both of these agencies [public officers and private citizens]*", Fiss, 53 Wash. & Lee L. Rev. 21 (1996); „*semi-public remedy [...] in private practice*", Kalven/Rosenfield, 8 U. Chi. L. Rev. 684, 717 (1941).

501 Vgl. Poelzig, S. 369, 371 f.; Coffee, 42 Md. L. Rev. 215, 218 (1983).

502 Rubenstein, 57 Vand. L. Rev. 2129, 2132 (2004).

503 Vgl. Rubenstein, 57 Vand. L. Rev. 2129, 2139 (2004).

Auch kann eine Abgrenzung anhand der Vergütung durchgeführt werden, der *private* erhält seine Vergütung von einem Mandanten, der *public* erhält seine direkt vom Staat.[504] Komplizierter wird dies, wenn man die Vergütungsregelungen genauer analysiert. Auch Private können Gelder aus Staatsmitteln erhalten (z. B. Prozesskostenhilfe).

Der wohl wichtigste Aspekt der Abgrenzung nach RUBENSTEIN liegt in der Zielsetzung der Klage.[505] Dann dominieren private Interessen, wenn das Interesse auf Schadenskompensation gerichtet ist (*compensation*). Öffentliche Interessen werden hingegen verfolgt, wenn das Interesse auf Abschreckung und zukünftige Verhaltensmodifizierung (*deterrence*) gerichtet ist.

Wird diesem Ansatz gefolgt, erscheint es zunächst einfach zu sein, öffentliche oder private Interessen auszumachen. Bei der Betrachtung von einzelnen Fallgruppen wird die Abgrenzung wieder komplizierter. Solange der Staat als regulärer Wirtschaftsteilnehmer agiert und anschließend ein öffentlicher Vertreter auf Schadensersatz klagt, müssten konsequenterweise private Interessen dominieren. Ungeachtet dessen, dass der Klägervertreter ein angestellter Rechtsbeistand sein kann und der Klient eindeutig der Staat ist. Dieses Ergebnis wirkt nicht zufriedenstellend. Unter anderem wegen dieser Unzulänglichkeiten empfiehlt RUBENSTEIN keine strikte Trennung durchzuführen, sondern den konkreten Einzelfall zu untersuchen.[506]

Festhalten lässt sich, dass der *private attorney general* vorliegt, wenn das Verfahren sowohl öffentlichen als auch privaten Interessen dient. Die Erzeugung von Abschreckung liegt im öffentlichen Interesse,[507] denn von der Abschreckung geht mittelbar auch verhaltenssteuernde Wirkung aus. Insoweit kann jedes Kollektivverfahren als *private attorney general* qualifiziert werden,[508] denn jedes Verfahren erzeugt Abschreckungswirkung. Daneben sind zwangsläufig auch

---

504 Vgl. RUBENSTEIN, 57 Vand. L. Rev. 2129, 2139 (2004).

505 *Compensation* und *deterrence* als vereinfachte Grundlage für die Abgrenzung; zu den Besonderheiten und Ausnahmen von dieser Grundlage, RUBENSTEIN, 57 Vand. L. Rev. 2129, 2140 f. (2004).

506 „*The point is that when anyone pursues a deterrent remedy, particularly one with wide application, it feels as if they are doing something public, while when anyone pursues compensation, it feels as if they are doing something private.*“, RUBENSTEIN, 57 Vand. L. Rev. 2129, 2142 (2004).

507 Vgl. ZIRNGIBL, S. 15.

508 Strenggenommen auch jedes Individualverfahren, mangels hohen Schadens nur geringe Abschreckung; bejahend zur *private attorney general* Funktion, WOODE HUTCHINSON, 1983 Sup. Ct. Rev. 459, 503.

private Interessen davon betroffen, denn die Kompensation dient den privaten Interessen der Geschädigten.

a) Die Arten des Private Attorney General

Wenn feststeht, dass eine Klage als *private attorney general* fungiert (nach dem hier verfolgten Ansatz, wenn Abschreckungswirkung erzielt wird), stellt sich die Frage, welche Variante vorliegt. Rubenstein unterscheidet drei Varianten; den *public attorney general* Ersetzenden; den Ergänzenden und den Simulierenden.[509]

Der Ersetzende tritt in Aktion, wenn öffentliche Aufgaben an Private delegiert werden.[510] Dies kann geschehen, wenn Behörden für ihre Tätigkeiten private Anwälte engagieren. Mithin ist damit die Auslagerung an Private gemeint. Der Ersetzende ist vergleichbar mit der Rechtsfigur der Beliehenen im deutschen Verwaltungsrecht. Der Ersetzende ist noch am stärksten der öffentlichen Sphäre zuzuordnen.[511]

Der Ergänzende ist die komplexeste Form des *private attorney general*, für die vorliegende Arbeit aber auch die relevanteste.[512] Der Ergänzende agiert unter Berücksichtigung von privaten Interessen. Er ist daran interessiert Kompensation zu erlangen.[513] Der Abschreckungseffekt (an dem grundsätzlich ein öffentliches Interesse besteht), der erzeugt wird, muss nicht intendiert gewesen sein, wird aber als positive Externalität berücksichtigt. Bei extensiver Auslegung ist damit jeder gemeint, der eine kompensatorische Klage einbringt, denn auch dann entsteht eine gewisse Abschreckungswirkung.[514]

Der Ergänzende stellt im Spektrum wohl den Mittelpunkt zwischen der rein öffentlichen und der rein privaten Sphäre dar, indem er beide vermischt.[515] Durch seine Rechtsverfolgung ergänzt er die Handlungen des Regulierers und

509 „*[…] substitute […] supplement […] simulate […]*", Rubenstein, 57 Vand. L. Rev. 2129, 2142 (2004).

510 Rubenstein, 57 Vand. L. Rev. 2129, 2143 (2004).

511 Rubenstein, 57 Vand. L. Rev. 2129, 2153 (2004).

512 Ergänzender als Regelform des *private attorney general*, Poelzig, S. 54.

513 Bzw. für sich selbst, sollte der Ansicht gefolgt werden die den Mandanten als *private attorney general* sieht.

514 Eine noch extensivere Auslegung geht davon aus, dass alle Klagen (ungeachtet ob sie kompensatorischer Natur sind) diese Funktion erfüllen, Rabkin, 61 Law & Contemp. Probs. 179, 195 (1998); m. E. praktisch vernachlässigbarer Effekt da wegen geringer Summen keine nennenswerte Abschreckung erzeugt wird.

515 Vgl. Rubenstein, 57 Vand. L. Rev. 2129, 2153 (2004).

fördert diese, ohne dies möglicherweise intendiert zu haben. Insoweit agiert er als „*Side-Kick*“ gegenüber dem Regulierer.[516]

Am anderen Ende des Spektrums existiert der Simulierende. Dieser wird als rein privat angesehen; er agiert als Anwalt für eine Gruppe, vergleichbar zum Ergänzenden. In Abgrenzung zu diesem verfolgt er lediglich die Kompensation, ein weiterer Zweck wird nicht verfolgt.[517]

Die Klassifizierung des *private attorney general* durch RUBENSTEIN wird von ihm tabellarisch wie folgt dargestellt.[518] Dabei ist zu erkennen, dass der Ergänzende Aspekte des *private* und *public attorney general* miteinander mischt.

	Rein privat	*Private attorney general*			**Rein öffentlich**
		Simulierender	**Ergänzender**	**Ersetzender**	
Klient	Individuen	Individuen	Individuen & Gesellschaft	Gesellschaft	„Die Gesellschaft“
Vergütung	Zeitlich oder vom Erfolg abhängig	Zeitlich oder vom Erfolg abhängig	Zeitlich oder vom Erfolg abhängig; *Lodestar*[519]	Zeitlich oder vom Erfolg abhängig; *Lodestar*	Gehalt
Ziel der Klage	Kompensation	Kompensation	Kompensation & Abschreckung	Kompensation & Abschreckung	Abschreckung

b) Der Private Attorney General in Deutschland

Das Bestehen der Figur des *private attorney general* bzw. eines Äquivalents in Deutschland wird kritisch betrachtet. Hier soll dieser nicht bestehen, da der

516 Verbände als „Side-Kick“ gegenüber dem Regulierer, VAN BOOM/LOOS, WP 2008, 1, 17.

517 Abgrenzung zum Ergänzenden kompliziert, RUBENSTEIN, 57 Vand. L. Rev. 2129, 2154 f. (2004).

518 Eine verkürzte und übersetzte Version der Tabelle in RUBENSTEIN, 57 Vand. L. Rev. 2129, 2156 (2004).

519 Gerichtliche Bestimmung des Honorars im Erfolgsfall, MACEY/MILLER, 58 U. Chi. L. Rev. 1, 22, 50 ff. (1991); ALEXANDER, 43 Stan. L. Rev. 497, 538 (1991).

„deutsche Kläger" lediglich an der eigenen Kompensation interessiert sei ohne weitere Belange zu berücksichtigen.[520] Die Existenz des *private attorney general* ist in Deutschland wohl in der Tat abzulehnen,[521] sollte die zielgerichtete Verfolgung von öffentlichen Interessen Teil der Definition sein. Erweitert man dies aber um eine funktionale Ansicht (entsprechend des ergänzenden *private attorney general*), reicht für das Bestehen, dass bei Tätigwerden relevante positive Externalitäten entstehen. Nach dieser erweiterten Beschreibung wären auch deutsche Kollektivkläger entsprechend zu qualifizieren.

Eine mögliche Erklärung, warum diese Figur in Deutschland kritisch bewertet wird, könnte im höheren Vertrauen in staatliche Stellen liegen. Umgekehrt wird vermutet, dass private Klagen (auch um öffentliche Zwecke zu verbreiten) in den USA etabliert sind, weil ein Misstrauen gegenüber staatlichem Handeln besteht.[522]

Ungeachtet der Frage, ob ein *private attorney general* der klassischen Konzeption in Deutschland besteht, ist es ausreichend festzustellen, dass durch Kollektivverfahren positive Externalitäten entstehen. Bereits dadurch kann eine Überschneidung von privaten und öffentlichen Interessen bei Kollektivverfahren festgestellt werden.[523] In einem Kollektivverfahren werden die privaten Interessen durch die Kompensation der Geschädigten sowie mit der Honorarzahlung des Anwalts gefördert, die öffentlichen Interessen werden durch die Erzeugung von Abschreckung (und der mittelbaren Effizienzsteigerung) unterstützt.[524]

Meines Erachtens sind Spuren des *private attorney general* auch in Deutschland zu erkennen. Nach der obigen Klassifikation können Verbände, die aufgrund des UKlaG vorgehen, als Ergänzender wahrgenommen werden. Die Klagen, die sie einreichen, haben zunächst private Interessen,[525] denn die Verbandsmitglieder bzw. die Verbraucher profitieren davon. Daneben soll die

---

520 Hopt, WM 2009, 1873, 1879 f.; die Befürchtung der „Amtsanmaßung" beim Agieren als *private attorney general*, Reimann, Bitburger 2008, 105, 145.

521 Sieht die Figur als fremd im deutschen Rechtsverständnis, Liegsalz, S. 150.

522 So Fiss, 53 Wash. & Lee L. Rev. 21, 22 (1996); vertieft Reimann, Bitburger 2008, 105, 141 ff.

523 Selbst bei schlecht ausgerichteten ("*misaligned*") Fällen so, Burch, 43 Ga. L. Rev. 63, 75 (2008).

524 Vgl. Cassone/Ramello, Eur J. Law Econ. (2011) 32:205–206; ebenso die Steuerung durch Durchsetzung von privaten Vorteilen zur Förderung von öffentlichen Interessen, vgl. Baumann, RNotZ 2007, 297, 300.

525 Zu den *agency* Problemen der Verbandsklage, S. 181 f.

Unterlassungsklage aber gerade auch dem öffentlichen Zweck dienen, nämlich die Normeinhaltung zu stärken.[526]

Auch im Kartellrecht und im Wettbewerbsrecht hat sich die Idee des *private enforcement* verbreitet. Die Anreize des Prozessrechts sollen so gelegt werden, dass eine effektive Durchsetzung durch Private möglich ist.[527] Hierdurch soll eine „zweite Spur der Regulierung" möglich werden.[528] Noch weiter geht die Ansicht, nach der jede individuelle Durchsetzung im Wirtschaftsrecht auch institutionsschützende Wirkung hat, Private sind dann im Allgemeininteresse indienstgenommen.[529] Dies entspricht gerade der Konzeption des *private attorney general.*

Diese Beispiele stellen natürlich nur einen kleinen Ausschnitt aus der gesamten Regulierungsaktivität dar, legen aber nahe, dass eine pauschale Ablehnung des Konzepts *private attorney general* nicht angebracht ist. Stattdessen können die Erfahrungen aus anderen Staaten genutzt werden, um Verfahrensformen in Deutschland derart zu gestalten, dass sich eine von Privaten betriebene „zweite Spur der Regulierung" etabliert.

2. Normkonkretisierung durch Gerichtsverfahren

Regulierung wird nicht nur durch Überwachung der Normeinhaltung und Vollstreckung der Sanktionen erreicht. Daneben ist es auch notwendig, dass die Regeln und ihre Anwendungsbereiche verständlich sind.[530] Bei unklaren Regeln kann eine Normeinhaltung nicht erwartet werden. Ein Mittel zur Klärung von unbestimmten Rechtsbegriffen ist die gerichtliche Konkretisierung. Hierdurch findet eine „Kondensation und Konfirmation von Rechtsnormen" statt.[531] Durch Gerichtsverfahren kristallisieren sich gerade die Anwendungsbereiche einer Norm heraus und die Tatbestandsvoraussetzungen werden konkretisiert.[532] Diese Konkretisierung von grundsätzlichen Fragen erfolgt im Allgemeininteresse.[533]

---

526 Verbände als „Side-Kick", van Boom/Loos, WP 2008, 1, 17.

527 Poelzig, S. 137 f.

528 Jahn, ZIP 2008, 1314, 1316; Halfmeier, BTA-WP 18/46, S. 49; vgl. EuGH, *Courage und Crehan*, Rn. 27.

529 Poelzig, S. 402.

530 Lodge/Wegrich, S. 49.

531 Gutachten A 70. DJT, S. 38; Schäfer, ssrn.com, 1, 2.

532 Vgl. Meller-Hannich, BTA-WP 18/46, S. 18.

533 Hirsch/Gerhardt, ZRP 2016, 28 f.; Gaier/Freudenberg ZRP 2013, 27; Poelzig, S. 39.

Im *common law* existiert die Wahrnehmung des Rechtsstreites mit Doppelfunktion; nicht nur soll der konkrete Rechtsstreit zwischen Parteien beigelegt werden, es soll darüber hinaus eine Klarstellung der Rechtslage erreicht werden.[534] Dies ist in der Tradition des *civil law* nicht so stark ausgeprägt, Normen sollen bereits kodifiziert und in sich verständlich sein.[535] Im Gegensatz zum *common law* ist das kodifizierte Recht und nicht das Präzedenzurteil die primäre Rechtsquelle. Aber auch im *civil law* hat die Rechtsprechung eine teilweise rechtssetzende Qualität. Höchstrichterliche Urteile entfalten faktische Bindungswirkung und Richterrecht ist in vielen Gebieten anerkannt und gleichberechtigt zu kodifizierten Regeln.[536]

Normen sind zunächst abstrakt konzipiert, es werden nicht sämtliche konkret-individuellen Lebenssachverhalte erfasst.[537] Durch Anwendung der Norm durch Gerichte auf konkret-individuelle Lebenssachverhalte wird die Norm konkretisiert.[538] Der abstrakte Regelungsgehalt wird mit Leben gefüllt. Mitunter ist auch das Tätigwerden der Jurisprudenz in „unregulierten“ Bereichen nötig, um die Untätigkeit des Gesetzgebers auszugleichen.[539] Teilweise ist der Gesetzgeber

---

534 *„dispute resolution and rule making.“*, COOTER/RUBINFELD, 27 JEL 1067, 1070 (1989); diese Idee ist auch in Deutschland nicht gänzlich fremd „[...] das Recht beutet die „Streitlust“ der Menschen aus, um Möglichkeiten für zukünftige Normproduktion zu schaffen“, HUTTER/TEUBNER, in: FUCHS/GÖBEL 110, 119, 139 f.; Richter erzeugen durch ständiges ausformuliertes Fallrecht auch effiziente Regeln, POSNER nach FLEISCHER, ZGR 2001, 1, 15; beschränkte „quasi-legislatorische“ Rolle der Rechtsprechung, HÄCKER, ZEuP, 2023, 10, 14.

535 Die germanische Rechtstradition umfasst dennoch die Möglichkeit des Richterrechts, LA-PORTA ET AL., 46 JEL 285, 290 (2008).; sieht *civil law* Richter als sekundär bei der Rechtsgestaltung, BIARD, S. 138.

536 Essentieller Bestandteil der staatlichen Justiz, HIRSCH/GERHARDT, ZRP 2016, 28; SCHÄFER, ssrn.com, 1, 6; EIDENMÜLLER, S. 406; als Instrument zur Prozessbeschleunigung bei niedrigen Streitwerten, NICOLAI/WÖLBER, ZRP 2018, 229, 231; vgl. SCHWEMMER, ZfPW 2022, 41, 43; führt zur Harmonisierung und Beschleunigung auch bei Massenverfahren, HEESE/SCHUMANN, NJW 2021, 3023; zu den Unterschieden des Richterrechts zwischen *common* und *civil law*, HÄCKER, ZEuP, 2023, 10, 14.

537 COOTER/RUBINFELD, 27 JEL 1067, 1092 f. (1989); LA-PORTA ET AL., 46 JEL 285, 291 (2008).

538 Vgl. HÄCKER, ZEuP, 2023, 10, 22.

539 Sieht das Richterrecht zur Publikumspersonengesellschaft als Resultat des Versagens des Gesetzgebers, HOPT, WM 2009, 1873, 1881; ebenso HIRSCH/GERHARDT, ZRP 2016, 28; EIDENMÜLLER, S. 406.

auch nicht in der Lage, in ausreichender Geschwindigkeit auf gesellschaftlichen oder technologischen Wandel zu reagieren.[540]

Um diese Unklarheiten einer abstrakten Norm zu schließen benötigt es der Klärung und Konkretisierung durch Gerichte. Sachurteile konkretisieren die Norm,[541] bei besserem Normverständnis ist eine höhere Einhaltung zu erwarten.[542]

Bei Geschädigten ist zu erwarten, dass diese bei eindeutiger Darstellung ihrer Rechte stärker dazu bereit sind, diese auch durchzusetzen. Diese Klagen erhöhen die Abschreckung weiter und befördern ihrerseits die Normeinhaltung. Die Rechtsfortbildung durch Gerichtsentscheidungen trägt somit dazu bei Rechtssicherheit und Verlässlichkeit der Rechtsordnung zu erhöhen.[543] Erhöhte Beobachtung der Normeinhaltung befördert überdies die weitere Normeinhaltung.[544]

Um dies zu erreichen, ist es notwendig, dass Urteile gesprochen werden.[545] Vergleiche alleine sind hierfür nicht ausreichend.[546] Das allgemeine Anlegerpublikum ist daran interessiert, Sanktionsmaßnahmen (ungeachtet, ob diese öffentlich oder privat initiiert wurden) gegen Schädiger zu erkennen und die (juristischen) Grundlagen des Urteils zu erfahren.[547] Daneben sind auch potentielle Schädiger an den Grenzen des akzeptablen Verhaltens interessiert.[548] Diese Konkretisierung wird durch einen Prozessvergleich, mangels rechtlicher Würdigung, nicht erreicht.

Urteile von staatlichen Gerichten sind besonders für diese Aufgabe geeignet, im Gegensatz zu privaten Schiedsgerichten.[549] Die Veröffentlichung der

540 Gaier, FAZ v. 08.02.2016, S.6.

541 Zwar im Rahmen der *rules v. standards* Debatte, doch dieselbe Schlussfolgerung hinsichtlich der Konkretisierungskapazitäten von Gerichtsentscheidungen, Kerber, in: FS Möschel, 341, 347; krit. zu Gerichten als adäquates Forum, Eidenmüller, S. 420 ff.

542 Hass, S. 9.

543 Gaier, FAZ v. 18.02.2016, S. 6; Halfmeier/Rott/Feess, S. 86; Meller-Hannich, BTA-WP 18/46, S. 86; speziell im Wirtschaftsrecht Poelzig, S. 349, 374; richterliche Rechtsfortbildung sei schneller, aaO, S. 571; vgl. Schwemmer, ZfPW 2022, 41, 44.

544 Stout, in: Drobak, 13, 33.

545 Vgl. Burch, 43 Ga. L. Rev. 63, 94 (2008).

546 Gaier/Freudenberg, ZRP 2013, 27.

547 Sieht den Verzicht als Verschwendung einer wertvollen Ressource („[...] *it wastes a valuable resource*“), Buell, 61 Duke L. J. 511, 518 f. (2011).

548 Burch, 43 Ga. L. Rev. 63, 106 (2008); vgl. Poelzig, S. 367; vgl. Bachmann, in: Basedow et al., 379, 383.

549 Vgl. Burch, 43 Ga. L. Rev. 63, 107, 115 (2008), ebenso Gaier, FAZ v. 08.02.2016, S. 6; auch Hirsch/Gerhardt, ZRP 2016, 28; Deffains et al., 49 Int'l Rev. L. & Econ.

Entscheidungsgründe sorgt für die Verbreitung der notwendigen Informationen an die Öffentlichkeit.

Dies dient auch dem öffentlichen Interesse. Normen sind öffentliche Güter, von der Konkretisierung der Regeln profitieren alle Akteure.[550] Unklare Vorgaben erschweren das Handeln und erzeugen Unsicherheit. Die Normkonkretisierung durch das Verfahren stellt einen öffentlichen Mehrwert dar.[551] Zum Teil wird dies auch als notwendige „Enteignung" der privaten Konflikte zur Normproduktion dargestellt.[552]

Letztlich stellt sich auch die Normkonkretisierung als positive Externalität des Gerichtsverfahrens dar. Dafür ist ein Kollektivverfahren nicht zwingend notwendig, denn prinzipiell leistet jedes Verfahren einen Beitrag zur Konkretisierung. Von Kollektivverfahren ist aber durch die Bündelung ein höherer Beitrag zu erwarten, denn durch die schiere „Masse" dürfte die Rezeption höher sein.[553] Daneben wird durch Kollektivverfahren die Gefahr von divergierenden Entscheidungen und die daraus entstehende Rechtsunsicherheit minimiert.[554]

3. Beseitigung von Capture und Anreizharmonisierung bei der Regulierungsvollstreckung

Die Durchführung von Regulierungsaufgaben stellt sich regelmäßige als ressourcenintensive Aufgabe dar. Insbesondere müssen Personalkosten für die laufende Überwachung und Vollstreckung übernommen werden. Die Vollstreckungsphase stellt sich als besonders kostenintensiv dar. Teilnehmer, die eine Sanktion erwarten, wehren sich erfahrungsgemäß auch stärker dagegen.[555]

33, 34 (2017). Dieser Vorwurf sollte nur bei nicht-öffentlichen Schiedsgerichten eine Rolle spielen; vgl. Sternlight/Jensen, 67 Law. & Contemp. Probs. 75, 90 (2004).

550 Schwemmer, ZfPW 2022, 41, 43, 50.

551 Romano, 7 JLEO 55, 85 (1991).

552 „Damit die Normproduktion des Rechts weiterlaufen kann, nimmt das Recht den Menschen ihre ureignen Konflikte weg, verfremdet sie in der Rechtssprache und benutzt sie, um neue Regeln für andere Situationen schaffen zu können", Hutter/Teubner, in: Fuchs/Göbel, 110, 139 f.; zur Beschränkung der Parteiherrschaft zugunsten der Rechtsfortbildung, vgl. Schwemmer, ZfPW 2022, 41, 45 ff.

553 Vogel, S. 139.

554 Kalven/Rosenfield, 8 U. Chi. L. Rev. 684, 686 (1941); Poelzig, S. 136 f.; 253; Hass, S. 52 f.

555 Vgl. Lodge/Wegrich, S. 81

Nicht nur deswegen wird ein Vollzugsdefizit bei staatlichen Regulierern festgestellt.[556]

Es wird angenommen, dass Angestellte oder Beamte eines öffentlichen Regulierers bei der Vollstreckung nicht ausreichend motiviert sind.[557] Diese Annahme erscheint nachvollziehbar, denn Regulierungsmitarbeiter erhalten ihr Einkommen ungeachtet, ob die Vollstreckung letztlich gelingt. Private sind hingegen motivierter eine erfolgreiche Vollstreckung durchzuführen, denn ihr Schaden wird nur bei erfolgreicher Durchsetzung kompensiert. Daher gelten private Vollstreckungsträger als motivierter.[558] Ihnen wird (teilweise) auch eine größere Kenntnis und bessere Ausstattung unterstellt.[559] Indem der öffentliche Auftrag der Aufsichtsbehörden betont wird (Institutionenschutz), besteht auch darüber hinaus kein Anreiz im privaten Interesse tätig zu werden (Anlegerschutz).

Kollektivverfahren können die Regulierungswirkung erhöhen, ohne dass eine zusätzliche staatliche Finanzierung notwendig wird. Dies erhöht die Kosten-Nutzen-Rechnung des regulierenden Staates.[560] Gerade auf dem Kapitalmarkt sind angesichts der technologischen Fortschritte pragmatische und flexible Regulierungsstrukturen erforderlich.[561] Im Gegensatz zur behördlichen Vollstreckung sind Zivilverfahren ihrerseits wirtschaftlich motiviert und sind hinsichtlich Einleitung und Beendigung flexibler.

Private Klagen können auch als eine Art Frühwarnsystem dienen. Regulierern wird dadurch angezeigt, in welchen Sektoren Verluste entstehen. Rechtswidrig Handelnde können frühzeitig erkannt werden. Informationsdefizite der Regulierer werden dadurch vermindert.[562] Die Einbeziehung von Kollektivverfahren in die Regulierungsarchitektur kann die Überwachungs- und Vollstreckungsdichte erhöhen.[563]

Angesichts der begrenzten Ressourcen des Staats ist eine lückenlose Überwachung des Kapitalmarktes und der Teilnehmer ohnehin nicht möglich.[564] Die personelle Unterbesetzung und die fehlende Expertise erschweren weiterhin die

556 Kalven/Rosenfield, 8 U. Chi. L. Rev. 684, 687 (1941); Armour et al., 6 J. Emp. Leg. Stud. 687, 715 (2009).

557 Poelzig, S. 570.

558 Poelzig, S. 391, 569; Engel, JZ 1995, 213, 215.

559 Vgl. Reimann, Bitburger 2008, 105, 108, 139.

560 Poelzig, S. 370.

561 Brummer, 84 Fordham L. Rev. 977, 1052 (2015)

562 Lodge/Wegrich, S. 40; Engel, JZ 1995, 213, 215.

563 Zum Vollzugsdefizit der öffentlichen Stellen, Poelzig, S. 20 ff.

564 Poelzig, S. 535; Basedow, JZ 2018, 1, 5.

Überwachung von globalen Wirtschaftsabläufen.[565] Nicht nur deswegen wird die private Rechtsdurchsetzung unter „Indienstnahme der Anleger als Funktionäre der Gesamtrechtsordnung“ diskutiert.[566] So hat sich die private Rechtsdurchsetzung in den USA erst gebildet, nachdem offensichtlich wurde, dass eine lückenlose Überwachung durch den Regulierer nicht möglich war.[567]

Daneben kann private Vollstreckung Bedenken hinsichtlich des *capture* von Regulierern beseitigen.[568] *Regulatory capture* beschreibt einen Zustand, bei dem der Regulierer nicht mehr die Interessen der Öffentlichkeit wahrnimmt, sondern stattdessen die Interessen der Regulierten, der Politik oder sonstiger Partikularinteressen in den Vordergrund stellt.[569] Dies kann durch finanzielle Verflechtungen entstehen oder auch durch unmittelbare Korruption. Problematischer sind die „unscheinbaren“ Fälle, in denen eine „Beeinflussung“ bzw. „Geneigtheit“ eintreten kann. Dies kann bereits eintreten, wenn Regulierungspersonal ernannt wird, um eine bestimmte politische Linie zu stärken.[570] Generell besteht diese Gefahr, wenn Regulierer politischer Beeinflussung unterliegen.[571]

Oft genannt wird eine Art „Beißhemmung“ bei der Finanzmarktregulierung. Es ist zu beobachten, dass Berufsanfänger zunächst bei Regulierern einsteigen, um nach einigen Jahren in die Privatwirtschaft zu wechseln (*revolving door*).[572] Hier wird vereinzelt angenommen, dass eine Zurückhaltung bei der Vollstreckung ausgeübt wird, um die späteren Wechselchancen nicht zu beeinträchtigen. Zumindest in Deutschland stellt dies nicht den Regelfall dar, hier ist wohl der Wechsel von Privatwirtschaft zum Staat häufiger als umgekehrt. Bei der Bearbeitung der entsprechenden Fälle durch Gerichte wird keine Beeinflussung vermutet, denn ein dezentrales Gerichtssystem gilt als nicht anfällig für Partikularinteressen.[573]

---

565 Poelzig, S. 21.

566 Poelzig, S. 208, 214, 225, 402

567 Am Beispiel der SEC, Poelzig, S. 60, 69.

568 Resnik, 148 U. Pa. L. Rev. 2119, 2145 (2000).

569 Vgl. Coffee, 42 Md. L. Rev. 215, 227 (1983).

570 Kalven/Rosenfield, 8 U. Chi. L. Rev. 684, 720 (1941); Poelzig, S. 569.

571 Beeinflussung auch durch Verwaltungspraxis mgl., Poelzig, S. 22; bereits in der Rechtssetzung, Schäfer, ssrn.com, 1, 4.

572 Arbeit bei Regulierern gilt gute Ausbildung, Kalven/Rosenfield, 8 U. Chi. L. Rev. 684, 721 (1941).

573 Schäfer, ssrn.com, 1, 4.

Zusammenfassung des ersten Teils

Das Kapitalmarktrecht ist Teil des Wirtschaftsrechtes. Daher müssen neben den individuellen Rechtsgütern zusätzlich öffentliche Interessen berücksichtigt werden. Der Fokus der deutschen Regulierung stützt sich auf die Funktionsfähigkeit des Kapitalmarktes. Um dies zu erreichen werden umfassende Verhaltenspflichten für die Akteure normiert.

Diese sollen das Anlegervertrauen erhöhen, um mittelbar die Funktionsfähigkeit zu erhöhen. Trotz der Ansicht, das Anlegervertrauen lediglich als Bestandteil der Funktionsfähigkeit zu betrachten, wird deutlich, dass beide Elemente untrennbar miteinander verbunden sind. Ein funktionsfähiger Kapitalmarkt benötigt das Vertrauen der Anleger als Basis.

Die bestehende Regulierungsstruktur ist nicht in der Lage das Anlegervertrauen umfassend zu steigern. Dahinter stehen sowohl falsche Prioritäten der Regulierer als auch systemische Probleme. Kollektivverfahren können genutzt werden, um diese Probleme zu beseitigen. Dabei sind diese Verfahren nicht als Ersatz für bestehende Regulierung gedacht, sondern als Ergänzung um bestehende Vollstreckungsdefizite zu kompensieren.[574] Ob das zivilrechtliche Verfahren letztlich eingeleitet wird um die Institutionen des Wirtschaftsrechts zu schützen oder um die Kompensation des Individuums zu schützen kann letztlich dahinstehen.[575] Entscheidend ist, dass Abschreckung durch die Klagen entsteht. Die zivilrechtlich verortete Schadensersatzklage hat damit auch öffentlichen Nutzen. Das Haftungsrecht wird in Dienst genommen, um im Allgemeininteresse zu fungieren.[576]

Die Regulierung mithilfe von Kollektivverfahren stellt dabei jedoch kein präzises Instrument dar. Private können nicht angewiesen werden spezielle Sektoren, Branchen oder Unternehmen zu sanktionieren. Lediglich durch Veränderungen in den Rahmenbedingungen können Anreize gesetzt werden.[577]

---

574 Poelzig, S. 45; vgl. Maume, ZHR 2016, 358, 394.

575 Sieht Institutionenschutz und nicht Individualschutz als vorherrschend, vgl. Poelzig, S. 50.

576 Poelzig, S. 225, 249; krit. aber als „im deutschen Schrifttum als Zulauf gewinnende Ansicht", Schmolke, NZG 2016, 721, 724; neuere Gesetzgebung zur Berücksichtigung von öffentlichen Interessen unabhängig der Parteiinteressen, vgl. Heese/Schumann, NJW 2021, 3023, 3028 f.

577 Poelzig, S. 379.

Teil 2: Anreizstrukturen im Rahmen des Kollektivverfahrens

Die Analyse der Anreizstrukturen ist ein Instrument zur Bewertung der Attraktivität von Verfahrensformen. Dargestellt wird, welchen Anreizen die Akteure in einem Kollektivverfahren unterliegen. Für das Verständnis der Anreizstrukturen ist es ausreichend, wenn die Handlungsalternativen dargestellt werden. Danach wird die „rationale" (in diesem Kontext die ökonomischste) Entscheidung offensichtlich.

Welche Anreize haben die Beteiligten in einem Kollektivverfahren?

Dieses Kapitel wird die Anreizstrukturen der Beteiligten analysieren. Diese sind: Kläger, Beklagte, Rechtsanwälte sowie Richter und Staat. Anreize für oder gegen die Einleitung eines Kollektivverfahrens sind größtenteils finanzieller Natur. So sind zu nennen: die Kompensation des Schadens für den Kläger, das Honorar für die Anwälte, die Minderung von Abwehrkosten oder die Abweisung der Klage für den Beklagten und die Reduzierung des Zeitaufwandes des Rechtsstreits für den Richter bzw. den Staat. Die finanziellen Anreize gelten als wichtigster Faktor für Kollektivverfahren.[578]

Natürlich können neben finanziellen Interessen auch andere Interessen entscheidend sein. Teilweise sind Kläger daran interessiert Abschreckung zu erzeugen (so z. T. Verbraucherschutzverbände) oder sie klagen „des Prinzips" wegen. Klägeranwälte nutzen Verfahren nicht nur für das Honorar, sondern auch um Werbung zu betreiben.[579] Beklagte investieren überproportional viele Ressourcen in einem frühen Verfahrensstadium, um eine Klagewelle im Keim zu ersticken.

Problematisch ist, dass diese nicht-finanziellen Anreize nur sehr schwer bis gar nicht quantifizierbar sind. Eine Vergleichbarkeit dieser Interessen ist nicht immer gegeben. Der Wunsch, eine Klage „aus Prinzip" zu gewinnen, ist schwer vergleichbar mit dem Interesse nach Werbung. Natürlich kann auch diesen Anreizen ein finanzieller Wert zugeordnet werden. Aber ob dies zu einer

---

578 Finanzierung als „*alpha and omega*", BIARD, S. 36.

579 Vgl. HUS, Handelsblatt v. 07.12.2004.

sachgerechten Vergleichbarkeit führt, kann bezweifelt werden. Um diese Unzulänglichkeiten auszuschließen, werden im Rahmen der Arbeit primär finanzielle Anreize berücksichtigt.

I. Anreize der Geschädigten

Es gibt verschiedene Anreize für Kläger; seien es ideelle Motive wie Genugtuung und Abschreckung oder die Intention eine Verhaltensänderung zu erwirken. Das wesentliche Motiv ist aber die Kompensation des eigenen Schadens.[580] In der deutschen Konzeption des Schadensersatzrechts soll dies auch die alleinige Motivation sein, andere Erwägungen seien irrelevant.[581]

Eine Klage wird nur durchgeführt, wenn der Erwartungswert (E) über den Verfahrenskosten liegt. Dem Kläger müsste nach Abzug der Rechtsverfolgungskosten und unter Einschätzung der Erfolgswahrscheinlichkeit ein Gewinn verbleiben.[582] Nach dieser verkürzten Motivanalyse werden Geschädigte nur vorgehen, wenn:

(E)rwartungswert > Kosten (K)

während der Erwartungswert wie folgt bestimmt wird:

(E) = (S)chaden × Erfolgswahrscheinlichkeit (p)

Ein negativer Erwartungswert führt offensichtlich nicht zu einer Klage.[583]

Sollten Erwartungswert und Kosten sich die Waage halten, wäre eine Klageerhebung nicht sinnvoll. Denn die Erhebung einer Klage ist nicht nur mit direkten Verfahrenskosten verbunden, sondern beinhaltet noch weitere Kosten wie den Zeitverlust für den Kläger.[584] Soweit der Geschädigte am Ende des Verfahrens nicht bessergestellt ist, ist das Auf-Sich-Nehmen von Kosten irrational. Insoweit ist es selbsterklärend, dass eine Klage nur betrieben wird, soweit ein „Gewinn" verbleibt. Durch Bündelung können solche Kosten für den Einzelnen gesenkt werden.[585]

---

580 In dieser Arbeit wird vom durchschnittlichen Anleger ausgegangen, der an der Kompensation des erlittenen Schadens interessiert ist; verkürzt, wenn Nutzen höher als Kosten sind, vgl. Biard, S. 13.

581 Statt vieler, MüKo-BGB\Oetker, § 249 Rn. 8 f., unter Ablehnung der OeAR für das deutsche Schadensersatzrecht, Rn. 12 f.

582 Vgl. Poelzig, S. 379 f.; vgl. Basedow, JZ 2018, 1, 5.

583 Vgl. Cooter/Rubinfeld, 27 JEL 1067, 1069, 1083 (1989).

584 Vgl. Wilke, ZJS 2014, 365, 366.

585 Hass, S. 33.

Die Verfahrenskosten bestehen in den Gerichtsgebühren, den Kosten für den Rechtsanwalt sowie dem Prozesskostenrisiko. Weitere Kosten bestehen im Zeitverlust und Organisationsaufwand.[586] Abgesehen vom Fall der erfolgsbasierten Vergütung haben Geschädigte die meisten dieser Kosten bereits anfänglich zu tragen. Dies erhöht den anfänglichen finanziellen Aufwand.

Die Vergleichsbereitschaft der Parteien erfordert eine Unsicherheit über den Verfahrensausgang. Grundsätzlich besteht Vergleichsbereitschaft erst dann, wenn die angebotene Vergleichssumme den gegenwärtigen Erwartungswert $((S \times p) - K)$ übersteigt. Für eine ausreichende Vergleichsbereitschaft muss auch noch eine gewisse Unsicherheit über den Verfahrensausgang hinzukommen. Parteien stimmen nur in den seltensten Fällen einem Vergleich zu, wenn sie einen für sich vorteilhaften Verfahrensausgang sicher erwarten.

Die Vergleichssumme wird wiederum beeinflusst von den Abwehrkosten des Beklagten. Je größer die Differenz zwischen den Durchsetzungskosten und den Abwehrkosten, desto höher der Verhandlungsspielraum für die Vergleichssumme. Der Verhandlungsspielraum wird jedoch wieder beschränkt durch eine geringere Unsicherheit über den Verfahrensausgang kombiniert mit einer Kostentragung des Unterlegenen.

Es erscheint nun, dass ein positiver Erwartungswert bereits abschließend den Anreiz für die Kläger beschreibt. Andere Elemente können dies ändern, insbesondere das Phänomen der rationalen Apathie.

1. *Rationale Apathie als Klagehindernis*

Rationale Apathie[587] kann die Klagebereitschaft negativ beeinflussen, wenn Kosten und Mühen unter Berücksichtigung des Erwartungswerts nicht mehr als lohnend erscheinen.[588] Gerade im Kapitalmarktbereich besteht die Gefahr von hohen Rechtsverfolgungskosten, die eine Durchsetzung unattraktiv machen.[589] Es besteht eine Situation in der das Verhältnis zwischen Kosten und Nutzen ungünstig ist.[590] Die bestehenden Kollektivver-

586 Unter anderem auch Informationskosten, Poelzig, S. 380.

587 Z. T. auch als rationales Desinteresse bezeichnet.

588 Schäfer, in: Basedow et al., 67, 69; rationale Apathie als Folge von *collective action problems,* Xu, 45 Int'l Rev. L & Econ. 23, 24 (2016); *Butler v. Sears,* 702 F.3d 796, 798 (7th Cir. 2013).

589 BT-Drs. 15/5091 S. 16; bereits früh in den USA als Problem erkannt, Kalven/Rosenfield, 8 U. Chi. L. Rev. 684, ff. (1941); Halfmeier/Rott/Feess, S. 79.

590 Poelzig, S. 40.

fahren in Deutschland sind derzeit noch nicht in der Lage dieses Problem zu überwinden.[591]

Diese Form des Klageverzichts wird als „rationale Apathie" bezeichnet; dies ist unter Berücksichtigung der Unsicherheiten über den Verfahrensausgang die rationale Entscheidung.[592] Ein Nebeneffekt davon ist der Verlust der Steuerungs- und Abschreckungsfunktion des kapitalmarktrechtlichen Haftungsrechts.[593] Indem Kollektivverfahren das Kostenrisiko für die Geschädigten minimieren, können sie der rationalen Apathie abhelfen. Im Hinblick auf das deutsche Zivilprozessrecht sind insbesondere zwei Fallgruppen einschlägig.

a) Abschreckung durch Unsicherheit

In Deutschland, so wie in der Mehrheit der Staaten, existiert die englische Regel der Kostentragung, wonach die unterlegene Partei die Kosten des Rechtsstreits zu tragen hat (bei teilweisem Unterliegen anteilig).[594] Bei einem Streitwert von 10 EUR ergeben sich bereits Gerichtsgebühren von 114 EUR.[595]

Der Erwartungswert des Verfahrens ist (unter Ausblendung von Anwaltskosten):

(E) = ((S)chaden × Gewinnwahrscheinlichkeit (p)) – ((K)osten × Verlustwahrscheinlichkeit (1-p)).

p drückt hier die Wahrscheinlichkeit des positiven Klageausgangs aus. Eine absolute Sicherheit von 100 % ist bei einer Klage nur selten zu erwarten. Soweit der Kläger einen Erfolg von 99 % annimmt, beträgt der Erwartungswert 8,76 EUR.[596] Ein rationaler Akteur würde weiterhin an der Klage festhalten. Sobald die Rechtslage aber nicht mehr eindeutig zugunsten des Klägers ist, wird dies immer riskanter. Bereits eine Wahrscheinlichkeit von 90 % reduziert den

591 Vgl. Poelzig, S. 531.

592 Koch, JZ 2011, 438, 442; SEK (2011) 173 Rn. 4; mit weiteren Faktoren die ein rationales Unterlassen begünstigen, Schäfer, in: Basedow et al., 67, 69; vgl. BVerfG, NJW 2007, 979, 984.

593 BT-Drs. 15/5091 S. 16; Reuschle, WM 2004, 966, 967; Schäfer, in Basedow et al., 67, 70, nach Schätzungen zwischen 2–6 Mrd. EUR an nicht eingeklagtem Schadensersatz in Deutschland (alle Sektoren) Siebert/Rohleder nach BVerfG, NJW 2007, 979, 984.

594 Im Gegensatz zur *American rule* nach der jede Partei ihre eigenen Rechtsverfolgungskosten trägt; auch bezeichnet als *loser pays*, *British rule*, *European rule*.

595 Dreifache Gerichtsgebühr nach § 34 GKG.

596 E = (10 × 0,99) – (0,01 × 114).

Erwartungswert auf 2,40 EUR.[597] In so einem Fall wird ein rationaler Akteur natürlich keine Klage erheben.

Bei Anlegerstreitigkeiten sind die Streitwerte regelmäßig höher. Bei einem unterstellten Schaden von 5.000 EUR betragen die Gerichtskosten 483 EUR,[598] die erstattungsfähigen Anwaltskosten für jede Partei jeweils 1.017,45 EUR. Das Gesamtkostenrisiko im Falle des Unterliegens beträgt bereits 2.517,90 EUR. Eine 99 % Gewinnwahrscheinlichkeit ergibt einen Erwartungswert von 4.924,82 EUR. Selbst eine Gewinnwahrscheinlichkeit von 50 % ergibt immer noch einen Erwartungswert von 1.241,05 EUR. Zu erwarten wäre dann, dass ein rationaler Akteur klagen würde.

Aufgrund verschiedener Faktoren wird trotz positivem Erwartungswert dennoch auf eine Klage verzichtet. Zunächst dürften die tatsächlichen Kosten für den Anwalt in einem Kapitalmarktstreit höher sein, die Abrechnung nach dem RVG stellt sicherlich nicht den Regelfall dar.[599] Die Differenz ist dann auch im Falle des Obsiegens nicht erstattungsfähig.[600] Anleger sind oftmals nicht bereit noch weitere Kosten zu investieren, sie wollen „schlechtem Geld nicht auch noch gutes hinterherwerfen“, gerade Kleinanleger sind risikoavers.[601]

Daneben besteht eine Unkenntnis über die tatsächlichen Gewinnchancen.[602] Die Erhebung einer Klage wirkt als Hürde, viele Anleger scheuen die gerichtliche Konfrontation. Dabei erhöht sich die persönliche Unsicherheit mit der Komplexität der Materie.[603] Zudem ist zu berücksichtigen, dass die gerichtliche Auseinandersetzung oftmals über mehrere Instanzen gehen kann. Dies erhöht sowohl die finanziellen als auch die nicht-finanziellen Kosten.[604] Ebenfalls sind psychologische Hürden nicht zu unterschätzen. Die gerichtliche Auseinandersetzung stellt eine Form der Durchsetzung dar, die von vielen als unangenehm empfunden wird. Noch weiter verstärkt wird dies, wenn einzelne Geschädigte alleine gegen ein, aus ihrer Sicht, großes Unternehmen antreten müssten.[605]

---

597 $E = (10 \times 0{,}90) - (0{,}1 \times 114)$.

598 3,0 Gebühr, Anlage 2 GKG.

599 So Tilp nach Hus, Handelsblatt v. 07.12.2004.

600 MüKo-ZPO\Schulz, § 91 Rn. 61.

601 Feess/Halfmeier, 20 Eur. J. Fin. 361, 375 (2014).

602 Vgl. Bachmann, in: Basedow et al., 379, 382.

603 Vgl. Hakverdi, BT-Drs. 18/12961; Poelzig, S. 40, 139.

604 Eine Liste der Gründe für die fehlende Klagebereitschaft von Anlegern, Halfmeier/Rott/Feess, S. 69.

605 Vgl. Petrasincu/Unseld, NJW 2022, 1200, 1201.

Insgesamt wirken sich die Unsicherheiten über den Verfahrensausgang umso stärker negativ auf die Klagebereitschaft aus, je geringer der Schaden ist. Dies liegt an den hohen Fixkosten, die auf Geschädigte zukommen. Die regressive Steigerung der Kosten aus dem GKG und dem RVG führt zu einer besonderen Belastung für geringe Streitwerte. Die Unsicherheit wirkt sich nicht nur auf die Klagebereitschaft aus, auch erhöht sie grundsätzlich die Vergleichsbereitschaft.[606]

b) Geringe Schadenssummen

Daneben können auch geringe Schadenssummen die Klagebereitschaft negativ beeinflussen.[607] Wie dargestellt, sind die Kosten bei geringen Schadenssummen relativ gesehen höher, teilweise auch höher als der Schaden. Bei *low-impact* Schäden können selbst die Beweiskosten schnell den eigentlichen Schaden übersteigen.

Die individuell investierte Arbeit zur Organisation und Vorbereitung der gerichtlichen Durchsetzung senkt den Anreiz bei Kleinanlegern mit geringen Schäden.[608] Diese sind nicht in der Masse quantifizierbar, da sie für Individuen in unterschiedlicher Höhe anfallen. Aber als klassische Transaktionskosten sind sie für Kosten im Rahmen der Anspruchsdurchsetzung zu berücksichtigen.

Als „klassische Transaktionskosten gelten unter anderem die Informationskosten, die Kosten für Verhandlungen sowie die Kosten der Abwicklung und der Kontrolle der Erfüllung.[609] Im Rahmen einer Klage fallen diese zwar nicht immer dem Anleger selbst an, denn der Rechtsanwalt kann diese Kosten auf sich nehmen. Doch muss hierfür zunächst ein Anwalt ausgewählt und engagiert werden.

Im Verhältnis von Kleinanleger zu Klägeranwalt können zusätzlich noch erhebliche Informationsasymmetrien hinsichtlich der rechtlichen und faktischen Grundlagen bestehen. Der Anwalt wird einen Wissensvorsprung, gegenüber dem juristisch nicht ausgebildeten Kleinanleger haben. Dieses Ungleichgewicht zwischen den beiden erhöht die *agency* Kosten und senkt mittelbar noch weiter den Anreiz zur Klageerhebung.[610]

---

606 Hubbard, 32 JLEO 545, 570 (2016).

607 „*[...] only a lunatic or a fanatic sues for $ 30.*", Posner, *Butler v. Sears,* 702 F.3d 796, 801 (7th Cir. 2013).

608 Im Gegensatz zu institutionellen Investoren, Xu, 45 Int'l Rev. L & Econ. 23, 24 (2016); am Beispiel der Produkthaftung, *Butler v. Sears,* 702 F.3d 796, 798 (7th Cir. 2013).

609 Für die Transaktionskosten der Vertragsgestaltung aber auch übertragbar, Baumann, RNotZ 2007, 297, 300.

610 Xu, 45 Int'l Rev. L & Econ. 23, 26 (2016).

Gerade für Streuschäden lässt dies eine gewisse Unzufriedenheit zurück. Hier ist eine Situation entstanden, bei der eine Vielzahl von Geschädigten (geringe) Schäden erlitten haben, der Schädiger diese mit hoher Sicherheit zu vertreten hat und dennoch in der Lage ist, diesen ungerechtfertigten Gewinn für sich zu behalten.[611] Obligatorische (hohe) Gerichtskosten und die Kostentragungspflicht der unterlegenen Partei machen es sinnvoller, auf eine Klage zu verzichten. Auch dann, wenn mit hoher Wahrscheinlichkeit ein Obsiegen möglich ist.

Bei Massenschäden besteht der „Vorteil" (für die Verfahrenseffizienz), dass die Sachverhaltslage gleichgelagert ist. Es sind keine aufwändigen Gutachten für jeden Geschädigten einzuholen, die Kosten können umgelegt werden. Die pro-Kopf Kosten dürften, trotz gewachsener Komplexität, niedriger sein als die individuelle Durchsetzung.[612] Die Nutzung von Kollektivverfahren erhöht daher die Klagebereitschaft bei geringen Schäden.

2. *Konkretes Verhalten der Geschädigten*

Im Rahmen einer Studie aus den Niederlanden wurde das Verhalten von Geschädigten und deren Teilnahmebereitschaft für Kollektivverfahren untersucht.[613] Obwohl die Studie nur eine begrenzte Teilnehmerzahl aufwies, ist sie dennoch aufschlussreich für die Anreizanalyse. Einzelne lassen sich bei der Frage, ob sie ihre Rechte durchsetzen wollen stark von dem Verhalten anderer leiten. So wurde festgestellt, dass Geschädigte die Kenntnis über Maßnahmen anderer Geschädigten haben, sich diesen anschließen. Es besteht ein gewisser Herdentrieb.[614] Möglicherweise besteht darin ein Versuch die Unsicherheit über die Durchsetzbarkeit des eigenen Schadens zu beseitigen. Geschädigte könnten vermuten, dass eine bessere Durchsetzbarkeit besteht, wenn sich viele andere Geschädigte zusammenschließen. Oder sie vermuten eine bessere Durchsetzungs„qualität", da sich eine Vielzahl anderer Geschädigter bereits einer bestimmten Maßnahme angeschlossen hat.

Stark beeinflusst wurden sie auch durch die konkrete Ausgestaltung des Verfahrens als *opt-in* oder *opt-out*. Viele verfallen in einen *status quo bias*, hier verzichten sie auf die Durchsetzung, wenn sie aktiv werden müssen. In *opt-out*

---

611 Hodges, S. 2; vgl. Biard, S. 22; vgl. Gsell, BKR 2021, 521, 523.

612 Hass, S. 31.

613 Die Probanden an der Studie waren nur Studierende der Rechtswissenschaften, van Dijck, WP 013/2011, S. 14, ob die ermittelten Ergebnisse tatsächlich repräsentativ sind kann daher angezweifelt werden.

614 van Dijck, WP 013/2011, S. 2, 19 f.

Verfahren erklärt hingegen nur eine Minderheit ihren Austritt.[615] Dies erscheint rational, gerade bei Verfahren in denen die individuelle Durchsetzung als nicht lohnenswert erscheint, ist der *opt-out* sogar selbstschädigend.[616] Wenig überraschend führt höherer Schaden zu höherer Teilnahme.[617] Festgehalten werden kann, dass die Partizipationsrate bei *opt-out* Verfahren höher ist als bei *opt-in*.[618]

3. *Besonderheit des „Leitklägers"*

Oft existiert die Figur des Leitklägers, der (zumindest theoretisch) die Klage organisiert und durchführt.[619] Fraglich ist, ob dieser diese Rolle durch finanzielle Anreize freiwillig übernimmt, oder andere Faktoren ausschlaggebend für die Übernahme sind.[620] Die Übernahme kann mit finanziellen Risiken verbunden sein, so kann die Kostenhaftung bei Niederlage folgen.[621] Die Bereitschaft zur Übernahme schwindet dann.[622]

Ein Leitkläger könnte die Überwachung und die Organisation sicherstellen.[623] Dadurch könnten *agency* Kosten minimiert werden. Problematisch ist, dass ohne zusätzliche Vergütung keine Anreize bestehen diese Position zu übernehmen. Denn die zusätzlichen Aufwendungen, die ein Leitkläger tätigt, fließen ihm nur proportional an seinem Schadensanteil wieder zurück. Alle anderen erhalten den Mehrwert ohne eigene Aufwendungen zu tätigen (*free-rider*).

Die Klagebereitschaft bei Massenschäden ist bereits gering, dass die Bereitschaft zur Lenkung und Überwachung ebenfalls gering ist, ist nicht überraschend.[624]

---

615 van Dijck, WP013/2011, S. 2, 18; anschaulich Macey/Miller, 58 U. Chi. L. Rev. 1, 28 (1991); der *bias* stellt dar, dass Individuen irrational agieren können, Kirchgässner, 43 Eur J. Law Econ., 125, 127 (2017).

616 „*[...] self-harming symbolic protest; [...]*", Issacharoff, 7 Sup. Ct. Rev. 337, 368 (1999).

617 van Dijck, WP 013/2011, S. 2.

618 So eine empirische Studie die, die Wahrscheinlichkeit, dass Geschädigte bei einem *opt-out* Verfahren als Beteiligte verbleiben 7 mal so hoch erkennt als dass Geschädigte sich einer *opt-in* Klage anschließen van Dijck, WP 013/2011, S. 18; auch ein Ländervergleich bestätigt diese Annahme aaO, S. 3.

619 Beispielsweise der *lead plaintiff* in der *class action* vgl. Lindblom, 622 AAPSS 231, 236 (2009); der Musterkläger im deutschen KapMuG.

620 Wohl für Freiwilligkeit argumentierend Dam, 4 J. Legal Stud. 47, 56 (1975) (nach Einführung des PSLRA.

621 Lindblom, 622 AAPSS 231, 236 (2009); Launert, BT-Drs. 18/12960.

622 Macey/Miller, 58 U. Chi. L. Rev. 1, 86 (1991).

623 Kritisch zur Notwendigkeit des Leitklägers, Macey/Miller, 58 U. Chi. L. Rev. 1, 5 f. (1991).

624 *Redman v. Radioshack*, 768 F.3d 622, 629 (7th Cir. 2014); Biard, S. 34.

Darüber hinaus senkt der begrenzte Ertrag aufgrund der *pro-rata* Wirkung weiter den Anreiz zur Übernahme der Funktion. Üblicherweise sind die Geschädigten auch „verstreut", so dass auch eine erfolgreiche Koordination schwer ist.[625]

Ohne Leitkläger ist der Anwalt dann frei von Überwachung und eigentlicher Lenker des Verfahrens.[626] Um ein Auseinanderfallen zwischen den Anreizen von Geschädigten und Anwälten zu verhindern, ist eine aktive Überwachung eigentlich erforderlich.[627] Die Überwachung ist aber mit erheblichem Aufwand verbunden und resultiert nur in begrenztem individuellem Mehrwert.[628]

Der Leitkläger, der als einziger in Überwachung und Steuerung investiert, profitiert nur anteilig, seinem eigenen Schaden entsprechend (*pro-rata*).[629] Problematisch ist dies, wenn die Kosten höher sind als die *pro-rata* Rendite.[630] Dies wird wohl regelmäßig bei geringen Schäden der Fall sein. Im Übrigen kann angezweifelt werden, ob der durchschnittliche Leitkläger auch über die juristische Expertise verfügt, um die Arbeit des Anwaltes zu bewerten.[631]

Geeignete Leitkläger sind daher Geschädigte mit großen Schäden, z. B. institutionelle Investoren mit „*skin in the game*".[632] Diese haben einen größeren Anreiz zur Überwachung und Lenkung, da die „Rendite" ihnen stärker zurückfließt. Daher die Empfehlung, dass Leitkläger die mit der größten Schadenssumme sein sollen.[633] Deren Überwachung soll sicherstellen, dass die Interessen der Geschädigten gewahrt werden.[634]

---

625 Macey/Miller, 58 U. Chi. L. Rev. 1, 3 (1991).

626 Vgl. Schäfer, in: Basedow et al., 67, 78; „*entrepreneurial*" in einem Kollektivverfahren Macey/Miller, 58 U. Chi. L. Rev. 1, 3, 20 (1991).

627 Näher zu den Anreizen des Klägeranwaltes und der Prinzipal-Agenten Beziehung, S. 110 und S. 45.

628 Macey/Miller, 58 U. Chi. L. Rev. 1, 14 (1991); geringer „Anteil" des Leitklägers mindert daher die Bereitschaft zum *monitoring*, aaO, 41; Issacharoff, 7 Sup. Ct. Rev. 337, 377 (1999).

629 Alexander, 43 Stan. L. Rev. 497, 536 (1991); vgl. Harnay/Marciano, in: Backhaus et al., (2012), S. 219, 229.

630 vgl. Zirngibl, S. 40.

631 Fehlende Kenntnis erhöht den *monitoring* Aufwand, Macey/Miller, 58 U. Chi. L. Rev. 1, 13 f. (1991).

632 Eine Übersicht über den Anteil von institutionellen Investoren bei ausgewählten *securities class actions* Weiss/Beckerman, 104 Yale L. J. 2053, 2090 (1994–1995); diese seien in der Lage bestehende *collective action problems* zu überkommen, Xu, 45 Int'l Rev. L & Econ. 23, 24, 28 (2016).

633 Weiss/Beckerman, 104 Yale L. J. 2053, 2099 (1994–1995).

634 Vgl. Macey/Miller, 58 U. Chi. L. Rev. 1, 8 (1991).

Ein zusätzliches Problem ergibt sich bei Erfolgshonoraren. Dann hat der Leitkläger einen geringeren Anteil an der gesamten Streitsumme als der Anwalt.[635] Der erfolgsbeteiligte Anwalt ist regelmäßig derjenige mit der höchsten Beteiligung am Verfahrensausgang. Er sollte dann konsequenterweise die Überwachung des Verfahrens innehaben. Dies erscheint aber letztlich nicht interessengerecht. Der Anwalt sollte in der klassischen Prinzipal-Agent Beziehung vom Mandanten überwacht werden.[636]

Insoweit kann festgehalten werden, dass Geschädigte bei positiven Erwartungswert grundsätzlich klagebereit sind. Diese Bereitschaft aber aufgrund von rationaler Apathie nicht immer umgesetzt wird. Leitkläger sind aufgrund von *free-rider* Effekten mit eigenen Aufwendungen zurückhaltend.

II. Anreize für den Klägeranwalt

An erster Stelle steht für den Klägeranwalt die Steigerung seines Honorars, maximaler Ertrag bei minimalem Aufwand.[637] Grundsätzlich bestehen in Deutschland drei Möglichkeiten der Honorargestaltung (sowie Kombinationen daraus). Im Kern sind Pauschalvergütungen,[638] Vergütungen anhand des Zeitaufwandes[639] und Erfolgshonorare[640] möglich.[641] Je nach Vergütungsmodell verändert sich die Anreizstruktur.

Die Vergütung des Anwaltes wird in der (ohnehin kaum vorkommenden) Anreizanalyse in Deutschland nicht ausreichend untersucht. Üblicherweise

---

635 Dieser ist in den USA üblicherweise mit 20–30 % am finanziellen Ausgleich beteiligt; einen Anteil, den wohl nur die wenigsten Leitkläger erreichen werden, Dam, 4 J. Legal Stud. 47, 58, 60 (1975).

636 Hinzu kommt, dass eine Divergenz der Interessen zwischen Prinzipal und Agent wohl regelmäßig auftritt, Jensen/Meckling, 3 J. of Fin. Econ. 305, 308 (1976).

637 Dies ist lediglich ein simplifiziertes Bild des Klägeranwalts, eine Mandatsübernahme aufgrund von sozialen oder öffentlichen Belangen wird hier aufgrund der Übersichtlichkeit nicht angesprochen; jedoch ist dieses Bild wohl die Grundannahme für den Anwalt eines Kollektivverfahrens in der analytischen Literatur, vgl. Klement/Neeman, 20 JLEO 102, 103 (2004); unter der Prämisse eines Erfolgshonorars ebenso Dam, 4 J. Legal Stud. 47, 57 (1975); „*as economical man*" interessiert an der Vergütung, *Redman v. Radioshack*, 768 F.3d 622, 629 (7th Cir. 2014); Biard, S. 128.

638 Regelfall gem. § 2 Abs. 1 RVG, am Streitwert bemessen.

639 Unter der Bedingung einer vorherigen Vergütungsvereinbarung gem. § 3a RVG.

640 Unter den zusätzlichen Bedingungen nach § 4a RVG.

641 Klassifikation der Anwaltsvergütung als *input* (Arbeitsinvestment) oder *output based* (Ergebnisorientiert), vgl. Klement/Neeman, 20 JLEO 102, 109 (2004).

wird vermutet, dass der Mandant treibende Kraft des Verfahrens ist. Der Anwalt gilt nur als ausführender „Arm“. Bei Kollektivverfahren ist dies regelmäßig auf den Kopf gestellt. Die eigenständige Koordinierung der Geschädigten ist selten. Dann geht die Initiative regelmäßig vom Anwalt aus.[642] Zu Recht wird gefordert, dass dessen Mehraufwand auch vergütet werden muss.[643] Teilweise wird auch vertreten, dass die besondere Vergütung des „unternehmerischen Anwalts“ ein charakteristisches Merkmal des Kollektivverfahrens ist.[644]

Aus der besonderen Gemengelage des Kollektivverfahrens ergibt sich die Notwendigkeit der Untersuchung der anwaltlichen Anreize.[645] Die ursprüngliche Überwachung durch den Mandanten als Prinzipal findet nur noch eingeschränkt statt. Daher ist zu untersuchen, welchen Anreizen der „unbewachte“ Anwalt unterliegt.

Neben den finanziellen Anreizen besteht auch ein Anreiz hinsichtlich Reputation und Werbung.[646] Durch erfolgreiche Verfahren kann sich ein Anwalt für weitere Verfahren empfehlen. Diese Kosten sind jedoch nur schwer zu quantifizieren und bilden regelmäßig nicht den Schwerpunkt der Motivation.

Darüber hinaus beeinflussen natürlich auch standesrechtliche Vorschriften und das Haftungsrisiko die Arbeitsweise von Anwälten. Zur Übersichtlichkeit werden diese hier aber nicht thematisiert.

1. *Erfolgsunabhängige Vergütung*

Die Vergütung bemessen an der Zeit ist wohl die meistgenutzte Form.[647] Der Gewinn des Anwalts bestimmt sich in diesem Modell als:

Ertrag (E) = (Zeit (Z) × Honorar) – nicht erstattungsfähige Kosten.

---

642 Anwaltskontrolle als Merkmal der *class action*, CASSONE/RAMELLO, in: BACKHAUS ET AL. (2012), 101, 104; KERN/UHLMANN, ZEuP 2022, 849, 853.

643 Vgl. KALVEN/ROSENFIELD, 8 U. Chi. L. Rev. 684, 715 (1941).

644 CASSONE/RAMELLO, Eur J. Law Econ. (2011) 32:205–207, 208 f., 217.

645 Siehe Empfehlung der Kommission 2013/396/EU, Nr. 29.

646 Siehe MACEY/MILLER, 58 U. Chi. L. Rev. 1, 16 (1991); BVerfG, NJW 2007, 979, 980; BAETGE, RabelsZ 73 (2009), 669, 676.

647 Eine Befragung unter der deutschen Anwaltschaft ergab, dass ca. 20 % eine Erfolgsvereinbarung bereits getroffen haben, häufige oder konstante Nutzung erfolgte nicht, KILIAN, AnwBl 2016, 148.

Der Vorteil ist, dass Anreize zur ausreichenden Arbeit bestehen. Jedoch besteht auch die Gefahr „unnötige" Arbeit zu verrichten.[648] Gerade bei Kollektivverfahren ergibt sich dem „unbewachten" Anwalt die Gelegenheit, „überflüssige" Mehrarbeit zu leisten. Dies erlaubt es opportunen Anwälten ihr Honorar zu Lasten der Geschädigten zu maximieren.[649] Die Vergütung anhand der Zeit entkoppelt die erbrachte Leistung vom Erfolg des Verfahrens.[650] Dies erzeugt die Gefahr von Qualitätseinbußen.

Durch die Sicherheit über das Honorar besteht keine Motivation ein siegreiches Urteil zu erstreiten. Dies entspricht dem Modell des unabhängigen Beraters, führt aber nicht zu einer optimalen Interessenangleichung mit den Anreizen der Geschädigten.

Daneben besteht die Möglichkeit eines (erfolgsunabhängigen) Pauschalhonorars für den Anwalt. Dies hat den Vorteil, dass die Kosten übersichtlich sind. Pauschalhonorare können ebenfalls falsche Anreize setzen. Auch hier ist der Anwalt sich seines Honorars sicher, es besteht dann auch kein Anreiz für zusätzliche Arbeit im Verfahren. Unter diesem Aspekt werden solche Honorare kritisch betrachtet.[651]

2. *Erfolgshonorar*

Eine Alternative besteht in Erfolgshonoraren. Diese sind vor allem in den USA als *contingency fee* bekannt. Der Anwalt erhält einen prozentualen Anteil von der „erkämpften" Siegsumme (üblicherweise zwischen 20–30 %[652]), bei Unterliegen erhält er kein Honorar. Geschädigten bietet das Erfolgshonorar die Möglichkeit der risikofreien Klage.[653] Die angefallenen Kosten

---

648 Schäfer, in: Basedow et al., 67, 83; führt zu voreiligen Klagen, Biard, S. 129; Ulen, in: Backhaus et al., (2012), S. 75, 83; Anreiz für Kläger- und Beklagtenanwälte, Coffee, 42 Md. L. Rev. 215, 247 (1983).

649 Macey/Miller, 58 U. Chi. L. Rev. 1, 17, 22 (1991); ebenso für Beklagtenanwälte, Alexander, 43 Stan. L. Rev. 497, 549 (1991); BVerfG, NJW 2007, 979, 982; Emons/Fluet, 47 Int'l Rev. L. & Econ. 16, 22 (2016); vgl. Rebehn, DRiZ 2021, 438, 439.

650 Backhaus, 32 Eur J. Law Econ., 225 (2011).

651 Sehen ein „*underinvestment*" bei Pauschalhonoraren, Klement/Neeman, 20 JLEO 103, 109 (2004).

652 So für die USA, Madaus, ZEuP 2012, 99, 103; 20 % werden in den Niederlanden als kompatibel mit dem *ordre public* gesehen, vgl. Tzankova, 8 JLEP 549, 563 (2012).

653 Halfmeier/Rott/Feess, S. 42.

sowie die Arbeitszeit stellen sich, bei Niederlage als Verluste für den Anwalt dar.[654]

Soweit die eigenen Kosten das Erfolgshonorar überschreiten, wird ein rationaler Anwalt keine Klage bearbeiten.[655] Erfolgshonorare bieten daher (theoretisch) die Gewissheit, dass keine unrentablen Klagen eingereicht werden.[656] Dies bedeutet auch, dass Klagen eine gewisse Schwelle überschreiten müssen. Eine Klage wird nur eingereicht, wenn bereits das (erwartete) Erfolgshonorar über den Fixkosten liegt.[657] Diese Annahme basiert auf der *American rule*, nach der die eigenen Prozessaufwendungen auch im Falle des Obsiegens nicht erstattet werden. Aber auch bei der *English rule* kann dies eintreten, wenn die erstatteten Verfahrensgebühren unterhalb der tatsächlichen Aufwendungen bleiben.

Der Anreiz des Anwaltes für eine Klage besteht, wenn:

Erfolgswahrscheinlichkeit × (Erfolgsanteil × Schadenssumme) > Eigene nicht erstattbare Kosten[658]

Neben dem Erfolgshonorar sind auch Mischformen vorstellbar. Bei den „Risikovereinbarungen" erhält der Anwalt bei Obsiegen einen Bonus zusätzlich zur üblichen Vergütung.[659] Diese können auch gerichtlich überprüfbar sein.[660] Ähnlich ist auch das *lodestar* Modell. Hier bestimmt das Gericht im Erfolgsfall eine angemessene Anzahl von Stunden, die für den Rechtsstreit nötig waren, und ein angemessenes Honorar pro Stunde.[661]

Der Anreiz für ein Erfolgshonorar ist bei Individualverfahren noch recht gering (bei geringen Streitwerten). Interessant wird es aber bei Kollektivverfahren.[662] Bei einer Vielzahl von gleichgelagerten Sachverhalten steigt der Aufwand

---

654 Alexander, 43 Stan. L. Rev. 497, 537 (1991); Choi, 57 Vand. L. Rev. 1465, 1474 (2004); führt zur Internalisierung beim Anwalt, Backhaus, in: Backhaus et al. (2012), S. 69, 72.

655 Macey/Miller, 58 U. Chi. L. Rev. 1, 24 (1991).

656 Vgl. Halfmeier/Rott/Feess, S. 60.

657 MwN Choi, 57 Vand. L. Rev. 1465, 1480 f. (2004); als „utilitaristischer Kopfgeldjäger", Cassone/Ramello, in: Backhaus et al. (2012), 101, 103.

658 Ausführlich zu den Bestandteilen, Cooter/Ulen, S. 387.

659 Vgl. Grace, 15 J. Transnat'l L. & Pol'y 281, 295 (2006); Baetge, RabelsZ 73 (2009), 669, 670 f.

660 Am Beispiel Schwedens Lindblom, 622 AAPSS 231, 236 (2009).

661 Siehe Macey/Miller, 58 U. Chi. L. Rev. 1, 22, 50 ff. (1991); Zirngibl, S. 90; als verkapptes „Erfolgshonorar", Alexander, 43 Stan. L. Rev. 497, 541 (1991).

662 Vgl. Henssler, NJW 2019, 545.

nur unterproportional im Vergleich zur Streitwerterhöhung.[663] Dies liegt an der Vergleichbarkeit der einzelnen Ansprüche. Diese basieren auf dem gleichen Ereignis. Der Aufwand für Sachverhaltsermittlung und rechtliche Würdigung bleibt dann (relativ) konstant, während Streitwert und Erfolgshonorar steigen.

Das Erfolgshonorar birgt aber die Gefahr des *low performing*. Den Mehraufwand, den ein sorgfältiger Anwalt investiert, würde er nur proportional als Rendite erhalten.[664] Dies ist vergleichbar mit den Anreizen des Leitklägers (vgl. S. 108), auch dessen Mehraufwand wird nur proportional vergütetet.[665] Bedenklich ist dies, wenn der Mehraufwand eine bedeutende Steigerung für die Geschädigten erzeugt, aber nur unterproportional für den Anwalt.[666]

Erfolgshonorare, die keine Kosten für die Geschädigten verursachen, verlagern das Risiko der Klage auf den Anwalt.[667] Diesem entstehen bereits durch die Einleitung des Verfahrens Kosten. Diese Risikoübernahme wird als Rechtfertigung für das Erfolgshonorar gewertet,[668] bei dem das Obsiegen überproportional (gegenüber dem Zeithonorar) vergütet wird. Durch das Erfolgshonorar verknüpft der Anwalt (zumindest bis zu einem Grenzwert) sein finanzielles Interesse mit dem der Geschädigten.[669]

Der Anwalt versucht seine eigenen Kosten zu kompensieren. Seine Aufwendungen sind abhängig vom Ertrag, den sie erbringen können. So ist es möglich, dass er ein äußerst einträchtiges Urteil erringen könnte. Auch möglich ist, dass er in einem frühen Stadium bereits einen Vergleich erzielen könnte, der nicht das optimale Ergebnis für die Geschädigten darstellt.[670] Solange dieser Vergleich

---

663 Vgl. Schäfer, in: Basedow et al., 67, 73 f.; vgl. Cassone/Ramello, in: Backhaus et al. (2012), 101, 122; Zirngibl, S. 41.

664 Klement/Neeman, 20 JLEO 102, 109 (2004); Macey/Miller, 58 U. Chi. L. Rev. 1, 17 (1991); Choi, 57 Vand. L. Rev. 1465, 1474 (2004).

665 Auch beim vergleichbaren *fee capping*, Sockol, 77 Tul. L. Rev. 1095, 1105 (2003).

666 Backhaus, in: Backhaus et al. (2012), S. 69, 72 f.; vgl. Henssler, NJW 2019, 545, 549.

667 Cassone/Ramello, Eur J. Law Econ. (2011) 32:205–219; Deffains/Langlais, in: Backhaus et al. (2012), S. 147, 166; Baetge, RabelsZ 73 (2009), 669, 676; auch als Mittel *agency* Kosten zu minimieren, Macey/Miller, 58 U. Chi. L. Rev. 1, 17 (1991); Armour et al., 6 J. Emp. Leg. Stud. 687, 693 (2009).

668 Reimann, Bitburger 2008, 105, 130; Cassone/Ramello, in: Backhaus et al. (2012), 101, 119.

669 Vgl. Zirngibl, S. 41.

670 Vgl. *Redman v. Radioshack*, 768 F.3d 622, 629 (7th Cir. 2014).

aber seine Rendite gemessen an seiner Arbeitsleistung maximiert, wird das sein präferiertes Vorgehen sein.[671]

Exkurs: Erfolgshonorare in Deutschland

In Deutschland waren Erfolgshonorare lange verboten. Es galt, dass die Arbeit von Anwälten immer vergütet werden muss. Es sollte vermieden werden, dass deren finanziellen Interessen an die der Mandanten gebunden werden.[672] Dies unterstreiche die Rolle des Anwalts als unabhängigen und zur sachlichen Beratung Verpflichteten,[673] das Erfolgshonorar könnte die notwendige kritische Distanz beeinträchtigen.[674]

Dieses Verbot wurde vom BVerfG als hinderlich für den Zugang zum Recht bewertet.[675] Nicht nur deswegen wurde die Regelung angepasst. Mandant und Anwalt sollten nicht ein Entgelt vereinbaren „müssen", dass nicht in Relation zum Wert des Streitgegenstands steht.[676] Die berechtigte Durchsetzung eines Anspruches soll nicht durch prohibitive Gebühren beeinträchtigt werden.[677] Das Verbot verstößt gegen das Grundrecht der freien Berufsausübung (Art. 12 GG).[678] Die Gefahr einer Prozessflut als Folge der Lockerung wurde als abwegig abgelehnt.[679] Als Konsequenz wurde die Möglichkeit eines Erfolgshonorars eingeführt.

Dieses war nach § 4a Abs. 1 RVG a.F. zulässig, soweit die wirtschaftlichen Verhältnisse des Mandanten ihn von der Rechtsverfolgung abgehalten haben. Der Begriff der „wirtschaftlichen Verhältnisse" wurde weiter verstanden werden als nur das Einkommen. Es fielen nicht nur einkommensschwache Mandanten darunter, es war kein Ersatz für Prozesskosten- oder Beratungshilfe.[680] Trotz der

---

671 Ulen, in: Backhaus et al. (2012), S. 75, 83.

672 Sieht den Konflikt inzwischen als gelockert, Reimann, Bitburger 2008, 105, 132; wirtschaftliche Interessen sollen nicht die Unabhängigkeit beeinträchtigen, BT-Drs. 12/4993, S. 31; zur möglichen Kollusion, BVerfG, NJW 2007, 979, 980; das Erfolgshonorar wurde letztlich nicht als bedenklich betrachtet für (eingeschränkt) rechtsberatend tätig werdende Inkassodienstleister, vgl. BGH, NJW 2020, 208, 220.

673 Baetge, RabelsZ 73 (2009), 669, 671.

674 Mayrhofer, ZfPW 2023, 110, 117.

675 BVerfG, NJW 2007, 979, 984; anhand ökonomischer Analyse, Baetge, RabelsZ 73 (2009), 669, 672.

676 BVerfG, NJW 1992, 1673, 1674; BVerfG, NJW 2007, 979.

677 Baetge, RabelsZ 73 (2009), 669, 673.

678 BVerfG, NJW 2007, 979.

679 „keine Grundlage für die Annahme", BVerfG, NJW 2007, 979, 981.

680 Halfmeier/Rott/Feess, S. 42; Erfolgshonorar stellt keinen Ersatz für die Prozesskostenhilfe dar, BVerfG, NJW 2007, 979, 981.

rechtlichen Möglichkeit, wurden Erfolgshonorare von der deutschen Anwaltschaft nur zurückhaltend genutzt.[681]

Mit Einführung des Legal-Tech Gesetzes wurden die Anforderungen für das Erfolgshonorar weiter gelockert. Nunmehr sind diese zulässig, soweit eine Inkassodienstleistung außergerichtlich bzw. in einem der der § 79 Abs. 2 S. 2 Nr. 4 ZPO genannten Verfahren erbracht wird oder eine Geldforderung im Wert von höchstens 2.000 EUR streitig ist. Weiterhin zulässig ist ein Erfolgshonorar nach § 4a Abs. 1 Nr. 3, wenn ohne Erfolgshonorar die Rechtsverfolgung unterbleiben würde. Dies entspricht weitestgehend den Kriterien des § 4a Abs. 1 RVG a.F., wobei nunmehr auch die wirtschaftlichen Verhältnisse nicht mehr relevant sind.[682]

Exkurs: Erhöhung der Komplexität durch Prozessfinanzierer

Die bestehenden Anreizstrukturen werden durch Einschaltung von Prozessfinanzierer noch komplexer. Diese übernehmen die Finanzierung von komplexen Verfahren.[683] Sie übernehmen die Kosten für den Rechtsbeistand, notwendige Gutachten und weitere Rechtsverfolgungskosten.[684] Im Gegenzug werden sie am finanziellen Erfolg beteiligt.[685] Das Konstrukt kann auch genutzt werden, um rechtliche Verbote von Erfolgshonoraren zu umgehen.[686] Der Finanzierer soll nur finanziell involviert sein, ohne Einfluss auf das Verfahren auszuüben.[687]

Der Vorteil für die Geschädigten ist erneut, dass sie keine Kosten tragen müssen. Hier bleiben die Anreize identisch zu den bei Erfolgshonoraren, sie können damit ihr Prozesskostenrisiko mindern.[688]

681 Kilian, AnwBl 2012, 148 ff.

682 Mayrhofer, ZfPW 2023, 110, 119.

683 Zum Umfang des deutschen Marktes, vgl. Lieberknecht, NJW 2022, 3318.

684 Zur eigenen Arbeitsweise, Kohlmeier nach Herr, LTO v. 02.10.2014.

685 20–30%, Lieberknecht, NJW 2022, 3318, 3319; 25–40 % in Österreich, Hensler, 79 Geo. Wash. L. Rev. 306, 321 (2011); gleiche Zahlen, Voet, EBOR 2015, 121, 141; 30–60 % als Marktpreis, The Economist v. 06.04.2013; 20–60 %, Schwartz, NYT Magazine v. 22.10.2015.

686 Niederlande, Tzankova, 8 JLEP 549, 573 f. (2012); Polen, Namysłowska, EuCML, 2017, 87, 90; „funktionale Verwandtschaft" mit Erfolgshonoraren, Lieberknecht, NJW 2022, 3322.

687 In der Praxis wohl nicht die gängige Arbeitsweise, Kohlmeier nach Herr, LTO v. 02.10.2014; ebenso Synatschke et al., ZRP 2021, 197, 200; sieht keine Gefährdung durch Beteiligung von Investoren, Römermann, NJW 2019, 2986, 2988.

688 Halfmeier/Rott/Feess, S. 80.

Interessant ist der Prozessfinanzierer, dieser agiert wie ein Investor.[689] Er ist an der höchstmöglichsten Rendite interessiert, viele Forderungen werden für ihn bereits aufgrund der geringen Summe unrentabel sein.[690] Eine Finanzierung kommt für ihn nur in Frage bei einer erfolgsversprechenden Durchsetzung,[691] als rationaler Akteur wird er regelmäßig einen schnellen Vergleich fördern.[692] Dieser Interessenkonflikt erscheint ähnlich zu dem des erfolgsbeteiligten Anwalts, der ebenfalls einen schnellen Vergleich bevorzugt.[693]

Der entscheidende Aspekt liegt in der Verzerrung des Prinzipal-Agenten Verhältnisses. Der Anwalt ist nicht mehr (nur) der Agent der Geschädigten. Da sein Honorar vom Prozessfinanzierer kommt, könnte er diesen dann als seinen eigentlichen Prinzipal betrachten.

Dies wird dann zum Problem, wenn die Interessen des Finanzierers und der Geschädigten nicht deckungsgleich sind.[694] Im regulären Mandant-Anwalt Verhältnis ist die Stellung des Mandanten als Prinzipal unstreitig. Bei Hinzuziehung eines Prozessfinanzierers ist die Gemengelage komplexer.[695] Bedingt durch fehlende Anreize effiziente Überwachungsarbeit zu leisten,[696] wird es wohl dazu kommen, dass der Prozessfinanzierer als eigentlicher Lenker agieren

---

689 Bezeichnung der streitigen Verfahren als *„assets"*, The Economist v. 06.04.2013; ausführlich zur Entwicklung, Schwartz, NYT Magazine v. 22.10.2015; vgl. BGH, NJW 2018, 3581, 3584 f.

690 Halfmeier/Rott/Feess, S. 81; Lieberknecht, NJW 2022, 3318, 3319.

691 Ab ca. 70 % Erfolgswahrscheinlichkeit, Wolf/Flegler, NJW 2018, 3586; *gatekeeper* Funktion, Kern/Uhlmann, ZEuP 2022, 849, 865.

692 Stadler, GPR 2013, 281, 289; LG München, Urt. v. 07.02.2020 – Az. 37 O 18934/17, BeckRS 2020, 841, Rn. 148; angesichts der angeglichenen Interesse im Rahmen einer Gesamtschau nicht zwangsläufig ein bedeutender Interessenkonflikt, vgl. BGH, NJW 2022, 3350, 3357.

693 Henssler, NJW 2019, 545, 549; „funktionale Verwandtschaft", Lieberknecht, NJW 2022, 3318, 3322.

694 Vgl. Schwartz, NYT Magazine v. 22.10.2015; Mandanteninteressen seien weiterhin vorrangig, Kohlmeier nach Herr, LTO v. 02.10.2014; ausführlich LG München, Urt. v. 07.02.2020 – Az. 37 O 18934/17, BeckRS 2020, 841, Rn. 145 ff.; „prinzipiell gleichgerichtet", BGH, NJW 2022, 3350, 3357.

695 Ähnlich Tzankova, 8 JLEP 549, 587 f. (2012); das Problem wird auch von der Kommission wahrgenommen, Empfehlung der Kommission 2013/396/EU ErwGr 19, Nr. 16a.

696 Siehe S. 108 ff.

kann. Aufgrund seiner Investitionen wird er verstärkt das Verfahren beeinflussen wollen.[697]

Eine Herausforderung für viele Rechtsordnungen besteht auch darin, dass Erfolgshonorarverbote durch Prozessfinanzierer faktisch ausgehebelt werden können.[698] Prozessfinanzierer scheinen zusätzlich bei der Finanzierung von Klagen von Kleinanlegern zurückhaltend zu sein.[699] Die „Gewinnorientierung" des Prozessfinanzierers könnte die regulatorischen Effekte des Kollektivverfahrens wieder vereiteln.[700]

3. *Anreize für einen Vergleich*

Bei dem Honorar auf Zeitbasis verändern sich die Anreize für einen Vergleich nicht wesentlich. Ungeachtet des Ausganges erhalten Anwälte ein Honorar. Anders liegt der Fall, wenn sie am Verfahrensausgang beteiligt werden. Dann schlägt die Unsicherheit des Verfahrensausganges auch auf das Honorar durch. Diese Unsicherheit kann im Laufe des Verfahrens zu einem negativen Erwartungswert führen.

Anwälte können diese Unsicherheit eliminieren, indem sie einen Vergleich abschließen.[701] Dann wird die Vergütung garantiert. In Verfahrensordnungen einiger Länder ist der Vergleichsabschluss im Kollektivverfahren nicht an ein positives Votum der Geschädigten gekoppelt.[702] Anwälte können dann einen profitableren Vergleich einfacher verfolgen.[703] Dies könnte zu Interessenkonflikten

---

697 Kohlmeier nach Herr, LTO v. 02.10.2014; soll daher untersagt werden, Empfehlung der Kommission 2013/396/EU, Nr. 16, zur vergleichbaren Situation des Inkassodienstleisters, vgl. Mayrhofer, ZfPW 2023, 110, 125.

698 Am Beispiel Österreichs, Hensler, 79 Geo. Wash. L. Rev. 306, 321 (2011); zur Eindämmung sollen Erfolgshonorarvereinbarungen von Prozessfinanzierern unter einem behördlichen Erlaubnisvorbehalt stehen, Empfehlung der Kommission 2013/396/EU, Nr. 32.

699 Feess/Halfmeier, 20 Eur. J. Fin. 361, 375 (2014).

700 Zur Abkoppelung zwischen den Interessen der Klage und den Interessen des Finanzierers vgl. BGH, NJW 2018, 3851, 3854 f.

701 Romano, 7 JLEO 55, 57 (1991); Alexander, 43 Stan. L. Rev. 497, 504(1991); Vergleichsverfolgung als Folge des risikoaversen (erfolgsbeteiligten)Anwalts, Coffee, 42 Md. L. Rev. 215, 230 f. (1983).

702 Die Geschädigten, die den Vergleich ablehnen können aus diesem austreten, durch die hohen Kosten, die bei einer separaten Rechtsverfolgung entstehen, entscheiden sich aber nur die wenigsten für diese Möglichkeit.

703 Für US *securities class actions*, vgl. Weiss/Beckerman, 104 Yale L. J. 2053, 2065 (1994–1995).

zwischen den Geschädigten und Anwälten führen.[704] Rein ökonomisch agierende Anwälte können ihre Rendite maximieren, indem sie das höchstmögliche Erfolgshonorar für den geringsten Aufwand generieren.[705]

Daneben ist bei Vergleichen zu beobachten, dass sich die ursprüngliche „gegnerische" Haltung zwischen Kläger- und Beklagtenanwalt nach Vergleichsschluss oft in eine „partnerschaftliche" wandelt. Der ausgehandelte Vergleich wird als gemeinsames Werk gesehen, welches auch gemeinsam gegenüber Mandanten und Richter verteidigt wird.[706] Soweit alle Anwälte gemeinsam die Vorteile des erzielten Vergleichs betonen, minimieren sie die Gefahr, dass dieser abgelehnt wird. Dies mindert insgesamt die Aufwendungen der Anwälte und erhöht ihre Rendite.

Die Geschädigten sind nicht ausreichend darüber informiert oder haben keine Anreize, sich ausgiebig mit den Vergleichsverhandlungen auseinanderzusetzen. Dies stellt sich erneut als Problem der rationalen Apathie dar. Denn durch die geringe „Rendite" der Überwachung werden sie sich nur selten beteiligen.

Durch die kooperative Arbeit von Kläger- und Beklagtenanwälten müssen diese weniger Aufwendungen tätigen. Dies erhöht den Anreiz des Vergleichs gegenüber einem Urteil. Daneben erhöht sich ihre Reputation, da sie einen Vergleich erzielen konnten.[707]

4. Der Anreiz das Verfahren spruchreif zu beenden

Dem gegenüber bestehen nur begrenzte Anreize, das Verfahren mit einem Urteil enden zu lassen. Für ein Verfahren sind Fristen zu beachten und die Anwesenheit ist im Rahmen der Beweisaufnahme und der mündlichen Verhandlungen erforderlich.[708] Soweit eine Vergütung nach Zeit vereinbart wurde, so erhöht sich der Anreiz, wenn mehr abgerechnet werden kann. Jedoch kann der

---

704 Cooper, 11 Duke J. of Comp. & Int'l L. 215, 239 (2001); Dam, 4 J. Legal Stud. 47, 57 (1975); Kläger dann als Benachteiligte eines Vergleiches, Macey/Miller, 58 U. Chi. L. Rev. 1, 23 (1991).

705 Macey/Miller, 58 U. Chi. L. Rev. 1, 25 (1991); unter Ausnutzung der Informationsasymmetrien, Harnay/Marciano, in: Backhaus et al. (2012), S. 219, 228; plastisch dargestellt, Schäfer, in: Basedow et al., 67, 80.

706 „*[...] pep rallies jointly orchestrated [...]*", Macey/Miller, 58 U. Chi. L. Rev 1, 46 (1991).

707 Erhöht Verhandlungsbereitschaft in weiteren Verfahren, Macey/Miller, 58 U. Chi. L. Rev. 1, 22 (1991).

708 Vgl. Alexander, 43 Stan. L. Rev. 497, 543 (1991).

vergütungsfähige Mehraufwand für ein Urteil geringer sein als der für (außergerichtliche) Vergleichsverhandlungen.

Soweit ein Erfolgshonorar vereinbart wurde, ist der Vergleich regelmäßig lukrativer. Dieser führt zu einer sicheren Vergütung. Daneben ist ein früher Vergleich weniger arbeitsaufwändig. Die Bemühungen für ein Urteil erzeugen auch stärkere Abwehr, was wiederum den Arbeitsaufwand erhöht.

Eine Möglichkeit, den Anreiz für ein Urteil zu erhöhen, besteht in einem Erfolgsbonus. Bis zu einem Grenzwert verändert sich dann der Anreiz, anstelle des Vergleiches ein Urteil zu erstreiten. Bei Honoraren auf zeitlicher Basis verstärkt der Bonus die bestehenden Anreize das Verfahren in einem Urteil enden zu lassen.

Ein weiterer Anreiz für ein Urteil besteht in der Erwartung von Folgehonoraren für die zweite Instanz. Gerade bei Anlegerstreitigkeiten werden regelmäßig Rechtsmittel eingelegt. Die Anwälte aus der ersten Instanz sind oft auch in den weiteren Instanzen tätig.[709]

Ein nicht-finanzieller Anreiz besteht darin, dass es zu Reputationszwecken genutzt werden kann. Durch Erstreiten eines günstigen Urteils kann sich der Anwalt als erfolgreicher Vertreter darstellen.[710] Dies kann zur Mandantenakquise genutzt werden. Auch gegenüber potentiellen Beklagten signalisiert dies die Kompetenz des Anwaltes, was deren Vergleichsbereitschaft in zukünftigen Verfahren erhöhen kann. Es sind jedoch nur eine geringe Anzahl von Urteilen notwendig, um diese für Reputationszwecke zu nutzen. Der Reputationsmehrwert nimmt immer weiter ab, so dass dieser Anreiz im zeitlichen Verlauf sinkt.

Festzuhalten ist, dass, mit Ausnahme des Honorars auf zeitlicher Basis, keine nachhaltigen (finanziellen) Anreize bestehen, ein Urteil zu erwirken.[711] Die Anreize für ein Urteil bestehen nur, wenn der Aufwand unterhalb des Gewinns für den Anwalt bleibt. Um aber die regulatorischen Effekte zu erhalten, erscheint es erforderlich, den Anreiz zu erhöhen.

III. Anreize für den Beklagten

Der erste Instinkt für den Beklagten ist es, die Klage aus der Welt zu schaffen. Für ihn ist es am besten, wenn er gar nicht verklagt wird.[712] Wenn das Verfahren

709 Auch in der Revision zumindest noch beratend.

710 ALEXANDER, 43 Stan. L. Rev. 497, 565 (1991).

711 Mit der gleichen Beobachtung, dass die Anreize für ein spruchreifes Urteil hinter den Vergleichsanreizen zurückbleiben, ALEXANDER, 43 Stan. L. Rev. 497, 566 (1991).

712 Sieht eine Präferenz von Unternehmen zu Einzelklagen, ISSACHAROFF, 44 Loy. U. Ch. L. J. 369, 387 (2012)

aber bereits initiiert wurde, dann motivieren ihn: der Wunsch nach „globalem Frieden“, Minimierung der Kosten sowie der Ausschluss von „erpresserischen“ Klagen.

1. „Globaler Frieden“ & weitreichende Bindungswirkung

Sollten Beklagte Anlegern gegenüber schadensersatzpflichtig sein, so wollen sie den Fall schnell und umfassend klären.[713] Durch eine Vielzahl von Einzelprozessen erhöhen sich die Abwehrkosten. Auch erzeugen langwierige Prozesse und Klagewellen schlechte Publicity, die sich wieder abschreckend auf zukünftige Anleger und Konsumenten auswirken kann. Beklagte sind daneben üblicherweise stärker in Verfahren involviert (individuelle Kläger klagen nur einmal, der Beklagte ist aber mehrfach involviert) und haben wegen dem Aufkommen von möglichen Präzedenzfällen ein stärkeres Interesse an den Verfahrensabläufen.[714]

Beklagte wollen durch „starke“ Prozessführung Folgeklagen und Klagewellen vermeiden. Je stärker frühe Klagen abgewehrt werden, desto unwahrscheinlicher werden Folgeklagen. Daraus ergibt sich das zunächst „irrationale“ Verhalten, dass bereits bei geringen Schadensforderungen hohe Abwehrkosten investiert werden.[715] Aus anekdotischen Erzählungen ist es bekannt, dass erfolgreiche Ansprüche durch Vergleiche beendet werden, um eine größere Veröffentlichung von klägerfreundlichen Urteilen zu vermeiden.[716] Eine mögliche Erklärung für dieses Verhalten könnte auch darin liegen, dass wiederholende Rechtsstreitigkeiten nicht immer zu Kostensenkungen führen.[717]

Die Bündelung im Rahmen eines Kollektivverfahrens wird größtenteils als positiv für den Beklagten aufgefasst, dennoch wird eine Vielzahl von Einzelklagen teilweise als vorteilhafter bewertet. Durch die Vielzahl von Einzelklagen könne das Risiko besser gestreut werden. Ein Teil dieser Klagen werde nicht zu

---

713 Sieht die *opt-out* Regelung als günstig für den Beklagten zur Erreichung eines globalen Friedens, Warren, 37 Brook J. Int'l L. 1075, 1082, 1093 (2012).

714 van Boom/Loos, WP 2008, S. 1; sieht Beklagte und institutionelle Investoren beide als *„repeat players“*, Burch, 43 Ga. L. Rev. 63, 116 (2008); zu den Aufwendungen der Beklagten, Petrasincu/Unseld, FAZ-Einspruch v. 09.05.2018; Biard, S. 18.

715 Ulen, in: Backhaus et al. (2012), S. 75, 78; Hass, S. 26; vgl. Röthemeyer, jM 2022, 178.

716 Vgl. Meller-Hannich nach Mauske, VuR 2013, 157, 159; Alexander, 43 Stan. L. Rev. 497, 504(1991); Hubbard, 32 JLEO 545, 570 (2016); Heese/Schumann, NJW 2021, 3023, 3025; zu weiteren Vermeidungsstrategien, Schwemmer, ZfPW 2022, 41 f., 47 f.

717 Hubbard, 32 JLEO 545, 565 (2016); Hass, S. 45.

Ende verfolgt werden und reduziere die Gesamthaftung.[718] Jedoch übersieht dieser Ansatz m. E. die Effekte der Einzelklagen aufeinander. Zwar kann angenommen werden, dass Kläger durch „schwache" Urteile abgeschreckt werden, aber „starke" Urteile werden umso stärker rezipiert und können dann eine Klagewelle verstärken.[719] Auch berücksichtigt dieser Ansatz nicht die negative Publicity, die durch eine Vielzahl von Einzelverfahren entsteht. Durch ein abschließendes Kollektivverfahren kann ein lang schwelender Konflikt vermieden werden. Die negative Publicity sowie auch finanzielle Rückstellungen können vermieden werden.

Soweit Beklagte an einem globalen Frieden Interesse haben,[720] wird ein einzelnes Kollektivverfahren bevorzugt. Durch die Bindungswirkung können alle offenen Streitigkeiten entschieden werden. Dies senkt die gesamten Abwehrkosten. Die Bindungswirkung stellt den globalen Frieden her. Die Idee des „globalen Friedens" wirkt uneingeschränkt nur für *opt-out* Verfahren mit geringer Austrittsquote bzw. für *opt-in* Verfahren mit hoher Beteiligungsquote. Ansonsten bleibt die Gefahr von Folgeklagen bestehen.[721]

2. Begrenzung der Kosten

Bei Anlegerstreitigkeiten sind die Beklagten Unternehmen. Nicht nur aus Rücksicht auf ihre Aktionäre müssen diese Unternehmen versuchen Verluste zu minimieren.[722] Im Rahmen eines Verfahrens ergeben sich vor allem zwei große Posten. Zum einen die direkten Rechtskosten ((mögliche) Gerichtsgebühren und Kosten für den Rechtsbeistand), daneben die indirekten Kosten für internen Recherche- und Personalaufwand.[723] Kosten für eine Masse an Individualverfahren können höher sein als für ein zentrales Kollektivverfahren.[724]

---

718 So Porrini/Ramello, 3 JFEP 140, 148 (2011).

719 Vgl. Hensler, 11 Duke J. of Comp. & Int'l L. 179, 188 (2001).

720 Anhand der Entwicklung des *Contergan* Falls, wird ein Interesse des Beklagten an einer (möglichst) weitreichenden Erledigung aller Schadensersatzansprüche erkannt, Hass, S. 28 f.

721 Vgl. Hass, S. 28 f.; vgl. Stadler, EBLR 2013, 731, 744; Halfmeier/Rott, VuR 2018, 243, 246.

722 Vgl. *Redman v. Radioshack,* 768 F.3d 622, 629 (7th Cir. 2014); Cooter/Rubinfeld, 27 JEL 1067, 1072 (1989).

723 Weitbrecht, NZKart 2018, 201; Deutlmoser, EuZW 2013, 652, 654.

724 Biard, S. 18; Hass, S. 45; Hensler, 11 Duke J. of Comp. & Int'l L. 179, 190 (2001); Kranz, NZG 2017, 1099, 1100.

Beklagte ziehen das Kollektivverfahren vor, soweit es die Kosten begrenzt. Bei Massenschäden, die individuell verfolgt werden,[725] wären Beklagte gezwungen in einer Vielzahl von Klagen zu agieren, die praktisch identisch sind. Hier wiederholen sich Arbeitsschritte und Klageerwiderungen. Die Beklagtenanwälte werden üblicherweise nicht erfolgsbasiert arbeiten, sondern zeitbasiert.[726] Diese Summe von Einzelverfahren erzeugt regelmäßig höhere Kosten als die gebündelte Behandlung.[727]

Daneben sind Unternehmen interessiert, nachteilige Präzedenzfälle zu vermeiden, hierzu werden sie höhere Vergleichsbereitschaft zeigen.[728] Die Parteien können die inhärente Unsicherheit des Verfahrens beseitigen und sichern teilweise Vorteile (teilweise Kompensation für die Kläger und nicht vollständige Kompensationsverpflichtung für die Beklagten).[729] Vergleiche erscheinen als optimaler Ausgang; dann ist zumindest die Maximalposition beseitigt. Die Kosten für einen frühen Vergleich dürften geringer sein als die Abwehrkosten für ein langes Verfahren.[730] Befördert wird dies zusätzlich, wenn die Parteien über den Ausgang des Verfahrens pessimistisch sind.[731]

Vergleiche sind auch interessant, wenn die Abwehrkosten der Beklagten höher sind als die Rechtsverfolgungskosten der Kläger. In solchen Fällen ist ein Vergleich, trotz unbegründeter Klage, sinnvoll.[732] Zudem begünstigen die geringen Kosten der Vergleichsverhandlungen den Vergleichsanreiz. Die Vergleichsbereitschaft bei Kollektivverfahren gilt als höher als bei Individualverfahren.[733]

---

725 Unter der Prämisse, dass diese auch tatsächlich klageweise durchgesetzt werden.

726 Alexander, 43 Stan. L. Rev. 497, 549 (1991); vereinzelt werden Erfolgshonorare als Alternative erwogen, vgl. Backhaus, 32 Eur J. Law Econ., 225 (2011); zeitbasiertes Honorar in über 90 % der Fälle mwN, Emons/Fluet, 47 Int'l Rev. L. & Econ. 16 (2016).

727 Ebenso Hass, S. 45; auch Petriscu/Unseld, FAZ-Einspruch v. 09.05.2018.

728 Vgl. am Beispiel VW, Stadler, VuR 2020, 163; auch zur Vermeidung von Ansprüchen Dritter, Mallmann/Erne, NZKart 2019, 77, 81 f.; vgl. Schwemmer, ZfPW 2022, 41, 42.

729 Unsicherheit als Grundlage der Vergleichsbereitschaft, Stone/Miceli, 10 JLEP 301, 317 (2014).

730 Engel, 172 JITE 104, 106 (2016).

731 Siehe Cooter/Rubinfeld, 27 JEL 1067, 1076 (1989).

732 Der klassische Fall sind die *frivolous lawsuits*; eine Kombination die durch *American rule* & Erfolgshonoraren entsteht. Dann sind die Kosten für Klageerhebung vernachlässigbar, während die Kosten für die Verteidigung durch Stundenhonorare konstant steigen.

733 Bedingt durch das Anspruchsvolumen, Hass, S. 26, 335.

Auch soweit Vorstände persönlich haftbar gemacht werden, können D&O Versicherungen (*Directors & Officers* Policen versichern die mögliche persönliche Haftung des Führungspersonals) einen Vergleich attraktiv machen. Der Versicherungsfall wird teilweise ausgeschlossen, soweit ein Verschulden nachgewiesen wird. Die Zahlung ist aber möglich, wenn ein außergerichtlicher Vergleich das Verfahren beendet.[734] Dies wirkt als zusätzlicher Anreiz,[735] in so einem Fall könnten die Vorstände den Vergleich aktiv fördern.

3. *Publicity und Geschäftsinterna*

Neben den finanziellen Kosten müssen auch die Reputationsverluste berücksichtigt werden. Diese können als Teil der Abwehrkosten eingepreist werden.[736]

Ein langes Gerichtsverfahren kann sich negativ auf die Reputation auswirken.[737] Insbesondere bei Marktmanipulationen oder großen Produkthaftungsfallen findet regelmäßig eine intensive Berichterstattung statt. Details, die im Rahmen eines öffentlichen Verfahrens bekannt werden, können nachhaltig das Vertrauen der Verbraucher und der Anleger beeinträchtigen.[738]

Der Vertrauensverlust kann sich in einem Kursverlust niederschlagen.[739] Unternehmen und deren Vorstände (insbesondere, wenn Aktien Teil ihrer Vergütungsstruktur sind) haben daher den Anreiz, Gerichtsverfahren schnell abzuschließen.

Diese zunächst nicht quantifizierbaren Kosten erhöhen den Anreiz das Verfahren schnell und geräuschlos abzuschließen,[740] regelmäßig durch einen nicht publizierten Vergleich. Im Rahmen der Verfahrensorganisation haben Beklagte auch diese Kosten einzupreisen.

---

734 Romano, 7 JLEO 55, 57 (1991).

735 Hess, AG 2003, 113, 116.

736 Schäfer, in: Basedow et al., 67, 72; zusätzlich die Kosten, die sich aus der Störung der Geschäftsbeziehung ergeben können vgl. Weitbrecht, NZKart 2018, 201; Caskey, 30 JLEO 493, 494 (2013).

737 Mögliches *shaming*, Stone/Miceli, 10 JLEP 301, 335(2014); auch als Aspekt des „Lästigkeitswerts" einer Klage, Raeschke-Kessler, NJW 2019, 2678, 2681.

738 Vgl. Bussian/Schmidt, CFL 2012, 37, 38.

739 Vgl. Möllers/Wolf, BKR 2021, 249, 252.

740 Choi, 57 Vand. L. Rev. 1465, 1469 (2004); vgl. Hass, S. 48.

4. *Keine erpresserischen Klagen*

Kollektivverfahren können die „Erpressungsgefahr" von unbegründeten Verfahren erhöhen.[741] Diese tritt auf, wenn die Durchsetzungskosten der Geschädigten niedriger sind als die Abwehrkosten des Beklagten. Dann kann es vorkommen, dass ein schneller Vergleich angeboten wird, um den „Lästigkeitswert" der Klage zu beseitigen und die eigenen Kosten zu begrenzen.[742]

Gerade in den USA sind solche *frivolous lawsuits*[743] bekannt. Das Gemisch aus niedrigen Gerichtsgebühren und *American rule* befördert solche Klagen. Beklagte, die im Gegensatz zu Klägern nicht ein Erfolgshonorar nutzen können, müssen ihre Abwehrkosten selbst tragen. Dann wird ein Vergleich geschlossen, um höhere Kosten zu vermeiden. Es ist daher nicht verwunderlich, dass solche Klagen auch teilweise als legale Erpressung bezeichnet werden.

IV. Anreize für den Richter und den Staat

Die Anreizstrukturen für Richter und den Staat sind komplizierter. Die Judikative ist dem Staat zuzuordnen. Jedoch ist zwischen dem Staat (als amorphes Konstrukt) und dem Richter als Individuum zu unterscheiden. Dessen (persönliche) Interessen und Anreize müssen sich nicht zwangsläufig mit denen des Staates decken. So ist der Staat als Regulierer möglicherweise daran interessiert den Abschreckungsfaktor von Klagen zu erhöhen. Dadurch ließe sich ein hohes Niveau der Regulierungsvollstreckung erreichen.

Der Richter als Individuum hat möglicherweise das Interesse, seine eigene Arbeitsbelastung zu mindern. Der individuelle Richter folgt den klassischen Anreizen des *homo oeconomicus*. Er will seine Ressourcen (v. a. Arbeitszeit) optimal zur Bewältigung der ihm zugewiesenen Aufgaben nutzen.[744] Richtigerweise spielen finanzielle Interessen keine große Rolle in der Anreizstruktur des Richters.[745]

Die Anreize des Staates darzulegen, gestaltet sich als schwierig. Da der Staat sich als Zusammenschluss von Organisationen und Personen darstellt, gerät

741 Schäfer, in: Basedow et al., 67, 68.

742 Madaus, ZEuP 2012, 99, 110; Choi, 57 Vand. L. Rev. 1465, 1469 (2004).

743 Wörtlich: „frivole" oder „leichtfertige" Klagen, auch als *nuisance* oder *meritless suits* bezeichnet.

744 Vgl. Biard, S. 119.

745 Gehalt ist selten ausschlaggebend für die Motivation in den Justizdienst einzusteigen, Biard, S. 145.

die Analyse von Anreizstrukturen schnell an ihre Grenzen. Der Vergleich von Handlungsalternativen, wie bei Individuen, ist nicht mehr möglich.

Um eine Vergleichbarkeit mit den Anreizen der weiteren Akteure zu haben, werden nachfolgend dennoch die Interessen des Richters und des Staates in seinen jeweiligen Funktionen dargestellt.

1. Der Richter als Individuum

Grundsätzlich versucht der Richter seine Arbeitsweise zu optimieren. Er will seine Ressourcen optimal verwerten und den Aufwand minimieren. Das Ziel besteht darin, die anhängigen Verfahren im eigenen Dezernat zum Abschluss zu bringen.

Natürlich hat er auch darüber hinaus noch immaterielle Anreize. So kann er bestrebt sein, eine gute Dienstbeurteilung zu erhalten oder ist an guter Reputation interessiert.[746] Ebenso besteht ein Bestreben, eine gute Rechtsprechung im Interesse des Bürgers anzubieten.[747] Im Rahmen dieser Untersuchung wird sich aber zur Vereinfachung auf die Anreize des Richters als *homo oeconomicus* konzentriert.[748]

a) Optimale Nutzung der Ressourcen

Der Richter muss seine Ressourcen optimal einsetzen. Dies bedeutet die optimale Nutzung der „Ressource" Zeit; er ist dazu angehalten, eine möglichst hohe Zahl von Fällen zu bearbeiten.[749] Mehrarbeit für ein Verfahren führt für ihn nicht zu einer höheren Rendite oder besonderer Kompensation.[750] Urteile sind arbeitsaufwändiger als ein zwischen den Parteien ausgehandelter Vergleich.[751]

---

746 Zu den weiteren Anreizen für Richter, Cooter/Ulen, S. 406; Biard, S. 148 ff.

747 Dies stellt keinen Widerspruch zur Arbeitsweise als rationaler Akteur dar, Biard, S. 153.

748 Zur kontinentaleuropäischen Sichtweise, die den Richter nur als Vertreter der Institution sieht und dabei individuelle Anreize nicht (ausreichend) berücksichtigt, Biard, S. 124.

749 Vergleicht diese Situation mit dem Output einer Fabrik, Dam, 4 J. Legal Stud. 47, 50 (1975).

750 Cooter/Ulen, S. 407.

751 Noch geringer ist der Arbeitsaufwand nur bei unschlüssigen oder unbegründeten Klagen.

Es besteht daher ein starker Anreiz die Parteien zu einem Vergleich zu motivieren, teilweise wird von einem „Vergleichsdruck" gesprochen.[752]

Für Kollektivverfahren gilt dies umso mehr; die Komplexität und der Arbeitsaufwand sind ungleich höher als beim Individualverfahren.[753] Es besteht ein erhöhter Überwachungs- und Organisationsaufwand der Gerichte,[754] unter anderem, um die Rechte von passiven Geschädigten zu wahren. Auch wenn ein Vergleich geschlossen wird, bedeutet dies nicht unbedingt (viel) weniger Arbeit. Um die besonderen Interessenkonflikte zu berücksichtigen, kann eine Prüfung des Vergleichs notwendig sein.[755] Dies sollte aber dennoch eine geringere Arbeitsbelastung sein als ein Urteil mit rechtlicher Würdigung.

Bei einem rationalen handelnden Richter wäre zu erwarten, dass er versucht ein Kollektivverfahren zu verhindern.[756] Sollte dieses nicht zustande kommen, ist die individuelle Verfolgung auch unwahrscheinlich.[757] Soweit es aber zu einem Kollektivverfahren kommt, wird ein Vergleich gegenüber einem Urteil bevorzugt, um die eigene Arbeitsbelastung zu mindern.

b) Geringerer Arbeitsaufwand

Indem ein Vergleich angestrebt wird, ist es möglich, die schnelle Verfahrensbeendigung möglich. Dies ist mit erheblich geringerer Arbeit verbunden. Auch wird angenommen, dass dies gegenüber dem Einlernen in ein neues Rechtsgebiet bevorzugt wird.[758]

---

752 Durch hohe Fallzahlen stehen auch die Richter selber unter dem Druck anhängige Verfahren schnell durch Vergleiche zu lösen, Weiss/Beckerman, 104 Yale L. J. 2053, 2067 (1994–1995); Dam, 4 J. Legal Stud. 47, 50 (1975); mit Verweis auf die gesetzliche Regelung, Macey/Miller, 58 U. Chi. L. Rev. 1, 46 (1991), erkennt eine Sichtweise wonach „schlechte Vergleiche immer noch besser als gute Verfahren sind", Alexander, 43 Stan. L. Rev. 497, 498, 566 (1991); mwN Choi, 57 Vand. L. Rev. 1465, 1474 (2004).

753 Vgl. Dam, 4 J. Legal Stud. 47, 52 (1975); vgl. Macey/Miller, 58 U. Chi. L. Rev. 1, 45 f. (1991); Vergleichsdruck wurde in der Vergangen positiv bewertet, Calabresi, in: Backhaus et al. (2012), S. 10, 15; Biard, S. 38, 155 ff., 165.

754 So Dam, 4 J. Legal Stud. 47, 54 (1975); zu dem *Managerial Judging* im Kontext von Kollektivverfahren in Nordamerika, Piché, 2 J. of Civ. L. Stud. 102, 128–131 (2009).

755 *Redman v. Radioshack*, 768 F.3d 622, 629 (7th Cir. 2014).

756 Sieht in den USA aufgrund der höheren Arbeitsbelastung die pauschale Abweisung von Gruppenklagen, Hass, S. 40.

757 Dam, 4 J. Legal Stud. 47, 52 (1975), aufgrund der geringen Klagebereitschaft des Kleinanlegers.

758 Biard, S. 147, 185.

Gegenüber dem Aufwand für eine Urteilsformulierung, inklusive eines ausführlichen Tatbestandes und einer umfassenden rechtlichen Würdigung, ist der Aufwand eines Vergleiches minimal. Bei einem frühen Vergleich erübrigt es sich auch die ausgetauschten Schriftsätze und übrigen Akten intensiv auszuwerten.[759]

In *class actions* war zu beobachten, dass der Vergleichsvorschlag regelmäßig von den Parteien erarbeitet wurde.[760] Dies verlagert den Arbeitsaufwand zusätzlich vom Richter auf die Parteien.

2. *Der Staat als „Justizanbieter"*

Im Rahmen der normativen Ebene besteht bereits ein verfassungsrechtlicher Auftrag, ein rechtsstaatliches Verfahren zu ermöglichen. Der „Staat" hat dafür Sorge zu tragen, dass ein neutrales Forum geboten wird, in dem Bürger ihre Rechte geltend machen können.[761] Dies ist Teil des allgemeinen Justizgewährleistungsanspruchs.[762] Daneben besteht auch ein Interesse durch Rechtsprechung die Rechtsentwicklung mitzugestalten.[763] Die staatliche Gewalthoheit wird betont, eine Flucht ins Private soll nicht erfolgen.[764]

Neben der normativen Ebene der „Justiz" wird diese vermehrt auch als wirtschaftliches „Asset" begriffen. Bei Berücksichtigung der Attraktivität von Wirtschaftsstandorten ist das Justizsystem regelmäßig ein Faktor. Es wird positiv wahrgenommen, wenn ein Justizsystem besteht, welches schnelle und effiziente Verfahren gewährt.[765]

Als Justizanbieter muss der Staat ein Forum für Streitbeilegung bieten. Diese erzeugt Kosten für das Justizsystem und der Beschäftigten.[766] Natürlich ist die

---

759 Die geringe Faktenlage gilt aber auch als Problem für die Angemessenheitsüberprüfung eines Vergleiches, MACEY/MILLER, 58 U. Chi. L. Rev. 1, 46 (1991).

760 MACEY/MILLER, 58 U. Chi. L. Rev. 1, 46 f. (1991); COFFEE, 42 Md. L. Rev. 215, 269 (1983).

761 NICOLAI/WÖLBER, ZRP 2018, 229, 230; die fehlende Ausstattung der Gerichte wird auch als Problem für kollektiven Rechtsschutz bewertet, HESS, BTA-WP 18/46, S. 16, 66; vgl. BT-Drs. 19/2507, S. 13.

762 Abgeleitet aus dem Rechtsstaatsprinzip iVm Art. 2 Abs. 1 GG, siehe S. 32.

763 Gutachten A 70. DJT, S. 38.

764 Zwar ursprünglich ein Gedanke des Strafrechts, aber die Kampagnen zur Förderung der staatlichen Gerichtsbarkeit gegenüber der Schiedsgerichtsbarkeit zeigen, dass eine ähnliche Abwanderung befürchtet wird; krit. zur tatsächlichen Abwanderung, TOMBRINK, IWRZ 2018, 275, 277 f.

765 Vgl. HOFFMANN, IWRZ 2018, 58, 60.

766 Vgl. HAYMOND/WEST, 116 Public Choice 91, 92 (2003).

Rolle des Staates nicht nur auf die reine Kostenebene reduziert. Normative Erwägungen sind ebenso zu berücksichtigen, die ökonomischen Aspekte müssen aber dennoch beim „Betrieb" der Justiz beachtet werden.

Der Staat, in seiner Funktion als Justizanbieter, versucht unter Minimierung der Ausgaben für das Justizsystem den höchstmöglichen *out-put* zu erreichen. Gewährleistet werden, soll der breitestmögliche Zugang der Bürger zum Recht ohne dass aber die Kosten des Systems steigen müssen. Er wird versuchen die maximale Anzahl an Verfahrensbeendigungen herbeizuführen, ohne höhere Ausgaben zu erzeugen.

a) Erhöhung der Verfahrenseffizienz und mehr Zugang zum Recht

Unter der Prämisse, dass Kollektivverfahren kosteneffizienter sind als eine Masse von Individualverfahren, bieten sie die Möglichkeit Rechtsprechung effizient zu gestalten. Ziel ist es, den Zugang zum Recht und die Möglichkeit der Rechtsverfolgung zu ermöglichen.[767]

Eine Möglichkeit, dies bereitzustellen, besteht in der Schaffung von neuen Richterstellen.[768] Dies ist, bedingt durch fehlende Haushaltsmittel und rückläufigen Bewerberzahlen, nur begrenzt möglich. Auf der anderen Seite bieten sich hierfür Kollektivverfahren an.[769] Das Kollektivverfahren wäre in diesem Punkt dazu geeignet, das verfassungsrechtliche Beschleunigungsgebot zu unterstützen. Das Verfahren wird damit effizienter und mehr Geschädigten ist eine Durchsetzung möglich.[770]

b) Beschränkung der Verfahren durch Kostenverteilungsregelungen

Die Rechtsprechung soll einen breiten Zugang zum Recht bieten, „unnötige" Klagen sollen aber nicht das System blockieren.[771] Gegenwärtig sind die Kostentragungsregeln maßgeblich dafür, ob geklagt wird. Während die *American rule* als zu permissiv gilt, wird die hiesige *English rule* (teilweise) als zu restriktiv

767 „Effektivität des Rechtsschutzes", BVerfG, NJW 1993, 1635.

768 Zur Notwendigkeit, statt vieler, Leutheuser-Schnarrenberger, LTO v. 21.09.2017; nach aA ist eine Entlastung angesichts sinkender Eingangszahlen nicht notwendig, Bruns, NJW 2018, 2753, 2757, verkennt m. E. jedoch die steigende Komplexität der Sachverhalte.

769 BT-Drs. 15/5091, S. 17; Cassone/Ramello, in: Backhaus et al. (2012), 101, 108; „Staueffekt", Hass, S. 37.

770 Vgl. Hass, S. 52.

771 Wann eine Klage „unnötig" ist, ist dabei jedoch aufs heftigste umstritten.

gesehen.[772] Teilweise sind auch Mischformen denkbar, wenn gewisse Klageformen gefördert werden sollen. Im schwedischen Zivilverfahren ist bei kleinen Verfahren (unter 2.000 EUR) die *American rule* anwendbar.[773]

Grundsätzlich erhöht sich die Zahl der „unnötigen" Verfahren, wenn die Erhebung mit geringen Kosten verbunden ist, während die Abwehr hohe Kosten verursacht. Um diese auszuschließen und die Arbeitsbelastung zu reduzieren, hat die Justiz einen Anreiz die Kostentragungsregeln prohibitiv zu gestalten. Zugelassen werden sollen Klagen mit hohen Erfolgsaussichten.

3. *Der Staat in der regulierenden Funktion*

Ausgehend davon, dass der Staat ein optimales Niveau der Marktüberwachung erzielen will, müsste er einen entsprechenden Aufwand betreiben. Dieser Aufwand besteht in der Gesamtheit der Personal-, Recherche- und Rechtsverfolgungskosten. Eine erfolgreiche Regulierung liegt vor, wenn die Regulierungsziele erfüllt werden. Dies kann in der Beibehaltung der Markt- oder Systemstabilität oder der Funktionsfähigkeit liegen. Erfolg besteht auch, soweit normgerechtes Verhalten sichergestellt ist. Dann wurde die Steuerungsfunktion verwirklicht.

Unterstellt, der Staat handelt als rationaler Akteur, so versucht er den Aufwand zu minimieren, ohne den Erfolg zu schmälern.[774] Dann wäre es von Vorteil die Kosten für diesen Aufwand auszulagern. Die Kosten können von Privaten getragen werden, so beispielsweise durch *private enforcement*. Dies hat das Potential ein hohes Abschreckungspotential zu entwickeln, dass Pflichtverletzungen nicht mehr erfolgen.[775]

Dies baut auf der Prämisse auf, dass der Staat Interesse hat, die Rechtsverfolgung abzugeben.[776] Davon kann nicht automatisch ausgegangen werden. Insbesondere in Europa werden die Überwachung und die Rechtsverfolgung von staatlichen bzw. quasi-staatlichen Trägern erwartet.[777] Ob eine Bereitschaft zur Abgabe dieser Aufgaben besteht, ist fraglich.

Die Möglichkeit, die Intensität der Überwachung der Rechtsverfolgung zu steuern, stellt auch eine Form der Marktregulierung dar. Dies kann von der

772 Nach aA schadet die *English rule* nicht bei Streu- und Bagatellschäden, Wendt, EuZW 2011, 616, 621 f.

773 Lindblom, 622 AAPSS 231, 232 (2009).

774 Vgl. Lodge/Wegrich, S. 205, 240, 245

775 Hensler, 622 AAPSS 7, 9 (2009).

776 Skeptisch, Backhaus et al. in: Backhaus et al. (2012), S. 3, 6.

777 Koch, JZ 2011, 438, 443.

Politik genutzt werden. Diese Steuerungsmöglichkeit würde wegfallen, wenn diese Aufgaben verstärkt von Privaten wahrgenommen werden. Im Gegensatz zu dieser Annahme wird zum Teil vertreten, dass bei (politisch beeinflussten) Regulierern ein Interesse besteht, diese weg vom Staat zu bewegen. Dann müsse bei Misserfolgen die Verantwortung nicht übernommen werden.[778]

Wenn der Staat ein Interesse an der Verfolgung von bisher unentdeckten Pflichtverletzungen hat, sind Kollektivverfahren (mit den richtigen Anreizen) eine einfache Methode der Entdeckung und Verfolgung.[779] Kollektivverfahren würden jedoch nur eingeleitet werden, wenn sie einen positiven Erwartungswert haben. Der staatliche Regulierer müsste dann aber „einspringen", wenn die Durchsetzung unrentabel für Private ist. Dies werden insbesondere die Fälle sein, in denen die Untersuchungskosten überproportional hoch und die erwarteten Prozessgewinne niedrig sind. Bei diesen Fällen ist ein erhöhter Aufwand zu befürchten. Ob Regulierer dazu ein Interesse haben bleibt abzuwarten.

Die Pönalisierung von Schäden liegt im Interesse des Staates, nicht nur in seiner regulierenden Funktion. Potentielle Schädiger zur Normeinhaltung zu bewegen ist auch im Interesse der Politik. Schließlich wird dadurch das Vertrauen der Bürger in die Funktionsfähigkeit erhöht.

Die Vollstreckung des materiellen Haftungsrechts stellt einen Bestandteil der Regulierungsarchitektur dar. Durch das „Outsourcing" von Überwachung und Vollstreckung werden diese Kosten für den Staat eingespart. Insoweit kann die Kostenminimierung für den Staat als ökonomischer Anreiz gewertet werden.

In der regulierenden Funktion besteht ein Anreiz berechtigte Klagen zu ermöglichen. Es soll sichergestellt werden, dass hohe Rechtsverfolgungskosten nicht den gesellschaftlichen Nutzen von berechtigten Klagen gefährden.[780]

4. *Justizstandort Deutschland*

In Europa werden gegenwärtig Kollektivverfahren flächendeckend eingeführt.[781] Interessierte Kläger werden sich dazu entschließen, die Klage an dem für sie günstigsten[782] Ort zu erheben.[783] So wie in den letzten Jahren eine Abwanderung

778 Ausführlich HAYMOND/WEST, 116 Public Choice 91, 94 (2003).

779 Vgl. ISSACHAROFF, 44 Loy. U. Ch. L. J. 369, 388 (2012).

780 Vgl. SHAVELL, 11 J. Legal Stud. 333, 336 (1982).

781 Italien, UK, Schweden, Niederlande, Frankreich, Spanien, Portugal, Südosteuropa; sieht in Europa Gruppenverfahren bereits als internationalen Standard HALFMEIER, Stellungnahme, S. 5.

782 Nicht nur finanziell betrachtet, sondern unter Berücksichtigung aller Faktoren.

783 Vgl. Gutachten A 70. DJT, S. 39 f.; WERNICKE, NJW 2017, 3038, 3040.

von staatlichen Gerichten hin zu Schiedsgerichten zu beobachten war,[784] ist es nun denkbar, das Kläger(-gruppen) mangels geeigneter Klageformen nicht in Deutschland, sondern in andere europäische Staaten abwandern.[785] Ein Beispiel hierfür ist die „Sammelklage" nach österreichischem Vorbild gegen *Facebook Europe*.[786] Verbraucher aus ganz Europa haben sich angeschlossen und auf die Durchsetzung in ihren Heimatländern verzichtet. Hinsichtlich Kollektivverfahren ist der Wettbewerb um den „geeignetsten" Standort bereits im Gange.[787] Innerhalb der Europäischen Union gilt derzeit das niederländische WCAM als beliebteste Option.[788]

Auch Beklagte haben ein Interesse an „globaler" Streitbeilegung, die Finalität einer (nationalen) Verfahrensform ist ein Grund für deren Attraktivität.[789] Eine Alternative in Deutschland müsste vergleichbares bieten.[790]

Ohne nationale Alternativen ist zu befürchten, dass der deutsche Justizstandort im internationalen Vergleich als ungeeignet für Kollektivverfahren gilt.[791] Ein Schaden für den gesamten Justizbereich und für die Rechtsfortbildung wäre zu erwarten.[792] Soweit vermehrt Verfahren aus dem Justizstandort Deutschland abwandern, ist zu befürchten, dass deutsche Gerichte nicht mehr an der Entwicklung und Gestaltung dieser rechtlichen Bereiche beteiligt werden.[793] Andere Rechtsordnungen könnten dann die maßgebliche Rechtsprechung etablieren.

---

784 Vgl. Gutachten A 70. DJT, S. 97; wird auch als Alternative für Massenschäden erachtet, Empfehlung der Kommission 2013/396/EU, ErwGr 16; als Folge der langen Verfahrensdauer von staatlichen Gerichten ebenfalls, Hodges, S. 10 ff.; als Alternative für Verbraucherstreitigkeiten, Hess, BTA-WP 18/46, S. 16, 68; für eine ökonomische Analyse der Abwanderung, Deffains et al., 49 Int'l Rev. L. & Econ. 33–40 (2017).

785 Amerikanische Gerichte als attraktiver für ausländische Kläger, Grace, 15 J. Transnat'l L. & Pol'y 281, 303 (2006); vgl. Schwab nach Mauske, VuR 2013, 157, 158; BT-Drs. 15/5091, S. 17; Röthemeyer, jM 2022, 178, 181.

786 EuGH, *Schrems v. Facebook*, Urt. v. 25.01.2018, C-498/16; vgl. Paulus, NJW 2018, 987.

787 Koch, JZ 2011, 438, 443; Auflistung, Halfmeier/Rott/Feess, S. 10 f.; vgl. BT-Drs. 15/5091, S. 48.

788 Zum Verfahren, S. 143 ff.

789 Begründet die zusätzliche Attraktivität des WCAM, so Palmisciano, 53 B. C. L. Rev. 1847, 1880 (2012); mwN zu Rechtsprechung und Normen in den USA, siehe Issacharoff, 7 Sup. Ct. Rev. 337, 365 (1999); ders. 44 Loy. U. Chi. L. J. 369, 386 (2012).

790 Begründung zum KapMuG, BT-Drs. 15/5091, S. 17.

791 Koch, JZ 2011, 438, 439; ebenso Reuschle, WM 2004, 966, 973; zur Möglichkeit des *forum shoppings* in Europa siehe, Grace, 15 J. of Transnat'l Pol'y 281, 287 (2006).

792 Justiz als Standortvorteil, Gaier/Freudenberg, ZRP 2013, 27, 29.

793 Vgl. Hoffmann, IWRZ 2018, 58, 62.

Bereits um den Standort zu stärken, bietet sich die Einführung von kollektiven Rechtsbehelfen an.[794] Damit wird auch verhindert, dass eine extraterritoriale Rechtsprechung über den Kapitalmarkt erfolgt.[795]

Neben dem *forum shopping* besteht auch die Gefahr,[796] dass sich Verfahren weg von staatlichen Gerichten bewegen. Wie in den letzten Jahren, nicht erst durch die Debatte zu Investor-Staats-Streitigkeiten offensichtlich geworden ist, favorisieren Teile der Wirtschaft nicht-öffentliche Verfahrensformen.[797] Dies muss nicht zwangsläufig die Schiedsgerichtsbarkeit sein. Alternativen sind auch Ombuds- oder Mediationsverfahren.[798] Es besteht die Gefahr, dass sich alternative Verfahrensformen entwickeln, sollten nicht effiziente staatliche zur Verfügung stehen.[799]

Als Konsequenz könnte das staatliche Rechtsprechungsmonopol ausgehöhlt werden. Private Streitbeilegung würde dann das materielle Haftungsrecht konkretisieren. Es besteht dann die Gefahr der „schleichenden" privaten Kodifikation des Rechts.[800] Die Vertraulichkeit der alternativen „Urteile" würde auch dazu führen, dass eine Verbreitung der wesentlichen Informationen an die Akteure nicht mehr erfolgt.[801]

Zusammenfassung des zweiten Teils

Die Beteiligten unterliegen einer Vielzahl von verschiedenen Anreizen. Diese sind nicht statisch, sondern können sich in Abhängigkeit der Anreize der Anderen verändern. Schwierig gestaltet sich die Berücksichtigung von nichtfinanziellen Anreizen, diese beeinflussen die Entscheidungen in erheblichem

---

794 Unzulänglichkeit des KapMuG zur Verhinderung des *forum shoppings*, Halfmeier/Rott/Feess, S. 87; vgl. BT-Drs. 19/2507, S. 15; Möllers/Wolf, BKR 2021, 249.

795 BT-Drs. 15/5091, S. 17; zum drohenden Bedeutungsverlust deutscher Gerichte, Gutachten A 70. DJT, S. 29.

796 Zu den Angeboten für deutsche Kläger in den USA, Hus, Handelsblatt v. 07.12.2004; mwN Jahn, ZIP 2008, 1314, 1316; Wernicke, NJW 2017, 3038, 3039 ff.

797 Vgl. Raeschke-Kessler, NJW 2019, 2678, 2680 ff.; aufgrund verschiedener Faktoren auch Verbraucher, vgl. Nicolai/Wölber, ZRP 2018, 229.

798 Für einen kritischen Überblick über die Schlichtungsmethoden, Engel, NJW 2015, 1633–1637; zur algorithmenbasierten Streitlösung, Wernicke/Mehmel, ZEuP 2020, 1, 3.

799 Auch durch Beklagte forciert, vgl. Sternlight/Jensen, 67 Law. & Contemp. Probs. 75 (2004); krit. Stadler, GPR 2013, 281, 282; Wernicke/Mehmel, ZEuP 2020, 1, 9 f.

800 Gutachten A 70. DJT, S. 40

801 Burch, 43 Ga. L. Rev. 63, 115 f. (2008).

Maße. Durch deren individuelle Prägung und der fehlenden Vergleichbarkeit ist eine Berücksichtigung im Rahmen dieser Arbeit nicht möglich.

Das Erkennen und die Strukturierung der Anreize kann regelmäßig nur der erste Schritt sein. Im nächsten Schritt ist es erforderlich ein Verfahren zu finden, das die Anreize der Beteiligten berücksichtigt.

Kollektivverfahren haben das Potential, die unterschiedlichen Interessen der Akteure zu berücksichtigen. Sie bieten die Möglichkeit zur Entfaltung von privaten Interessen; unternehmerische Anwälte können Honorare maximieren und Geschädigte Schaden kompensieren. Auch können öffentliche Interessen bedient werden, indem Schädiger zur Internalisierung von negativen Externalitäten gezwungen werden.[802]

802 Cassone/Ramello, in: Backhaus et al. (2012), 101, 106.

Teil 3: Die Verfahrensformen des kollektiven Rechtsschutzes

Die unterschiedlichen Formen des kollektiven Rechtsschutzes werden nachfolgend jeweils mit ihren typischen Elementen dargestellt. Dabei werden diese nicht rechtsvergleichend dargestellt. Vielmehr werden die Besonderheiten der Formen herausgearbeitet. Die Bewertung ist aber aufgrund der nationalen Erfahrungen geprägt. Nachfolgend werden die Formen der Zessionsklage (A.), des Kollektivvergleichs (B.), der repräsentativen Verfahren (C.), der Musterklage (D.) und der Verbandsklage (E.) dargestellt.

A. Zessionsklage und Klagehäufung

Zessionsklage und sonstige Klagehäufungen und -verbindungen gelten als einfachste Formen eines Gruppenverfahrens. Bei der Zessionsklage werden die Ansprüche an eine (juristische) Person abgetreten, welche diese dann gebündelt durchsetzt. Alternativ ist dies auch durch die gewillkürte Prozessstandschaft erreichbar. Die Klageverbindung oder -häufung setzt individuelle Klagen voraus, welche durch Gerichte verbunden und zusammen verhandelt werden. Strukturen für diese Instrumente sind in den meisten Prozessordnungen bereits enthalten, so dass keine größeren Reformen nötig wären.

I. Zessionsklage

Die Zessionsklage ist wohl kein genuines Kollektivverfahren. Zwar ist sie im Prinzip mit einer *opt-in* Gruppenklage vergleichbar,[803] denn mehrere Geschädigte verfolgen ein gemeinsames Ziel. Doch wegen ihrer (juristisch) einfachen Gestaltung und der geringen Praktikabilität für echte Massenverfahren wird ihr der Kollektivverfahrenscharakter abgesprochen.[804] Neben der Zessionsklage ist

803 So im Ergebnis die Einschätzung des LG München, Urt. v. 07.02.2020 – Az. 37 O 18934/17, BeckRS 2020, 841, Rn. 122.

804 Als kollektive Rechtsverfolgung bezeichnet, MANN, NJW 2010, 2391; aA als Gruppenklage, KOCH, JZ 2011, 438, 441; lediglich von den Initiatoren als „Sammelklage“ bezeichnet, LORITZ/WAGNER, WM 2007, 477; „unechte Sammelklage“, PAULUS, NJW 2018, 987, 989.

eine vergleichbare Verfolgung mehrere Ansprüche auch durch die gewillkürte Prozessstandschaft möglich.

Ungeachtet, ob die Zessionsklage ein echtes Kollektivverfahren darstellt, sollte sie in dieser Arbeit besprochen werden.[805] Zum einen gilt sie als Grundlage für einige Kollektivverfahren,[806] zum anderen stellt sich die Frage, ob komplexere Verfahren nötig sind, wenn Zessionsklagen bereits ausreichend sind.

Der bisherige Streit in Deutschland über die Vereinbarkeit von Zessionsklagen mit dem Rechtsdienstleistungsgesetz dürfte inzwischen hinfällig sein.[807]

Eine privilegierte Stellung im System der Zessionsklage haben Verbraucherverbände, diese sind zur Einziehung von Verbraucherforderungen gem. § 79 Abs. 2 Nr. 3 ZPO berechtigt. Aufgrund des Verwaltungsaufwandes wird dies aber kaum genutzt.[808]

1. Verfahren und Beteiligte

Im Rahmen des Verfahrens werden Ansprüche von Geschädigten abgetreten. Regelmäßig wird für die Durchsetzung eine Zweckgesellschafft gegründet.[809] Der Zessionar ist dann in eigenem Namen und mit eigenen Kosten für die Durchsetzung zuständig.[810] Bei erfolgreicher Durchsetzung werden die Erlöse ausgezahlt,[811] der Zessionar erhält davon einen gewissen Anteil. Die Höhe

---

805 Das Modell wird inzwischen regelmäßig, auch durch die Rechtsprechung, als „Sammelklagen-Inkasso" bezeichnet, vgl. Petrasincu/Unseld, NJW 2022, 1200.

806 So in Österreich, koch, JZ 2011, 438, 441; mwN, Zivanic, ZJS 2016, 687, 688.

807 BGH, NJW 2020, 208; zur Entwicklung Mayrhofer, ZfPW, 2023, 110, 113; ausführliche Untersuchung über die Vereinbarkeit mit RDG, Mann, NJW 2010, 2391–2396; Koch, JZ 2011, 441; unter Erlaubnisvorbehalt, Zivanic, ZJS 2016, 687, 689; teilweise ablehnend, Remmertz, ZRP 2019, 139 ff.; zur Möglichkeit der Zessionsklage bei Massenschäden, Steineke, BT-Drs. 18/12956, zur Zulässigkeit, LG Berlin, VuR 2018, 466, 467 ff.; Rott, VuR 2018, 443, 444 f.; aA aufgrund von Interessenkonflikten zum Prozessfinanzierer, LG München, Urt. v. 07.02.2020 – Az. 37 O 18934/17, BeckRS 2020, 841; zur Zulässigkeit der Einziehung ausländischer Forderungen, BGH, NJW 2022, 3350.

808 „Sammelklagen-Inkasso", BGH, NJW 2022, 3350, 3352; Kessler, ZRP 2016, 2, 3; „kein kollektives Rechtsschutzinstrument", Mengden, NZKart 2018, 398; vgl. Behrens, ZJS 2018, 514, 515; BT-Drs. 19/2507, S. 14.

809 Vgl. Hass, S. 96 f.; Stadler, JZ 2015, 1138, 1144; Zirngibl, S. 158 f.

810 Teilw. vertreten, dass anstelle einer Vollzession eine Inkassozession vorliegt, zur Debatte, Vogel, S. 158; ausführlich zur Arbeitsweise BGH, NJW 2020, 208, 209 f.

811 Möllers/Pregler, ZHR 2012, 144, 149 f.; Loritz/Wagner, WM 2007, 477; Mann, NJW 2010, 2391.

schwankt zwischen 20–40 %.[812] Teilweise erhalten die Geschädigten bereits bei Abtretung eine pauschale Abgeltung, der Zessionar erwirbt die Forderung zur eigenen Durchsetzung auf eigenes Risiko.

Insbesondere im Kartellrecht ist die Zessionsklage verbreitet.[813] Auch bei Verbraucherstreitigkeiten haben sich inzwischen mehrere internetbasierte Portale etabliert, die dies im Bereich von standardisierten Rechtsstreitigkeiten anbieten.[814] Bekannt sind vor allem die Portale für Ansprüche aus Flugverspätungen und für erhöhten Mietzahlungen,[815] sowie für die Abwicklung der Ansprüche des Diesel-Skandals. Entsprechende Anbieter führen oftmals eine automatisierte Prüfung von Ansprüchen durch und geben Geschädigten unmittelbar eine Rückmeldung über die (scheinbare) Werthaltigkeit ihrer Ansprüche bzw. bieten einen sofortigen Preis für die Abtretung an.

2. *Vor- und Nachteile*

Die Zessionsklage hat gewisse Vorzüge. Eine neue Verfahrensart muss nicht eingerichtet werden. Sowohl das materielle als auch das Verfahrensrecht erlauben regelmäßig die Verfolgung von abgetretenen Ansprüchen. Eine zahlenmäßige Begrenzung besteht dabei nicht.[816]

Die Verfolgung durch eine Zweckgesellschaft erscheint pragmatisch und ist einfach umzusetzen. Eine hohe Organisationskomplexität besteht nicht, was die Transaktionskosten minimiert. Für die Geschädigten wird die Kompensation erleichtert. Diese haben keinerlei Initialausgaben,[817] zum Teil erhalten sie sogar direkte erfolgsunabhängige Zahlungen.

Die teilweise bestehenden personellen Verflechtungen zwischen Anwälten und den Zweckgesellschaften erlauben sogar die Einführung von faktischen

---

812 *Myrights* (wohl der Marktführer) erhält 35 % als „Provision“, vgl. Schröder, Deutschlandfunk v. 10.04.2017; zwischen 29–36 %, Rath, TAZ v. 25.04.2018; erwartet aufgrund von steigender Anbieteranzahl ein Sinken der Provision, Röthemeyer, VuR 2019, 87, 90.

813 Petrasincu/Unseld, NJW 2022, 1200; Kainer/Persch, WuW 2016, 2, am Beispiel des LKW-Kartells dargestellt, LG München, Urt. v. 07.02.2020 – Az. 37 O 18934/17, BeckRS 2020, 841, Rn. 1 ff.

814 Vgl. Markworth, EuCML 2023, 89, 90 f.

815 Vgl. Behrens, ZJS 2018, 514, 516; vgl. Stadler, VuR 2018, 83, 84.

816 Vgl. BGH, NJW 2022, 3350, 3352.

817 Henssler, NJW 2019, 545, 547.

Erfolgshonoraren.[818] Im Übrigen dürften sich die Anreize für Anwälte nicht verändern.

Die Zessionsklage dürfte jedoch nicht zur intendierten Regulierungswirkung von Kollektivverfahren führen. Die Zweckgesellschaften agieren grundsätzlich wie ein Kapitalinvestor. Sie versuchen ihren *Return-on-Investment* zu erhöhen. Die Zweckgesellschaften haben daher vergleichbare Anreize wie Prozessfinanzierer.[819] Die Forderungen stellen für sie ein *asset* dar, das entsprechende Rendite einfahren soll. Aufgrund dessen besteht Interesse an schnellen Vergleichen.

Diese Gemengelage dürfte dazu führen, dass die Zahl an Urteilen abnehmen wird und die Normkonkretisierung unterbleibt. Es besteht schließlich auch kein Interesse der Gerichte, den schnellen Vergleichsschluss zu verhindern, mindert es doch deren Arbeit. Für eine Angemessenheitsprüfung zugunsten der Zedenten besteht auch kein Anlass, der Zessionar ist schließlich der wirtschaftlich Berechtigte der Forderungen. Als Forderungsinhaber kann er beliebig über diese disponieren. Auch von Anwälten dürfte kein Widerspruch gegen den schnellen Vergleich erfolgen, denn dies senkt auch seine Arbeitsbelastung.

Die Zessionsklage ist auch nicht zufriedenstellend für die Geschädigten. Diese erhalten zwar eine Kompensation, doch stellt diese Zahlung regelmäßig nur einen Bruchteil des erlittenen Schadens dar.[820] Es ist anzunehmen, dass eine eigenständige Durchsetzung eine höhere Quote bewirken würde. Mangels alternativer eigener Durchsetzungsmöglichkeiten verbleibt ihnen derzeit aber nur diese Möglichkeit.[821]

Aus regulatorischer Sicht erzeugt die Zessionsklage nicht ausreichend Effekte. Weder wird eine ausreichende Kompensationsquote erreicht, noch erzeugt sie hinreichende Abschreckungseffekte. Beklagten wird signalisiert, dass sie sich durch einen schnellen Vergleich „freikaufen" können. Dies führt nicht zu einer Verhaltensänderung.

Erschwerend kommt hinzu, dass gewerbliche Zweckgesellschaften zunächst den vorgerichtlichen Vergleichsschluss ersuchen, um ihre Kosten zu minimieren. Dies führt dazu, dass die breite Öffentlichkeit noch nicht einmal über schädigendes Verhalten informiert wird.

---

818 Vgl. Vogel, S. 260.

819 Stadler, GPR 2013, 281, 290; vgl. OLG Schleswig, BeckRS 2022, 385 Rz. 44; vgl. Markworth, EuCML 2023, 89, 91 f.

820 Loritz/Wagner, WM 2007, 477, 480.

821 Rott, VuR 2018, 443, 446; fast schon ein Zwang, Kainer/Persch, WuW 2016, 2, 7; Fries, NJW 2021, 2537, 2540 f.; Petrasincu/Unseld, NJW 2022, 1200, 1201.

Massenhafte Zessionsklagen würden die Rechtsdurchsetzung auf eine gewerbliche Stufe befördern. Die Zweckgesellschaften und damit verbunden auch die Anwälte wären letztlich nur an Profitmaximierung interessiert. Eine Berücksichtigung von weiteren öffentlichen Interessen würde nicht erfolgen.

Nach der CDC Entscheidung des OLG Düsseldorf[822] sind die Anforderungen an die Initiierung einer Zessionsklage zunächst gestiegen. In diesem Verfahren wurde die Einleitung als sittenwidrig gem. § 138 BGB bewertet.[823] Der Zessionar, der Kläger im Verfahren, war mittellos.[824] Hierdurch wurde das Prozesskostenrisiko auf den Beklagten verlagert,[825] während die Zedenten, die Geschädigten, eine risikofreie Klagemöglichkeit hatten. Nach Bewertung des OLG Düsseldorf ist zumindest diese Konstruktion erschwert worden.[826] Die Überlegung, die Geschädigten wieder am Prozesskostenrisiko zu beteiligen,[827] lässt die rationale Apathie, welche erst ein solches Zessionsmodell notwendig gemacht hat, wieder auferstehen. Das Ziel, ein effektives Kollektivverfahren zu erreichen, wird somit verfehlt. Wenn das materielle Recht (in diesem Fall zu Recht) die kollektive Durchsetzung verhindert, ist eine andere prozessuale Lösung notwendig.[828]

II. Die Klagehäufung und Prozessverbindung

Auch die Klagehäufung stellt kein originäres Instrument des kollektiven Rechtsschutzes dar, vielmehr ist es eine Möglichkeit zur Koordinierung von anhängigen gleichartigen Verfahren.[829] In Deutschland kann dies durch eine subjektive

822 OLG Düsseldorf, NZKart 2015, 201.

823 OLG Düsseldorf, NZKart 2015, 201, 204 f.

824 Zur Sittenwidrigkeit bei der Inkassozession, Zivanic, ZJS 2016, 687, 691 f.

825 Zur Sicherung der Kostenerstattungsansprüche bei Zession detailliert, Hass, S. 126–128; vgl. OLG Düsseldorf, NZKart 2015, 201, Rz. 77 ff.

826 Aber wohl nicht beseitigt, Kainer/Persch, WuW 2016, 2, 7; aA, kein Recht nicht durch Mittellose verklagt zu werden, im Ergebnis aber der Entscheidung zustimmend, Halfmeier/Rott, VuR 2018, 243, 247.

827 Vgl. Hempel, NJW 2015, 2077, 2079; alternativ durch Zahlung einer Sicherheitsleistung der Zweckgesellschaft, Stadler, JZ 2015, 1138, 1144; Geschädigte als Quasi-Gesellschafter, Loritz/Wagner, WM 2007, 477, 480.

828 Koch, R., DZWIR 2016, 351, 352 f.

829 Wird zum Teil dennoch als Instrument für Massenverfahren bewertet, vgl. Walter, 11 Duke J. of Comp. & Int'l L. 369, 376 f. (2001); Streitgenossenschaft als „Grundmodell des kollektiven Rechtsschutzes“, DRB, BTA-WP 18/46, S. 29; aufgrund von Koordinierungsproblemen wurde die repräsentative Klage erst nötig, Cassone/Ramello, in: Backhaus et al. (2012), 101, 105.

Klagehäufung geschehen, alternativ kann eine gerichtliche Prozessverbindung erfolgen (§§ 59 ff., 147 ZPO).

Solche Mechanismen sind in den meisten Prozessordnungen verankert.[830] Grundsätzlich ist es notwendig, dass Gemeinsamkeiten zwischen den Verfahren bestehen, die eine gemeinsame Bearbeitung zweckdienlich machen.[831]

Im Grundsatz sind die Verfahren weiterhin individuell. Im deutschen Recht wirken die Handlungen der Streitgenossen nicht für oder gegen die Anderen (§ 61 ZPO). Die Effizienzvorteile, die sich ergeben können, sind daher begrenzt.

Die Prozessverbindung führt auch nicht zu einem anderen Ergebnis. Durch die Verbindung werden die Geschädigten dann zu Streitgenossen,[832] mit denselben Auswirkungen auf die Effizienz. Die Anreize der Beteiligten zur Klageerhebung werden nicht verändert. Die Kosten bleiben vergleichbar mit denen der individuellen Verfahren.[833] Das individuelle Kostenrisiko und die damit einhergehende Scheu vor dem Verfahren bleibt bestehen.[834]

Vielmehr werden bestehende Probleme durch die Verbindung potenziert. Die Koordinationsprobleme zwischen den Geschädigten werden nicht minimiert. Dies ist auch nicht vorgesehen, da die individuellen Verfahren bestehen bleiben.[835] Im „schlimmsten" Fall hat jeder Geschädigte seinen eigenen Anwalt. Es ist zu erwarten, dass bereits eine geringe Zahl von Geschädigten die (Gruppen-) Koordination unmöglich macht. Es erweist es sich als untauglich für Massen- und Streuschäden mit einer Vielzahl von Geschädigten.[836] Am Kapitalmarkt herrscht auch grundsätzlich eine Anonymität der Akteure vor, eine Koordination zwischen den Geschädigten vor der individuellen Klageerhebung dürfte die Ausnahme darstellen.[837]

Die prozessökonomischen Effekte bleiben gering.[838] Die positiven Effekte verschwinden, soweit „zu Viele" ihre prozessualen Rechte ausüben. Nicht zu

830 *Consolidation* in den USA; vgl. Hass, S. 261 f.; *joinder*, Zirngibl, S. 98; *multi-district litigation* stellt letztlich eine komplexe Verbindung dar, zum Verfahren, Hensler, 11 Duke J. of Comp. & Int'l L. 179, 185 f. (2001).

831 Hass, S. 10 f.

832 MüKo/ZPO\Fritsche, § 147 Rn. 9.

833 Höherer Streitwert führt aufgrund degressiver Gebührenstruktur zu verringerten Gebühren.

834 Koch, R., DZWIR 2016, 351, 353; Mengden, NZKart 2018, 398.

835 Zumindest in Deutschland.

836 Halfmeier/Rott/Feess, S. 82; BT-Drs. 15/5091, S. 13.

837 Vgl. Poelzig, S. 42.

838 Koch, R., DZWIR 2016, 351, 353.

unterschätzen sind die tatsächlichen Schwierigkeiten, sobald die Zahl der Kläger „zu hoch“ wird.[839]

Das Problem der fehlenden individuellen Klagebereitschaft bleibt bestehen. Die Bündelung erfolgt nur bei bereits eingeleiteten Verfahren. Hier ist es möglich, dass es zu vereinzelten Effizienzgewinnen kommt. Die Verfahrenseffizienz kann durch gemeinsame Beweisaufnahmen gesteigert werden.[840] Diese Bündelung löst aber nicht die geringe Klagebereitschaft, nur wenn diese überkommen wird, ist es möglich die regulatorischen Externalitäten zu erzeugen.

Bewertung

Klageverbindung und Klagehäufung stellen gerade keine Instrumente für Massen- und Streuschäden dar. Diese sind in der Struktur des Individualverfahrens verhaftet. Eine Bündelung erfolgt zur Steigerung der Verfahrensökonomie, diese sind aber keine genuinen Kollektivverfahren.[841]

Der größte Vorteil besteht darin, dass diese bereits in der ZPO verankert sind. Weitere Reformen wären nicht notwendig. Die inhärenten Probleme werden aber nicht beseitigt. So wurde beispielsweise das KapMuG gerade eingeführt, weil Zession und Klagehäufung keine effektiven Alternativen sind.[842] Generell wurden die modernen Kollektivverfahren eingeführt, nachdem sich die bestehenden Instrumente des Prozessrechts als nicht mehr wirkungsvoll erwiesen haben.[843]

Klageverbindung und -häufung sind darauf angewiesen, dass Geschädigte eigenständig klagen. Aufgrund der rationalen Apathie findet dies nur in den seltensten Fällen statt.[844] Es besteht weiterhin die Möglichkeit, dass verbundene Verfahren vom Gericht wieder getrennt werden, womit der kollektive Charakter endgültig beseitigt wird.[845]

---

839 Micklitz/Stadler, EBLR 2006, 1473, 1477; vgl. Zirngibl, S. 98 f.

840 BT-Drs. 15/5091, S. 13.

841 VZBV, BTA-WP 18/46, S. 99; Zivanic, ZJS 2016, 687, 697.

842 BT-Drs. 15/5091, S. 1.

843 *Class actions* wurden eingeführt nachdem der *joinder* nicht mehr praktikabel war, vgl. Woode Hutchinson, 1983 Sup. Ct. Rev. 459, 479; Poelzig, S. 43; auch das KapMuG, BT-Drs. 15/5091, S. 1; vgl. Vogel, S. 164.

844 Früh als Problem erkannt, Kalven/Rosenfield, 8 U. Chi. L. Rev. 684, 687 f. (1941); Zirngibl, S. 163.

845 Kessler, ZRP 2016, 2, 3.

Auch die Zession ist defizitär. Zu erwarten ist, dass die Durchsetzung nur noch im Interesse der Profitmaximierung erfolgt. Die Interessen der Geschädigten an einer umfassenden Kompensation und die öffentlichen Interessen werden hingegen nicht mehr berücksichtigt.[846] Angesichts dessen, dass regelmäßig der Inkassodienstleister die Partei im Rechtsstreit ist, ist dies auch folgerichtig. Da bei diesen Fällen die Geschädigten aber eigene Verträge mit dem Inkassodienstleister abschließen, welche die Kompensation im Vorfeld bereits regeln, lässt sich auch vertreten, dass eine darüberhinausgehende Berücksichtigung der Geschädigteninteressen nicht mehr notwendig ist.

Bedenken gegenüber den möglichen Interessenkonflikten zwischen den Inkassodienstleistern und den tatsächlichen Geschädigten wird entgegengetreten. Hinsichtlich des Interesses an einer höchstmöglichen Kompensation seien die Interessen des Dienstleisters und der Geschädigten gleichlaufend.[847] Ein darüberhinausgehender absoluter Interessengleichlauf sei dann nicht erforderlich. Soweit nur das Interesse an der Schadenskompensation ausschlaggebend sein soll, ist dies überzeugend. Dies berücksichtigt aber nicht Interesse nach möglicher Genugtuung oder auch die Erzeugung von Abschreckung zur Vermeidung von gleichgelagerter Wiederholung durch den Beklagten oder Anderen.

Soweit eine teilweise Schadenskompensation und der Zugang zum Recht als Ziel betrachtet wird ist das Sammelklagen-Inkasso als erfolgreich zu bewerten.[848] Sollte aber der regulatorische Effekt von Zivilverfahren als Ziel berücksichtigt werden ist der weitere Erfolg m. E. nicht ohne weitere zu bejahen. Soweit das Interesse an Schadenskompensation zu einem frühen Vergleichsschluss führt, könnte dies dem regulatorischen Ziel an Haftungskonkretisierung zuwiderlaufen.

Auch wird die tatsächliche Praktikabilität bei massenhaften geringen Streuschäden angezweifelt.[849] Erfolgreich sind diese Modelle, wenn sie einfach strukturierte Rechts- und Sachlagen verarbeiten.[850] Die Verbandseinziehungsklage

---

846 Ebenso, Nicolai/Wölber, ZRP 2018, 229, 230.

847 Vgl. Petrasincu/Unseld, NJW 2022, 1200, 1203 f.

848 Vgl. Markworth, EuCML 2023, 89, 95; BGH, NJW 2022, 3350, 3354 ff.

849 Hempel, NJW 2015, 2077, 2079; am Beispiel der Abtretungen an Verbände, Stuhr, BTA-WP 18/46, S. 19; andere Erfahrungen im Bereich der sogenannten Legal-Tech Anbieter wie z. B. flightright.de oder wenigermiete.de, vgl. Remmertz, ZRP 2019, 139; geringe Entlastung der Gerichte, Fries, NJW 2021, 2537.

850 Vgl. Röthemeyer, VuR 2019, 87, 89, 91; obwohl durch die technische Entwicklung eine „Ausbreitung“ in weitere Rechtsgebiete gut möglich ist, vgl. Markworth, EuCML 2023, 89, 96.

gilt aufgrund der organisatorischen Schwierigkeit in der Eigeneinschätzung auch als „praktisch bedeutungslos“.[851]

B. Kollektivvergleich

Der Kollektivvergleich ist vom regulären Prozessvergleich zu unterscheiden. Vergleiche, die eine kollektive Bindungswirkung haben, können auch in Gerichtsverfahren erscheinen, diese sind von der Zielsetzung nicht mit dem Kollektivvergleichsverfahren zu vergleichen. Hier ist das Ziel von Anfang an einen Vergleich zu erzielen, ein (Leistungs-) Urteil kann nicht im Verfahren erfolgen.

Die bekannteste Form des Kollektivvergleichs ist wohl das niederländische *Wet Collectieve Afwikkeling Massaschade* (WCAM). Das 2005 in Kraft getretene WCAM war eine Reaktion auf die Klagen der *diethylstilbestrol*[852] Geschädigten,[853] der Anwendungsbereich ist aber nicht beschränkt.[854] Es hat sich zu einem der erfolgreichsten Varianten von europäischen Kollektivverfahren entwickelt. Dieser Erfolg hat dazu geführt, dass auch andere Staaten versuchen ähnliche Modelle zu etablieren.[855]

I. Beteiligte und Verfahren

1. Beteiligte

Das WCAM ist zunächst anwendbar, soweit die Parteien einen niederländischen Sitz haben. Aber auch ausländische Parteien können das Verfahren nutzen. Geschädigte oder Beklagte können eine Vereinigung nach niederländischem Recht bilden, diese sind dann die Parteien im Vergleichsverfahren.[856] Diese Vereinigungen müssen keinen langen Bestand haben, zugelassen sind auch *ad-hoc* Vereinigungen zum Zweck der Rechtsverfolgung.[857] Diese Vereinigungen sind üblicherweise anwaltlich vertreten.

---

851 VZBV, BTA-WP 18/46, S. 99.

852 Synthetisches Östrogen, dass Schwangeren verabreicht wurde, als DES abgekürzt.

853 HENSLER, 79 Geo. Wash. L. Rev. (2011) 306, 312.

854 HALFMEIER/ROTT/FEESS, S. 106.

855 Zur Einführung von Kollektivvergleichen in GB siehe die Änderungen zum Consumer Rights Act 2015 (Schedule 8 Part 1 Section 11; Changes to the Competition Act 1998). Auch in Deutschland nach der Reform KapMuG.

856 Als eine der liberalsten Zuständigkeitsregeln, VAN BOOM/LOOS, WP 2008, S. 12; STADLER, in: VAN BOOM/WAGNER (2014), 197, 217.

857 STADLER, JZ 2015, 1138, 1147.

Die Mitglieder der Vereinigung müssen nicht aktiv in der Organisation mitwirken. Geschädigte können auch jederzeit aus der Vereinigung austreten.

2. *Verfahren*

Den Begriff Verfahren zu benutzen erscheint zunächst widersprüchlich, denn das WCAM ist von der Distanz zum formellen Verfahren geprägt.[858] Aber auch hier hat sich aufgrund der breiten Wirkung eine Verfahrensstruktur etabliert.

Die Parteien führen direkte Verhandlungen, üblicherweise durch Anwälte vertreten. Die Vergleichsverhandlungen sind nicht formalisiert. Über strittige Punkte erfolgt auch nicht automatisch die Beweisaufnahme, vielmehr können die Parteien dies selbst gestalten.

Soweit die Parteien einen Vergleich erreicht haben, wird dieser dem Handelsgericht in Amsterdam vorgelegt.[859] Dieses hat die alleinige Zuständigkeit für alle Kollektivvergleiche.[860] Das Gericht bewertet unter anderem die Höhe der Vergleichssumme,[861] prüft die Angemessenheit im Übrigen und erklärt den Vergleich für allgemein bindend.[862] Dies bedeutet, dass alle Geschädigten, auch diejenigen, die nicht Mitglied der Vereinigung waren, automatisch von der Bindungswirkung erfasst sind.[863] Wenn sie nicht erfasst werden wollen, so bleibt ihnen eine Frist von mindestens drei Monaten um auszutreten.[864] Dieses Modell stellt eines der wenigen Anwendungen des *opt-out* Prinzips in Europa dar.[865]

Um den Anspruch auf rechtliches Gehör der Geschädigten zu wahren, wurden umfangreiche Benachrichtigungspflichten etabliert, um ausreichend Austrittsmöglichkeiten zu gewährleisten.[866] Die weitreichende Bindungswirkung ist Folge dessen. Diese wird als angemessen erachtet, da zum einen das Gericht eine eigene Prüfung durchgeführt hat, und zum anderen ausreichende Fristen für den Austritt gewährleistet sind.

---

858 Explizit als „*not really a legal action*" bezeichnet, Micklitz/Stadler, EBLR 2006, 1473, 1491; „[...] *glorified alternative dispute resolution technique*", [...], Warren, 37 Brook J. Int'l L. 1075, 1098 (2012).

859 Micklitz/Stadler, EBLR 2006, 1473, 1491.

860 Vgl. Micklitz/Stadler, EBLR 2006, 1473, 1491.

861 Biard, S. 103.

862 Biard, S. 62, 80; Stadler, in: van Boom/Wagner (2014), 197, 219.

863 Biard, S. 62.

864 Für eine Kurzbeschreibung des Verfahrens, Jelsma/Cordewener, ILQ, Summer 2011, 13 f.

865 Jelsma/Cordewener, ILQ, Summer 2011, 13, 19.

866 Micklitz/Stadler, EBLR 2006, 1473, 1492.

II. Anreize

Durch die Zielsetzung des Vergleichs ergeben sich für die Parteien weite Verhandlungsspielräume. Bei einem Gerichtsverfahren existiert immer die Möglichkeit des vollständigen Sieges, dies mindert die Verhandlungsbereitschaft von optimistischen Geschädigten. Beim Kollektivvergleich ist ein Vergleich das Ziel. Beide Parteien sind dann dazu bereit von ihren Maximalforderungen abzuweichen.[867] Anekdotischer Berichterstattung zufolge ist auch das Verhandlungsklima angenehmer, wenn die Möglichkeit des vollständigen Obsiegens nicht mehr im Raum steht.[868]

Es muss auch berücksichtigt werden, dass die Kosten für das Gerichtsverfahren wegfallen.[869] Gerade bei größeren Massenverfahren können diese astronomische Höhen annehmen. Denn neben Gerichts- und Anwaltsgebühren kann eine aufwändige und kostspielige Beweisaufnahme erfolgen. Das Vergleichsverfahren gibt den Parteien größere Freiheit, auch bezüglich der Kosten. Die Transaktionskosten für die Parteien erscheinen hierbei niedriger als in einem Gerichtsverfahren.

Beklagte nennen die *opt-out* Ausgestaltung als attraktives Merkmal des WCAM.[870] Erfahrungsgemäß nutzt nur eine Minderheit der Geschädigten die Austrittsmöglichkeit.[871] Austretende wissen, dass sie dann eigenständig und auf eigene Kosten ein neues Verfahren anstreben müssen. Die zusätzlichen Kosten für ein eigenständiges Verfahren dürften mögliche Zuwächse regelmäßig übersteigen. Daher eignet sich der Vergleich um einen „globalen Frieden" zu erreichen.

Zusätzlich muss kein „Schuldeingeständnis" seitens des Schädigers abgegeben werden. Mangels (umfassender gerichtlicher) rechtlicher Würdigung erfolgt keine (rechtliche) Missbilligung, die Gefährdung der eigenen Reputation ist damit gemindert.

Das Verfahren hat geringe Hürden für Geschädigte. Die eigentliche Initiierung des Verfahrens erfolgt ohne große Kosten für sie. Die nachgelagerte

---

867 Kern/Uhlmann, ZEuP 2022, 849, 879.

868 Der Vergleich als Gegensatz zum „kämpferischen" Modell, Weiss/Beckerman, 104 Yale L. J. 2053, 2066 (1995); zur Kollusionsgefahr Hensler, 622 Annals AAPSS 7, 20 (2009).

869 Zum Aspekt der Kostenoptimierung durch einen Vergleich, Eidenmüller, JZ 2005, 216, 222.

870 Warren, 37 Brook. J. Int'l L. 1075, 1095 (2012).

871 Vgl. Willging et al., S. 52 f.

Angemessenheitsprüfung durch das Gericht senkt den Überwachungsaufwand hinsichtlich des Ergebnisses und der Überwachung der Anwälte.

Es werden zudem auch hohe Anreize für Anwälte gesetzt. Mangels formalisierter Struktur besteht keine Notwendigkeit von umfangreichen Schriftsätzen. Dies mindert die Arbeitsbelastung. Auch sind Beweisaufnahmen oder *discovery* Verfahren entbehrlich, wenn nicht durch die Parteien erwünscht.[872]

Das Verfahren findet darüber hinaus weitestgehend unter Ausschluss der Öffentlichkeit statt. Zwar führen Gerichte eine Angemessenheitsprüfung durch,[873] doch wird der Großteil der Verhandlungen außergerichtlich durchgeführt. Diese Distanz erlaubt „kreative" Lösungen hinsichtlich des Honorars. Nach anekdotischer Erzählung ist es (zumindest in den Niederlanden) möglich, ein höheres Honorar als in einem vergleichbaren Verfahren in den USA zu erlangen.[874]

Das Verfahren setzt auch Anreize für Gerichte und Staat. Indem „lediglich" eine Angemessenheitsprüfung vorgenommen wird, reduziert sich der Arbeitsaufwand für die Gerichte. Es ist weder eine (umfassende) rechtliche Prüfung noch eine tatsächliche Sachverhaltswürdigung vorzunehmen. Natürlich ist die Angemessenheitsprüfung, unter besonderer Berücksichtigung der Interessen der Geschädigten, immer noch eine umfangreiche und anspruchsvolle Aufgabe. Doch erzeugt sie, im Vergleich zu einem Gerichtsverfahren, in dem wechselseitige Schriftsätze ausgetauscht werden, eine umfassende Beweisaufnahme erfolgen kann und eine Hauptverhandlung organisiert werden muss, weniger Arbeit. Durch die Bündelung des Verfahrens in einem Gerichtsbezirk ist auch eine harmonisierte Rechtsanwendung zu erwarten.

Schließlich werden auch die Interessen des Staates berücksichtigt. Es erfolgt eine Kompensation der Geschädigten, bei der nur wenig staatliche Ressourcen in Anspruch genommen werden. Problematisch ist, dass die Vergleiche nur begrenzte Abschreckungswirkung erzeugen. Denn anderen potentiellen Schädigern wird nicht umfassend deutlich gemacht, welches Verhalten zur Kompensationspflicht führte.

---

872 Eine gerichtliche „Amtsermittlung" kann bei der Angemessenheitsprüfung dennoch erfolgen.

873 Das Handelsgericht Amsterdam für WCAM Vergleiche; in verminderten Umfang auch vergleichbar mit der Angemessenheitsprüfung durch ein OLG im Rahmen des KapMuG Vergleich.

874 Vgl. Hensler, 79 Geo. Wash. L. Rev. 306, 318 (2011).

Bewertung

Das (*opt-out*) Vergleichsverfahren erscheint ideal, um die Probleme der rationalen Apathie zu beseitigen. Durch die niedrigen Kosten werden Anreize zur Rechtsdurchsetzung gesetzt.[875] Die *opt-out* Gestaltung sichert darüber hinaus eine weitreichende Wirkung.[876]

Die hohe Akzeptanz des Verfahrens lässt sich vor allem auf die Resonanz der Beklagten und der Anwaltschaft zurückführen. Beklagten ist es durch den *opt-out* Globalvergleich einfach möglich einen Rechtsstreit final zu beenden.[877] Die Anwaltschaft kann ähnlich hohe Vergütungen erlangen wie in den USA,[878] teilweise sind diese sogar höher.[879] In den letzten Jahren wurden durch WCAM Vergleiche einige größere Komplexe abgeschlossen. Zu nennen sind insbesondere das Shell-Verfahren und das Dexia-Verfahren.[880] Das WCAM Verfahren scheint sich etabliert zu haben und wird als gleichwertige (europäische) Alternative zu amerikanischen Kollektivverfahren gewertet.[881] Insbesondere in Anlegerstreitigkeiten erfreut es sich Beliebtheit.[882] Es wurde bewusst als Vergleichsverfahren ausgestaltet, um (unter anderem) eine „klagefreudige" Gesellschaft zu vermeiden.[883] Als Vergleichsverfahren hat es auch die größte Ähnlichkeit zur Coase'schen Verhandlungslösung.[884]

---

875 Geringere Kosten in auf Vergleich angelegte Verfahren, Zirngibl, S. 29.

876 Sehen dadurch das WCAM als am vergleichbarsten mit der US *class action*, Feess/Halfmeier, 20 Eur. J. Fin. 361, 368 (2014); zur Erreichung des „globalen Friedens", Biard, S. 58.

877 Bedingt durch die Möglichkeit eine globale Bindungswirkung herzustellen obwohl nur eine Minderheit der Verletzten aus den Niederlanden kommt, Hensler, 79 Geo. Wash. L. Rev. (2011) 306, 319.

878 In den Niederlanden besteht ein restriktives Vergütungsrecht, „Aushebeln" ist durch Prozessfinanzierer möglich, mit Darstellung weiterer Jurisdiktionen Hensler, 79 Geo. Wash. L. Rev. (2011) 306, 320 ff.

879 Am Beispiel der *Shell* Verhandlungen im Rahmen eines WCAM Vergleichs die ca. 20 % an Beratungskosten verursachen gegenüber 10 % an Beratungskosten für Fälle mit ähnlichen Streitwerten in den USA, Hensler, 79 Geo. Wash. L. Rev. (2011) 306, 318 f.

880 Eine tabellarische Übersicht über ausgewählte Verfahren, Hensler, 79 Geo. Wash. L. Rev. (2011) 306, 313; sowie Biard, S. 60.

881 Palmisciano, 53 B. C. L. Rev. 1847, 1888 (2012).

882 Stadler, in: van Boom/Wagner (2014), 197, 206.

883 „*claimcultuur*", Micklitz/Stadler, EBLR 2006, 1473, 1492.

884 Vgl. zur Verhandlungslösung, Eidenmüller, S. 62.

Der Kollektivvergleich hat im Vergleich zum gerichtlichen Verfahren geringere Transaktionskosten.[885] Die Parteien können das Verfahren flexibel gestalten. Kosten für Beweiserhebung und Sachverständige können nach Bedarf erhoben werden.

Auch werden die Kosten für den Staat niedrig gehalten. Richterliche Aktivitäten sind erstmals während der Angemessenheitsprüfung notwendig. Ein informelles Vergleichsverfahren ließe sich auch etablieren, ohne dass es umfassender Reformen bedarf.

Defizitär sind die tatsächlichen Partizipationsmöglichkeiten der Geschädigten. Das Verfahren wird (zumindest beim WCAM) durch die initiierende Vereinigung getragen. Eine tatsächliche Partizipation der Geschädigten findet nur selten statt. Die Interessen der passiven Geschädigten werden durch die obligatorische Angemessenheitsprüfung des Gerichts berücksichtigt. Der *opt-out* Ansatz wird zum Teil kritisch bewertet.[886]

Jedoch erzeugt der Kollektivvergleich m. E. nicht die gewünschten regulatorischen Effekte. Problematisch ist bereits das Ergebnis als Vergleich. Mangels rechtlicher und inhaltlicher Aufarbeitung wird anderen Marktteilnehmern nicht verdeutlicht, welches konkrete Verhalten missbilligt wird. Die normkonkretisierende Funktion von Rechtsstreiten entfällt. Auch erhalten Geschädigte in vergleichbaren Sachverhalten keine Information über die Reichweite eigener Ansprüche. Mangels Würdigung findet keine Rechtsfortbildung statt, da nur eine eingeschränkte Angemessenheitsprüfung erfolgt.

Potentielle Schädiger haben immer die Möglichkeit, niedrigere Summen als den eigentlichen Schaden zu zahlen. Ein (amoralischer) rationaler Akteur könnte insoweit einkalkulieren, dass er einen Teil des rechtswidrigen Gewinns behalten kann. Dies erzeugt keine ausreichende abschreckende Wirkung.

Die Nutzung von Zweckgesellschaften erlaubt, dass Rechtsanwälte relativ unbewacht arbeiten können. Zwischen den Stiftungen und den beteiligten Kanzleien bestehen zum Teil personelle Verflechtungen.[887] Die *agency* Kosten werden dadurch nicht gesenkt.

Der Vergleich ist dennoch nicht pauschal abzulehnen. Dieser ist bereits Ausdruck der zivilprozessualen Dispositionsmaxime. Die meisten Kollektivverfahren kennen auch eine Form des Vergleiches. Jedoch sind Verfahren, die

---

885 Ausführlich zu Transaktionskosten eines Vergleichs, COOTER/RUBINFELD, 27 JEL 1067, 1076 (1989).

886 Ausführlich S. 229 f.

887 TILP/SCHIEFER, NZV 2017, 14, 18.

ausschließlich einen Vergleich als Ergebnis zulassen, nicht förderlich hinsichtlich der regulatorischen Zielsetzung.

Mittelfristig könnte ein solches Verfahren aber genutzt werden, um die Akzeptanz von Kollektivverfahren zu „testen", ohne dass weitreichende Änderungen der Zivilprozessordnung notwendig wären. Langfristig dürfte es aber nicht zu einer höheren Abschreckungswirkung führen und auch nicht die erwünschten regulatorischen Externalitäten erzeugen.

C. Repräsentative Verfahren

Repräsentative Verfahren sind solche, in denen ein Vertreter oder Repräsentant im Namen einer größeren Gruppe deren Interessen vertritt.[888] Die Geschädigten haben im Verfahren meist nur eine passive Rolle. *Class actions* sind wohl die bekannteste Form. Vor allem aufsehenerregende Prozesse in den USA[889] haben sie berühmt-berüchtigt gemacht. *Class actions* sind häufig auch die erste Assoziation, die Laien haben, wenn Kollektivverfahren angesprochen werden. Sie gelten als wirkungsmächtigstes und gleichzeitig umstrittenstes Instrument des kollektiven Rechtsschutzes.[890] Nicht nur dem Laien kommt diese Assoziation zur *class action*, reflexhaft beschäftigen sich auch große Teile der Literatur mit der Abgrenzung zur (US-geprägten) *class action*,[891] oder weisen sie gleich zurück.[892]

In seltenen Fällen wurden *class actions* in andere Jurisdiktionen übernommen. So beispielsweise mit der Einführung des schwedischen Gruppenverfahrens,[893] das 2003 eine *class action* als *opt-in* Verfahren eingeführt hat.[894] Eine vergleichbare *opt-in* Sammelklage wurde auch in Italien eingeführt.[895]

---

888 Hass, S. 264; so die *class action*, Hensler, 11 Duke J. of Comp. & Int'l L. 179, 182 (2001).

889 Für eine Auflistung medienträchtige Verfahren, Zirngibl, S. 14; von Jeinsen, IWRZ 2018, 51.

890 Halfmeier/Wimalasena, JZ 2012, 649.

891 Stadler, VuR 2011, 79; Micklitz/Stadler, EBLR 2006, 1473, 1481; Müller/Steinke, RuP 2016, 98.

892 Micklitz/Stadler, EBLR 2006, 1473, 1481; Walter, 11 Duke J. of Comp. & Int'l L. 369, 372 (2001); vgl. Kern/Uhlmann, ZEuP 2022, 849, 851.

893 *Lag om grupprätteglgung* Jelsma/Cordewener, ILQ, Summer 2011, 13, 18.

894 Lindblom, 622 AAPSS 231 (2009).

895 Togo, GRUR Int 2011, 132.

Um einen Überblick zu bieten, werden Akteure und Verfahren näher beleuchtet. Als Vergleichspunkt wird die US-amerikanische *securities class action* herangezogen. Anschließend erfolgt eine Bewertung über die Tauglichkeit als Regulierungsinstrument.

I. Geschichte der Class Action

Ursprünge der *class action* gehen auf *Equity* Entscheidungen im englischen Königreich zurück.[896] Ursprünglich wurden diese als Mittel der Effizienzsteigerung gesehen. Eine einfache Definition der *US class action* sieht sie als „effizientes Verfahren für Schäden, die bei einer Vielzahl von Verbrauchern auftritt, der individuelle Schaden aber nicht ausreichend ist, um eine individuelle Klageerhebung lohnenswert zu machen".[897] In den USA zuerst 1938 in die Zivilprozessordnung aufgenommen,[898] wurden sie vor allem in den 70ern zu einem Instrument der Bürgerrechtsbewegung.[899] Umstritten blieb weiterhin, ob die *class action* ein *joinder* (Verfahrensverbindung) ist oder ein repräsentatives Modell darstellt.[900]

Die *class action* wird heute insbesondere bei Massenverfahren in Produkthaftung- und kapitalmarktrechtlichen Fällen verwendet. Insbesondere wird sie bei Streuschäden eingesetzt.[901]

II. Verfahren

Um als Kläger in einer *securities class action* erfolgreich vorgehen zu können, müssen materiell- und prozessrechtliche Voraussetzungen erfüllt sein. Prozessrechtlich müssen *class actions* der Rule 23 der *Federal Rules of Civil Procedure* (FRCP) entsprechen, materiell-rechtlich der *SEC Rule 10b-5 of Title 17 of the*

---

896 Vgl. Yeazell, 77 Colum. L. Rev. 866, 870 (1977); Marcin, 23 Cath. U. L. Rev. 515, 519 (1974) erste Ansätze bereits im 14. Jahrhundert; Zirngibl, S. 17 ff.; Calabresi, in: Backhaus et al. (2012), S. 10, 12.

897 *„A class action is the efficient procedure for litigation of a case such as this, a case involving a defect that may have imposed costs on tens of thousands of consumers, yet not a cost to any one of them large enough to justify the expense of an individual suit"*, *Butler v. Sears,* 702 F.3d 796, 797 (7th Cir. 2013).

898 Cassone/Ramello, Eur J. Law Econ. (2011) 32:205–206.

899 Einen Überblick über verschiedene Verfahren, Issacharoff, 44 Loy. U. Chi. L. J. 369, 373–378 (2012); Calabresi, in: Backhaus et al. (2012), S. 10, 13.

900 Vertieft, Wood Hutchinson, 1983 Sup. Ct. Rev. 459 ff., 478 ff.

901 Zirngibl, S. 22.

Code of Federal Regulations, welche die Voraussetzungen des § 10 (b) des *Securities Exchange Act von 1934* (*Exchange Act*) konkretisiert.

Die US-amerikanische *class action* lässt sich grundsätzlich in drei Verfahrensstufen einteilen. Diese bestehen aus der *class certification*, dem Hauptverfahren und dem Abschluss des Verfahrens.

Im Rahmen der *class certification* untersucht das Prozessgericht, ob die Voraussetzungen vorliegen.[902] Dies ist die Weichenstellung für das weitere Verfahren. Das Gericht kann in diesem Stadium bereits die Reichweite beschränken, sowohl in personeller Hinsicht als auch hinsichtlich der streitigen Punkte. Zu beobachten ist, dass eine Vielzahl von Verfahren bereits nach einer *certification* verglichen werden. Dies sollte nicht verwundern, denn durch die positive *certification* hat sich das finanzielle Drohpotential realisiert.[903] Nur Beklagte die sicher sind, dass ihre Position in der Hauptverhandlung standhält, gehen das Risiko einer Niederlage ein. Der *certification* folgt das Hauptverfahren, welches größtenteils den Regeln des regulären Zivilverfahrens folgt.

Prozessrechtliche Voraussetzungen

Im Folgenden werden die Voraussetzungen der US *class action* nach Rule 23 (a) FRCP dargestellt. Diese sind aber auch repräsentativ für eine Reihe von Verfahrensformen in anderen Staaten.[904] Die Voraussetzungen sind: (1) Die *class* muss so zahlreich sein, dass ein reiner Zusammenschluss [*joinder*] nicht mehr praktikabel ist,[905] (2) es existieren gemeinsame faktische oder rechtliche Fragen für die Mitglieder der *class*, (3) die Behauptungen oder die Verteidigung der repräsentativen Partei sind typisch für die Behauptungen oder die Verteidigung der *class*; und (4) die repräsentative Partei wird die Interessen der *class* auf faire und angemessene Art und Weise wahren.[906] Diese Voraussetzungen sind kumulativ.[907]

---

902 Zirngibl, S. 60.

903 Zirngibl, S. 61.

904 So in England und Schweden, Micklitz/Stadler, EBLR 2006, 1473, 1489, 1493; zum schwedischen Verfahren, Lindblom, 622, AAPSS 231, 235 (2009); für Kanada, Bachmann, in: Basedow et al., 379, 385 ff., 396 ff.

905 Wohl ab 40 Geschädigten, Hass, S. 268; ebenso im belgischen Verfahren, Voet, EBOR 2015, 121, 129.

906 *(1) the class is so numerous that joinder of all members is impracticable; (2) there are questions of law or fact common to the class; (3) the claims or defenses of the representative parties are typical of the claims or defenses of the class; and (4) the representative parties will fairly and adequately protect the interests of the class.*

907 Hass, S. 264 f.

Die adäquate Vertretung gilt angesichts der Wahrung der Verfahrensrechte der passiven Geschädigten als eine der wichtigsten Voraussetzungen.[908] Soweit diese Voraussetzungen vorliegen, kann die Zertifizierung vorgenommen werden. Dann werden die Größe der *class* sowie die tatsächlichen Ansprüche definiert, ebenso wird der *class counsel* ernannt. Nach Abschluss der *certification* erfolgt die Benachrichtigung der Geschädigten.

Bei kleineren *classes* ist eine direkte Benachrichtigung durch das Gericht möglich, bei größeren erfolgt eine gesonderte Benachrichtigung.[909] Diese Benachrichtigung muss die „bestmöglichste [sein], die unter den konkreten Umständen noch praktikabel ist".[910] Sie muss über die Klageerhebung und deren Konsequenzen informieren. In Staaten mit *opt-in* Verfahren informiert die Benachrichtigung über die Einleitung und die Möglichkeit des Beitritts.[911]

III. Beteiligte

Bei den Beteiligten sind keine großen Veränderungen gegenüber anderen Verfahrensformen zu beobachten. Besonders zu erwähnen sind aber der *lead plaintiff* und der Klägeranwalt.

1. Kläger und Geschädigte

Bei *class actions* wird ein *lead plaintiff* bestimmt. Dieser „Hauptkläger" ist der nominelle Kläger, die Klage wird im Namen der gesamten *class* erhoben.[912] Die *class* sind alle potentiell Geschädigten. Diese Geschädigten müssen nicht Teilnehmer des Verfahrens sein,[913] müssen dem „Hauptkläger" keine Vollmacht erteilten[914] und sind teilweise noch nicht einmal namentlich bestimmt.[915] Sie unterliegen dennoch der Bindungswirkung des Urteils, bei Sieg erhalten sie „ihren" Anteil. Die Schadenshöhe wird anhand der *class* berechnet.[916] Bei einem

---

908 Vgl. Zirngibl, S. 38.

909 Weiss/Beckerman, 104 Yale L. J. 2053, 2108 (1995); Fiss, 53 Wash. & Lee. L. Rev. 21, 26 (1996).

910 Rule 23 (c) (2) (B): *[…] the best notice that is practicable under the circumstances, […].*

911 Lindblom, 622 AAPSS 231, 235 (2009).

912 Wood Hutchinson, 1983 Sup. Ct. Rev. 459, 460; Zirngibl, S. 16; Biard, S. 67.

913 Zur hybriden Stellung der *class*, Kalven/Rosenfield, 8 U. Chi. L. Rev. 684, 699 (1941); Zirngibl, S. 62.

914 Vgl. Bachmann, in: Basedow et al., 379, 381.

915 Vgl. BVerfG, NJW 2003, 2598; aber mindestens bestimmbar sein, Zirngibl, S. 16.

916 Vogel, S. 228.

Erfolgshonorar ist diese Gesamtzahl auch der Basiswert für die Vergütung des Rechtsbeistandes. Aus der Praxis ist es bekannt, insbesondere bei *low impact* Schäden, dass ein Großteil der *class* ihren Anteil nicht in Anspruch nimmt.[917]

Der *lead plaintiff* vertritt die übrige *class* als Repräsentant der Geschädigten.[918] Er ist dazu berufen, Organisation und Überwachung vorzunehmen. Die Besonderheit ist, dass er zunächst ungefragt und ohne Zustimmung die Klage im Namen der gesamten Geschädigtengemeinschaft gestalten kann.[919] Er wird zum Teil als *private attorney general* bewertet.[920]

In der Praxis hat er regelmäßig eine untergeordnete Rolle gegenüber dem Anwalt.[921] Aufgrund seines (üblicherweise) geringen Anteils besteht für ihn kein Anreiz, die Klage ordnungsgemäß zu überwachen. Nicht nur aus diesem Grund wurde durch die Reform des *class action fairness act* (CAFA) die Maßgabe eingeführt, dass *lead plaintiff* der Geschädigte mit dem größten Schaden sein soll. Erhofft wurde, dass dieser einen größeren Anreiz zur Überwachung hat.

Der *lead plaintiff* ist essentiell in der Konstruktion der *class action.*[922] Aufgrund der Unmöglichkeit, dass alle Geschädigten im Verfahren auftreten können, wird deren rechtliches Gehör durch den *lead plaintiff* wahrgenommen. Um dies sicherzustellen, ist daher eine der Voraussetzungen die *adequate representation.*

Die restlichen Geschädigten bleiben im Verfahren regelmäßig passiv. Sie haben die Möglichkeit aus der *class* auszutreten. Die Rolle des Beklagten hat keine Besonderheiten gegenüber anderen Verfahrensformen.

2. Anwälte

Der Klägeranwalt nimmt eine zentrale Rolle in der *class action* ein.[923] Nach Ansicht einiger ist er sogar die zentrale Figur, noch vor dem *lead plaintiff.* Dies ist dem (regelmäßig vereinbarten) Erfolgshonorar geschuldet. Dies hat zur Folge, dass der Anteil des Anwalts (in der Regel) höher als der höchste Schaden eines einzelnen Geschädigten ist.[924] Dies erklärt teilweise die zentrale Stellung des Klägeranwalts.

---

917 Zu Einzelheiten, S. 223 ff.

918 Feess/Halfmeier, 20 Eur. J. Fin. 361, 367 (2014); Hess, AG 2003, 113, 115.

919 Kalven/Rosenfield, 8 U. Chi. L. Rev. 684, 688, 691 (1941).

920 Poelzig, S. 70.

921 MwN, Alexander, 43 Stan. L. Rev. 497, 534 f. (1991); Zirngibl, S. 40.

922 Vertieft Woode Hutchinson, 1983 Sup. Ct. Rev. 459, 497 ff.

923 Woode Hutchinson, 1983 Sup. Ct. Rev. 459, 487.

924 Alexander, 43 Stan. L. Rev. 497, 535 f. (1991).

Daneben übernimmt der Klägeranwalt (im Falle eines Erfolgshonorars) auch als einziger ein Kostenrisiko.[925] Seine Aufwendungen stellen für ihn einen Verlust dar, soweit eine Niederlage eintritt. Daher sollte es nicht überraschen, dass er besonders im Verfahren involviert ist. Dies auch bereits im Stadium der Klageerhebung.

Nach Erzählungen halten spezialisierte Anlegerkanzleien ein „Portfolio" von potentiellen Geschädigten, um dann bei Kursabweichungen eine *class action* zu initiieren.[926] Diese *lead plaintiffs* hatten teilweise noch nicht einmal Kenntnis, dass in ihrem Namen (und der *class*) geklagt wurde, Organisation und Durchführung haben sie dann erst recht nicht übernommen.[927]

Bei dem Anwalt des Beklagten sind keine Besonderheiten gegenüber anderen Verfahrensformen zu erkennen. Diese werden üblicherweise durch ein zeitliches Honorar vergütet, in selteneren Fällen durch Fixhonorare.

3. *Gerichte*

Die Rolle der Gerichte ist stärker als im Individualverfahren. Ihnen kommt eine frühe *gatekeeper* Funktion zu. Bereits im Stadium der *certification* können sie ein Verfahren unterbinden. Auch beim Vergleich sind sie stärker involviert. Der Vergleich und die Kosten der anwaltlichen Vertretung werden besonders unter Berücksichtigung der Interessen der passiven Geschädigten überprüft.[928] Der Großteil des übrigen Verfahrens ist wie ein Individualverfahren ausgestaltet, so dass sich keine Besonderheiten ergeben.

Exkurs: Besonderheiten im US-Recht

Versionen der *class action* finden sich auch in anderen Jurisdiktionen. So haben beispielsweise Australien, Kanada, Indonesien, Israel, Portugal und Norwegen eine Variante implementiert.[929] In diesen Jurisdiktionen war diese aber nicht ebenso erfolgreich wie in den USA. Hensler sieht den Erfolg der *class action* als Folge des Erfolgshonorars und der Kostenverteilung, insbesondere deren

925 Die Geschädigten „verlieren" bei Niederlage nur einen nicht durchsetzbaren Anspruch.
926 Daher wurde eine Begrenzung eingeführt, dass Anleger nur in einer begrenzten Zahl von Fällen als Leitkläger auftreten können, Choi, 57 Vand. L. Rev. 1465, 1475 (2004).
927 Vgl. Choi, 57 Vand. L. Rev. 1465, 1474 (2004).
928 Choi, 57 Vand. L. Rev. 1465, 1474 (2004).
929 Hensler, 622 AAAPSS 7, 16 (2009).

Ausprägung in der US-amerikanischen Justiz.[930] Die *American rule* gilt als maßgeblicher Faktor der (relativ) hohen Klagequote.[931]

Zur Eindämmung der *class action* haben einige Unternehmen durch Satzungsänderungen die Möglichkeit des Regresses für Anwaltsgebühren bei (unberechtigten) Anlegerklagen eingeführt.[932] Die Besonderheiten des US-Rechts lassen die *class action* auch als „Waffe" gegenüber Beklagten wirken.[933] Neben den rechtlichen Besonderheiten wird der Erfolg auch durch den entwickelten Kapitalmarkt, der höhere Schäden verspricht, und dem hohen Aufkommen von spezialisierten Kanzleien gefördert.[934]

Besondere Regelungen bestehen sowohl im materiellen als auch im prozessualen Recht. Zu nennen sind: die *fraud on the market theory*, die *discovery*, die Kostenverteilung und *punitive damages*. Ein Unterschied liegt auch im *jury* Verfahren, durch nicht „vorhersehbare" Laienrichter.[935] Diese besonderen Elemente werden teilweise auch als attraktiv für ausländische Kläger bewertet,[936] die Zuständigkeit für rein ausländische Streitigkeiten wurde inzwischen zurückgefahren.[937] Diese besonderen Faktoren des US-amerikanischen Rechts werden teilweise als *toxic cocktail* bezeichnet. Nach Ansicht vieler sind sie die Grundlage für die Warnung vor „amerikanischen Verhältnissen".[938]

1. *Fraud on the market theory und reliance presumption*

Besonderheiten im materiellen Recht bestehen in der *fraud on the market theory* und der *reliance presumption*. Die *fraud on the market theory* ist eng mit der Hypothese über effiziente Kapitalmärkte verknüpft, nach dieser sind

930 Hensler, 79 Geo. Wash. L. Rev. 306, 309 (2011).

931 Halfmeier/Rott/Feess, S. 80.

932 Zur Zulässigkeit von solchen Satzungsänderungen in Delaware, Morgenson, NYT v. 26.10.2014.

933 Zur „Bewaffnung der Kläger" in den USA, Reimann, Bitburger 2008, 105, 140; „schwächere Position des Beklagten", BVerfG, NJW 2007, 3709, 3710.

934 Choi, 57 Vand. L. Rev. 1465, 1467 (2004).

935 Cooper, 11 Duke J. of Comp. & Int'l L. 215, 228 (2001); Poelzig, S. 71; Zirngibl, S. 107.

936 Vgl. Grace, 15 J. of Transnat'l Pol'y 281, 303 (2006).

937 *Morrison v. National Bank of Australia* 561 U. S. 247; siehe auch S. 26.

938 Ausdruck der privaten Durchsetzung, Poelzig, S. 53; *„plaintiff-friendly"*, Armour et al., 6 J. Emp. Leg. Stud. 687, 696 (2009).

alle verfügbaren Informationen im Preis des Wertpapiers enthalten.[939] Falsche Angaben führen zu einem Betrug zu Lasten des gesamten Kapitalmarktes, da dieser über den wahren Preis getäuscht wird. In den USA wurde die *fraud on the market theory* in *Basic v. Levinson*[940] in das anwendbare Recht eingeführt und zuletzt durch *Halliburton II* (trotz heftiger Kritik aus Wissenschaft[941] und Wirtschaft[942]) wieder bestätigt.[943] Aufgrund der Theorie erwächst die (widerlegbare) Vermutung, dass das Wertpapier zum „falschen" Wert erworben wurde und somit ein Vermögensschaden entsteht, auch dann, wenn der Anleger die falsche Aussage nicht kannte.[944]

Diese Vermutung (*reliance presumption)* ist nur unter strengen Vorgaben zu widerlegen und erfolgt nur selten.[945] Durch diese Vermutung muss nicht für jeden Geschädigten einzeln dargelegt werden, dass dieser auf den Preis vertraute. Ohne diese Vermutung wäre die *securities class action* nicht im gleichen Maße erfolgreich.[946] Der Aufwand bezüglich individueller Schadensdarlegung würde immens steigen. Daneben werden in den USA auch geringere Anforderungen an die Substantiierung der Klage gestellt.[947]

In Deutschland wird die *fraud on the market theory* von der Rechtsprechung abgelehnt, trotz einiger Befürworter in der Literatur.[948] Der zugrunde liegende

---

939 *Basic Inc. v. Levinson,* 485 U. S. 224, 246 (1988); vgl. Alexander, 48 Stan. L. Rev. 1487, 1490 f. (1996).

940 *Basic Inc. v. Levinson,* 485 U. S. 224, 241 ff. (1988)

941 Mit einem Überblick der Kritik an den ökonomischen Annahmen der *fraud on the market* Theorie, Kline, 48 Loy. L.A. L. Rev. 557, 563–570 (2014).

942 *Amici curiae briefs* ergingen unter anderem durch die *Chamber of Commerce* (größter Interessenverband in den USA, ca. 300.000 Mitglieder) und die *National Association of Manufacturers, Vivendi S.A. und Amgen Inc.* teilten ihre Ablehnung in individuellen *briefs* vor; eine Auflistung aller eingereichten *briefs* unter http://www.scotusblog.com/case-files/cases/halliburton-co-v-erica-p-john-fund-inc/ [letzter Abruf: 08.06.2020].

943 *Halliburton Co. v. Erica P. John Fund, Inc.,* 573 U. S. _____ (2014).

944 *Basic Inc. v. Levinson,* 485 U. S. 224, 241, 247 (1988); vgl. Ulen, in: Backhaus et al. (2012), S. 75, 88 f.

945 Vgl. Weiss/Beckerman, 104 Yale L. J. 2053, 2077 (1994–1995).

946 Die individuelle Darlegung wird als *„unrealistic evidentiary burden"* bezeichnet, *Basic Inc. v. Levinson,* 485 U. S. 224, 245 (1988); Hess, AG 2003, 113, 116.

947 von Jeinsen, IWRZ 2018, 51, 52.

948 Zusammenfassend Hopt, WM 2009, 1873, 1878 mwN, Fn. 68; Hopt, WM 2013, 101, 108; Ähnlichkeiten im deutschen Recht, Feess/Halfmeier, 20 Eur. J. Fin. 361, 365 (2014).

Ansatz, das Vertrauen in die Funktionsfähigkeit der Institution des Kapitalmarktes, ist aber auch hierzulande präsent.

2. *Beweisführung und discovery Verfahren*

Die *discovery* gilt als weiteres Merkmal, welches das *private enforcement* in den USA befördert, indem es Informationsasymmetrien zwischen den Parteien minimiert.[949] Beklagte können zur Herausgabe von Unterlagen und anderen Dokumenten verpflichtet werden.[950] Die Anspruchsbegründung wird dadurch erleichtert,[951] für den Beklagten ist es hingegen mit Kosten und zeitlichem Aufwand verbunden.[952]

Zum Teil wird vertreten, dass in Deutschland die aufsichtsrechtlichen Dokumentationspflichten, verbunden mit Vermutungsregeln zugunsten von Klägern, zu einem vergleichbaren Ergebnis wie ein *discovery* Verfahren führen.[953] Danach sei die Dokumentationspflicht eine Erleichterung für den Kläger, durch die vorhandene Dokumentation des Beklagten könne der Kläger seinen Anspruch erst begründen. Im Ergebnis sei dies vergleichbar mit der *discovery*, bei der Geschädigte anspruchsbegründende Informationen von Beklagten herausfordern kann. Richtig ist aber, dass aufgrund der Prinzipien des deutschen Zivilverfahrens den Beklagten eine ähnlich extensive Ausforschung nicht droht.[954]

3. *Kostenverteilung und Anschubfinanzierung*

Die *American rule* trägt zum Reiz der *class action* bei. In anderen Jurisdiktionen setzt das *loser pays* Prinzip eine Abschreckung gegen wenig aussichtsreiche Klagen. In den USA trägt (grundsätzlich) jede Partei ihre eigenen Kosten ungeachtet des Verfahrensausganges. Durch diese Regelung können Geschädigte ihr Kostenrisiko minimieren.

Erfolgshonorare tragen weiterhin dazu bei, das Risiko zu mindern. Mit Erfolgshonoraren ist eine Durchsetzung ohne Aufwendungen der Geschädigten

---

949 MwN Poelzig, S. 70; als „die Hosen runterlassen“, Meller-Hannich, BTA-WP 18/46, S. 22; „klägerfreundlich“, Maume, ZHR 2016, 358, 368.

950 von Jeinsen, IWRZ 2018, 51, 52.

951 Vgl. BVerfG, NJW 2007, 3709, 3710.

952 Poelzig, S. 71; Bussian/Schmidt, CFL 2012, 37, 38; von Jeinsen, IWRZ 2018, 51, 52.

953 Bussian/Schmidt, CFL 2012, 37, 45.

954 Reimann, Bitburger 2008, 105, 133, 134; Tilp/Schiefer, NZV 2017, 14, 18; auch Art. 18 Verbandsklagerichtlinie 2020/1828 unterstellt eine Offenbarung des Beklagten den nationalen Beweisregeln.

möglich. Der Rechtsanwalt erbringt alle Leistungen gegenüber seinen Mandanten kostenfrei. Zusätzlich befördert werden Erfolgshonoraren durch die geringe Arbeitsbelastung in frühen Verfahrensstadien, die Arbeitsbelastung steigt erst mit laufender Dauer.[955] Dies erlaubt unternehmerischen Anwälten die Maximierung des Honorars.

Diese beiden Elemente erleichtern die Klageeinreichung für Geschädigte. Andere Jurisdiktionen erlauben eine solch weitreichende Möglichkeit ohne Aufnahme eigener Risiken nicht. Diese Elemente werden unter anderem als Ursache der *litigious society* und für die breite Anwendung der *class action* in den USA angesehen.

4. *Punitive damages*

Reflexartig ertönt der Ruf, dass *punitive damages* keinen Eingang in das deutsche System finden dürfen.[956] Diese sind eine Form des Strafschadensersatzes in den USA. In gewissen Fällen wird bei besonderer Rücksichtlosigkeit oder vorsätzlichem Handeln der Schädiger neben der Kompensation ein zusätzlicher Ersatz für immaterielle Schäden ausgesprochen. Dies hat ausdrücklich die Funktion als „Strafe" des Schädigers und soll eine höhere Normeinhaltung erzeugen.[957] Daneben dient sie als eine Art „Kopfgeld" zur Förderung der Rechtsverfolgung.[958] Verwandt damit sind *treble damages* im Kartellrecht. Hier wird zur Abschreckungserhöhung der Schadensersatz verdreifacht.

Insbesondere medial werden *punitive damages* rezipiert. Dies ist nicht verwunderlich, denn sie können teilweise astronomische Summen annehmen. So sind Zahlungen im dreistelligen Millionenbereich keine Seltenheit. Doch in der Berichterstattung wird nicht ausreichend über die Kürzungen in der nächsten Instanz berichtet.[959] Seit dem Urteil in *BMW v. Gore* sollen *punitive damages* in einem angemessenen Verhältnis zum tatsächlichen Schaden stehen.[960] Die

---

955 Zirngibl, S. 42.

956 Siehe Schwab nach Mauske, VuR 2013, 157, 158; Deutlmoser, EuZW 2013, 652, 655.

957 Calabresi/Schwartz, 32 Eur. J. Law Econ. 169, 180 f. (2011); Poelzig, S. 63–65; Bussian/Schmidt, CFL 2012, 37, 38; Calabresi, in: Backhaus et al. (2012), S. 10, 21.

958 Calabresi/Schwartz, 32 Eur. J. Law Econ. 169, 179 (2011); fordert eine Belohnung für private Normdurchsetzung, Poelzig, S. 436 f.

959 von Jeinsen, IWRZ 2018, 51, 52.

960 10:1 wohl noch angemessen, *BMW v. Gore*, 517 U. S. 559, 581 (1996).

tatsächlich gezahlten Summen sind daher um einiges geringer als der mögliche Spruch einer *jury* in der ersten Instanz.

Punitive damages sind eine Besonderheit in den USA. In Deutschland werden sie nicht verwendet und es sind auch keinerlei Bestrebungen bekannt, die eine Einführung fordern.[961] Das Prinzip des Schmerzensgeldes gem. § 253 BGB ist noch am ehesten damit vergleichbar. Der Anwendungsbereich aber ist begrenzt und stellt auch nur einen Bruchteil der in den USA zugesprochenen Summen dar. Im Rahmen eines deutschen Kollektivverfahrens sollte keine Anwendungsmöglichkeit dafür bestehen.

5. *Toxic cocktail*

Zusammengefasst gelten diese Elemente als sogenannter *toxic cocktail*, der „giftigen Mischung“, die die US *class action* zum „gefährlichen“ Instrument machen. Wie hier dargelegt, sind diese Elemente aber Besonderheiten des US-Rechts.[962]

Eine Implementierung von Kollektivverfahren bedingt nicht die automatische Übernahme der Zutaten des *toxic cocktail*.[963] Verschiedene Staaten haben Instrumente ähnlich zur *class action* eingeführt, ohne dass ein Kollaps des Rechtssystems erfolgte. Die gesonderte Aufzählung an dieser Stelle dient nur zur Illustration dieses Problemgebietes und zur Klarstellung.

Bewertung

Das Konzept, dass ein „Leitkläger“ als Vertreter/Repräsentant die Interessen einer verstreuten Geschädigtengemeinschaft vertritt, ist gerade mit Blick auf Streuschäden zu begrüßen.[964] Die Klage bleibt unter Aspekten der inneren Organisationsfähigkeit durchführbar. Das *private enforcement* durch die *class action* kann, soweit klägerbegünstigende Anreize gesetzt werden, als Mittel genutzt werden, um die Regulierungsziele zu verwirklichen.[965] Die *class action* erhöht den Anreiz zur Klage und wahrt dabei die weitreichende Kompensation.[966]

---

961 Soll explizit nicht Teil von europ. Kollektivverfahren werden, Empfehlung der Kommission 2013/396/EU, Nr. 31; generell keine Verbreitung in *civil law* Ländern, Calabresi, in: Backhaus et al. (2012), S. 10, 12.

962 Pointiert zur „Standardkritik der amerikanischen Verhältnisse“, Koch, JZ 2011, 438, 444.

963 Vgl. Halfmeier/Rott/Feess, S. 10.

964 Vgl. Hass, S. 273.

965 Murdock, 91 Denv. U. L. Rev. 369, 380, 386 (2014).

966 Kalven/Rosenfield, 8 U. Chi. L. Rev. 684, 692 (1941).

Eine *opt-out* Ausgestaltung erlaubt die einfachste Möglichkeit der Teilnahme für die Geschädigten. Auch müssen sie sich nicht in die Organisation einbringen, der *lead plaintiff* agiert als ihr Vertreter und wirkt in ihrem Interesse. Dies erscheint optimal, um eine Durchsetzung für rational apathische Geschädigte zu erreichen. Dadurch erhöht sich auch die Abschreckungswirkung, die regulatorische Wirkung wird gefördert. Eine *opt-out* Ausgestaltung ist aber nicht zwingend für eine *class action*, so wurden auch *class actions* mit einem *opt-in* Mechanismus eingeführt.[967]

Dies stellt lediglich das theoretische Idealmodell dar. Erfahrungen aus den USA zeigen, dass die *class action* häufig nur zur Profitmaximierung der Anwälte dient, diese nehmen auch die zentrale Rolle im Verfahren ein.[968] Die tatsächlichen Vorteile werden dadurch wieder eingeschränkt. Die hohe Anzahl von missbräuchlichen Klagen und Vergleichen steht regulatorischen Externalitäten im Weg.[969]

Dies könnte nur Folge der Besonderheiten der USA sein. Eine Einführung, die nicht vom *toxic cocktail* betroffen ist, könnte die Vorteile beibehalten. Die *class action* ist in den USA institutionell anders einzuordnen als vergleichbare Verfahren in anderen Staaten.[970]

Die Passivität des *lead plaintiffs* stellt dabei ein grundsätzliches Problem dar. Unter dem Aspekt des rechtlichen Gehörs ist es zweifelhaft, ob diese Konstruktion in Deutschland Einzug finden kann. Damit sichergestellt ist, dass der *lead plaintiff* als adäquater Repräsentant das rechtliche Gehör der *class* wahrnimmt, müssten diesen auch weitreichende Verpflichtungen auferlegt werden.

Fraglich ist, wie dies hergestellt werden soll. Jegliche Möglichkeiten der Sanktion oder der finanziellen Haftung senkt die Bereitschaft als *lead plaintiff* zu wirken. Damit sinkt auch der Anreiz zur Einreichung einer Klage, die Erzeugung von positiven Externalitäten wird vereitelt.

D. Die Musterklage

Die Musterklage ist kein neues Instrument, die Idee von Präzedenzurteilen fußt auf der gleichen Konzeption. Indem eine Rechts- oder Tatsachenfrage verbindlich

---

967 Feess/Halfmeier, 20 Eur. J. Fin. 361, 369 (2014).

968 Vogel, S. 231 f.

969 AA Kalven/Rosenfield, 8 U. Chi. L. Rev. 684, 691 (1941).

970 Vgl. Choi/Silberman, 2009 Wis. L. Rev. 465, 488; vertieft unter Berücksichtigung der polit. Struktur, Luther, in: Backhaus et al. (2012), S. 306, 309 f.

entschieden wird, lässt sich die Arbeitsbelastung anderer Gerichte, die an gleichgelagerten Sachverhalten arbeiten, verringern.[971] Im Musterverfahren werden einzelne rechtliche oder tatsächliche Fragen losgelöst und unabhängig von einer weiteren Instanz bewertet, so beispielsweise im deutschen KapMuG[972] oder im schweizerischen Musterverfahren.[973]

Kläger und Beklagte der ursprünglichen Verfahren sind in gleichbleibenden Funktionen weiterhin vertreten. Die ursprüngliche *inter partes* Wirkung wird teilweise aufgehoben, so kommt es zu einer (beschränkten) Bindung des Urteils gegenüber anderen. Dennoch stellt die Musterklage keine Sammelklage im originären Sinn dar.[974]

Deutschlands erster (größerer) Versuch Kollektivverfahren einzuführen, bestand im Kapitalanleger-Musterverfahrensgesetz (KapMuG) von 2005.[975] Hintergrund des Gesetzes waren die Anlegerklagen gegen die *Deutsche Telekom AG* wegen (angeblich) fehlerhafter Prospekte.[976] Ausschließliche Zuständigkeit für diese Klagen hatte die 17. Handelskammer des Landgerichts Frankfurt, besetzt mit einem Einzelrichter.[977] Es waren mehrere tausend Klagen anhängig, in denen immer die gleiche Pflichtverletzung gerügt wurde.[978] Verständlicherweise war das Gericht durch die Masse überlastet.[979] Es hat schließlich vorgeschlagen,

---

971 In verschiedenen Jurisdiktionen verbreitet, BIARD, S. 96; zum nicht geregelten Verfahren der Musterprozessabrede, VOGEL, S. 151 ff.; zu englischen *test* und *lead cases*, HASS, S. 289 ff.

972 Ähnlich in der *Group Litigation Order*, vgl. REUSCHLE, WM 2004, 966, 971; mwN KOCH, JZ 2011, 438, 441.

973 WALTER, 11 Duke J. of Comp. & Int'l L. 369, 374 (2001).

974 „manche Züge einer *class action*", REIMANN, Bitburger 2008, 105, 114; „Popularklage in weiterem Sinne", TAMM, EuZW 2009, 439, 440.

975 So MÖLLERS/PUHLE, NZG 2008, 579, 582; erster Schritt zur *class action* GRUNEWALD/SCHLITT § 1 V 6; „juristisches Neuland", POELZIG, S. 234.

976 TILP, in: FS Krämer, 331–343; BGH, AG 2017, 424, 425.

977 JAHN, ZIP 2008, 1314, 1315; DUVE/PFITZNER, BB 05, 673.

978 Zu diesem Punkt sind widersprüchliche Zahlen im Umlauf; ca. 15.000 Anleger, MÖLLERS/WEICHERT, NJW 2005, 2737, sowie der Bundestag, BT-Drs. 15/5091, 27; ca. 17.000 Klägern vertreten von 900 Kanzleien, TILP, in: FS Krämer, 331, 332; ebenso JAHN, ZIP 2008, 1314; ca. 2.650 Klagen von ca. 17.000 Klägern, KK-KapMuG\HESS, § 1 Rn. 19.

979 Die Zahl der Akten entsprachen nach Eigenangaben dem durchschnittlichen Arbeitspensum eines Richters von 10 Jahren LG FRANKFURT, PM 08.06.2004, 1; keine Möglichkeit der Bewältigung der „Klageflut" MELLER-HANNICH, ZBB 2011, 180; „faktischer Kollaps", TAMM, ZHR 2010, 525, 530.

ein „Pilotverfahren“ zu führen, in dem über die gleichgelagerten rechtlichen und materiellen Fragen entschieden wird.[980] Als weitere Entwicklung wurde schließlich das KapMuG eingeführt.[981] Bei Einführung wurde dieses als „Experimentiergesetz“ konzipiert und mit einem Auslaufdatum zum 01.11.2012 (inkl. einer einmaligen Verlängerung) versehen. Nunmehr läuft die Verlängerung nach § 28 KapMuG zunächst bis zum 31.12.2023.

Motive der Einführung waren: die Stärkung des materiellen Rechts, Verbesserung der prozessualen Stellung der Anleger sowie Durchsetzung des Marktordnungsrechts[982] durch Erleichterung der Durchsetzung.[983] Bemerkenswert ist, dass die Regulierungseffekte von zivilprozessualen Klagen in der Gesetzesbegründung ausdrücklich anerkannt wurden. Als Vorbild sollten nicht bekannte und bewährte Verfahren dienen. Das KapMuG sollte ein Eigengewächs unter Berücksichtigung der deutschen Rechtstraditionen werden,[984] ohne die Nachteile der *class action* einzuführen.[985]

Die Entstehungsgeschichte des Gesetzes verdeutlicht das angespannte Verhältnis Deutschlands zu Kollektivverfahren. Andere Länder nahmen mit unterschiedlichen Argumenten selbstständig Kollektivverfahren auf. In Deutschland kam es erst zu diesem Schritt, als die Grenzen des traditionellen Zwei-Parteien Verfahrens offensichtlich wurden.[986] Hier bedurfte es erst eines externen Impulses[987] um Reformen einzuleiten.[988] Primäres Ziel des KapMuG war weder die Überwindung der rationalen Apathie noch eine Steigerung der Klägeranreize; vielmehr wurde es aus prozessökonomischen Gründen, zur Vorbeugung des gerichtlichen Stillstandes, eingeführt.[989]

---

980 Das Gericht sah deutsche Prozessrecht als nicht vorbereitet an und forderte Reformen, LG Frankfurt PM 08.06.2004, 1, 2, 4; beschreibt den Versuch der Pilotverfahren, Tilp, in: FS Krämer, 331, 345–347.

981 Vgl. Baetge, 622 Annals AAPSS, 125, 127 (2009).

982 „ordnungspolitische Steuerungsfunktion kapitalmarktrechtlicher Haftungsnormen“, Meller-Hannich, ZBB 2011, 180, 182; Poelzig, S. 235.

983 RegE BT-Drs. 15/5091 S. 13; Bergmeister, S. 19.

984 BT-Drs. 15/5091, S. 17.

985 Feess/Halfmeier, 20 Eur. J. Fin. 361, 362 (2014).

986 Kuhr, SZ v. 24.04.2012, S. 25; ähnliche Entwicklung lässt sich auch in der Einführung der belgischen *class action* beobachten, Voet, EBOR 2015, 121, 122; aA Halfmeier/Rott/Feess, S. 12.

987 Als „historische Zufälligkeit“, Halfmeier, Stellungnahme, S. 2.

988 Micklitz/Stadler, EBLR 2006, 1473, 1475.

989 Es bestanden bereits Anreize für eine Vielzahl von individuellen Klagen, Stadler, JZ 2009, 121, 122.

Die Idee des Musterverfahrens ist jedoch nicht neu im deutschen Recht. Bereits in der Verwaltungsgerichtsordnung besteht eine Grundlage in § 93a VwGO.[990] Auch wurden Musterprozessvereinbarungen (zwar nicht gesetzlich normiert) regelmäßig angewendet.[991] Dennoch ist das KapMuG als neuartiges Zivilverfahren zu bewerten.

Während frühere Modelle lediglich im Einzelfalle eine Bindungswirkung über die Parteien hinaus versuchten,[992] stellt das KapMuG den ersten systematischen Versuch dar. Im Gegensatz zu informellen Verfahren stellt es einen verbindlichen Rahmen dar.[993] Diese Bindungswirkung müssen die Parteien hinnehmen.[994] Hierdurch sollten die Verfahrenskosten gemindert und -effizienz gesteigert werden.[995]

Im Folgenden wird das Musterverfahren anhand des KapMuG erläutert. Es wird dabei deutlich werden, dass der individualistische Zivilprozess das Leitmotiv bleibt.[996] Das Musterverfahren iSd KapMuG dient nicht unmittelbar der Schadensdurchsetzung. Die Klärung von gemeinsamen Rechts- oder Tatsachenfragen steht im Fokus.[997]

---

990 Eine Darstellung des verwaltungsrechtlichen Musterverfahrens, Hopt/Baetge, in: Basedow et al., 11, 57–59; BT-Drs. 15/5091, S. 14.

991 Soweit eine Vereinbarung bestand, Hopt/Baetge, in: Basedow et al., 11, 56, 57; Zirngibl, S. 136.

992 Zu den Unzulänglichkeiten der Verbindung und der Streitgenossenschaft, vgl. Baetge 622 AAPSS, 125, 128 (2009); kritisch zur Qualifikation als kollektive Rechtsbehelfe, Hess, JZ 2011, 66.

993 Stadler, EBLR 2013, 731, 736.

994 Vgl. Koch, JZ 2011, 438, 442.

995 Baetge, 622 AAPSS, 125, 129 (2009); KapMuG zur Lösung von bestehenden Defiziten, Meller-Hannich, ZBB 2011, 180, 182.

996 Teilweise wird das KapMuG als Türöffner für kollektiven Rechtsschutz in Deutschland gesehen, Möllers/Puhle, NZG 2008, 579, 582; nach aA ist es lediglich eine Popularklage im weiteren Sinne, Tamm, EuZW 2009, 439, 440; kein echtes Instrument des kollektiven Rechtsschutz Möllers/Pregler, ZHR 2012, 144, 170; „partielle Kollektivierung", Haar, EBOR 2014, 83, 101.

997 Haar, EBOR 2014, 83, 98; obwohl die geringen Anreize für Kläger bei Streuschäden bei der Einführung des KapMuG auch berücksichtigt wurden, Meller-Hannich, ZBB 2011, 180.

Verfahren des KapMuG

Das gesamte Verfahren ist in drei Phasen unterteilt;[998] zunächst wird eine Musterklage vom Landgericht ausgewählt und zum Oberlandesgericht verwiesen. Nach Annahme entscheidet das OLG über die vorgelegten Musterfragen, ohne aber eine Sachentscheidung für die individuellen Verfahren zu treffen. Im Anschluss darauf werden die übrigen rechtshängigen Klagen durch die Landgerichte beurteilt, dabei wird auf den Musterentscheid Bezug genommen.[999] Das Musterverfahren baut darauf auf, dass Kapitalanlegerklagen häufig die gleichen Rechts- bzw. Sachfragen zugrunde liegen.[1000] Durch das Musterverfahren können diese Fragen dann verbindlich für eine Vielzahl von Anlegern geklärt werden, die Klärung dieser Fragen durch verschiedene Prozessgerichte entfällt.

1. Voraussetzungen

Der Anwendungsbereich des KapMuG beschränkt sich nach § 1 Abs. 1 KapMuG auf Schadensersatzansprüche wegen falscher, irreführender oder unterlassener öffentlicher Kapitalmarktinformationen sowie auf Erfüllungsansprüche aus Vertrag nach dem WpÜG.[1001] Ausgeschlossen waren Ansprüche aus fehlerhafter Anlageberatung und -vermittlung, weil hier die Haftung aus individuellen Beratungsfehlern rührt.[1002] Durch den Gleichlauf von § 1 Abs. 1 KapMuG und § 32b Abs. 1 ZPO wird ein ausschließlicher Gerichtsstand begründet.[1003] Eine weitere örtliche Konzentration ist durch die Länder möglich.[1004] So kann sichergestellt werden, dass es zu einer Verfahrenskonzentration in derselben Streitsache kommt.[1005]

---

998 Grafische Darstellung des Verfahrens, Tilp, in: FS Krämer, 331, 348 f.

999 Kurzdarstellung, Baetge, 622 AAPSS, 125, 129 (2009).

1000 Hess, JZ 2011, 66, 69.

1001 Begrenzung als „historische Zufälligkeit", Halfmeier, BTA-WP 18/46, S. 49; begrenzt den praktischen Nutzen, Bussian/Schmidt, CFL 2012, 37, 38; vertieft zum Anwendungsbereich, BGH, Beschl. v. 04.12.2008 – III ZB 97/07, Rn. 9–14.

1002 Meller-Hannich, ZBB 2011, 180, 181; vgl. OLG Frankfurt, WM 2018, 461, 462; mit der Neufassung nunmehr teilw. erweitert, krit. vgl. Möllers, BKR 2022, 339, 343.

1003 Halfmeier/Rott/Feess, S. 14.

1004 Auflistung der weiteren örtlichen Konzentrationen, Meller-Hannich, ZBB 2011, 180, 182.

1005 Bei Emittenten als Beklagte, zur Kritik bei der Anwendung des § 32b I ZPO für andere Beklagte siehe, Korth/Kroymann/Suilmann, NJW 2016, 1130, 1133 f.

Aus den erstinstanzlichen Verfahren können die Parteien eine Feststellung über gleiche Sach- oder Rechtsfragen beantragen, um das Musterverfahren einzuleiten. Der Antrag wird dann in das Klageregister eingetragen.[1006] Soweit innerhalb von vier Monaten nach Eintragung noch mindestens neun weitere gleichgerichtete Feststellungsanträge eingehen, werden diese dem übergeordneten OLG vorgelegt (§ 4 KapMuG).[1007] Gleichgerichtet sind diese, wenn sie den gleichen zugrundeliegenden Sachverhalt erfassen (§ 2 Abs. 1 S. 5 KapMuG). In der Praxis scheint dies kein großes Problem darzustellen, die Musteranträge stammen in der Regel aus derselben Kanzlei.[1008] Der Beklagtenkreis iRd Prospekthaftung ist beschränkt auf die Prospektverantwortlichen im engeren Sinn.[1009] Das Musterverfahren ist nur auf Antrag der Parteien möglich, eine Einleitung durch ein Prozessgericht, selbst wenn dieses es für sinnvoll erachtet, ist nicht möglich.[1010]

Das OLG prüft dann die Voraussetzungen für das Musterverfahren; das verallgemeinerungsfähige Feststellungsziel und die Bedeutung über den Einzelstreit hinaus (§ 1 Abs. 2, 3 KapMuG). Dieses Feststellungsziel ist der Zentralbegriff im Musterverfahren.[1011] Das Ziel darf sich weder auf das Bestehen eines individuellen Anspruchs, noch dessen Höhe beziehen,[1012] sondern ist auf einzelne sachliche oder rechtliche Voraussetzungen beschränkt. Fragen zur Schadensberechnung sind feststellungsfähig.[1013] Der Antrag ist unzulässig, wenn der Anwendungsbereich nicht eröffnet ist oder wenn der Streit auch ohne Musterentscheidung entscheidungsreif ist.[1014] Das OLG entscheidet durch Beschluss über die Zulässigkeit.

Bei zulässigem Antrag wird das Musterverfahren bekannt gemacht und ein Musterkläger bestimmt. Die Auswahl des Musterklägers erfolgt durch

---

1006 Erttmann/Keul, WM 2007, 482; sieht darin negative Publicity, „Jagd auf den Beklagten" (sic), Schneider, BB 2005, 2249, 2252.

1007 Zulässig ist die Einreichung durch Streitgenossen, BGH, NJW 2008, 2187; wobei die Zahl von zehn Anmeldungen willkürlich erscheint, Halfmeier/Rott/Feess, S. 57, 92.

1008 Meller-Hannich, ZBB 2011, 180, 185.

1009 Halfmeier/Rott/Feess, S. 16.

1010 Halfmeier/Rott/Feess, S. 23; krit. Meller-Hannich, ZBB 2011, 180, 182.

1011 Vgl. Vorwerk/Wolf\Wolf, KapMuG, § 14 Rn. 6; „einheitliche Musterfrage mit Breitenwirkung", BT-Drs. 15/5091, S. 20.

1012 MwN BGH, BB 2014, 2954, 2963.

1013 Leitsatz, mwN BGH, BB 2014, 2954, 2963.

1014 Halfmeier/Rott/Feess, S. 20.

unanfechtbaren Beschluss des OLG gem. § 9 Abs. 2 KapMuG.[1015] Bei der Auswahl ist gem. § 9 Abs. 2 Nr. 3 KapMuG unter anderem die Höhe des Anspruchs zu berücksichtigen.[1016] Nach ähnlichem Prinzip wird auch der *lead plaintiff* in der US *class action* ausgewählt.[1017] Weitere Kriterien nach Nr. 1–2 sind die Eignung des Musterklägers sowie die mögliche Ernennung durch die anderen Kläger. Bei der Frage der Eignung kann besondere Sachkunde berücksichtigt werden.[1018]

Um einem *race to the courthouse* vorzubeugen, hat der Zeitpunkt der Klageerhebung keinen Einfluss auf die Auswahl des Musterklägers.[1019] Die Einigung von mehreren Klägern auf einen Musterkläger scheint ein Ausdruck der Praktikabilität zu sein. Auch wenn ein „Großkläger" den höchsten individuellen Schaden hat, könnte die Auswahl eines Klägers, der von einer Kanzlei vertreten wird, die die größte Anzahl von Klienten im Verfahren hat, effektiver sein.[1020]

Die anhängigen Verfahren der ersten Instanz werden für die Dauer des Musterverfahrens ausgesetzt.[1021] Die Parteien dieser Verfahren (mit Ausnahme des Musterklägers und -beklagtem) werden Beigeladene im Musterverfahren. Der Musterentscheid ist bindend gegenüber den ausgesetzten Verfahren. Auf die Aussetzung kann verzichtet werden, soweit eine erstinstanzliche Beweisaufnahme über das Feststellungsziel bereits vollständig oder nahezu vollständig abgeschlossen wurde, so dass die Entscheidungsreife, auch ohne Musterverfahren, vorliegt.[1022]

2. *Musterverfahren*

Durch Bekanntmachung des Vorlagebeschlusses ist das Prozessgericht gem. § 8 Abs. 1 KapMuG angewiesen alle anhängigen Verfahren auszusetzen. Dies gilt

1015 Die Auswahl erfolgt durch das Gericht, um ein *race to the courthouse* zu vermeiden BT-Drs. 15/5091 S. 25.

1016 Pflicht des Gerichts den Musterkläger nach der Höhe auszuwählen, KK-KapMuG\Reuschle, § 9 Rn. 56.

1017 Zur Gemeinsamkeit, Micklitz/Stadler, EBLR 2006, 1473, 1486; KK-KapMuG\Reuschle, § 9 Rn. 56.

1018 KK-KapMuG\Reuschle, § 9 Rn. 53.

1019 Baetge, 622 Annals AAPSS, 125, 129 (2009); BT-Drs. 15/5091, S. 25.

1020 Mit anschaulichem Beispiel, KK-KapMuG\Reuschle, § 9 Rn. 54.

1021 Poelzig, S. 234.

1022 Das Musterverfahren ist dann unerheblich, OLG Celle, AG 2017, 436, 437.

auch für Verfahren, die sich bereits in der Berufung befinden.[1023] Eine Möglichkeit der Entziehung aus dem Musterverfahren besteht nicht.[1024]

Trotz Charakterisierung als Kollektivverfahren bleibt das Musterverfahren weitestgehend ein Verfahren zwischen zwei Parteien.[1025] Die zugelassenen Fragen werden zwischen dem Musterkläger und dem -beklagten verhandelt. Es sind nach § 11 Abs. 1 KapMuG die Vorschriften der ZPO anzuwenden.

Der Musterkläger gilt als Repräsentant, Sachwalter oder Interessenverwalter der sonstigen Kläger.[1026] Die dogmatische Stellung ist bisher noch unklar, Vergleichbarkeiten zum *lead plaintiff* aus der *class action* liegen aber nahe. Seine Bestimmung ist unanfechtbar, auch ist er nicht austauschbar.[1027] Der Musterklägervertreter ist seinem Mandanten, dem Musterkläger, verpflichtet. Ob er darüber hinaus auch die Interessen der übrigen Kläger zu berücksichtigen hat, ist umstritten.[1028]

Die übrigen Kläger der erstinstanzlichen Verfahren sind während des Musterverfahrens Beigeladene nach § 9 Abs. 3 KapMuG. Um deren rechtliches Gehör zu wahren, haben diese (beschränkte) Rechte. Sie können ihre eigenen rechtlichen Argumente darlegen und haben Informationsrechte.[1029] Der Bindungswirkung können sie nur durch Klagerücknahme entgehen.[1030] Im Rahmen des Verfahrens können sie den Musterkläger gem. § 14 S. 2 KapMuG unterstützen und eigene Angriffs- und Verteidigungsmittel geltend machen, solange diese nicht im Widerspruch zu denen des Musterklägers stehen. Damit nehmen sie effektiv die Rolle eines Nebenintervenienten nach §§ 67, 74 ZPO ein.[1031]

Die Musterfragen können weit gefasst sein. Im *Telekom* Verfahren lautete sie; „die in dem Aktienprospekt […] enthaltenen […] Angaben unrichtig bzw.

1023 BGH, WM 2008, 124.

1024 Feess/Halfmeier, 20 Eur. J. Fin. 361, 366 (2014).

1025 BT-Drs. 15/5695 S. 22; Schneider, BB 2005, 2249, 2251.

1026 MwN Meller-Hannich, ZBB 2011, 180, 187; mwN Halfmeier/Rott/Feess, S. 31.

1027 Mit Ausnahme der Klagerücknahme des Musterklägers Meller-Hannich, ZBB 2011, 180, 187.

1028 Ablehnend aufgrund der eigenen anwaltlichen Vertretung der übrigen Beteiligten, mwN auch zur aA Halfmeier/Rott/Feess, S. 31.

1029 Baetge, 622 AAPSS, 125, 132 (2009); Micklitz/Stadler, EBLR 2006, 1473, 1487; Meller-Hannich, ZBB 2011, 180, 187; Poelzig, S. 240.

1030 Aufgrund der Verjährung ein faktischer Zwang zum *opt-in*, Meller-Hannich, ZBB 2011, 180, 187.

1031 BT-Drs. 15/5091, S. 19; Tamm, ZHR 2010, 525, 546; das eigentliche Musterverfahren ist hingegen nicht interventionsfähig für Dritte, BGH, NZG 2017, 1428.

unvollständig sind", im *Daimler/Chrysler* Verfahren „Rechtzeitigkeit der *ad-hoc* Mitteilungen".[1032] Nicht ungewöhnlich sind eine Vielzahl von Fragen.[1033] Feststellungen zur Haftungsbegründung lassen sich generell für alle Verfahren treffen. Typische Fragen betreffen die Richtigkeit von *ad-hoc* Mitteilungen, Auslegung von unbestimmten Rechtsbegriffen, Fragen der Beweislastverteilung oder Sorgfaltsmaßstäbe.[1034] Eine Erweiterung der ursprünglichen Feststellungsziele ist möglich (§ 15 KapMuG).[1035] Mangels Erheblichkeit können sie aber auch gegenstandslos werden.[1036] Die Dispositionsmaxime gilt weiterhin, das Gericht ist nicht dazu angehalten eigene Ermittlungen über den Umfang der Musterfrage hinaus zu tätigen.[1037]

Der Musterentscheid bindet die Prozessgerichte unmittelbar und wirkt für und gegen die Prozessbeteiligten (§ 22 KapMuG).[1038] Die vormals Beigeladenen können nach § 22 Abs. 3 KapMuG die Rüge der unzureichenden Prozessführung erheben, vergleichbar mit der Rüge des Nebenintervenienten gem. § 68 ZPO.

Gegen den Musterbescheid ist die Rechtsbeschwerde statthaft. Einlegen können diesen die Musterparteien und die Beigeladenen (§ 20 KapMuG). Die Sache hat gem. § 20 Abs. 1 S. 2 KapMuG immer grundsätzliche Bedeutung iSd § 574 ZPO. Im Beschwerdeverfahren müssen die Parteien aktiv beitreten, um von der weiteren Bindungswirkung erfasst zu werden.

3. *Mustervergleich*

Durch die Novelle von 2012 wurde die Möglichkeit eines Vergleichs vereinfacht. Nach den §§ 17–19 KapMuG können die Musterparteien dem OLG einen Vergleichsvorschlag unterbreiten. Dieses prüft die Angemessenheit, dabei kann es nach § 18 Abs. 1 KapMuG die Beigeladenen anhören.[1039] Die

---

1032 Meller-Hannich, ZBB 2011, 180, 184.

1033 So beispielsweise 32 Musterfragen im Verfahren OLG Frankfurt. WM 2015, 1105.

1034 Meller-Hannich, ZBB 2011, 180, 189.

1035 Kritik an der Erweiterungsmöglichkeit, Halfmeier/Rott/Feess, S. 27.

1036 BGH, AG 2017, 424, 433.

1037 Die Wortwahl „insbesondere" erweitert daher nicht den Prüfungsumfang, BGH, NZG, 2018, 747.

1038 Wohl eine atypische Bindungswirkung *sui generis*, mwN Meller-Hannich, ZBB 2011, 180, 188; in bewusster Anlehnung an die Nebenintervention konzipiert, Halfmeier/Rott/Feess, S. 33; mit starker Betonung der rein subjektiven Rechtskraft, BGH, AG 2017, 424, 427; jedoch „faktische *erga omnes*" Wirkung, Schneider, BB 2005, 2249, 2256.

1039 KK-KapMuG\Reuschle, § 18 Rn. 27.

Angemessenheitsprüfung eines Prozessvergleichs ist im deutschen Zivilprozessrecht ein Novum, im Hinblick auf die Bindungswirkung aber nicht überraschend.[1040] Soweit der Vergleich durch unanfechtbaren Beschluss genehmigt wird, können die Beigeladenen nach Zustellung innerhalb eines Monats gem. § 19 Abs. 2 KapMuG einen Austritt erklären. Die Verfahren der Ausgetretenen werden dann als Einzelverfahren weitergeführt.[1041] Der Gesamtvergleich behält seine Wirksamkeit nach § 17 Abs. 1 S. 3 KapMuG, solange nicht mehr als 30 % der Geschädigten ihren Austritt erklären. Es kommt nicht auf die Höhe des Schadens an, sondern es wird auf die reine Anzahl der Geschädigten abgestellt.[1042] Der Vergleich selber entfaltet Wirkung nur für die Beteiligten des Verfahrens nach § 9 Abs. 1 KapMuG, nicht aber für die reinen Anmelder.[1043]

4. Weiterführung in der ersten Instanz

Soweit ein Musterentscheid vorliegt, werden danach die ausgesetzten Einzelverfahren nach § 22 Abs. 4 KapMuG fortgesetzt. Die Bindungswirkung des Musterentscheides wirkt für und gegen alle Parteien, unabhängig davon, ob sie die Feststellungen geltend machen wollten (§ 22 Abs. 1 S. 2 KapMuG). Das Prozessgericht ist an den Musterentscheid gebunden, eigene abweichende Feststellungen sind nicht mehr möglich.

Danach kommt es zu der individuellen Schadensberechnung, weitere (individuelle) Beweisaufnahme ist dann wieder möglich. Das Verfahren kann sich im letzten Stadium wieder verzögern. Die „Zurückverweisung“ an das Prozessgericht gilt als einer der verfahrensverlängernden Faktoren.[1044]

Die Beigeladenen können die Rüge der ungenügenden Prozessführung im Musterverfahren erheben (§ 22 Abs. 3 KapMuG).[1045] Dies erfordert die aktive Überwachung des Musterverfahrens, um nachzuweisen, dass eigene Angriffs- und Verteidigungsmittel nicht geltend gemacht werden konnten.[1046] Der tatsächliche Anwendungsbereich ist damit begrenzt.

1040 Halfmeier, DB 2012, 2145, 2149 f.

1041 von Bernuth/Kremer, NZG 2012, 890, 893.

1042 KK-KapMuG\Reuschle, § 17 Rn. 5; rät für die Praxisanwendung für eine Koppelung des Vergleiches an einen möglichst hohen Gesamtstreitwert, von Bernuth/Kremer, NZG 2012, 890, 893.

1043 Halfmeier, DB 2012, 2145, 2150.

1044 Allg. zu Zurückverweisungen als Grund für Verfahrensverzögerungen, Gutachten A 70. DJT, S. 54.

1045 Vgl. Meller-Hannich, ZBB 2011, 180, 187; Tamm, ZHR 2010, 525, 538.

1046 Halfmeier/Rott/Feess, S. 35.

Es wird angenommen, dass sich eine für den Beklagten nachteilige Entscheidung im Musterverfahren in erhöhter Vergleichsbereitschaft niederschlägt.[1047] Dies erscheint nachvollziehbar, denn der Beklagte kann dadurch die Folgekosten minimieren. Ebenso ist zu erwarten, dass eine für den Anleger nachteilige Musterentscheidung die Vergleichsbereitschaft, wenn nicht sogar die Bereitschaft zur Klagerücknahme erhöht.

Das weitere Verfahren vor dem Prozessgericht endet wie bisher mit Urteil oder Vergleich. Die Parteien können reguläre Rechtsmittel einlegen. Diese können sich aber nicht auf die Feststellungen aus dem Musterentscheid beziehen, für diese ist das separate Rechtsmittelverfahren zuständig.

5. *Kostenverteilung im Musterverfahren*

Die Kosten des Musterverfahrens sind Teil der ursprünglichen Verfahren und sind quotal zu berücksichtigen gem. § 24 Abs. 1, 2 KapMuG. Das Musterverfahren und das erstinstanzliche Verfahren bilden insoweit eine Einheit.[1048] Die Beschwerdekosten sind vom Beschwerdeführer und den übrigen Beigetretenen zu tragen (§ 26 KapMuG).

Die Kosten des Musterverfahrens haben auch diejenigen zu tragen, die kein Interesse an einem Musterverfahren hatten. Ausreichend ist es, dass die individuellen Verfahren ausgesetzt wurden.[1049]

6. *Anspruchsanmeldung mit Verjährungshemmung*

Bedingt durch die drohende Verjährung der Ansprüche wurde der Vorschlag unterbreitet, dass eine vereinfachte Anspruchsanmeldung hemmend wirken soll. Der Vorschlag war, dass die Bindungswirkung des Musterentscheids auch Anmelder erfassen sollte.[1050] Die Möglichkeit der Anmeldung wurde durch die Novelle des KapMuG eingeführt,[1051] es besteht nunmehr die Möglichkeit der verjährungshemmenden Anmeldung innerhalb von sechs Monaten nach Bekanntmachung Musterverfahrens gem. § 10 Abs. 2 KapMuG. Nicht übernommen wurde die Erweiterung der Bindungswirkung auf die Anmelder.[1052] Begründet

---

1047 Halfmeier/Rott/Feess, S. 36.

1048 Meller-Hannich, ZBB 2011, 180, 189; BT-Drs. 15/5091, S. 19.

1049 Halfmeier/Rott/Feess, S. 48.

1050 Darstellung der Vorschläge, Wardenbach, GWR 2013, 35, 36.

1051 Mit reduzierter 0,5 Gebühr, KGK-KV Nr. 1902; Verjährungshemmung gem. § 204 Abs. 1 Nr. 6a BGB.

1052 Smid/Mohr, DZWIR 2013, 343, 348; noch als möglich, BT-Drs. 17/8799, S. 15.

wird dies zum einen mit den fehlenden Beteiligungsrechten der Anmelder im Musterverfahren. Eine Erweiterung der Bindungswirkung würde das rechtliche Gehör beeinträchtigen. Weiterhin wird die Trittbrettfahrergefahr angeführt, verhindert werden soll das „Aufspringen“ auf einen positiven Musterentscheid.[1053]

Zweifelhaft bleibt, ob das günstige „Aufspringen“ ausgeschlossen wurde. Zwar wird die Bindungswirkung rechtlich nicht auf die Anmelder erstreckt. In der Praxis ist aber zu erwarten, dass diese ebenfalls von den Feststellungen des Musterentscheids profitieren werden. So werden die Musterentscheidungen auch den Anmeldern zugestellt. Dass diese bei gleicher Rechts- und Sachlage ein neues Musterverfahren anstrengen werden, ist zweifelhaft. Hingegen kann erwartet werden, dass diese ihre Ansprüche, untermauert durch den Musterentscheid, vereinfacht durchsetzen können. Ebenso dürften diese in gleichem Maße von einem Vergleichsangebot profitieren. Hier könnte eine Besserstellung der Voranmelder gegenüber den eigentlichen Beteiligten entstehen.[1054]

Eignung als Regulierungsinstrument

Das KapMuG wäre als Regulierungsinstrument geeignet, wenn es Abschreckung erzeugt. Es müssten Anreize bestehen, so dass die nützliche Rechtsdurchsetzung erleichtert wird. Dann können Geschädigte ihre Ansprüche geltend machen, um als *private attorney general* zu fungieren.[1055] Dies ist jedoch nicht erfolgt.

Das KapMuG verändert nicht die bestehende Anreizstruktur.[1056] Das Musterverfahren ist erst möglich, wenn ausreichend Individualverfahren eingeleitet wurden. Die Hoffnung auf erleichterte Durchsetzung hat sich nicht erfüllt. Das Kostenrisiko der Klageerhebung bleibt bestehen.[1057] Die Bündelung ist eine nachfolgende Maßnahme, die von prozessökonomischen Effizienzerwägungen getragen wird. Dies hat aber keine ausreichenden Auswirkungen auf die Klagebereitschaft[1058] und behebt nicht das Durchsetzungsdefizit.[1059] Das KapMuG stellt eine Form der Verfahrensbündelung dar,[1060] nicht aber ein originäres

---

1053 BT-Drs. 17/10160 S. 2.
1054 Detailliert zum Fairnessdefizit, von Bernuth/Kremer, NZG 2012, 890, 891, 894 f.
1055 Poelzig, S. 235.
1056 Poelzig, S. 249; Stadler, EBLR 2013, 731, 738.
1057 Halfmeier/Rott/Feess, S. 40, 79, 86; Poelzig, S. 236.
1058 Zentrales Problem des KapMuG, Halfmeier/Rott/Feess, S. 84; Poelzig, S. 527.
1059 Halfmeier/Rott/Feess, S. 86.
1060 Poelzig, S. 236.

repräsentatives Kollektivverfahren.[1061] Es kombiniert Merkmale einer repräsentativen Gruppenklage mit denen eines Musterverfahrens.[1062]

Wie bereits dargelegt, ist für die Erzeugung von regulatorischen Externalitäten erforderlich, dass eine ausreichende Anzahl der Geschädigten ihre Ansprüche auch durchsetzen. Nur dann erfolgt durch die massenhafte Kompensation eine Verhaltenssteuerung.[1063] Das KapMuG ist derzeit aber nicht geeignet diese Rolle der „zweiten Spur" der Finanzmarktaufsicht zu übernehmen.[1064] Hinsichtlich des Ziels der erhöhten Rechtsdurchsetzung bleibt das KapMuG im Vergleich mit der amerikanischen *class action* weit dahinter zurück.[1065]

Durch die Bündelung können Aufwendungen bei der Beweisaufnahme eingespart werden.[1066] Diese kann einheitlich für alle Verfahren erfolgen, dies gewährleistet die einheitliche Bewertung und verhindert divergierende Entscheidungen.[1067] Die prozessökonomischen Effekte sollen auch nicht in Abrede gestellt werden.[1068] Ohne das KapMuG hätte sich das *Telekom* Verfahren wohl noch weiter verzögert.[1069] Die Beschleunigung des Verfahrens alleine reicht jedoch nicht aus, um es zu einem effektiven Regulierungsinstrument zu machen. Hierfür sind auch Steigerungen der Klageanreize notwendig.[1070]

Die zweistufige Struktur zwischen Landgericht und Oberlandesgericht gilt als schwerfällig,[1071] ineffizient und langsam.[1072] Die tatsächliche

---

1061 Qualifizierung in den gängigen Kollektivverfahrensformen nicht möglich, Poelzig, S. 239.

1062 Poelzig, S. 239 f.

1063 Halfmeier, Stellungnahme, S. 2; ebenso Meller-Hannich, ZBB 2011, 180, 190.

1064 Halfmeier/Rott/Feess, S. 86.

1065 Bergmeister, S. 304.

1066 Meller-Hannich, ZBB 2011, 180, 190; bei *Telekom* ca. 70 Mio. EUR, Halfmeier/Rott/Feess, S. 55.

1067 Halfmeier/Rott/Feess, S. 58; Poelzig, S. 236.

1068 Vgl. Poelzig, S. 238; DRB, BTA-WP 18/46, S. 33; „Schritt in die richtige Richtung", Feess/Halfmeier, 20 Eur. J. Fin. 361, 363 (2014).

1069 Jahn, ZIP 2008, 1314, 1315; obwohl es dennoch erst 2016 zur letzten Entscheidung im Musterverfahren (2. Börsengang) gekommen ist, BGH, AG 2017, 424.

1070 Fehlende Anreizberücksichtigung gefährde die Kompensation, Xu, 45 Int'l Rev. L & Econ. 23, 31 (2016).

1071 Zweistufigkeit verantwortlich für die lange Verfahrensdauer, Halfmeier, DB 2012, 2145, 2150 f.

1072 von Hein nach Mauske, VuR 2013, 157, 160; Stadler, EBLR 2013, 731, 736; inzwischen sind die Erben der Geschädigten zu Kägern geworden, nach Möllers/Wolf, BKR 2021, 249, 252.

Verfahrensbeschleunigung wird daher kritisch bewertet.[1073] So wird befürchtet, dass bereits die Frage der Zulässigkeit des Musterverfahrens zu erhöhtem Schriftsatzaufkommen führt.[1074]

Die fehlenden Anreize sind nicht nur auf die Kläger beschränkt. Auch fehlen sie für den Musterkläger und den Musterklägervertreter.[1075] Diese haben trotz ihrer Arbeit, die im Interesse Aller erfolgt, keinen Anspruch auf eine signifikante Mehrvergütung.[1076] Auch wird angenommen, dass keine Anreize für den Richter zur Formulierung des Vorlagebeschlusses bestehen.[1077] Insgesamt erscheint es, dass die Arbeitsbelastung der Prozessgerichte nicht wesentlich vermindert wird.

Die Bearbeitung der individuellen Verfahren hat trotz Musterentscheidung umfassend vor den Prozessgerichten zu erfolgen.[1078] Für diese findet keine nennenswerte Arbeitsminderung statt. Vielmehr ist mit einer höheren Belastung zu rechnen. Die Prozessgerichte müssen die Aussetzungsvoraussetzungen inhaltlich prüfen und anschließend eine weitere Prüfung nach dem Erlass des Musterentscheids durchführen.[1079] Durch diese Zwischenphase wird insgesamt eine Verzögerung befürchtet.[1080] Die Bindungswirkung des Musterentscheids ist auf die Verfahrensbeteiligten beschränkt, selbst bei identischen Beteiligten und den gleichen Feststellungszielen erstreckt sich die Bindungswirkung nicht auf Verfahrensfremde.[1081]

Bewertet man die tatsächliche Verfahrensdauer, so ergeben sich berechtigte Zweifel, ob ein Musterverfahren zu Effizienzgewinnen führt. Die Musterklage nach dem KapMuG scheint im Vergleich zur amerikanischen *class action* höhere Transaktionskosten zu verursachen.[1082] Dies steht der effizienten Regulierung

---

1073 „langwierig und umständlich", BUSSIAN/SCHMIDT, CFL 2012, 37, 38; HALFMEIER/ROTT/FEESS, S. 57; „bürokratisches Tauziehen", STACKMANN, NJW 2010, 3185, 3186; wegen des „mehrmaligen Ping-Pong" sogar verlängert, MÖLLERS, BKR 2022, 339, 344.

1074 ERTTMANN/KEUL, WM 2007, 482, 484.

1075 NAUNDORF nach MAUSKE, VuR 2013, 157, 160; ROTTER nach HUS, Handelsblatt v. 07.12.2004.

1076 Daher wird eine zusätzliche Vergütung für diesen gefordert, vgl. HALFMEIER/ROTT/FEESS, S. 59, 62.

1077 Wohl keine Anrechnung der Arbeitsbelastung, HALFMEIER/ROTT/FEESS, S. 57.

1078 HALFMEIER/ROTT/FEESS, S. 79.

1079 Vgl. MELLER-HANNICH, ZBB 2011, 180, 190.

1080 ERTTMANN/KEUL, WM 2007, 482, 485; BUSSIAN/SCHMIDT, CFL 2012, 37, 38.

1081 BGH, AG 2017, 424, 427.

1082 So LIEGSALZ, S. 194.

durch Zivilverfahren im Wege. Trotz der Kritik wird das KapMuG dennoch als funktionsfähiges Modell bewertet.[1083] Zum Teil wird es aber auch nur als erster Schritt zu weitergehenden Verfahrensformen betrachtet.[1084]

Grundlegender Kritikpunkt ist die fehlende Anreizsetzung.[1085] Der Erfolg von Kollektivverfahren bestimmt sich danach, ob sie auch angenommen werden. Die Hürden für eine Klageeinreichung wurden für die Geschädigten nicht durch das KapMuG gesenkt. Auch spiegelt die Vergütung für den Musterklägeranwalt nicht dessen tatsächliche Arbeitsbelastung wider.[1086] Diese Rahmenbedingungen erhöhen nicht die Klagebereitschaft.[1087] Die Arbeit des Musterklägers und seines Anwaltes erbringt Vorteile für Alle, deren Mehrarbeit wird jedoch nicht ausreichend belohnt. Die anderen profitieren als Trittbrettfahrer von deren Arbeit.[1088]

Ebenfalls wird der Vorwurf erhoben, dass das Verfahren Unternehmen schützt, eine Verbesserung der Rechtspositionen von Anlegern sei nicht ersichtlich.[1089] Nach anderer Ansicht stellt es einen überzeugenden Entwurf eines Verfahrens dar, der nach Möglichkeit auch auf andere Bereiche ausgeweitet werden soll.[1090]

Ein Problem war der faktische Zwang zur Teilnahme. Dies ergab sich aus der materiellen Verjährung. Prospektansprüche und Ansprüche aus fehlerhaften *ad-hoc* Mitteilungen verjährten nach § 37b, 37c a.F. WpHG innerhalb eines Jahres nach Kenntnis.[1091] Anleger mussten zeitnah Klage erheben. Durch den einheitlichen Gerichtsstand nach § 32b ZPO findet eine Verfahrenskonzentration an einem Land- und Oberlandesgericht statt. Soweit dann ein Musterverfahren

1083 Halfmeier/Rott/Feess, S. 3; „bescheidener Fortschritt“ aaO S. 59; kritisch gegenüber negativen Folgen, das Musterverfahren als „kleineres Übel“, Jahn, FAZ v. 06.01.2009.

1084 KapMuG erschöpft nicht die Vorstellungskraft, Gaier/Freudenberg ZRP 2013, 27, 29.

1085 Poelzig, S. 241.

1086 Aufgrund der höheren Arbeitsbelastung wurde der § 41a RVG eingeführt zur höheren Vergütung, BT-Drs. 17/8799 S. 28 f.; weiterhin unzureichend, Wigand, AG 2012, 845, 854; Schneider, BB 2005, 2249, 2256.

1087 Möllers/Pregler, ZHR 2012, 144, 175; Stadler, VuR 2018, 83, 84.

1088 Bussian/Schmidt, CFL 2012, 37, 38.

1089 Grace, 15 J. of Transnat’l L. & Pol’y 281, 298 (2006).

1090 Kritisch gegenüber den negativen Folgen von genuinen Kollektivrechtsbehelfen, sieht das Musterverfahren daher als „kleineres Übel“, Jahn, FAZ v. 06.01.2009.

1091 Baumbach/Hopt\Kumpan, WpHG § 97 Rn. 7.

eröffnet wird, sind alle betroffenen Verfahren auszusetzen. Dies betrifft auch die, die kein Interesse am Musterverfahren haben und nicht teilnehmen möchten. Eine Möglichkeit des *opt-out* aus der Bindungswirkung besteht nicht.[1092] Dies führt zu einer stärkeren Einschränkung der Dispositionsmaxime als ein „echtes" *opt-out* Verfahren.[1093] Durch das Kleinanlegerschutzgesetz wurde die Verjährung nunmehr auf drei Jahre verlängert.[1094] Dieses Problem ist nunmehr minimiert, wenn auch nicht ausgeschlossen.

Bisher sind Musterverfahren vor dem OLG noch ohne größere Verzögerungen erfolgt. Dies könnte daran liegen, dass der Großteil der Beigeladenen sich passiv verhalten hat. Die Gestaltungsmöglichkeiten der Beigeladenen haben allerdings das Potential, das Verfahren erheblich zu stören.[1095] Begrüßt wird, dass eine Einschränkung der Rechte unterblieben ist. Diese sind aber so gewaltig, dass sie das Verfahren unbeherrschbar machen, wenn sie von allen genutzt würden.[1096]

Die zentrale Rolle des Musterklägers verdient höhere Aufmerksamkeit. Ein Problem ist die fehlende Überprüfung der Qualität des Musterklägers und dessen Anwalt. Deren Maßnahmen haben Auswirkungen auf eine Vielzahl von weiteren Verfahren. Sollte unachtsam gehandelt werden, könnte die Lage in anderen Verfahren geschwächt werden.[1097] Es bestehen derzeit nicht ausreichende Anreize „Mehrarbeit" im Musterverfahren zu leisten.[1098]

Kritisiert wird, dass die Einleitung des Verfahrens ausschließlich im Belieben der Parteien steht. Soweit ein Gericht ein allgemeines Interesse an der umfassenden Klärung einer Rechts- oder Tatsachenfrage erkennt, bleibt keine Möglichkeit zu Erzwingung.[1099]

Die Prozessführungsrüge bietet die Möglichkeit sich der Bindungswirkung zu entziehen. Das Erfordernis der konstanten und umfassenden Überwachung des Musterverfahrens dürfte aber dazu führen, dass diese nur in den seltensten

---

1092 Meller-Hannich, ZBB 2011, 180, 185; „faktisches Zwangsverfahren" Halfmeier/Rott/Feess, S. 47 f.; Vorschlag der Verjährungshemmung durch den Vorlagebeschluss, aaO, S. 56; Tamm, ZHR 2010, 525, 549; Schneider, BB 2005, 2249, 2256 f.

1093 Ebenso Halfmeier/Rott/Feess, S. 82; Stadler, EBLR 2013, 731, 739.

1094 Baumbach/Hopt\Kumpan, WpHG § 97 Rn. 7.

1095 Jahn, ZIP 2008, 1314, 1316; Gefahr der Undurchführbarkeit, Halfmeier/Rott/Feess, S. 56, 87.

1096 Bergmeister, S. 317 f.; Halfmeier/Rott/Feess, S. 56.

1097 Vgl. Hess/Michailidou, WM 2003, 2318, 2321

1098 Vgl. Bergmeister, S. 305.

1099 Meller-Hannich, ZBB 2011, 180, 182; Schneider, BB 2005, 2249, 2251.

Fällen genutzt wird. Aufgrund der geringen individuellen Schäden dürfte nur in den seltensten Fällen der Anreiz bestehen, die Klage aktiv zu überwachen. Auch haben Anwälte der Beigeladenen keinen Anreiz dazu, denn für diese Tätigkeit werden diese nicht weitergehend entlohnt.

Um die Teilnahme zu vereinfachen, wird teilweise eine einfache Beitrittsmöglichkeit gefordert.[1100] Um eine Trittbrettfahrergefahr zu minimieren, sollen diese eine verminderte Gerichtsgebühr zahlen. Dann könnte die Breitenwirkung des Musterverfahrens gesichert werden.[1101] Als Nebeneffekt wären auch die Gerichte entlastet, passive Anleger könnten beitreten und wären nicht mehr auf eine eigene Klageerhebung angewiesen.[1102]

Gegenwärtig ist das KapMuG nicht als Regulierungsinstrument geeignet. Mangels Klageanreizen kann die notwendige Abschreckungswirkung nicht erzeugt werden.

E. Die Verbandsklage

Eine weitere Variation eines Kollektivverfahrens besteht in der Verbandsklage. Bei dieser Variante wird eine öffentliche Stelle bzw. eine Nichtregierungsorganisation (nachfolgend NRO/NGO (= *Non Governmental Organization*)) dazu ermächtigt (im öffentlichen Interesse) einen Rechtsstreit mit allgemeiner Bindungswirkung durchzuführen.[1103] Der Verband fungiert dann als Repräsentant der Geschädigten.[1104] In vielen Prozessordnungen nehmen solche Verbände die Rolle eines privilegierten Klägers ein. Unterschiedliche Verbände sind vertreten, oft werden Verbraucherschutzorganisationen im öffentlichen Interesse aktiv.[1105]

Der Verband bzw. die Organisation übernimmt eine *Gatekeeper* Funktion.[1106] Dadurch kann eine Klagewelle vermieden werden.[1107] Dies wird befürchtet, wenn jedermann eine Klagebefugnis für Kollektivrechtsbehelfe erhält.

1100 Einfaches „Beitrittsmodell“, Bergmeister, S. 330.

1101 Möllers/Pregler, ZHR 2012, 144, 180.

1102 Bergmeister, S. 332.

1103 Vgl. Koch, 11 Duke J. of Comp. & Int’l L. 355, 362 (2001); „altruistische Durchsetzung“, Tamm, ZHR 2010, 525, 527.

1104 Koch, R., DZWIR 2016, 351, 354.

1105 Beispiele in Luther, in: Backhaus et al. (2012), S. 306, 310 ff.; zur franz. Lage, Hess, AG 2003, 113, 118.

1106 Vgl. Koch, 11 Duke J. of Comp. & Int’l L. 355, 364 (2001).

1107 Abwehr gegen eine *litigious society*, Lin, 4 NYU JLB 143, 148 (2007); Lühmann, NJW 2019, 570.

Verbandsklagen sind wohl auch die älteste Form von Kollektivverfahren in Deutschland.[1108] Diese Organisationen waren zunächst nur zu Unterlassungsklagen ermächtigt (UKlaG). Bereits im UWG bestand für Verbände die Möglichkeit vor Zivilgerichten rechtswidriges Verhalten durch Unterlassungsklagen zu vereiteln.[1109] Kompensatorische oder Strafklagen waren ihnen hingegen verwehrt, in anderen Staaten können Verbände auch Schadensersatz einklagen.[1110]

In Frankreich existiert beispielsweise eine mehrstufige Verbandsklage. Bei dieser erstreitet ein Verband ein Grundurteil über die Haftung eines Schädigers. In einem anschließenden Verfahren können Geschädigte im Wege eines *opt-in* ihren individuellen Schaden geltend machen.[1111] Die unterlegenen Beklagten des Grundurteils müssen zusätzlich auch die Kosten für die Benachrichtigung der möglichen Geschädigten tragen.[1112] Dieses Verfahren stellt wohl eine Art Hybrid zwischen Musterverfahren und originärer Verbandsklage dar.

Es besteht die Möglichkeit für Verbände eine Gewinnabschöpfungsklage nach § 10 UWG durchzuführen. Der rechtswidrig erlangte Gewinn eines Schädigers kann dann abgeschöpft werden und ist dem Finanzministerium zuzuführen.[1113] Grundsätzlich erscheint dies als Modell um Streuschäden zu sanktionieren.[1114] Das Prozesskostenrisiko jedoch verbleibt beim Verband, die Finanzierung über eine Prozessfinanzierer war für Verbände ausgeschlossen.[1115] Es ist verständlich, dass der Anreiz für eine Klageerhebung niedrig ist. Im Rahmen der Einführung des VDuG wurde die Möglichkeit der Prozessfinanzierung nunmehr für Abschöpfungsklagen erweitert, diese dürfen (nach Einzelfallprüfung durch das BMJ) einen Teil des abgeschöpften Gewinns einbehalten.[1116]

1108 Verbandsklagerecht durch UWG 1896 eingeführt, Haar, EBOR 2014, 83, 92.

1109 MüKo-ZPO\Micklitz, Vorbem. §§ 1 UKlaG Rn. 10, § 3 UKlaG Rn. 3 ff.; Zirngibl, S. 114; wobei es im Einzelfall zur Kompensation als Folge einer durchgesetzten Beseitigung gekommen ist, mwN und ausführlicher Analyse, GSELL/RÜBBECK, ZfPW 2018, 409, 419 ff.

1110 Die Verfolgung mittels Kollektivverfahren ist in anderen Mitgliedsstaaten liberaler ausgestaltet, vgl. SEK (2011), 173, Rn. 9; Schweden, Lindblom, 622 AAPSS 231, 234 (2009).

1111 Biard, S. 48 f.; Synatschke et al., ZRP 2021, 197, 199.

1112 Biard, S. 85.

1113 Novum im deutschen Recht, Zirngibl, S. 131; Abschöpfung dient dem Gemeinwohl, BGH, NJW 2018, 3581, 3584.

1114 Poelzig, S. 120.

1115 Als Verstoß gegen § 242 BGB qualifiziert, BGH, NJW 2018, 3581.

1116 BT-Drs. 20/6520, S. 125.

Die Gewinnabschöpfung hat einen besseren Abschreckungseffekt als Unterlassungsklagen.[1117] Der Schädiger ist gezwungen, seinen rechtswidrigen Gewinn abzugeben.[1118] Die Konzeption ist nur zu begrüßen, neben der Abschreckung könnte sogar eine Form der Kompensation erzeugt werden.[1119] Rechtsdogmatisch gilt er als Anspruch *sui generis,* wohl zwischen ungerechtfertigter Bereicherung und Deliktsrecht angesiedelt.[1120]

Die konkrete Ausgestaltung in Deutschland führt jedoch dazu, dass keine Anreize zur Klageerhebung gesetzt werden.[1121] Zum einen bleibt das Kostenrisiko für den Verband bestehen und zum anderen muss auch das Erlangte abgeführt werden.[1122] Der Gesetzgeber wollte verhindern, dass sich die Gewinnabschöpfung als Einnahmequelle für Verbände etabliert.[1123] Dass unter diesen Umständen die Nutzung jedoch überschaubar ist, sollte nicht verwundern.[1124] Um die Anreize für eine solche Klage zu steigern, wird daher gefordert einen Teil des abgeschöpften Gewinns an die Verbände auszuschütten.[1125]

1117 „generalpräventive Wirkung" Möllers/Pregler, ZHR 2012, 144, 167; Einführung ist direkte Folge der mangelnden verhaltenssteuernden Wirkung der sonstigen Regeln, Poelzig, S. 116 f.

1118 Baldus/Siedler, BKR 2018, 412, 417.

1119 Die SEC schüttet beim *disgorgement* Verfahren die ungerechtfertigte Bereicherung wieder aus.

1120 Micklitz/Stadler, EBLR 2006, 1473, 1482; weder schadensersatzrechtlich noch bereicherungsrechtlich und begünstigt Dritten (Bundeshaushalt), Köhler/Bornkamm\Köhler, § 10 UWG Rn. 5

1121 MwN Poelzig, S. 118; Zirngibl, S. 134 f.

1122 Kritisieren die Abführung, Micklitz/Stadler, EBLR 2006, 1473, 1484; mit Verweis auf Frankreich, wo eine Ausschüttung an Verbraucher möglich ist, Koch, JZ 2011, 438, 442; Vogel, S. 251; Gsell/Rübbeck, ZfPW 2018, 409, 412 f.

1123 Vgl. Poelzig, S. 119; vgl. Baldus/Siedler, BKR 2018, 412, 418; damit seien auch mögliche Einnahmen von beteiligten Prozessfinanzierern untersagt, vgl. BGH, NJW 2018, 3851, 3855.

1124 Möllers/Pregler, ZHR 2012, 144, 167 f.; als wirkungslos, Hempel, NJW 2015, 2077, 2078; 43 Klagen seit 2004, BT-Drs. 20/6520, S. 125.

1125 Die teilweise Privatisierung von Überwachungsaufgaben soll auch mit entsprechender Anreizsetzung verbunden sein, Micklitz/Stadler, EBLR 2006, 1473, 1485; einem möglichen Missbrauch ließe sich durch einen engen Kreis von klageberechtigten Institutionen vorbeugen, Möllers/Pregler, ZHR 2012, 144, 168.

Die Konzeption der Abschöpfung zeigt aber, dass die Normdurchsetzung durch Private im öffentlichen Interesse auch in Deutschland vereinzelt akzeptiert wird.[1126]

I. Beteiligte bei Verbandsklagen

Bei der Verbandsklage sind ein Verband als Kläger nebst Anwalt, der Beklagte sowie dessen Rechtsbeistand und das Gericht beteiligt.

1. Kläger

Kläger sind entsprechende Verbände. In Deutschland ist nicht jeder Verband klagebefugt. Für Verbraucheransprüche nach dem UKlaG sind nur qualifizierte Verbände klageberechtigt. Aktuell umfasst diese Liste 59 verschiedene Verbände;[1127] beispielsweise der ADAC, Mietervereine, Energieverbraucherverbände, Versichertenverbände, Umweltverbände und vor allem die verschiedenen regionalen Verbraucherzentralen. Verbände müssen die Förderung von Mitgliederinteressen bzw. ihren Verbandszweck verfolgen.[1128] Rein kommerzielle Interessen sind ausgeschlossen. Damit soll sichergestellt werden, dass kommerzielle Rechtsverfolgungsgesellschaften nicht das Verbandsklagerecht „ausnutzen".[1129]

Die Europäische Kommission hat ähnliche Grundsätze aufgestellt. Verbände sollen gemeinnützig sein, einen sachlichen Zusammenhang zum Streitgegenstand haben und über ausreichende Ressourcen verfügen.[1130] In Schweden ist das Verbandsklagerecht durchlässiger. So ist es möglich, an einem Tag einen neuen Verband zu gründen, der sofort eine Kollektivklage erhebt.[1131] Auch in Frankreich können besondere Verbände allgemein im öffentlichen Interesse agieren. In Taiwan hingegen ist eine NGO exklusiv mit der Verfolgung von

---

1126 Sieht das Allgemeininteresse als Schutzziel der Gewinnabschöpfung, POELZIG, S. 117, 120; vgl. WOLF/FLEGLER, NJW 2018, 3586.

1127 https://www.bundesjustizamt.de/SharedDocs/Downloads/DE/Verbraucherschutz/Liste_qualifizierter_Einrichtungen.pdf?__blob=publicationFile&v=32 [letzter Abruf: 28.09.2023].

1128 Zu den Voraussetzungen im Detail, MüKo-ZPO\MICKLITZ, § 4 UKlaG Rn. 12–22.

1129 Wobei streitig ist, ob die Möglichkeit einer Rechtsdurchsetzung tatsächlich ein „Ausnutzen" ist; zu den Voraussetzungen des klagebefugten Verbandes KOCH, 11 Duke J. of Comp. & Int'l L. 355, 364 (2001).

1130 Empfehlung der Kommission 2013/396/EU, Nr. 4.

1131 Vorausgesetzt, dass der Verband finanziell leistungsfähig ist, LINDBLOM, 622 AAPSS 231, 234 (2009).

Anlegeransprüchen betraut,[1132] hier arbeitet ein „Verband“ nicht nur unterstützend, sondern anstelle von Privaten.

Das deutsche Verbandsklagerecht ist ein „Sonderrecht“ für qualifizierte Verbände und ist von einem Jedermanns-Recht weit entfernt. Die Einführung der Musterfeststellungsklage verfolgt ebenfalls dieses Modell des privilegierten Klägers. Es ist sogar zu einer weiteren Einschränkung der klagebefugten Verbände gekommen. Diese müssen nun mindestens 350 Mitglieder haben und seit mindestens vier Jahren bestehen (§ 606 Abs. 1 ZPO).

Die Verbände verfolgen nicht notwendigerweise die Interessen der konkreten Geschädigten. Verbände versuchen ihre (begrenzten) Haushaltsmittel in einer Art und Weise einzusetzen, um eine Steigerung des Verbandszwecks zu erreichen. Diese sind in der Regel ideelle Werte, wie beispielsweise der Verbraucherschutz; auch versuchen sie ihre eigene Reputation zu erhöhen.[1133] Im Vordergrund steht für den Verband nicht die Kompensation der Geschädigten, sondern die Verhinderung von zukünftigen Rechtsverstößen.

Es bestehen keine besonderen Anreize offensiv zu klagen. Vielmehr ist zu erwarten, dass aufgrund des Prozesskostenrisikos nur zurückhaltend geklagt wird. Der Verband haftet bei einer Niederlage für die Prozesskosten und profitiert (finanziell) nicht von einem Sieg. Bei der Unterlassungsklage erhält er keinen Ausgleich für die Arbeit (mit Ausnahme der Verfahrenskosten), bei einer Kompensationsklage zugunsten der Geschädigten ist das Erlangte weiterzureichen, ebenso bei der Gewinnabschöpfungsklage.

2. Anwälte

Die Rolle des Anwaltes bleibt weitestgehend unverändert. Mangels veränderter Honorarstruktur wird er als beratender Interessenvertreter agieren, ohne eigene finanzielle Interessen am Verfahrensausgang zu haben.

Zu erwarten ist, dass aufgrund der begrenzten Haushaltsmittel der Verbände versucht wird, die Einschaltung von externen Anwälten zu vermeiden und eigenes Personal zu verwenden. Soweit doch Externe eingesetzt werden, ist zu erwarten, dass diese ein Pauschalhonorar erhalten. Das zeitbasierte Honorarmodell führt zu unkalkulierbaren Verfahrenskosten für den klagenden Verband.

Die Rolle und die Anreize des Beklagtenanwaltes sind in der Verbandsklage weitestgehend unverändert.

1132 Lin, 4 NYU JLB 143, 169 (2007).

1133 Biard, S. 35.

3. *Beklagte, Gerichte und Staat*

Die Rolle der Beklagten bleibt im Wesentlichen identisch zu der in anderen Kollektivverfahren. Die Verbandsklage wird positiv von Beklagten aufgenommen. Dies liegt sicherlich daran, dass durch fehlende Anreize eine Klage die Ausnahme ist. Durch Unterlassungsklagen sind auch keine finanziellen Einbußen zu befürchten. Mangels häufig praktizierter Gewinnabschöpfung verbleibt auch der Gewinn bei den Schädigern.

Die Anreize für das Gericht sind ähnlich zu den anderen Kollektivverfahren. Möglicherweise ist die Arbeitsbelastung geringer, sollten keine kompensatorischen Ziele verfolgt werden. Dies basiert auf der Annahme, dass eine stärkere Verteidigung erfolgt, wenn Schadensersatz gefordert wird. Konsequenterweise ist der Aufwand dann geringer bei einer Klage ohne Schadensersatz.

Für den Staat als Regulierer ist das Interesse an einer Verbandsklage eher gering. Die fehlende Kompensation und Sanktion, gekoppelt mit der geringen Klagewahrscheinlichkeit, lassen regulatorische Effekte nur in geringem Maße entstehen. Die Rolle des Staates als alleiniger Regulierer wird nicht gefährdet. Der Staat hat die Möglichkeit nominell Kollektivverfahren zu etablieren, durch die Ausgestaltung aber größere Auswirkungen auf Beklagte zu minimieren. Ein weiterer Aspekt ist, dass er über die öffentliche Finanzierung der Verbände mittelbar Einfluss auf die Klagebereitschaft nehmen kann.

II. Bewertung

Verbraucherverbände und Teile der Wissenschaft bemängeln schon seit langem die geringe Wirkung des UKlaG auf die Wirtschaft. Problematisch ist die geringe Abschreckungswirkung von Unterlassungsansprüchen. Diese wirken nur für die Zukunft, vergangenes, rentables Fehlverhalten wird nicht sanktioniert.[1134] Dies führt nicht zu einer Verhaltensänderung.[1135] Ein rationaler, amoraler Schädiger, der lediglich an einer Gewinnmaximierung interessiert ist, könnte bis zu einer erfolgreichen Unterlassungsklage rechtswidrig agieren.[1136] Solange der Schaden für den einzelnen Geschädigten gering genug ist, führt die rationale Apathie nur zu geringen oder keinen individuellen Klagen. Die Tatsache, dass

---

1134 Halfmeier, BTA-WP 18/46, S. 48 f.; Müller/Steineke, RuP 2016, 98; Gsell/Rübbeck, ZfPW 2018, 409, 427.

1135 Auch mangels Breitenwirkung, Zirngibl, S. 119 f., 163.

1136 Hinsichtlich ungerechtfertigt Müller/Steineke, RuP 2016, 98; fehlende Präventivfunktion von Unterlassungsklagen, Poelzig, S. 376; Zirngibl, S. 130, 164.

auch erfolgreiche Unterlassungsklagen nicht zu einer Kompensation führen, gilt als Schwachpunkt.[1137] Es erscheint dann nicht verwunderlich, dass der Unterlassungsanspruch nicht als ausreichend für die Sicherung des Wettbewerbs oder den Schutz von Verbraucherrechten gilt.[1138]

Durch die Einschaltung des Verbands als weiteren Akteurs zwischen Geschädigten und Schädiger erhöht sich auch die Komplexität der Prinzipal-Agenten Beziehung.[1139] Es ist bereits schwierig auszumachen, wer in diesem Beziehungsgeflecht den Prinzipal stellt.[1140] Dies können die Geschädigten sein oder der Verband der die Klage erhebt. Es sprechen gute Gründe dafür, den Verband als tatsächlichen Prinzipal zu betrachten. Dieser organisiert die Klage und trägt das Kostenrisiko. Mit Ausnahme der Fälle, in denen der Verband erst nach einer Zession tätig wird, ist er wohl als Prinzipal zu betrachten.

Der Verband als privilegierter Kläger scheint sich in den letzten Jahren als Favorit für die „sanfte" Einführung von Kollektivverfahren in Europa etabliert zu haben.[1141] Ein gänzlicher Ausschluss von Kollektivverfahren ist nicht mehr möglich.[1142] Es scheint ein Konsens in Politik, Gesetzgebung und Wissenschaft zu bestehen, nach dem Verbandsklagen als Alternative zu expansiveren Modellen gelten.[1143] Einem öffentlich finanzierten Verband wird eher der Schutz von

---

1137 Micklitz/Stadler, EBLR 2006, 1473, 1476; Empfehlung der Kommission 2013/396/EU ErwGr 11.

1138 Micklitz/Stadler, EBLR 2006, 1473, 1475; ebenso Halfmeier, NJW 2016, 1126, 1128.

1139 Verlängerung der *agency* Kette, Schäfer, in: Basedow et al., 67, 86; vgl. Backhaus, in: Backhaus et al. (2012), S. 69, 71; vgl. Kern/Uhlmann, ZEuP 2022, 849, 853 ff., 859; *„additional hurdle"*, Markworth, EuCML 2023, 89, 94.

1140 Am Beispiel des staatlich kontrollierten *Investor Protection Center*, Lin, 4 NYU JLB 143, 194 (2007).

1141 Empfehlung der Kommission 2013/396/EU ErwGr 18; als „Vertreterklage" bezeichnet, aaO Nr. 3d; Expansion in Deutschland, Poelzig, S. 252 f.; vgl. S. 316 ff.; Biard, S. 35; mglw. auch weil ihnen mehr Vertrauen entgegengebracht wird, vgl. aaO S. 252; auch in Korea wird die *class* am Ende durch eine NGO vertreten, Choi, 57 Vand. L. Rev. 1465, 1519 (2004); als Folge von wirtschaftlicher Lobbytätigkeit, Halfmeier/Rott, VuR 2018, 243, 244.

1142 Als internationaler Standard in Europa, Halfmeier, Stellungnahme, S. 5.

1143 Sehen ein solches in Europa, van Boom/Loos, WP 2008, S. 11; Verbandsklagen als Favorit der Politik, Backhaus, 32 Eur J. Law Econ., 225, 227 (2011); als Möglichkeit zur Begrenzung von Klagen, Hodges, S. 13; als *„top-down"* Modell bezeichnet im Gegensatz zum marktgetriebenen *„bottom-up"* Modell der massenhaften Inkassozession, Markworth, EuCML 2023, 89, 92, 96.

Verbraucherinteressen zugetraut als einer im eigenen Interesse handelnden Einzelperson oder gewinnorientierten Anwälten.[1144]

Die Verbandsklage könnte Transaktionskosten senken.[1145] Daneben könnte dies zur Spezialisierung von Verbänden in ihrer jeweiligen Materie führen.[1146] Hierdurch könnte die Verhandlungsposition der Verbände als *repeat player* in Kollektivverfahren gestärkt werden.[1147] Dem gegenüber wird eingeworfen, dass die Stärkung von Verbänden auf Kosten der privaten Rechtsdurchsetzung erfolgt.[1148]

Verbände werden teilweise durch öffentliche Mittel finanziert, viele erhalten Mittel aber auch aus anderen Quellen (Mitgliedsbeiträge o. ä.). Es ist derzeit kein Fall bekannt, bei dem es zu Druck aus der Politik hinsichtlich der Aktivitäten eines Verbandes gekommen ist.[1149] Eine klare Zuordnung der Verbandsklage als Form der privaten Durchsetzung ist dennoch zweifelhaft.[1150] Für den einzelnen Geschädigten haben Verbandsklagen den Vorteil, dass er nicht selbst Klage erheben muss und kein Kostenrisiko eingeht.[1151] Beseitigungs- und Unterlassungsklagen sind jedoch nicht ausreichend abschreckend, um verhaltensändernd zu wirken.[1152] Ein regulatorischer Mehrwert ergibt sich (noch) nicht, der Verzicht auf kompensatorische Klagen ist nicht hilfreich.[1153] Beklagte können sich darauf verlassen, dass sie ungerechtfertigten Gewinn behalten können. Die Einbeziehung von Schadensersatz gilt daher als essentieller Bestandteil, wenn Kollektivverfahren einen gesellschaftlichen Mehrwert erzeugen sollen.[1154]

1144 Vgl. VOGEL, S. 240 ff.

1145 Erfordert eine organisierte/starke Gruppe der Geschädigten, SCHÄFER, in: BASEDOW ET AL., 67, 87.

1146 So im Bereich des UWG für die Verbände, HALFMEIER, Stellungnahme, S. 2; leichte Zustimmung für Verbandsklagen im Bereich des Datenschutzes, WEIDLICH-FLATTEN, ZRP 2014, 196–198.

1147 BIARD, S. 35.

1148 So MADAUS, ZEuP 2012, 99, 106.

1149 Die Entwicklung gegenüber der Deutschen Umwelthilfe ist noch zu beobachten.

1150 Als „künstliche Gebilde" aus „öffentlichen Mitteln", Staudinger/STOFFELS, Einleitung zum UKlaG Rn. 11; zur Ermächtigung von NGOs, ISSACHAROFF, 44 Loy. U. Chi. L. J. 369, 372 (2012); „*private-public*", LUTHER, in: BACKHAUS ET AL. (2012), S. 306, 310; zu chinesischen Verbänden, ZHAO, RIW 2016, 202, 206.

1151 MÖLLERS/PREGLER, ZHR 2012, 144, 177.

1152 Zum Verbesserungspotential der Sanktionswirkung, HALFMEIER, NJW 2016, 1126, 1128, 1129.

1153 MELLER-HANNICH nach MAUSKE, VuR 2013, 157, 158, aA WALTER, 11 Duke J. of Comp. & Int'l L. 369, 375 (2001); MÜLLER/STEINEKE, RuP 2016, 98.

1154 KOCH, 11 Duke J. of Comp. & Int'l L. 355, 367 (2001).

Kaum untersucht sind die Anreize der Verbände. Rechtsdurchsetzung gehört nicht zu deren originären Aufgaben. Die bestehenden Verfahrensformen erlauben es ihnen nicht von erfolgreichen Klagen finanziell zu profitieren. So stellt sich bei einer Ausweitung der Verbandsklage die Frage, wie die Verbände zur Klage motiviert werden sollen. Denn eine Pflicht zur Klageerhebung besteht für die Verbände nicht.[1155]

Wenig untersucht sind die Finanzierung der Verbände und die Auswirkungen auf die Anreize. Zum Teil wird die Gefahr einer Interessenkollusion vermutet. Dies sei die mögliche Folge der öffentlichen Finanzierung, welche eine Beeinflussung der Politik ermögliche.[1156] Die Diskussion um die mögliche Finanzierung durch Konkurrenten im Rahmen der Klagen der Deutschen Umwelthilfe zeigt, dass dieses Thema weiterer Untersuchung bedarf.[1157] Auch bleibt die Frage, ob Verbände überhaupt in der Lage sind im ausreichenden Maße Kollektivverfahren einzuleiten.[1158]

Die bisherige Form der Abschöpfungsklage ist reformbedürftig.[1159] Durch die Weiterleitung an den Fiskus werden keine Anreize erzeugt, dass die Klage auch tatsächlich genutzt wird.[1160] Der Verband trägt das Prozesskostenrisiko und Aufwendungen für die Organisation der Klage, ohne im Fall des Obsiegens davon zu profitieren.[1161] Die fehlende Klagebereitschaft ist möglicherweise auch Folge der Angst vor Reputationsverlusten.[1162]

Im Ergebnis lässt sich sagen, dass Verbandsklagen dem Staat eine einfache Möglichkeit bieten, nominell Kollektivverfahren einzuführen, welche aber nicht

---

1155 Halfmeier, NJW 2016, 1126, 1129; krit. zur Motivation, Tilp/Schiefer, NZV 2017, 14, 15, 17.

1156 So Rother/Unseld, zpoblog.de v. 09.08.2018; geht zumindest von einer restriktiven Handhabung bei der Versicherung von Risiken der Verbandsklagen aus, Kessler, BTA-WP 18/46, S. 84; „paternalistisches Verständnis der Rechtsdurchsetzung" durch „staatnahe Institutionen", Halfmeier/Rott, VuR 2018, 243, 244.

1157 Wobei eine tatsächliche Beeinflussung angesichts der geringen Spendensumme gemessen am Gesamtbudget doch eher abwegig ist.

1158 Vgl. Hodges, S. 13; vergleichbar mit unzureichender behördlicher Ausstattung, Poelzig, S. 387; als bewusstes regulierendes Mittel, Staudinger/Stoffels, Einleitung zum UKlaG Rn. 11; krit. zur Verfügbarkeit von qualifizierten Rechtsanwälten für Verbandsklagen, Wolf/Flegler, NJW 2018, 3586; vgl. Kern/Uhlmann, ZEuP 2022, 849, 860, 864.

1159 Kutschaty/Freudenberg/Gerhardt, ZRP 2018, 27, 28.

1160 Meller-Hannich, BTA-WP 18/46, S. 23; Kessler, aaO; vgl. Poelzig, S. 372.

1161 Meller-Hannich, BTA-WP 18/46, S. 87; Markworth, EuCML 2023, 89, 94.

1162 Reimann, Bitburger 2008, 105, 133.

Regulierungsziele erreichen werden. Die Struktur vermag es nicht, Anreize in einer Art und Weise zu setzen, dass eine nachhaltige Verfolgung erfolgen wird. Verbände müssen das Prozesskostenrisiko auf sich nehmen, während sie am „Gewinn" nicht beteiligt werden. Dies setzt voraus, dass Verbände grundlegend (ökonomisch) irrational handeln werden. Zwar sind sie an der Förderung von ideellen und immateriellen Zielen interessiert, doch ist anzunehmen, dass sie ihre begrenzten Haushaltsmittel rational einsetzen. Ohne besondere Förderung der Klagen werden diese nicht in hinreichendem Maße durchgeführt werden.[1163]

Exkurs: Musterfeststellungsklage

Die Musterfeststellungsklage ist zum 01.11.2018 in Kraft getreten. Die schnelle Implementation des Verfahrens ist wohl angesichts des Diesel-Skandals erfolgt,[1164] die bestehenden Verfahrensformen wurden als unzureichend für Verbraucher bewertet. Ebenso dürften die Berichte von überlasteten Gerichten die Einführung begünstigt haben.[1165] Im Gegensatz zum KapMuG ist der Anwendungsbereich der Musterfeststellungsklage nicht beschränkt.[1166]

Die Musterfeststellungsklage wurde mit Wirkung vom 13.10.2023 in das Verbraucherrechtedurchsetzungsgesetz überführt. Die nachfolgenden Passagen stellen die alte Fassung dar, der Regelungsinhalt und die Systematik wurden in weiten Teilen ebenfalls übernommen. Das VDuG und die Abhilfeklage werden in einem nachfolgenden Abschnitt genauer dargestellt.[1167]

Klagebefugt für eine Musterfeststellungsklage sind qualifizierte (Verbraucher-) Verbände.[1168] Durch die Vorgabe, mindestens 4 Jahre aktiv zu sein, waren

1163 Die bisherigen Erfahrungen zur Musterfeststellungsklage und deren Kostenregelungen legen nahe, dass die öffentliche Finanzierung die Klagemotivation der Verbände maßgeblich beeinflusst, vgl. Röthemeyer, jM 2022, 178, 180.

1164 Vgl. Braunroth, VuR 2018, 455; vgl. BeckOK-ZPO\Lutz § 606 ZPO Rn. 1; vgl. Schwemmer, ZfPW 2022, 41, 42.

1165 70.000 Berufungsverfahren an OLGs in Deutschland, Überlastungsanzeige beim zuständigen Senat des BGH sowie Einrichtung eines Hilfsspruchkörpers, vgl. Heese/Schumann, NJW 2021, 3023, 3024.

1166 BT-Drs. 19/2507, S. 15.

1167 S. 190 ff.

1168 Krit. zur Beschränkung, Kilian, ZRP 2018, 72, 73, als Folge von wirtschaftlichen Interessen, aaO, 74; die Maßstäbe sind noch strenger als im UKlaG, vgl. Braunroth, VuR 2018, 455, 458; es ist Verbänden untersagt mehr als 5 % ihrer Mittel aus Unternehmenszuwendungen zu erhalten (§ 606 Abs. 1 Nr. 5 ZPO), vgl. Behrens, ZJS 2018, 514, 519 f.

ad hoc Verbände zur Anspruchsdurchsetzung von einzelnen Schadensereignissen ausgeschlossen.[1169] Klagebefugte Verbände mussten nach § 606 Abs. 1 S. 2 Nr. 1 ZPO a.F. mindestens 10 Verbände oder 350 natürliche Personen als Mitglieder haben. Natürliche Personen mussten dabei stimmberechtigte Vollmitglieder des Verbandes sein.[1170] Durch die hohen Vorgaben sollte eine gewinnorientierte Prozessführung ausgeschlossen werden.[1171] Eine eigenständige Initiierung durch Geschädigte war nicht vorgesehen.[1172] Den Verbraucherzentralen und anderen Verbraucherverbänden kam eine unwiderlegliche Vermutung zugute, dass diese eine qualifizierte klagebefugte Einrichtung sind.

Verbände können haftungsbegründende, streitige Fragen zum Feststellungsziel erklären.[1173] Nach Anhängigkeit der Musterfeststellungsklage wird diese im öffentlichen Klageregister bekannt gemacht. Bereits bei Einreichung einer Musterfeststellungsklage musste die Betroffenheit von mindestens zehn Verbrauchern[1174] glaubhaft gemacht werden (§ 606 Abs. 2 Nr. 2 ZPO a.F.). Weitere Geschädigte hatten danach die Möglichkeit der Klage beizutreten, innerhalb von zwei Monaten nach Bekanntgabe mussten sich mindestens 50 Verbraucher zum Klageregister angemeldet haben (§ 606 Abs. 3 Nr. 3 ZPO a.F.). Diese Form der Anmeldung entspricht einem *opt-in* Verfahren. Durch die wirksame Anmeldung wird die Verjährung der individuellen Ansprüche gehemmt (§ 204 Abs. 1 Nr. 1a BGB a.F.).[1175] Die Verjährungshemmung wirkt bereits ab dem Moment der Erhebung der Musterfeststellungsklage, nicht ab dem Moment der Anmeldung. Somit war es möglich, an sich verjährte Ansprüche wieder „aufleben" zu lassen.[1176]

Eine Anmeldung war für die Geschädigten kostenfrei und ohne Anwalt möglich, eine inhaltliche Prüfung der Ansprüche wurde nicht durchgeführt (§ 608

1169 BT-Drs. 19/2507, S. 22; BeckOK-ZPO\Lutz § 606 ZPO Rn. 32.

1170 BGH, NJW 2023, 1816, 1817.

1171 BT-Drs. 19/2507, S. 15.

1172 Halfmeier, ZPR 2017, 201; Geschädigter ist während des Verfahrens nicht aktiv beteiligt, Röthemeyer, VuR 2019, 87.

1173 Jedoch keine individuell anspruchsbegründenden Voraussetzungen, BeckOK-ZPO\Lutz § 606 ZPO Rn. 15.

1174 Der Verbraucherbegriff ist nunmehr auch prozessual legaldefiniert im neugeschaffenen § 29c Abs. 2 ZPO.

1175 Anmeldung als prozesstaktisches Mittel der Verjährungshemmung, Mekat/Nordholtz, NJW 2019, 411, 412.

1176 Das Nutzen dieser Möglichkeit sei auch nicht missbräuchlich, vgl. BGH, NZG 2022, 456, 457.

Abs. 1 S. 3 ZPO a.F.).[1177] Der Sachverhalt sollte durch Anmelder knapp dargestellt werden.[1178] Im Rahmen der Anmeldung sollte der Verfahrensgegenstand hinreichend konkretisiert werden, die Anforderungen entsprachen dabei denen der Konkretisierung im Rahmen einer Klageschrift nach § 253 Abs. 2 Nr. 2 ZPO.[1179] Eine zulässige Musterfeststellungsklage sperrte gem. weitere Verfahren über den gleichen Streitgegenstand.[1180]

Der Verband führt den Rechtsstreit über die feststellungsfähigen Tatsachen gegen den Schädiger mit eigenen Mitteln und mit eigenem Risiko, die Geschädigten sind nicht Parteien des Verfahrens und haben keine Beteiligungsrechte,[1181] der Verband agiert als Repräsentant für die Geschädigten.[1182] Soweit es zu einem Feststellungsurteil gekommen ist, entfaltete es Bindungswirkung für die Anmelder (§ 613 ZPO a.F.), angemeldete Geschädigte können sich nur durch Rücknahme der Anmeldung der Bindungswirkung entziehen. Zuständig für das Musterfeststellungsverfahren war gem. § 119 Abs. 3 GVG a.F. das Oberlandesgericht, vergleichbar zur Zuständigkeit der Oberlandesgerichte im KapMuG. Die Zuständigkeit bleibt im VDuG erhalten.

Mit dem Feststellungsurteil war aber noch keine individuelle Kompensation verbunden. Die Beigetretenen mussten einen individuellen Folgeprozess einleiten, im Rahmen dessen der individuelle Schadensersatz ermittelt wurde. Das Prozessgericht des Folgeverfahrens ist an die Musterfeststellung gebunden. Die zweistufige Struktur entspricht dabei der Konzeption des KapMuG.

Alternativ kann der Verband auch einen Vergleich mit dem Schädiger erreichen; dieser sicherte die individuelle Kompensation bereits im Musterfeststellungsverfahren. Den Geschädigten verbleibt die Möglichkeit des Austrittes, ein Austritt von mehr als 30 % der Geschädigten führt zur Unwirksamkeit des Vergleichs (§ 611 Abs. 5 ZPO a.F.).[1183] Der Vergleich unterliegt dabei einer Angemessenheitsprüfung durch das Gericht, dieses soll nach unter Berücksichtigung des bisherigen Sach- und Streitstandes den vorgelegten Vergleich genehmigen.

1177 Zu den mgl. Risiken der fehlenden anwaltlichen Begleitung (Verjährungshemmung, Bindungswirkung), vgl. Röthemeyer, VuR 2019, 87, 88.

1178 § 3 Abs. 2 Musterfeststellungsklagenregister-Verordung nennt 2.500 Zeichen.

1179 BGH, NJW 2023, 1888, 1889 f.

1180 „Windhundprinzip“, Halfmeier/Rott, VuR 2018, 243, 248.

1181 BT-Drs. 19/2507, S. 1, 15; lediglich beschränkte Informationsrechte, Halfmeier, ZPR 2017, 201, 203.

1182 Mallmann/Erne, NZKart 2019, 77, 78.

1183 Rechtsunsicherheit für den Beklagten, Ring, NJ 2018, 441, 446; im VDuG existiert kein Quorum mehr für den Vergleich.

Die Genehmigungsvoraussetzung dient auch als Schutz für die nicht unmittelbar am Verfahren beteiligten Geschädigten.[1184]

Konzeptionell stellt sich die Musterfeststellungsklage als besondere Verbandsklage dar.[1185] Es besteht keine allgemeine Klagebefugnis, nur privilegierte Kläger sind zugelassen.[1186] Die Klage kombiniert Elemente des Musterverfahrens mit der einer Verbandsklage.[1187]

Zu begrüßen ist das vereinfachte Anmeldeverfahren und besonders die Verjährungshemmung. Geschädigte werden nicht mehr zur eigenen Klageerhebung gezwungen. Die fehlenden Beteiligungsmöglichkeiten der Geschädigten werden aber auch als Grund für weiterhin eingelegte Individualklagen ausgemacht.[1188] Nicht überzeugen kann die zweistufige Struktur des Verfahrens, diese ist bereits im Rahmen des KapMuG Verfahrens kritisiert worden.[1189] Auch hier ist zu erwarten, dass es zur Verfahrensverlängerung und zu Effizienzverlusten kommen wird.[1190] Der Wert eines Feststellungsurteiles wird angezweifelt, denn eine Vollstreckungsmöglichkeit wird dadurch nicht erreicht.[1191] Auch wird bezweifelt, dass die individuelle Teilnahmebereitschaft hierdurch gesteigert wird,[1192] vielmehr könnte das zweistufige Verfahren zu vermehrten Individualklagen geführt haben.[1193]

Selbst bei einem klägergünstigen Ausgang des Musterverfahrens wird zum Teil angezweifelt, dass alle Geschädigte in der zweiten Phase tatsächlich ihre Ansprüche klageweise durchsetzen werden.[1194] Die gleichen Anreizfaktoren, welche die ursprüngliche individuelle Schadensdurchsetzung gehindert haben

---

1184 BT-Drs. 19/2507, S. 26; wobei der Vergleich mit VW unter Umgehung dieser Sicherung geschlossen wurde, Stadler, VuR 2020, 163, 164 f.

1185 Vgl. Halfmeier/Rott, VuR 2018, 243, 245; konsequenterweise wird sie nunmehr auch im neuen VDuG und der VRegV als solche bezeichnet.

1186 Konzeptionell vergleichbar mit der finnischen *class action*, die nur vom Verbraucherombudsmann initiiert werden kann, in: Välimäki, in: Backhaus et al. (2012), S. 327, 329.

1187 Vgl. BeckOK-ZPO\Lutz § 606 ZPO Rn. 6.

1188 Vgl. Synatschke et al., ZRP 2021, 197, 198.

1189 Ebenso Ring, NJ 2018, 441, 446.

1190 Vgl. Mallmann/Erne, NZKart 2019, 77, 82.

1191 Habbe/Gieseler, BB 2016, 3018, 3019; Kranz, NZG 2017, 1099, 1101; Kilian, ZRP 2018, 72, 74.

1192 Petrasincu/Unseld, FAZ-Einspruch v. 09.05.2018.

1193 Röthemeyer, jM 2022, 178, 182.

1194 Stadler, VuR 2018, 83, 87; Mallmann/Erne, NZKart 2019, 77.

wirken auch jetzt weiter, wenn auch wohl in verminderter Form, weiter. Zur Steigerung der individuellen Klagebereitschaft im Rahmen der Folgeprozesse, wurde auch vertreten, dass die Anwalts- und Gerichtsgebühren für die Folgeprozesse gemindert werden sollen.[1195] Dies könnte tatsächliche die Bereitschaft der Geschädigten erhöhen, würde aber m. E. gleichzeitig die Bereitschaft der Anwälte für die Folgeprozesse mindern.

Sollten aber tatsächlich massenhafte Leistungsklagen im zweiten Stadium erfolgen, verpufft der erhoffte Entlastungseffekt für Justiz letztlich doch wieder.[1196] Andererseits wird auch vertreten, dass die öffentlichkeitswirksame Entscheidung im Rahmen der Musterfeststellung zu einer höheren Bereitschaft zur individuellen Anspruchsbefriedigung durch den Schädiger führen könnte. Die (vermeintliche) Prozessstrategie von Schädigern zur Vermeidung von „nachteiligen Präzedenzfällen" sei dann nicht mehr relevant, es existiere ja dann die Entscheidung der Musterfeststellungsklage.[1197]

Nicht ausreichend berücksichtigt sind die Anreize für die Verbände. Es wird weiterhin unterstellt, dass Verbände im öffentlichen Interesse tätig werden. Da diese aber nur das Risiko tragen, nicht aber am Erfolg beteiligt sind, ist eine nachhaltige Aktivität zweifelhaft.[1198] Bei großen medienträchtigen Verfahren werden sicherlich Aktivitäten feststellbar sein, ob dies aber eine nachhaltige Klageaktivität auslösen wird, ist zweifelhaft.[1199] Das Kostenrisiko für die Verbände wurde gesenkt, indem eine Streitwertobergrenze von 250.000 EUR eingeführt wurde,[1200] damit verbunden ist aber gleichzeitig auch eine erstattungsfähige Anwaltsgebühr von ca. 7.411 EUR.[1201] Die darüberhinausgehenden

1195 Vgl. Röthemeyer, VuR 2019, 87, 91.

1196 Halfmeier, ZPR 2017, 201, 203.

1197 So Röthemeyer, VuR 2019, 87, 88 f.

1198 Kilian, ZRP 2018, 72, 73; Halfmeier, ZPR 2017, 201, 202; bestärkt auch durch mögliche Haftungsrisiken, Synatschke et al., ZRP 2021, 197, 198; Röthemeyer, jM 2022, 178, 180; mangels entsprechender Ressourcen, Petrasincu/Unseld, NJW 2022, 1200, 1201.

1199 „Schönwetterklagen", Heese/Schumann, NJW 2021, 3023, 3028.

1200 § 48 Abs. 1 S. 2 GKG, Mengden, NZKart 2018, 398, 402; Senkung sei sachgerecht, da ein Interesse der Allgemeinheit an der Klage bestehe, BT-Drs. 19/2507, S. 28.

1201 „lächerlicher[n] Betrag für hochkomplexe[s] Verfahren", Stadler, VuR 2020, 163, 165.

Prozesskosten hat der Verband selbst zu tragen, gerade bei komplexen Fällen ist eine höhere Anwaltsvergütung der Regelfall.[1202]

Widersprüchlich erscheint die rechtspolitische Rechtfertigung des Anmeldeverfahrens. Während die Anmeldung mit Bindungswirkung im Rahmen des KapMuG noch als regelwidrig gesehen wurde (mangels Beteiligungsrechte der Anmelder), ist eine solche in der Musterfeststellungsklage gerade vorgesehen.

Nach den bisherigen Erfahrungen mit der Musterfeststellungsklage ist die Reaktion der klagebefugten Einrichtungen als auch der Geschädigten noch überschaubar. Die Zahl der tatsächlich eingelegten Musterfeststellungsklagen ist überschaubar geblieben.[1203] Die Musterfeststellungsklage gegen VW ist mit knapp 400.000[1204] Anmeldern jedoch als erfolgreich zu bewerten.

Exkurs: Die Verbandsklagenrichtlinie und deren Umsetzung

Die vorliegende Arbeit wurde im September 2020 eingereicht. Zu diesem Zeitpunkt war weder die Verbandsklagenrichtlinie noch die Umsetzung in Deutschland verabschiedet und konnte nicht berücksichtigt werden. Im Anschluss an die Disputation wurde der folgende Abschnitt eingefügt, um die zwischenzeitliche Entwicklung zu berücksichtigen.

1. Die Verbandsklagenrichtlinie 2020/1828/EU

Die Verbandsklagenrichtlinie 2020/1828/EU des Europäischen Parlaments und des Rates wurde am 25.11.2020 verabschiedet, in Kraft ist sie seit dem 24.12.2020. Abgelöst wurde damit die bisher geltende Richtlinie 2009/22/EG. Entsprechend Art. 24 Abs. 1 RL (EU) 2020/1828 hat die nationale Umsetzung bis zum 25.12.2022 zu erfolgen, anwendbar ist sie nach Abs. 2 ab dem 25.06.2023. Eine Umsetzung zum 25.12.2022 durch die Bundesrepublik Deutschland ist nicht erfolgt. Erst am 07.07.2023 wurde das deutsche Umsetzungsgesetz durch den Bundestag verabschiedet.

Als Katalysator der Richtlinie gilt, unter anderem, der „Dieselskandal".[1205] Die Beobachtung, dass Geschädigte in den USA durch dortige Rechtsbehelfe

---

1202 Regelmäßiger Stundensatz von 300 EUR in Litigation, Mengden, NZKart 2018, 398, 404; Halfmeier, ZPR 2017, 201, 204; geringe Anreize für Anwälte für Verbände tätig zu sein, Röthemeyer, VuR 2021, 43, 52.

1203 Synatschke et al., ZRP 2021, 197, 198; Röthemeyer, jM 2022, 178, 179.

1204 Heese, NZV 2019, 273, 275.

1205 Gsell, BKR 2021, 521, 52; Röthemeyer, VuR 2021, 43.

schneller und einfacher zu Kompensationsleistungen gelangten als europäische Geschädigte dürfte die Einführung erheblich beeinflusst haben.[1206] Die Richtlinie soll durch wirksame Abhilfemöglichkeiten das Vertrauen der Verbraucher in den Binnenmarkt erhöhen.[1207] Die bestehenden Verbandsklagenmodelle in Europa standen inhaltlich Modell.[1208] Erkannt wurde, dass die bisherigen (Verbands-)Unterlassungsklagen nicht ausreichend waren um einen hinreichenden Effekt auf Abschreckung und Schutzniveau auszuüben. Daher soll zusätzlich auf Leistung bzw. Kompensation geklagt werden können, entsprechende Verbandsklagen sollen aktiv zur Einhaltung von Unionsrecht beitragen.[1209] Diese, unionsweit einheitlichen, Mittel sollen auch gesetzestreuen Unternehmen zu Gute kommen und Wettbewerbsverzerrungen verhindern.

Der Anwendungsbereich ist gem. Art. 2 RL (EU) 2020/1828 beschränkt auf die Verletzung von Unionsrecht (inkl. nationalem Umsetzungsrecht) im Verhältnis zwischen Unternehmen und Verbrauchern,[1210] eine Erweiterung von Haftungsnormen erfolgt nicht.[1211]

Verstöße können verfolgt werden, soweit sie Kollektivinteressen der Verbraucher beeinträchtigen können. Der Katalog der Anwendungsbereiche ist offen und für Erweiterungen zugänglich, ebenso können Mitgliedsstaaten die eingeführten Rechtsbehelfe national auch auf weitere Bereiche ausweiten.[1212] Weiterhin soll der Verbraucherzugang zur Justiz verbessert werden,[1213] teilweise wird auch die Rechtsdurchsetzung als Ziel gesehen.[1214]

Zur Gewährleistung eines einheitlichen Schutzniveaus sollen die Mitgliedsstaaten mindestens eine Möglichkeit einer auf Abhilfe gerichteten Verbandsklage einführen.[1215] Die Verbandsklage, mit ihrer Einbindung von qualifizierten Einrichtungen, wirkt dabei als europäisches Gegenmodell zur anwaltsgetriebenen

1206 Biard/Kramer, ZEuP 2019, 249, 250.
1207 ErwGr 1 RL (EU) 2020/1828.
1208 Ähnlichkeiten zur qualifizierten Einrichtung iRd Musterfeststellungsklage, Röthemeyer, VuR 2021, 43, 44.
1209 ErwGr 5, 24 RL (EU) 2020/1828.
1210 Insbesondere in den Bereichen Finanzdienstleistungen, Reiseverkehr, Energie, Telekommunikation und Datenschutz, Röthemeyer, VuR 2021, 43, 44; ErwGr 13 RL (EU) 2020/1828.
1211 Gsell, BKR 2021, 521, 524.
1212 ErwGr 17 f. RL (EU) 2020/1828.
1213 ErwGr10, Art. 1 Abs. 1 S. 3 RL (EU) 2020/1828.
1214 Vgl. Kern/Uhlmann, ZEuP 2022, 849, 854.
1215 ErwGr 7 RL (EU) 2020/1828.

US-amerikanischen *class action*.[1216] Diese Verbandsklagen können als Zivil- oder als Verwaltungsverfahren ausgestaltet werden.[1217]

Die Richtlinie schreibt ausdrücklich kein harmonisiertes Verfahren in den Mitgliedsstaaten vor.[1218] Es ist davon auszugehen, dass es bei der Ausgestaltung zu einer Vielzahl von Variationen kommen wird. Es bleibt abzuwarten, ob die Mitgliedsstaaten lediglich „Basisverfahren" einführen oder expansivere Modelle. Nach einigen Jahren erscheint es nicht ausgeschlossen, dass sich einzelne Verfahrensformen als *best practice* erweisen können und in anderen Mitgliedsstaaten adaptiert werden.

National bestehende Kollektivverfahren sollen nicht ersetzt werden, wenn sie den Vorgaben der Richtlinie entsprechen. Mitgliedsstaaten können weitergehende Rechtsbehelfe beibehalten, die Richtlinie sieht die Verbandsklage als Mindeststandard.

a) Verbände als Akteure

Verbände wie beispielsweise Verbraucherschutzorganisationen werden als geeignete Initiatoren von Kollektivverfahren gesehen.[1219] Diese Einrichtungen sollen aktiv werden, da Verbraucher oft aufgrund rationaler Apathie nicht selbst tätig werden.[1220] Die Einbindung von Verbänden anstelle einer allgemeinen Kollektivklagebefugnis soll unter anderem vor „Klagemissbrauch" schützen.[1221] Verbände sind damit die wichtigsten Akteure des Verfahrens.

Verbände müssen gem. Art. 4 RL (EU) 2020/1828 verschiedene Voraussetzungen erfüllen klageberechtigt zu sein (u. a. Transparenzanforderungen, Zweckbestimmung, Finanzierung, Interessenkonflikte) und müssen diese dem Gericht gegenüber offenlegen.[1222] Rechtsanwälten ist die Gründung klageberechtigter Verbände verwehrt,[1223] wohl auch um die Gründung von reinen

---

1216 Kern/Uhlmann, ZEuP 2022, 849, 853, 856.

1217 ErwGr 19 RL (EU) 2020/1828.

1218 ErwGr 11 f. RL (EU) 2020/1828.

1219 ErwGr 8, 24 RL (EU) 2020/1828; Röthemeyer, VuR 2021, 43, 46; als *„top-down"* Modell bezeichnet im Gegensatz zum marktgetriebenen *„bottom-up"* Modell der massenhaften Inkassozession, Markworth, EuCML 2023, 89, 92, 96.

1220 ErwGr 9 RL (EU) 2020/1828.

1221 ErwGr 10 RL (EU) 2020/1828; Lühmann, NJW 2019, 570; Röthemeyer, VuR 2021, 43, 44.

1222 ErwGr 25, 52 RL (EU) 2020/1828; unter anderem Offenlegung aller Finanzquellen, Lühmann, NJW 2019, 570, 573.

1223 Lühmann, NJW 2019, 570, 571.

„Klageverbänden“ zu verhindern. Ebenso sind finanzielle Vereinbarungen zwischen Kanzleien und Verbänden außerhalb des Anwaltsverhältnisses untersagt.[1224] Eine finanzielle Beteiligung des Verbandes an Erfolgshonoraren soll somit unterbunden werden.[1225] Die ausschließliche Finanzierung durch Wettbewerber des beklagten Unternehmens ist untersagt.[1226] Die Finanzierung aus der Wirtschaft wird angesichts befürchteter Interessenkonflikte kritisch gesehen. Die Einhaltung dieser Kriterien soll gem. Art. 5 Abs. 3 RL (EU) 2020/1828 durch die Mitgliedsstaaten überwacht werden.[1227] Die Kommission führt gem. Art. 5 Abs. 2 RL (EU) 2020/1828 Verbände die grenzüberschreitend tätig werden in einem öffentlich zugänglichen Verzeichnis auf.

Die Gewinnorientierung von Verbänden sperrt die Klassifizierung als qualifizierte Einrichtung.[1228] Das Führen von Verbandsklagen zur Finanzierung eigener Ausgaben ist damit untersagt.[1229] Diese Vorgaben sind stets einzuhalten, soweit die Verbände grenzüberschreitend tätig werden. Sollten Verbände „lediglich“ innerstaatlich agieren, können die Mitgliedsstaaten strengere oder weichere Vorgaben aufstellen.[1230] Qualifizierte Einrichtungen haben gem. Art. 7 Abs. 4 RL (EU) 2020/1828 die Befugnis zur Führung von Unterlassungs- und Abhilfeklagen, eine Beschränkung auf eine Klageform ist nicht zulässig. *Ad-hoc* Vereinigungen sind grenzüberschreitende Verbandsklagen untersagt, bei innerstaatlichen Sachverhalte können *ad-hoc* Vereinigungen zugelassen werden.[1231]

Das Gericht kann zur Überprüfung der Vorgaben bei Bedarf Unterlagen von den Verbänden anfordern. Diese Überwachung könnte Verfahren verzögern. Beklagte könnten eine gerichtliche Prüfung der Verbandsfinanzierung und eine Offenlegung erzwingen.[1232]

1224 Lühmann, NJW 2019, 570, 571.

1225 Sieht die grundsätzliche Möglichkeit angesichts unklarer Sprache in RL, Gsell, BKR 2021, 521, 527; krit. bzgl. Auswirkungen auf Klagebereitschaft, Röthemeyer, VuR 2021, 43, 45.

1226 Art. 10 Abs. 2 lit. b), ErwGr 52 RL (EU) 2020/1828; krit. hinsichtlich der geminderten Abschreckungswirkung, Röthemeyer, VuR 2021, 43, 45.

1227 Bei grenzüberschreitender Tätigkeit soll eine regelmäßige Überprüfung (alle 5 Jahre) durch die Mitgliedsstaaten erfolgen, ErwGr 29 RL (EU) 2020/1828.

1228 Vgl. Biard/Kramer, ZEuP 2019, 249, 252.

1229 Vgl. Kern/Uhlmann, ZEuP 2022, 849, 857.

1230 Schuschnigg, EuZW 2022, 1043, 1045.

1231 Es sollen keine Anreize für *ad-hoc* Vereinigungen gesetzt werden, ErwGr 28 RL (EU) 2020/1828; Gsell, BKR 2021, 521, 524; krit. zum Verbot Kern/Uhlmann, ZEuP 2022, 849, 857, 859.

1232 Röthemeyer, VuR 2021, 43, 46.

Die Geschädigten sollen keine gestaltende Rolle im Verfahren ausüben.[1233] Ihre Interessen werden durch die Verbände repräsentiert. Geschädigte sind keine Parteien, sie können die Klageführung nicht beeinflussen.[1234] Diese fehlende individuelle Gestaltungsmöglichkeit soll die Funktionsfähigkeit des Verfahrens erhalten. Dies gilt als Kompromiss zwischen Leistungsfähigkeit und individuellen Beteiligungsrechten.[1235] Die Verbandsklage soll im Gegenzug nur in Ausnahmefällen mit Kosten für Verbraucher verbunden sein.[1236] Verbraucher sind fortlaufend über den Stand und die Ergebnisse zu informieren. Diese Kosten können auf die Beklagten umgelegt werden, Verstöße sind sanktionsfähig.[1237]

b) Mögliche Klagearten

Mittels Verbandsklagen konnte bisher auf Unterlassung von rechtswidrigen Praktiken gegen Unternehmen geklagt werden, dies wurde durch die frühere Richtlinie 2009/22/EG geregelt. Entsprechende Unterlassungsklagen bleiben auch weiterhin möglich.

Aufgrund der eingeschränkten Wirkung von Unterlassungsklagen wurde die neue Abhilfeklage eingeführt. Dadurch werden die Mitgliedsstaaten zur Einführung eines kollektiven Rechtsbehelfs gerichtet auf Leistung verpflichtet. Abhilfe im Sinne der Richtlinie ist nicht nur beschränkt auf finanziellen Ersatz, auch kann Reparatur, Ersatzleistung, Preisminderung, Vertragsauflösung oder Rückerstattung erfolgen.[1238] Die Zahlung von Schadensersatz stellt aber für Kollektivverfahren den interessantesten Aspekt dar.

Im Sinne der Richtlinie soll hierzu ein einstufiges Verfahren mit einer Vollstreckungsmöglichkeit eingeführt werden. Im Rahmen dieses Verfahrens wäre es nicht notwendig, dass die Verbände jeden einzelnen Geschädigten identifizieren und benennen müssen. Gerade für Streuschäden könnte dies eine Erleichterung darstellen. Nach einer Abhilfeentscheidung soll eine zeitnahe Auszahlung an die individuellen Geschädigten möglich sein,[1239] ein zeitraubendes zweistufiges Verfahren zur individuellen Schadensermittlung ist somit entbehrlich.

1233 U. a. zur Wahrung der Verfahrenseffizienz, Röthemeyer, VuR 2021, 43, 50.

1234 ErwGr 36 RL (EU) 2020/1828.

1235 Müller, IWRZ 2022, 49, 50.

1236 Art. 12 Abs. 2, „moderate Beitrittsgebühr" Art. 20 Abs. 3, ErwGr 36, 38 RL (EU) 2020/1828.

1237 Art. 13, 19, ErwGr 58 ff. RL (EU) 2020/1828.

1238 Art. 9 RL (EU) 2020/1828; konzeptionell als Folgenbeseitigungsanspruch bewertet, Röthemeyer, VuR 2021, 43.

1239 ErwGr 49 f. RL (EU) 2020/1828.

Die Richtlinie macht keine Vorgaben, ob diese Verfahren als *opt-in* oder *opt-out* Verfahren ausgestaltet werden sollen.[1240] Bei einer Ausgestaltung als *opt-in* Klage soll eine Beitrittsmöglichkeit auch nach Rechtshängigkeit noch bestehen,[1241] etwaige *free-rider* Effekte werden in Kauf genommen. Eine wirksame Beitrittserklärung soll auch bei einer stillschweigenden Erklärung der Geschädigten möglich sein,[1242] eine solche könnte bei einem fehlenden Austritt aus einer *opt-out* Klage bejaht werden.

Die Ansprüche der Geschädigten werden durch Erhebung einer Verbandsklage nach Art. 16 RL (EU) 2020/1828 gehemmt.[1243] Erwartet wird, dass angesichts der Verjährungshemmung die Zahl der Einzelklagen zurückgehen wird.[1244]

Die Geschädigten sind gem. Art. 13 RL (EU) 2020/1828 umfassend zu informieren. Dies soll durch die klagebefugten Verbände erfolgen, nach Verfahrensabschluss (durch Urteil oder Vergleich) sollen die beklagten Unternehmen damit betraut werden. Die Art und Weise der Informationsbereitstellung wird nicht näher geregelt, gerade im Bereich der Massengeschäfte bietet sich eine Bereitstellung über Online-Portale bzw. Online-Medien an und wird auch empfohlen.[1245] Beklagte die in einem Dauerschuldverhältnis mit Geschädigten stehen, verfügen ohnehin die Daten der betroffenen Personen. Die Einrichtung von elektronische Datenbanken zur Sammlung von relevanten Entscheidungen und Informationen wird den Mitgliedsstaaten nahegelegt.[1246]

Es besteht gem. Art. 11 RL (EU) 2020/1828 auch die Möglichkeit eines Kollektivvergleichs, inspiriert wohl aus den Erfahrungen zum niederländischen WCAM.[1247] Vergleiche sollen gefördert werden.[1248] Voraussetzung für einen Vergleich ist die gerichtliche bzw. behördliche Prüfung, relevant ist insbesondere die „Fairness", wobei dieser Begriff nicht weiter konkretisiert

---

1240 *Opt-out* Verfahren sind ausdrücklich zugelassen, ErwGr 34, 43 RL (EU) 2020/1828.

1241 ErwGr 44 RL (EU) 2020/1828.

1242 ErwGr 46 RL (EU) 2020/1828.

1243 Wobei auch Unterlassungsklagen hemmend für spätere Leistungsansprüche wirken können, ErwGr 65 RL (EU) 2020/1828.

1244 Gsell, BKR 2021, 521, 525.

1245 ErwGr 61 ff. RL (EU) 2020/1828.

1246 ErwGr 63 RL (EU) 2020/1828.

1247 Vgl. Gsell, BKR 2021, 521, 526.

1248 ErwGr 53 f. RL (EU) 2020/1828.

wird.[1249] Eine Austrittsmöglichkeit soll den Geschädigten offen stehen.

Zwar wird eine Beweisdarlegung des Beklagten durch Art. 18 RL (EU) 2020/1828 (gleichzeitig auch für Beweismittel des klagenden Verbandes nach ErwGr 68) angeregt, eine der *discovery* ähnliche Beweisbeschaffung wird damit jedoch nicht begründet.[1250] Jegliche Beweisanforderungen unterliegen weiterhin dem nationalen Verfahrensrecht,[1251] eine, der *discovery* vergleichbare, Ausforschung kann daher nur bei gleichzeitiger Änderung der nationalen Verfahrensordnung erfolgen.

Das Urteil einer Verbandsklage wird zwar keine *erga omnes* Wirkung haben, dennoch soll es als Beweismittel für ein zukünftiges Verfahren gegen den gleichen Beklagten anerkannt werden.[1252] Auf eine konkrete, verbindliche Ausgestaltung dieser Beweisregel wurde unter Bezugnahme auf die Unabhängigkeit der nationalen Gerichte verzichtet. Entscheidungen zum Nachteil von Beklagten sind zu veröffentlichen. Erhofft wird sich, dass dadurch die damit verbundenen Reputationsrisiken im Wege eines *shaming* auch auf andere Wettbewerber ausstrahlen und diese von schädigendem Verhalten abschrecken.[1253]

Das *loser pays* Prinzip der Kostenerstattung soll nach Art. 12 Abs. 1 RL (EU) 2020/1828 erhalten bleiben, wobei sich die Erstattung weiterhin nach den nationalen Vorschriften richtet.[1254]

2. *Bewertung der Richtlinie*

Die Richtlinie versucht einen Ausgleich zwischen möglichem Rechtsmissbrauch und ausreichenden Klageanreizen zu schaffen, ein Konflikt, welcher bei jeder Verfahrensform des kollektiven Rechtsschutzes auftritt.[1255] Die Entkoppelung von Gewinnbeteiligung und Prozessführung wird dabei als wirksamer Schutz gegen missbräuchliche Klagen erachtet.[1256] Angesichts bestehender öffentlicher Finanzierung und möglicher Reputationsgewinne für Verbände durch

---

1249 ErwGr 56 RL (EU) 2020/1828; „[…] Rechte und Interessen aller Parteien, insbesondere die der betroffenen Verbraucher […]“, Art. 11 Abs. 2 RL; krit. hinsichtlich der möglichen Bindungswirkung, Gsell, BKR 2021, 521, 526.

1250 Krit. Gsell, BKR 2021, 521, 526.

1251 ErwGr 12 RL (EU) 2020/1828.

1252 Art. 15, ErwGr 64 RL (EU) 2020/1828; vgl. Röthemeyer, VuR 2021, 43, 52.

1253 ErwGr 40, 60 RL (EU) 2020/1828.

1254 ErwGr 38 RL (EU) 2020/1828.

1255 Ausführlich S. 275 ff.

1256 Vgl. Kern/Uhlmann, ZEuP 2022, 849, 858.

aggressive Prozessführung könnte diese Annahme jedoch nicht in allen Fällen gewährleistet sein.

In Teilen geht die Richtlinie weiter als bisher bestehende Modelle, vor allem im Vergleich zu den deutschen Modellen. An anderen Stellen ist die Vorsicht und generelle Skepsis gegenüber dem kollektiven Rechtsschutz erkennbar. Die Beschränkung der Klagebefugnis auf nicht-kommerziell agierende Verbände wird teilweise kritisch bewertet.[1257] Die Skepsis gegenüber Strafschadensersatz[1258] wird deutlich und beugt wohl bereits vorsorglich gegen Vorwürfe von „amerikanischen Verhältnissen“ vor.

Dennoch ist die Einführung von Kollektivverfahren in allen Mitgliedsstaaten als Fortschritt zu bewerten. Gerade Mitgliedsstaaten die zurückhaltend waren, werden nunmehr verpflichtet Optionen einzuführen.[1259] Auf Basis der Richtlinie ist es reformbereiten Mitgliedsstaaten möglich expansivere Modelle einzuführen.

Erfreulich ist, dass die Richtlinie die Einführung eines einstufigen Verfahrens fordert. Die im Umsetzungsverfahren befürchtete Annahme, dass Deutschland dennoch am mehrstufigen Verfahren festhält,[1260] hat sich jedoch m. E. bestätigt.

Ungelöstes Problem sind die fehlenden Kriterien zur Sicherstellung der Finanzausstattung der Verbände.[1261] Den Mitgliedsstaaten wird zwar auferlegt die Verbände nicht durch prohibitive Gebührenregelungen von Klagen abzuhalten, gleichzeitig werden keine verbindlichen Vorgaben eingeführt, welche sie zur ausreichenden Finanzierung von klageberechtigten Verbänden verpflichten.[1262] Art. 20 RL (EU) 2020/1828 verpflichtet die Mitgliedsstaaten zwar zur Unterstützung der Verbände, konkrete Vorgaben hinsichtlich einer ausreichenden finanziellen Ausstattung werden jedoch nicht gemacht. Aufgeführt werden nur beispielhafte Finanzierungsmöglichkeiten (strukturelle Unterstützung, Begrenzung von Gerichts- und Verwaltungsgebühren, Prozesskostenhilfe).

Angesichts der Einschränkungen von Drittfinanzierung und der restriktiven Handhabung von Erfolgsbeteiligungen bleiben die Anreize der Verbände zur

---

1257 „paternalistisch“, Biard/Kramer, ZEuP 2019, 249, 256.

1258 ErwGr 10, 42 RL (EU) 2020/1828.

1259 So auch Deutschland, vgl. Müller, IWRZ 2022, 49, 50; Gsell, BKR 2021, 521.

1260 Als sinnvolleres Element für individuell geprägte Schäden, Lühmann, NJW 2019, 570, 575.

1261 Vgl. Kern/Uhlmann, ZEuP 2022, 849, 855 f.

1262 ErwGr 70 RL (EU) 2020/1828; vgl. Biard/Kramer, ZEuP 2019, 249, 256 f.; eine solche sei aber wegen des öffentlichen Auftrags (objektive Rechtsdurchsetzung) erforderlich, Kern/Uhlmann, ZEuP 2022, 849, 863.

Klageerhebung niedrig.[1263] Für die Verbände liegt ein negativer Erwartungswert vor, denn ein ausschließliches Obsiegen kann nicht angenommen werden. Diese Kosten können mangels Gewinnbeteiligung nicht durch siegreiche Verfahren kompensiert werden.[1264] Die grundsätzliche Beibehaltung des *loser pays* Prinzips trägt ebenfalls dazu bei, die Anreize des Verbands zu minimieren. Eine Beitrittsgebühr[1265] für Verbraucher senkt den Anreiz sich an einer Abhilfeklage zu beteiligen und wäre wohl letztlich nicht kostendeckend. Eine Beitrittsgebühr würde auch dem Ziel einer weitreichenden Klage mit möglichst vielen Geschädigten wieder entgegenlaufen.

Ungeklärt bleibt auch die Frage, welche Möglichkeiten Geschädigte haben unzureichende Prozessführung zu bemängeln.[1266] Mangels eigener Parteistellung besteht kein Anspruch auf Berücksichtigung im Verfahren. Soweit Geschädigte mit der Prozessführung des Verbandes nicht einverstanden sind bleibt nur die individuelle Klage.

3. *Die Umsetzung der Richtlinie in Deutschland*

Die Umsetzung der Verbandsklagenrichtlinie erfolgte durch das Verbandsklagenrichtlinienumsetzungsgesetz (VRUG), welches unter anderem das Gesetz zur gebündelten Durchsetzung von Verbraucherrechten (Verbraucherrechtedurchsetzungsgesetz – VDuG) einführte. Dieses bündelt nunmehr verschiedene Verbandsklagen.

Der Referentenentwurf zur Richtlinienumsetzung wurde zum 24.04.2023 veröffentlicht,[1267] nach Bundesratsanhörung und entsprechender Berücksichtigung vom 17.05.2023[1268] und weiterer Berücksichtigung der Beschlussempfehlung vom 05.07.2023[1269] wurde das Gesetz am 07.07.2023 durch den Bundestag angenommen. In Kraft ist es seit dem 13.10.2023. Entsprechend Art. 4 VRUG sollen für vor dem 13.10.2023 anhängig gemachte Musterfeststellungsklagen die bis dahin geltenden Vorschriften anzuwenden sein.[1270] Die Umsetzungsfrist der Richtlinie wurde durch Deutschland nicht gewahrt.

1263 Ebenso Gsell, BKR 2021, 521, 527; Kern/Uhlmann, ZEuP 2022, 849, 856, 867; Art. 10 RL (EU) 2020/1828.

1264 Kern/Uhlmann, ZEuP 2022, 849, 864.

1265 Grundsätzlich zulässig nach Art. 20 Abs. 3 RL (EU) 2020/1828

1266 Zu den Problemen guter Prozessführung, Kern/Uhlmann, ZEuP 2022, 849, 860.

1267 BT-Drs. 20/6520.

1268 BT-Drs. 20/6878.

1269 BT-Drs. 20/7631.

1270 Art. 4 VRUG.

Neben der Richtlinienumsetzung werden verschiedene Aspekte des materiellen und prozessualen Rechts vereinheitlicht und gebündelt. Die deutsche Umsetzung setzt weiterhin auf die gerichtliche Durchsetzung von Verbraucheransprüchen,[1271] einer Durchsetzung im behördlichen Wege wird eine Absage erteilt.

Die bestehenden Regelungen zur Musterfeststellungsklage aus der ZPO (§§ 606 bis 687 ZPO) wurden in das VDuG übernommen. Eine Übernahme der Regelungen des KapMuG ist nicht beabsichtigt, ebenso verbleibt die (Verbands-) Unterlassungsklage im UKlaG. Die Bündelung aller Kollektivverfahren in einem zentralen Gesetz wurde nicht vorgenommen, dies hätte das Finden von Rechtsbehelfen für Verbraucher erleichtern können.

Die bisherige Rechtsprechung,[1272] wonach bei Abschöpfungsklagen die gewerbliche Prozessfinanzierung mit Gewinnbeteiligung untersagt ist, wurde durch den neu gefassten § 10 Abs. 6 UWG abgeschafft. Nunmehr ist die gewerbliche Prozessfinanzierung mit Gewinnbeteiligung gestattet, soweit die Finanzierung durch das Bundesamt für Justiz bewilligt wird.[1273] Dieses hat dabei zu berücksichtigen, ob die Rechtsverfolgung nicht missbräuchlich ist und die Vergütung des Finanzierers üblich und angemessen ist. Weiterhin wurde der Anwendungsbereich der Abschöpfungsklage auch auf grob fahrlässiges Verhalten erweitert. Es bleibt abzuwarten, ob diese Änderungen der Abschöpfungsklage neues Leben einhauchen werden.[1274]

Die Verjährung wird durch einen neuen § 204a BGB vereinheitlicht, die bekannte Verjährung der Musterfeststellungsklage gilt auch für die weiteren Klageformen nach dem VDuG.[1275] Die Verjährung gilt dabei für angemeldete Verbraucher. Aufgrund der Option der Anmeldung nach Klageerhebung ergibt sich die Möglichkeit des „Wiederauflebens“ von bereits verjährten Ansprüchen.[1276]

Durch Änderung von § 48 GKG werden die Streitwerte für Verbandsklagen begrenzt.[1277] Durch die Begrenzung werden die Initialkosten und das Kostenrisiko für die Verbände minimiert, dies könnte zu einer Steigerung der Klagebereitschaft führen. Gleichzeitig wird durch die Begrenzung die (gesetzlich

---

1271 BT-Drs. 20/6520, S. 61.

1272 BGH, NJW 2018, 3581.

1273 BT-Drs. 20/6520, S. 64, 125.

1274 Lediglich 43 Gewinnabschöpfungsklagen seit 2004, BT-Drs. 20/6520, S. 125.

1275 BT-Drs. 20/6520, S. 106 ff.

1276 Vgl. BGH, NZG 2022, 456, 457.

1277 250.000 EUR für Unterlassungs- und Musterfeststellungsklagen, 300.000 EUR für Abhilfeklagen.

vorgesehene) Vergütung von Rechtsbeiständen reduziert. Soweit keine Honorarvereinbarung besteht, könnte dies die Bereitschaft von qualifizierten Klägeranwälten reduzieren. Die Abhilfeklage als Leistungsklage enthält einen Streitwertdeckel von 300.000 EUR. Das Kostenrisiko beläuft sich insoweit auf 26.679,86 EUR.[1278]

Weiterhin wurde den Verbänden im nationalen Recht auch die Befugnis zugewiesen, bei Verstößen von Unternehmen gegen die DSGVO bzw. dem BDSG im Wege der Unterlassungsklage vorzugehen.[1279] Dies könnte zu erheblicher Klageaktivität führen.

a) Voraussetzungen der Klageberechtigung

Die Regelungen zu den qualifizierten Einrichtungen entsprechen weitestgehend den Vorgaben der Verbandsklagenrichtlinie. Nach § 2 Abs. 1 VDuG wird auf die Eintragung in die Liste der qualifizierten Verbraucherverbände nach § 4 UKlaG verwiesen. Hierzu müssen die Verbände entweder drei Verbände oder 75 natürliche Personen als Mitglieder haben, mindestens ein Jahr aktiv sein, nicht gewinnbringend tätig sein und Verbraucherinteressen dienen.[1280] Eine Fremdfinanzierung durch Unternehmen ist nach § 2 Abs. 1 Nr. 2 VDuG gestattet, soweit diese 5 % der Mittel nicht übersteigt. Anerkannt werden klagebefugte Einrichtungen aus anderen Mitgliedsstaaten die in der Liste der Europäischen Kommission eingetragen sind. Zugunsten von Verbraucherzentralen und anderen Verbraucherverbänden die mit öffentlichen Mitteln gefördert werden gilt gem. § 2 Abs. 3 VDuG die Vermutung, dass sie die Vorgaben erfüllen. Gerichte können bei Zweifeln die Offenlegung der finanziellen Mittel nach § 2 Abs. 2 VDuG fordern. Bestehende Klageberechtigungen nach den bisherigen Regelungen zur Musterfeststellungsklage gelten fort.

Verbandsklagen sind gem. § 4 Abs. 2 VDuG unzulässig, wenn sie von einem Wettbewerber oder einem vom Beklagten abhängigen Unternehmen finanziert werden. Ebenso sind sie unzulässig, wenn Prozessfinanzierer zu mehr als 10 % an der Kompensation beteiligt werden oder zu befürchten ist das zu Lasten der Geschädigten auf die Klage (sowie einem möglichen Vergleich) eingewirkt wird (§ 4 Abs. 2 Nr. 3–4 VDuG).[1281] Gerichte können nach auch die Offenlegung

1278 Eine Vergütung nach RVG wird auch für die eigenen Anwälte unterstellt.

1279 BT-Drs. 20/6520, S. 110.

1280 Eine Absenkung gegenüber den früheren Regelungen zur Musterfeststellungsklage.

1281 Das Ziel der restriktiven Finanzierungsmöglichkeiten scheint die Vermeidung von „ungebührlichen" Einflussmöglichkeiten zu sein, BT-Drs. 20/6520, S. 60, 71.

dieser Finanzierungsbedingungen sowie weiterer Vereinbarungen fordern und bei Bedenken die Klage abweisen. Mehrere klageberechtigte Verbände können nach § 7 VDuG als Streitgenossen gemeinschaftlich gegen (mehrere) Unternehmen vorgehen, ein „Pooling" von finanziellen Ressourcen ist ihnen damit möglich.[1282]

Die Kriterien bezüglich der nachteiligen Beeinflussung sind vage formuliert. Ebenso ist unklar, wie weit die Auslegung der Begriffe „Wettbewerber" und „abhängig" im Sinne von § 4 Abs. 2 VDuG im Einzelfall gehen wird. Angesichts der Skepsis gegenüber Drittfinanzierung die sich bereits in der Richtlinie gefunden hat, ist zu erwarten, dass Drittfinanzierung im Zweifel eher zu einer Unzulässigkeit der Verbandsklage führen wird. Das Ziel der Abschreckung, welches durch hohe Anzahl von (berechtigten) Klagen erreicht werden soll, wird durch die Beschränkung nicht gefördert. Zumindest ist eine (begrenzte) finanzielle Beteiligung von Drittfinanzierers möglich.

Die Möglichkeit der gerichtlichen Überprüfung der (Dritt-) Finanzierungsbedingungen birgt die Gefahr eines „Nebenkriegsschauplatzes" unabhängig vom eigentlichen Streitgegenstand. Beklagte die ein Verfahren verzögern möchten könnten dies nutzen.

b) Klageformen

Die Verbandsklage steht im Mittelpunkt des VDuG. Nach § 1 Abs. 1 VDuG sollen in bürgerlichen Rechtsstreitigkeiten Verbände begrenzte Kollektivrechtsbehelfe (Abhilfeklagen und Musterfeststellungsklagen nach § 1 Abs. 1 Nr. 1–2 VDuG) einreichen können. Der Begriff der bürgerlichen Rechtsstreitigkeit soll zur Vermeidung von sinkenden Verbraucherschutzstandards weit gelesen werden.[1283] Entscheidungen haben bindende Wirkungen auf weitere Verfahren der gleichen Klageparteien über den gleichen Lebenssachverhalt.[1284] Die Regelungen zur früheren Musterfeststellungsklage bleiben im Wesentlichen erhalten und wurden in das VDuG überführt.[1285]

Die allgemeinen Regelungen der ZPO sind auf die Verfahren nach § 13 VDuG grundsätzlich anzuwenden. Die Vorschriften zur Nebenintervention und der Streitgenossenschaft sind nach § 13 Abs. 2 VDuG hinsichtlich der Geschädigten

1282 Dies eröffnet die Möglichkeit einer „Sammelverbandsklage".

1283 Unter Ausschluss von arbeitsrechtlichen Verfahren, BT-Drs. 20/6520, S. 69.

1284 Soweit nicht schon eine Abhilfe in der Verbandsklage erfolgt ist, im Regelfall nur bei der Musterfeststellungsklage zu erwarten.

1285 Ausführlich S. 185 ff.

nicht anzuwenden. Es wird deutlich, dass Verbraucher keine Parteien des Verfahrens sind. Die Geschädigten haben daher keine Gestaltungsmöglichkeiten auf die Klage. Diese Begrenzung ihrer Beteiligungsrechte wird als notwendig für die Funktionsfähigkeit der Verbandsklage erachtet.[1286] Kleinunternehmer sind nach § 1 Abs. 2 VDuG Verbrauchern gleichgestellt.[1287] Dies greift eine oft gestellte Forderung nach Ausweitung der Geschädigteneigenschaft auf.

Zuständig für entsprechende Klagen ist das Oberlandesgericht in 1. Instanz nach § 3 Abs. 1 VDuG. Die Konzentration, die schon aus den KapMuG- und Musterfeststellungsverfahren bekannt ist bleibt somit bestehen. Die örtliche Zuständigkeit richtet sich nach dem Sitz der Beklagten. Den Landesregierungen bleibt es überlassen, durch Rechtsverordnungen weitere Konzentrationen an einzelnen Oberlandesgerichten vorzunehmen (§ 3 Abs. 3 VDuG). Diese Konzentration wird mit der Breitenwirkung der Verbandsklagen rechtfertigt.[1288] Angesichts des zu erwartenden Mehraufwandes für zukünftige Verbandsklagen haben die Länder sicherzustellen, dass der personelle Mehrbedarf gestellt wird.

Oberlandesgerichte sollen aus Konzentrations- und Beschleunigungsgründen auch für Klagen nach dem UKlaG zuständig werden. Unterstellt wird, dass überwiegend Rechtsfragen zu klären sind, welche eine langwierige Tatsachenfeststellung entbehrlich machen würden.[1289] Ob eine gleichzeitige Erweiterung der Klagemöglichkeiten mit einer Kanalisierung auf eine geringere Anzahl von Gerichten tatsächlich zu einer Beschleunigung führt bleibt abzuwarten.

§ 253 ZPO bleibt für die Klageschrift grundsätzlich anwendbar, daneben bestehen besondere Anforderungen nach dem VDuG. Der Nachweis der klageberechtigten Stelle ist beizufügen und die Betroffenheit von mindestens 50 Verbrauchern soll nachvollziehbar dargelegt werden (§ 5 Abs. 1 Nr. 2 VDuG). Die ursprüngliche Voraussetzung des Nachweises der tatsächlichen Betroffenheit wurde zugunsten einer nachvollziehbaren Darlegung gemildert.[1290] Eine Klage zugunsten von (noch) nicht bestimmten Geschädigten ist zulässig.[1291] Eine Offenlegung der Drittfinanzierung hat zu erfolgen und der Streitwert ist

---

1286 BT-Drs. 20/6520, S. 76.

1287 Soweit sie weniger als 10 Beschäftigte haben und ihr Jahresumsatz unter 2 Mio. EUR liegt.

1288 BT-Drs. 20/6520, S. 69.

1289 BT-Drs. 20/6520, S. 118.

1290 BT-Drs. 20/7631, S. 107.

1291 Die Berechtigung der Geschädigten wird im Umsetzungsverfahren geprüft, BT-Drs. 20/6520, S. 77.

anzugeben. Klageschriften werden nach § 5 Abs. 2 VDuG im Verbandsklagenregister bekanntgemacht.

Im Rahmen einer Abhilfeklage ist die Gleichartigkeit der Ansprüche darzulegen, sowie der individuelle Schaden (bei identischen Schadenssummen der Geschädigten) oder eine Schadensberechnungsmethode (§ 15 Abs. 2 VDuG).[1292] Die Angabe einer konkreten Berechnungsmethode[1293] erscheint voreilig angesichts von möglichen Untergruppen von Geschädigten mit unterschiedlichen Schadensquoten. Es ist ohnehin unklar, wie konkret eine entsprechende Berechnungsmethode erfolgen soll bzw. welche Konsequenzen aus einer groben Schätzung erfolgen. Zumindest lässt sich aus dem Wortlaut der Norm nicht entnehmen, dass eine „oberflächliche" Berechnungsmethode die Unzulässigkeit bedingt.

Als Ziel der frühzeitigen Nennung gilt die Erleichterung der gerichtlichen Streitwertfestsetzung.[1294] Angesichts des einfachen Klagebeitritts bzw. Rücknahme nach Klageerhebung (bis zu drei Wochen nach Schluss der mündlichen Verhandlung, § 46 Abs. 1 VDuG), erscheint die Wirkung dessen begrenzt. Sowohl die Anmeldung als auch die Abmeldung können gem. §§ 46, 47 VDuG grundsätzlich elektronisch erfolgen. Weiterhin ist eine Erhöhung des kollektiven Gesamtbetrages gem. § 21 VDuG auch nach dem Urteil noch möglich.

Eine rechtshängige Verbandsklage sperrt nach § 8 VDuG weitere Klagen über den gleichen Gegenstand, die Sperrwirkung bleibt auch nach Abschluss der anhängigen Verbandsklage bestehen.[1295] Nach § 11 VDuG sind auch Individualklagen von angemeldeten Verbrauchern gesperrt, bereits erhobene Individualklagen von Anmeldern werden ausgesetzt. Eine Rücknahme der Anmeldung setzt die Individualklage fort.[1296] Die Aussetzungsmöglichkeit dient der Entlastung der Gerichte, die Möglichkeit der unabhängigen individuellen Verfolgung soll die Wahlfreiheit der Verbraucher sichern.[1297] Bei Bagatellschäden dürfte die individuelle Verfolgung ohnehin der Ausnahmefall sein. Bei den seltenen Fällen der unabhängigen individuellen Verfahren ist zu erwarten, dass die betroffenen Gerichte im Blick auf die Verbandsklage zunächst ihr Verfahren nicht aktiv

---

1292 Eine Ähnlichkeit liegt vor, wenn eine „schablonenhafte" Prüfung der rechtlichen oder tatsächlichen Voraussetzungen durch das Gericht vorgenommen werden kann, BT-Drs. 20/6520, S. 77.

1293 Einheitliche Formel kann erforderlich sein, BT-Drs. 20/6520, S. 77.

1294 BT-Drs. 20/6520, S. 72.

1295 BT-Drs. 20/6520, S. 74.

1296 BT-Drs. 20/6520, S. 74.

1297 BT-Drs. 20/6520, S. 75.

befördern werden. Die faktische Bindungswirkung eines Verbandsklagenurteils wird über die angemeldeten Verbraucher hinausgehen.

Soweit keine Koordination der klageberechtigten Verbände erfolgt ist ein *race to the courthouse* möglich. Zur Vermeidung, dass ein finanziell oder personell besser aufgestellter Verband nicht mehr klagen könnte sollte die Möglichkeit der nachträglichen Klägererweiterung von weiteren Streitgenossen in Betracht gezogen werden. Zwar sollen Verbände nach § 12 Abs. 1 Nr. 1 VDuG darüber informieren, welche Klagen sie in der Zukunft erheben wollen, mangels konkreter Vorgaben kann jedoch nicht erwartet werden, dass alle Verbände über Vorhaben aller anderen informiert sind.

§ 6 VDuG gibt dem Gericht die Möglichkeit ein Zwangsgeld anzuordnen, wenn Parteien trotz Anordnung Beweismittel (unter den Voraussetzungen von § 142–144 ZPO) nicht vorlegen.

Entgegen der Befürchtung von vielen, handelt es sich dabei nicht um die Einführung von *discovery* Mechanismen in das deutsche Zivilprozessrecht.[1298] Vielmehr werden bestehende Möglichkeiten der Beweismittelbeschaffung unter Sanktion gestellt, eine Beweislastumkehr findet nicht statt. Ausweislich des Wortlauts kann das Zwangsgeld auch gegen Verbände gerichtet sein, wenn diese beispielsweise die Finanzierung nicht offenlegen.

Die Abhilfeklage

Neu eingeführt durch die Richtlinienumsetzung wird die Abhilfeklage. Diese ist aufgrund der kollektiven Verfolgung von Schadensersatz sicherlich die interessanteste Entwicklung.

Das Verfahren kann mehrere Phasen umfassen. Die Klage kann durch Vergleich oder Urteil enden. Diesen können sich Umsetzungsverfahren anschließen.

Das gerichtliche Verfahren ist ein reguläres Erkenntnisverfahren, es kann mit einem „Grundurteil" enden. Hierdurch können die konkreten Voraussetzungen der Anspruchsberechtigung und die vorzulegenden Nachweise tenoriert werden.[1299] Auf Basis eines Grundurteils können die Parteien gem. § 17 VDuG in Vergleichsverhandlungen eintreten,[1300] bei Scheitern der Verhandlungen wird das gerichtliche Verfahren fortgesetzt.

1298 Begrenzter Nutzen für Verbraucher, Thönissen, NJW 2023, 945, 947.

1299 Beispielhaft genannt werden: bestimmter Vertragstyp, verwendete AGB, Produkt/-serie, Zeitpunkt; Vertragsunterlagen, Rechnungen, Tickets, BT-Drs. 20/6520, S. 79.

1300 Vergleichsverhandlungen sollen vor dem „Vollstreckungsdruck" des Umsetzungsverfahrens erfolgen, BT-Drs. 20/6520, S. 80 f.

Abhilfeklagen sind gem. § 15 VDuG nur zulässig soweit sie auf gleichartigen Lebenssachverhalten beruhen und im Wesentlichen die gleichen Tatsachen- oder Rechtsfragen klärungsbedürftig sind. Im Gesetzgebungsverfahren wurden nur „gleichartige" Ansprüche als zulässig erachtet, aufgrund der möglichen Ausgrenzung von hinreichend ähnlichen Ansprüchen aus einem einheitlichen Lebenssachverhalt wurde die Formulierung „im Wesentlichen" eingefügt um eine Öffnung zu ermöglichen.[1301] Diese Voraussetzung erscheint vergleichbar zur *commonality* Voraussetzung nach Rule 23 (a) FRCP im US-amerikanischen Recht. Im Falle des Fehlens von gleichartigen Sachverhalten oder Fragen wäre die Abhilfeklage als unzulässig abzuweisen, die frühe Möglichkeit der Überprüfung ist ebenfalls vergleichbar mit der *certification* aus der US-amerikanischen *class action* und setzt eine Vorgabe der Verbandsklagenrichtlinie um.[1302]

aa) Vergleich

Die Regelungen zum Vergleichsschluss der Abhilfeklage sind vergleichbar zu denen der Musterfeststellungsklage. Der Vergleich wird in § 9 f. VDuG geregelt. Das Gericht fordert die Parteien bei geeigneten Verfahren zur Abgabe einer schriftlichen Vergleichserklärung auf. In diesem Vergleich können die Parteien auch ein eigenes Umsetzungsverfahren, anstelle des gesetzlichen Verfahrens, vereinbaren. Angesichts der noch unklaren Mehrkosten die durch ein langwieriges Umsetzungsverfahren entstehen können, erscheint dies als Möglichkeit für Beklagte die Kosten durch eigene Lösungen zu minimieren.[1303]

Der Vergleich gilt zunächst nur für die angemeldeten Verbraucher und bedarf der Genehmigung des Gerichts. Dieses hat gem. § 9 Abs. 2 VDuG zu prüfen, ob der Vergleich den Verbraucherinteressen dient und im Übrigen angemessen ist.[1304]

Mangels eigener prozessualer Stellung der Verbraucher ist eine neutrale Angemessenheitsprüfung notwendig. Angesichts der Zielrichtung der Verbandsklage, mit der auch eine Abschreckung erzeugt werden sollte, erscheint es verwunderlich, dass neben den privaten Interessen der angemeldeten Verbraucher nicht auch öffentliche Interessen im Rahmen der Angemessenheitsprüfung berücksichtigt werden sollen.

1301 BT-Drs. 20/7631, S. 109.

1302 ErwGr 39 RL (EU) 2020/1828.

1303 BT-Drs. 20/6520, S. 80 f.

1304 Von einer „Fairness" Prüfung iSd Art. 11 Abs. RL (EU) 2020/1828 wurde abgesehen.

Verbraucher die einem Vergleichsvorschlag nicht zustimmen, haben nach § 10 VDuG die Möglichkeit zum Austritt binnen einen Monats. Dabei beginnt die Frist nach Veröffentlichung des Vergleichs im Verbandsklageregister, welche auch dem Bundesamt für Justiz mitzuteilen ist. Eine individuelle Zustellung des Vergleichs wird nunmehr als entbehrlich erachtet.[1305]

Soweit die Anmeldung nicht nur zum Zweck der Verjährungshemmung (zur Vorbereitung der eigenen Individualklage) erfolgte, ist nicht zu erwarten, dass es zu vermehrten Austritten kommen wird. Signifikante Austrittszahlen dürften steigende Individualklagen und/oder mangelhafte Prozessführung bzw. ungenügende Vergleichsprüfung signalisieren.

bb) Urteil

Soweit eine konkrete Summe an individualisierte Verbraucher gefordert wird, kann das Gericht nach § 16 Abs. 1 S. 2 VDuG zu diesen Zahlungen verurteilen.

Das gerichtliche Verfahren kann auch mit Erlass eines Abhilfeendurteils nach § 18 VDuG enden. In diesem kann der Unternehmer zu einer Zahlung eines kollektiven Sachbetrags verurteilt werden (§§ 18 Abs. 1 Nr. 1; 19 VDuG). Es wird dann das Umsetzungsverfahren angeordnet, in welchem die Berechtigung der Verbraucher geprüft wird, ebenso werden die vorläufigen Kosten festgesetzt. Gegen Abhilfeendurteile ist nach § 18 Abs. 2 VDuG die Revision zum BGH stets zulässig.

Das Abhilfeendurteil ist grundsätzlich kein eigenständig vollstreckbarer Titel zugunsten der Geschädigten.[1306] Der Verband kann vollstrecken, wobei die Leistung jedoch zugunsten des Sachwalters geleistet werden muss.[1307] Eine Ausnahme besteht, soweit die Verbandsklage konkrete Anträge zugunsten namentlich bekannter Geschädigter geltend macht und diese entsprechend tenoriert werden.[1308]

Soweit das Gericht zu einem Kollektivgesamtbetrag zugunsten von noch nicht bestimmten Geschädigten verurteilt hat, soll es diesen Gesamtbetrag im Urteil bereits schätzen.[1309] Dabei hat der Verband während des gerichtlichen Verfahrens die Höhe darzulegen, durch regelmäßige Angabe der Anmelderzahlen und

1305 Zur Zeit- und Kostenersparnis, BT-Drs. 20/6520, S. 74.

1306 BT-Drs. 20/6520, S. 81 f.

1307 BT-Drs. 20/6520, S. 82.

1308 BT-Drs. 20/6520, S. 81.

1309 Zur Entlastung der Beweisaufnahme anhand des Maßstabs von § 287 ZPO, BT-Drs. 20/6520, S. 83.

konkreter Anhaltspunkte zur Schadenshöhe.[1310] Der Betrag kann bei Bedarf auch nach Urteilserlass erhöht werden (§ 21 Abs. 1 VDuG).

Das Gericht kann zunächst von einer Kompensation aller Geschädigten ausgehen. Im Umsetzungsverfahren nicht ausgezahlte Beträge werden den Unternehmen gem. § 37 VDuG wieder zurückerstattet. In seltenen Fällen könnten dadurch unnötige Kosten entstehen, wenn Unternehmen zunächst, verfügbares, Kapital auszahlen und erst mit Verzögerung zurückerhalten. Ebenso müssen sie die Kosten des Umsetzungsverfahrens anhand der tenorierten Gesamtsumme tragen und nicht nach der tatsächlich ausgezahlten. Es ist jedoch zu erwarten, dass in den meisten Fällen ein weitreichender Abruf erfolgen wird. Die Verbände haben ein Eigeninteresse an der Benachrichtigung von Geschädigten über erfolgreiche Klagen.

cc) Umsetzungsverfahren

Die eigentliche Kompensation der Geschädigten erfolgt im nachgelagerten Umsetzungsverfahren nach § 22 ff. VDuG. Das Umsetzungsverfahren wird durch einen Sachwalter organisiert, welcher durch das Gericht nach § 23 Abs. 1 VDuG bestellt wird.

Das Gericht setzt die Kosten des Umsetzungsverfahrens vorläufig fest, diese Festsetzung kann bereits erste Rückschlüsse auf Komplexität und Aufwand des Umsetzungsverfahrens geben.[1311] Mangels bisheriger Erfahrungen mit den Anforderungen erscheint dies derzeit nur eingeschränkt realisierbar. Die Kosten des Umsetzungsverfahrens sind durch den Unternehmer zu tragen (§ 20 Abs. 2 VDuG), die Eröffnung ist abhängig von der Zahlung (§ 24 VDuG). Im Falle der Nichtzahlung besteht die Möglichkeit von Zwangsgeldern (§ 29 VDuG). Am Umsetzungsverfahren nehmen gem. § 26 VDuG alle (noch) angemeldeten Geschädigten teil.

Der Sachwalter muss nach § 23 Abs. 2 VDuG eine von den Parteien unabhängige Person sein. Die Parteien sind vor der Bestellung anzuhören und können den Sachwalter unter den Voraussetzungen des § 42 ZPO, u. a. wegen Befangenheit, ablehnen.[1312] Sachwalter sollen über eine Berufshaftpflichtversicherung verfügen, deren Deckung für das konkrete Umsetzungsverfahren ausreichen soll

1310 BT-Drs. 20/6520, S. 83.

1311 BT-Drs. 20/6520, S. 83.

1312 Die Ablehnungsmodalität ist der Ablehnung von Sachverständigen nach § 406 ZPO nachgebildet, BT-Drs. 20/6520, S. 85.

(§ 23 Abs. 2 VDuG). Dies dient dem Schutz der Parteien soweit es zu möglichen Regressforderungen gegen den Sachwalter kommen sollte.[1313]

Konkrete Vorgaben zur Qualifikation des Sachwalters ergeben sich bisher nicht aus dem Gesetz. Als geeignet werden Rechtsanwälte, Steuerberater, Betriebswirte, Wirtschaftsprüfer und Insolvenzverwalter erachtet.[1314] Sachwalter sollen über eine entsprechende Mitarbeiterzahl und geeignete Ausstattung zur Durchführung des Umsetzungsverfahrens verfügen.[1315] Nicht die fachliche Qualifikation scheint ausschlaggebend zu sein, sondern vielmehr die praktischen Fähigkeiten bei der Verwaltung und Verteilung von Geldern an eine Vielzahl von Berechtigten.

Die konkreten Anforderungen sind noch unklar. Aufgrund der Unsicherheiten bezüglich des tatsächlichen Aufwandes und der Höhe der Vergütung ist zweifelhaft, dass zu Beginn eine Vielzahl von Interessenten bereitstehen wird. Unklar ist auch, ob neue Versicherungspolicen notwendig werden.

Für seine Tätigkeit steht dem Sachwalter Anspruch auf Erstattung seiner Auslagen und eine angemessene Vergütung zu (§ 32 VDuG), die Kosten sind durch eine Schlussrechnung nachzuweisen (§ 33 VDuG). Er hat bei den Auslagen auf Erforderlichkeit und Wirtschaftlichkeit zu achten. Seine (angemessene) Vergütung kann die Komplexität, die Arbeitszeit oder auch das Haftungsrisiko berücksichtigen. Die genauen Grundsätze zur Angemessenheit sollen noch durch die Rechtsprechung erarbeitet werden.[1316] Auch die Vergütung ist gem. § 20 VDuG Teil der zu übernehmenden Kosten des Beklagten. Dieser hat die Möglichkeit binnen zwei Wochen nach Erhalt der Schlussrechnung Einwendungen zu erheben.[1317]

Der Sachwalter steht unter Aufsicht des Prozessgerichts und kann zu Tätigkeitsberichten aufgefordert werden. Bei mangelnder Tätigkeit des Sachwalters kann auch gegen diesen ein Zwangsgeld angeordnet werden (§ 30 VDuG). Im Umsetzungsverfahren behält das Gericht seine Entscheidungszuständigkeit und überwacht das Umsetzungsverfahren gem. § 22 VDuG. Materiell-rechtliche Entscheidungen werden jedoch nicht mehr getroffen, Entscheidungen zur Anspruchsberechtigung der Geschädigten ergehen durch den Sachwalter.[1318]

1313 BT-Drs. 20/6520, S. 85.

1314 BT-Drs. 20/6520, S. 85.

1315 BT-Drs. 20/6520, S. 83.

1316 BT-Drs. 20/6520, S. 91; BT-Drs. 20/6878, S. 10.

1317 Dies dient dem zeitnahen Abschluss, BT-Drs. 20/6520, S. 92. Angesichts der möglichen Komplexität könnten 2 Wochen zur ausreichenden Prüfung eng bemessen sein.

1318 BT-Drs. 20/6520, S. 84.

Soweit das Umsetzungsverfahren eingeleitet wurde sind die gezahlten Gelder (Kosten und ggf. Kollektivgesamtbetrag) in einen Umsetzungsfonds einzuzahlen, welcher getrennt vom Vermögen des Sachwalters zu führen ist (§ 25 VDuG). Aus diesem kann der Sachwalter unmittelbar Leistungen an die Geschädigten anweisen, soweit diese die gerichtlich festgestellten Voraussetzungen erfüllen. Für eine Kompensation seiner laufenden Kosten ist eine gerichtliche Anordnung nötig (§ 25 Abs. 3 VDuG).

dd) Aufgaben des Sachwalters

Der Sachwalter ist mit der Organisation der Auszahlung betraut (§ 27 VDuG). Hierzu weist er dem Gericht den Erhalt von Geldern nach, prüft die Anspruchsberechtigung der Geschädigten und kann Fristen bestimmen.[1319] Eine zügige Abwicklung der Umsetzung ist sicherzustellen. Nicht fristgerecht eingegangene Nachweise der Geschädigten können nach § 27 Nr. 6 VDuG zurückgewiesen werden.[1320] Es ist vorgesehen, dass diese Prüfung mittels (automatisierter) Onlineportale abgewickelt wird, dies soll die Bearbeitung beschleunigen.[1321]

Der individuelle Schaden kann durch den Sachwalter berechnet werden. Dies wird anhand der gerichtlich festgestellten Kriterien ermittelt und ausgezahlt, die gerichtlichen Bewertungen und Berechnungsmaßstäbe sind bindend für den Sachwalter.[1322]

Ein Gesamtauszahlungsplan ist zu erstellen; sollte ersichtlich werden, dass die bisher gezahlten Gelder nicht ausreichen werden die Parteien darüber informiert. Berechtigte Ansprüche werden erfüllt, die Erfüllung kann auch ganz oder teilweise abgelehnt werden, wenn die Betroffenheit nicht nachgewiesen werden kann.

Die Betroffenen können gegen die (teilweise) Ablehnung binnen zwei Wochen widersprechen, der Widerspruch ist dabei zu begründen. Der Sachwalter entscheidet selbst über den Widerspruch (§ 28 VDuG). Gegen die Ablehnung des Widerspruchs besteht die Möglichkeit der gerichtlichen Überprüfung durch

---

1319 Unter dem Vorbehalt, dass den Geschädigten ausreichend Zeit für die Mitwirkung verbleibt, BT-Drs. 20/6520, S. 87 f.

1320 Angesichts der Ausgestaltung als Ermessensvorschrift sollen dadurch Fälle von unverschuldeter Säumnis doch zugelassen werden, BT-Drs. 20/6520, S. 88. Inwieweit Ermessensausübung bei Nutzung von automatisierter Vorgangsbearbeitung noch möglich ist bleibt abzuwarten.

1321 Anmeldung und Upload von Berechtigungsnachweisen, BT-Drs. 20/6520, S. 87.

1322 BT-Drs. 20/6520, S. 80, 87.

das Prozessgericht nach § 28 Abs. 4 VDuG,[1323] die gerichtliche Entscheidung ist unanfechtbar. Im Referentenentwurf war zunächst noch keine gerichtliche Überprüfung der Sachwalterentscheidung vorgesehen.[1324]

Das Begründungserfordernis soll vor „ins Blaue“ hinein erhobenen Widersprüchen schützen.[1325] Mangels weiterer inhaltlichen Voraussetzungen und der kurzen Frist ist zu erwarten, dass an die Begründungstiefe keine überspannten Anforderungen gestellt werden.

Bei Ablehnung des Widerspruchs verbleibt die Möglichkeit einer Individualklage, die Widerspruchsablehnung des Sachwalters erzeugt keine entgegenstehende Rechtskraft (§ 39, 40 VDuG).[1326] Im Rahmen von entsprechenden Folgeklagen ist der Verbraucher jedoch nicht mehr in der Lage Einwendungen gegen Sachwalterentscheidungen vorzubringen, über die schon im Widerspruchsverfahren nach § 28 VDuG hätte entschieden werden können.[1327] Im Übrigen richtet sich die Individualklage nach den regulären Vorschriften.

Bei Abschluss des Umsetzungsverfahrens sind eine Schlussrechnung und ein Schlussbericht zu erstellen. In diesen sind darzustellen, welche konkreten Ansprüche befriedigt wurden und welche noch offen sind bzw. verweigert wurden (§§ 33, 34 VDuG).[1328] Der Schlussbericht kann erst erstellt werden, wenn über alle Ansprüche entschieden wurde.[1329]

Dieser Schlussbericht wird durch das Gericht geprüft und kann beanstandet werden (§ 35 VDuG). Diese Prüfung ist keine materielle Prüfung der Einzelansprüche, lediglich die ordnungsgemäße Durchführung des Umsetzungsverfahrens wird geprüft.[1330] Beanstandungen der übrigen Beteiligten haben das Potential die Beendigung des Verfahrens zu verzögern.[1331]

1323 Wobei auch im Rahmen des weiteren Widerspruchsverfahrens keine individuellen Tatsachen- oder Rechtsfragen erörtert werden, BT-Drs. 20/7631, S. 110.

1324 BT-Drs. 20/6520, S. 89; BT-Drs. 20/7631, S. 110.

1325 BT-Drs. 20/6520, S. 89.

1326 § 40 VDuG stellt klar, dass auch der Unternehmer im Falle einer unberechtigten Leistung diese von den Verbrauchern zurückfordern kann und die Entreicherungseinrede ausgeschlossen ist.

1327 BT-Drs. 20/7631, S. 110.

1328 Mittels konkreter, für das Gericht nachvollziehbarer, Angabe von Leistung, Datum und Empfänger, BT-Drs. 20/6520, S. 93.

1329 BT-Drs. 20/6520, S. 92.

1330 BT-Drs. 20/6520, S. 93.

1331 BT-Drs. 20/6520, S. 94.

Nach „Freigabe" des Schlussberichts wird das Verfahren durch Beschluss für beendet erklärt (§ 36 VDuG). Mit diesem Beschluss werden die endgültigen Kosten festgesetzt. Restbeträge die nicht abgerufen wurden bzw. Kostenüberzahlungen werden an den Unternehmer zurückgezahlt (§ 36, 37 VDuG).

Die Rückführung von Überzahlungen erscheint sinnvoll und vermeidet ungerechtfertigte Sonderzahlungen an den Sachwalter, die Rückführung von nicht abgerufenen Beträgen erscheint jedoch wenig sinnvoll. Um den Abschreckungseffekt zu erhalten, wäre es m. E. sinnvoller, diese Summe an den klägerischen Verband auszuzahlen. Gerade bei niedrigen Einzelschäden mit geringen Abrufquoten könnte eine Rückzahlung erforderlich werden. Dies wäre das falsche Signal, da zuvor die Haftung des Schädigers festgestellt wurde. Für den Aufwand der Verfahrensführung würde es sich anbieten, diese Gelder zweckbestimmt an die Verbände auszuzahlen. Die Begründung, dass kein „Strafschadensersatz auferlegt" werden soll,[1332] kann nicht vollends überzeugen. Die vorläufige Zahlung erfolgte nicht als „Strafe", sondern erfolgt aufgrund eines bestehenden Schadens. Die fehlende Auszahlung an konkrete Geschädigte wandelt die Kompensation nicht in einen Strafschaden, die festgestellte „Bereicherung" des Schädigers wird vielmehr rückgängig gemacht.

Die Kostentragung des Unternehmers für das Umsetzungsverfahren nach § 26a GKG, § 20 VDuG erscheint konsequent. Dieses wird nur durchgeführt soweit zuvor die Haftung dem Grunde nach bereits festgestellt wurde.

Der Sachwalter kann sich gegenüber Unternehmern oder Geschädigten schadensersatzpflichtig machen. Als Maßstab dient gem. § 31 VDuG die Sorgfalt des ordentlichen und gewissenhaften Sachwalters. Die Regelung ist an § 60 InsO angelehnt und soll eine „Bereicherung" der Verbraucher auf Kosten der Unternehmer durch unzureichende Prüfung des Sachwalters verhindern.[1333] Konkrete Vorgaben sind bisher noch nicht bekannt, erwartet wird, dass diese durch die Rechtsprechung konkretisiert werden.

Eine mögliche Insolvenz des Unternehmers berührt zunächst nicht das Umsetzungsverfahren, der Sachwalter kann dieses aber im Hinblick auf das Insolvenzverfahren aussetzen oder einstellen (§ 38 VDuG). In diesem Spannungsfeld könnten sich Haftungsansprüche des Sachwalters ergeben. Die möglichen Spannungen zwischen der Befriedigung der Verbraucher, der Befriedigung der Massegläubiger und dem Interesse an einer möglichen Stabilisierung eines Unternehmens sind dem Gesetzgeber bewusst,[1334] die konkreten Regelungen

1332 BT-Drs. 20/6520, S. 95.
1333 BT-Drs. 20/6520, S. 91.
1334 BT-Drs. 20/6520, S. 95 ff.

lassen jedoch vieles offen und verschieben die Entscheidungen in das Ermessen der jeweiligen Sach- und Insolvenzverwalter.

4. *Bewertung der Umsetzung*

Die Abhilfeklage stellt ein Novum für deutsche Kollektivverfahren dar. Erstmals besteht ein Verfahren, welches auf direkte Kompensation der Geschädigten in einem „einstufigen“[1335] Verfahren abzielt. Die bisherigen auf Kompensation gerichteten Kollektivverfahren (Musterfeststellungsklage, KapMuG-Verfahren) waren zweistufig aufgebaut. Getrennt wurde zwischen einem „Grundurteil“ und der weiteren Stufe der individuellen Schadensermittlung des konkreten Geschädigten. Mit der Verbandsklagenrichtlinie war die Einführung eines einstufigen Verfahrens nötig.

Die Abhilfeklage könnte somit zur Beseitigung einer der größten Nachteile führen. Mit dem einstufigen Modell kann die zeitnahe Kompensation gewährleistet werden. Eigenständige Leistungsklagen der Geschädigten (wie bei der Musterfeststellungsklage oder dem KapMuG) sind nicht mehr nötig.[1336] Die Konzeption, den Verband als Klageberechtigten die Kompensation im eigenen Namen aber zugunsten von Dritten einzufordern ist wohl als neuartig für das deutsche Recht zu bewerten.[1337]

Im Sinne der Entlastung der Gerichte ist es zu begrüßen, dass eine freie Bestimmung eines Gesamtbetrages nach § 19 VDuG möglich ist. Dies vermeidet die zeitaufwändige individuelle Schadensbestimmung und -tenorierung. Durch die Verlagerung der individuellen Auszahlung in das Umsetzungsverfahren wird dennoch ausreichend die individuelle Betroffenheit geprüft, gleichzeitig aber das Erkenntnisverfahren verschlankt.

Die eingeführte Abhilfeklage verbleibt jedoch konzeptionell ein mehrstufiges Verfahren bestehend aus Abhilfe(grund)urteil, Vergleichsphase und Umsetzungsverfahren.[1338] Die Möglichkeit einer „4. Phase“ nach erfolglosem Widerspruch gegen Sachwalterentscheidungen besteht ebenfalls, wobei die Wahrscheinlichkeit für individuelle Klageverfolgung bei Streuschäden überschaubar sein dürfte.

Trotz Richtlinienempfehlung für ein (echtes) einstufiges Verfahren, stellt sich das Umsetzungsverfahren faktisch als zweite Stufe dar, in welcher die

1335 Über den Umweg des Umsetzungsverfahrens.
1336 So auch der Zweck ausweislich ErwGr 50 RL (EU) 2020/1828.
1337 Vgl. SCHUSCHNIGG, EuZW 2022, 1043, 1044.
1338 BT-Drs. 20/6520, S. 61 f.

Geschädigten wieder aktiv werden müssen. Die Vorgaben der Richtlinie sind nominell dennoch erfüllt, abgestellt wird darauf, dass ein einstufiges gerichtliches Verfahren eingeführt werden soll. Durch die Einbindung des Umsetzungsverfahrens im gerichtlichen Verfahren, wird diese Vorgabe erfüllt. Das gerichtliche Abhilfeverfahren endet schließlich erst mit Abschluss des Umsetzungsverfahrens nach § 36 VDuG.

Neu ist das Umsetzungsverfahren. Dies hatte wohl die Erleichterung der Justiz im Sinn, die „Durchsetzung" von einer Vielzahl von Ansprüchen sollte nicht auch durch die ohnehin angespannten Justizkräfte erfolgen. Hierzu sollte eine andere unabhängige Instanz, in Form des Sachwalters, tätig werden.

Die Ähnlichkeiten zwischen dem Sachwalter und Insolvenzverwalter sollten nicht überraschen. In der Literatur wurde angeregt, einen neutralen Treuhänder mit der Organisation der konkreten Auszahlung zu betrauen und das Gericht nur die „Grundentscheidung" durchführen zu lassen.[1339] Diesem Gedanken wurde mit der Einführung des losgelösten Umsetzungsverfahrens gefolgt.

Das Umsetzungsverfahren hat das Potential die konkrete Kompensation der Geschädigten zu beschleunigen. Die Prozessgerichte sind im Regelfall weder personell noch technisch darauf ausgelegt, eine Vielzahl von Auszahlungen zeitnah zu tätigen und die Kommunikation mit den Geschädigten zu koordinieren. Die Übertragung dieser Aufgaben an entsprechend kompetente Sachwalter, die zu diesem Zweck über eigenes Personal und/oder technische Abwicklungs- bzw. Zahlungsplattformen verfügen lässt auf ein effizienteres Verfahren gegenüber einer staatlichen „Auszahlungsstelle" erwarten.

Im ersten Regierungsentwurf war eine Unanfechtbarkeit von Sachwalterentscheidungen über Widersprüche vorgesehen,[1340] in der finalen Fassung wurde in § 28 Abs. 4 VDuG eine weitere gerichtliche Überprüfung über die Entscheidung des Sachwalters eingefügt. Diese gerichtliche Überprüfung könnte zu weiterer personeller Belastung beim Prozessgericht führen. Zum jetzigen Zeitpunkt kann nicht abgeschätzt werden, ob Streitpunkte hinsichtlich der Forderungshöhe im Rahmen des Umsetzungsverfahrens verbleiben werden. Durch hinreichend klare Abhilfegrundentscheidungen könnten Streite entfallen.

Die Abhilfeklage wird vor allem bei Verbraucheransprüchen hilfreich sein, bei denen aufgrund rationaler Apathie eine individuelle Klage nicht verfolgt wird. In diesem Bereich könnte sich, bei entsprechender Bereitschaft der Verbände, das Verfolgungsdefizit reduzieren. Die Möglichkeit sich schnell und einfach der

---

1339 Vgl. KERN/UHLMANN, ZEuP 2022, 849, 876.

1340 BT-Drs. 20/6520, S. 89.

Klage anzuschließen und dabei keinerlei Kosten auf sich nehmen zu müssen ist attraktiv für Geschädigte.

Die Abhilfeklage ist jedoch nicht für Komplexe geeignet, bei denen Geschädigte über ausreichende individuelle Klagebereitschaft verfügen. Die Zahl der individuellen Klagen in Bereichen der hochwertigen Produkthaftung oder bei Kapitalmarktanlagen wird durch die Abhilfeklage voraussichtlich nicht reduziert werden. Aufgrund der verjährungshemmenden Wirkung einer Anmeldung besteht aber ein Interesse dieser Geschädigten, dass eine Verbandsklage initiiert wird. Es ist jedoch nicht zu erwarten, dass dies die Zahl der (anschließenden) Individualklagen nennenswert reduzieren wird. Entsprechende Klägerkanzleien suggerieren, dass die individuelle Verfolgung letztlich lukrativer sein wird. Eine Reduzierung der Eingangszahlen bei den erstinstanzlichen Gerichten ist insoweit nicht zu erwarten,[1341] obwohl diese durch verstärkte Aussetzungsmöglichkeiten entlastet werden sollten.

Die Abhilfeklage ist aufgrund der auf Kompensation gerichteten Wirkung als gewaltiger Fortschritt gegenüber den zuvor bestehenden Modellen zu bewerten. Angesichts der Vielzahl von noch ungeklärten Fragen hinsichtlich der Verbandsfinanzierung und der konkreten Ausgestaltung der Umsetzungsverfahren müssen die praktischen Auswirkungen in der Zukunft noch beobachtet werden.

Die Finanzierung der Verbände bleibt das ungelöste Problem. Aufgrund des negativen Erwartungswerts der Verbandsklagen ist eine ausreichende alternative Finanzierung erforderlich. Aufgrund der Beschränkungen der Finanzierung durch Wettbewerber ist zur Erzeugung eines ausreichenden Abschreckungseffekts eine ausreichende öffentliche Finanzierung erforderlich. Knappe Haushaltsmittel könnten dem entgegenstehen. Es ist zu hoffen, dass in der Zukunft die Regelungen zur Finanzierung erleichtert werden, so dass private Finanzierung vorangetrieben werden kann.

Die Einführung eines Streitwertdeckels begrenzt aber zumindest das Kostenrisiko der Verbände und erhöht deren Klageanreiz. Bei einer ausreichenden Geschädigtenanzahl kann tatsächlich ein hoher „realer" Schaden vorliegen, der ein Unternehmen empfindlich treffen kann. Die Streitwertbegrenzung schützt den Verband aber vor erheblichen Rückforderungen im Fall einer Niederlage. Diese Begrenzung stellt sich als „Subventionierung" der Verbandsklagen dar. Dies dürfte in den meisten Fällen zu Lasten der Unternehmen gehen, deren tatsächliche Anwaltsgebühren werden auch bei Obsiegen nicht vollständig ersetzt.

1341 Eine solche wird dennoch erhofft, BT-Drs. 20/6520, S. 66.

Die von der Richtlinie zugelassene Möglichkeit von *ad-hoc* Klageverbänden wird nicht weiterverfolgt, die Klagebefugnis soll auf bereits bestehende und bekannte Verbände beschränkt werden. Die Verbandsklagenrichtlinie als auch die Umsetzung sieht einen, nicht von kommerziellen Interessen geleiteten, Verband als sachgerechten Vertreter von Geschädigteninteressen. Unter Bezugnahme auf befürchtete „amerikanische" Verhältnisse wurden davon abgesehen Anwälte, die an einer Honorarmaximierung Interesse haben könnten, zur zentralen Figur der Kollektivverfahren zu machen.[1342] Die zugrundeliegenden Anreize von Geschädigten und Anwälten und die Möglichkeit durch geeignete Vergütungsmodelle ihre Interessen anzugleichen wurden nicht berücksichtigt.

Die konkreten Kosten des Verfahrens sind noch schwer abschätzbar. Hier sind insbesondere die Kosten des Umsetzungsverfahrens, insbesondere die Sachwaltervergütung zu nennen. Es ist anzunehmen, dass zur Vermeidung dieser Kosten Vergleichslösungen mit eigenen, von den Unternehmen bereitgestellten, Umsetzungsplattformen angeboten werden. Mangels konkreter Erfahrungen zu den Kosten können hohe Kosten zu Beginn nicht ausgeschlossen werden bis sich eine ausreichende Anzahl von Sachwaltern etabliert hat.

Erfreulich ist, dass das Gesetz hinsichtlich der Gestaltungsrechte der Geschädigten die Durchführbarkeit des Verfahrens priorisiert. Zum Zweck der Durchführung eines effizienten Verfahrens wird die Beschränkung der Gestaltungsrechte als zulässig erachtet.[1343] Ebenso wird auf überspannte individuelle Zustellungen verzichtet und eine Veröffentlichung im Verbandsklageregister als ausreichend erachtet. Angesichts der bisherigen umfangreichen Debatte zu diesen Themen erscheint die Lösung des Gesetzgebers pragmatisch.

Das VDuG setzt mit der Einführung der Abhilfeklage die Vorgaben der Verbandsklagerichtlinie um, geht aber bedauerlicherweise nicht über die Mindestvorgaben hinaus. Trotz der Möglichkeit von echten *opt-out* Regelungen oder der Einführung von weiteren Kollektivverfahren wurden solche erwogen. Dennoch ist mit dem VDuG eine „Sammelklage" ermöglicht worden, welcher sich Verbraucher auch ohne eigenen Anwalt einfach anschließen können und auf direkte Kompensation gerichtet ist.

1342 Teilweise wird jedoch bereits das VDuG als Türöffner für eine „Klageindustrie" gesehen, BT-Drs. 20/7631, S. 105.

1343 BT-Drs. 20/6520, S. 76, 100.

Zusammenfassung des dritten Teils

Alle Formen von Kollektivverfahren haben Vor- und Nachteile. Viele sind in ihrer Struktur stark in nationalen Zivilverfahrensordnungen verhaftet, so dass ein Transfer in eine andere Jurisdiktion schwer ist.

Festgehalten werden kann, dass die Bandbreite von endgültigen Klärungen mit individueller Befriedigung des Schadens bis zu indirekten Verfahren ohne Beteiligung der Geschädigten reicht.

Zession und Bündelung haben den Vorteil der einfachen Implementation, jedoch weisen sie Defizite bei der Massendurchsetzung auf und fördern die rein gewinnorientierte Durchsetzung. *Class actions* erscheinen als geeignetes Mittel für regulatorische Ziele, ihr Erfolg beruht aber auf Besonderheiten des US-Rechts. Daneben bestehen Bedenken hinsichtlich der Beteiligungsrechte. Verbandsklagen sind zum Teil abhängig von öffentlicher Finanzierung und setzen nicht ausreichend Anreize für Klageerhebungen. Musterklagen versprechen die Wahrung von Beteiligungsrechten, sind aber in der Praxis kompliziert und schwerfällig. Effizienzgewinne werden dadurch wieder aufgefressen. Daneben schaffen sie kaum oder nur begrenzte Anreize für Klageerhebungen. Am effizientesten erscheint bisher der Kollektivvergleich, doch hat dieser den Nachteil, dass nur begrenzte regulatorische Effekte erzeugt werden.

Nach dieser Darstellung wird offensichtlich, dass es keine pauschale Lösung für ein optimales Verfahren gibt. Verschiedene Elemente müssen, unter Berücksichtigung der nationalen verfahrensrechtlichen Besonderheiten, kombiniert werden.

Teil 4: Kritikpunkte am kollektiven Rechtsschutz und die Implementation in die deutsche Rechtskultur

Kritikpunkte

Kollektivverfahren werden von verschiedenen Seiten kritisiert. Viele Punkte sind auch berechtigt, selbst eine perfekte Umsetzung wäre nicht in der Lage alle Mängel zu beseitigen. Bei einer Einführung muss dennoch versucht werden, die negativen Auswirkungen so gering wie möglich zu halten. Nachfolgend werden die wichtigsten Negativaspekte dargestellt. Gleichzeitig wird dargelegt, dass dies nicht zwangsläufig inhärente „Fehler" von Kollektivverfahren sind, sondern charakteristische nationale Merkmale sind, welche nicht (immer) in Deutschland auftreten werden. Einige kritikwürdige Aspekte würden dennoch weiterbestehen. Diese Nachteile werden dennoch durch die überwiegenden positiven Effekte von Kollektivverfahren mehr als nur kompensiert.

Bevor ein optimales Verfahren entworfen werden kann, ist daher auf die größten Kritikpunkte einzugehen. Diese lassen sich einordnen in Exzesse von Kollektivverfahren, rechtspolitischen Erwägungen über die Implementation sowie Regulierungsaspekten.

I. Eindämmung der Exzesse

Gerade bei der Einführung von Kollektivverfahren wird versucht deren positive Effekte zu erzeugen und gleichzeitig die (vermeintlichen) Exzesse auszugrenzen.[1344] Als Exzesse gelten vor allem die befürchtete Klagewelle, erpresserische Klagen und die Profitmaximierung von Anwälten.

1. Klagewelle

Die Erfahrungen der USA mit den *class actions* haben einige befürchten lassen, dass mit Einführung von Kollektivverfahren eine Klagewelle bevorsteht. Auch in anderen Staaten gab es heftigen Widerstand gegen die Einführung, meistens

---

1344 Calabresi/Schwartz, 32 Eur. J. Law Econ. 169, 170 (2011); „*abuse issue*", Hodges, S. 4.

angeführt durch Wirtschaftsvertreter,[1345] teilweise werden Insolvenzen als Folge befürchtet.[1346] Zum Teil werden Kollektivverfahren sogar als „sozialistisches Instrument" dargestellt.[1347]

Zwar ist es richtig, dass in den USA *class actions* missbräuchlich genutzt werden können,[1348] doch müssen die Besonderheiten der USA berücksichtigt werden.[1349] Deswegen allen Formen von Kollektivverfahren eine pauschale Missbrauchsgefahr zu unterstellen, ist abwegig.[1350]

Die *American rule* und das Erfolgshonorar sind die wichtigsten Faktoren der „Klagewelle".[1351] Die Besonderheit eines nationalen Kostenrechts, welches die (praktisch) risikofreie Klage ermöglicht, hat zu einer „Klagewelle", von auch unbegründeten Klagen, geführt.[1352] Ohne diese spezielle Kostenregelung ist eine vergleichbare Klagewelle praktisch ausgeschlossen.[1353]

Weitere US-amerikanische Besonderheiten sind: ein extensives Beweiserhebungsverfahren (*discovery*), vereinfachte Zuständigkeitsregelungen, Verfahren mit Juroren, die Bindungswirkung durch das *opt-out* Verfahren und (aus

---

1345 Vgl. Lindblom, 622 AAPSS 231, 234 (2009); vgl. Baetge/Wöbke, in: Basedow et al., 363; vgl. zur grundsätzlichen Kritik am *private law enforcement*, Reimann, Bitburger 2008, 105, 106; sehen eine grundsätzliche Skepsis gegen steigende Verfahrenszahlen, Stone/Miceli, 10 JLEP 301, 302 (2014).

1346 Vgl. Baetge/Wöbke, in: Basedow et al., 363, 365.

1347 Pointiert gegen diesen Vorwurf, Koch, 11 Duke J. of Comp. & Int'l L. 355, 363 (2001).

1348 „erhöhtes Erpressungspotential", Merk nach Clausnitzer, EuZW 2009, 169, 170; ebenso Bowles aaO 171; ausführliche Beschreibung des Erpressungspotentials iRd „Beutetheorie" Schäfer, in: Basedow et al., 67, 71 ff.; am Beispiel der *strike suits* (die nur erfolgreich sind, weil Abwehrkosten bei der *American rule* höher sind als die Verfolgungskosten), Weiss/Beckerman, 104 Yale L. J. 2053, 2084 ff. (1995).

1349 Die Warnung vor „amerikanischen Verhältnissen" als Standardargument Kritikern, Koch, JZ 2011, 438, 444; ausführlich zu den Rahmenbedingungen die, die *class action* in den USA erfolgreich machten (als *lethal combination* bezeichnet), Warren, 37 Brook J. Int'l L. 1075, 1082 f. (2012); Angst vor „amerikanischen Szenen in europäischen Gerichtssälen", van Boom/Loos, WP 2008, S. 7.

1350 Trotz heftiger Kritik an Kollektivverfahren, Brand, NJW 2012, 1116, 1118; eine „kleine" Klagewelle ist durch Anlegeranwälte entstanden, siehe Schönwitz, wiwo.de, 27.01.2009; viele aussichtslose Klagen von Anlegeranwälten auf Kosten der Versicherer, Fromme, SZ v. 30.06.2014, S. 24.

1351 LIN, 4 NYU JLB 143, 158 (2007); als Teil des „*toxic cocktail*", Stadler, VuR 2011, 79.

1352 *American rule* als Ursache für unberechtigte Klagen, BVerfG, NJW 2007, 979, 981.

1353 Ebenso Kocher nach Mauske, VuR 2013, 157, 159.

europäischer Sicht) exzessive Schmerzensgelder (*punitive damages*);[1354] das Zusammenspiel dieser Faktoren ist der *toxic cocktail*.[1355] In Deutschland ist nicht zu befürchten, dass diese Kombination entsteht.[1356] Daher können die Befürchtungen über eine Klagewelle wohl zerstreut werden.[1357] Diese Annahme bestätigt sich, bei der Untersuchung von Staaten die Kollektivverfahren eingeführt haben, hier kam es nicht zur Klagewelle.[1358]

Elektronische Dienste erlauben es grundsätzlich die Kapitalmärkte nach „lukrativen" Möglichkeiten zu überwachen. Entsprechende Klagen könnten dann ohne größeren Aufwand eingereicht werden.[1359] Die technologische Entwicklung hat dies vereinfacht. Hier scheint sich aber der Richter als *gatekeeper* zu bewahren. Es liegt in dessen Aufgabe „erpresserische" Klagen abzuweisen. So werden auch in den „klägerfreundlichen" USA zwischen 30–40 % der *securities class actions* abgewiesen.[1360] Auch in Deutschland ist zu erwarten, dass das Gericht dieser Funktion nachkommt und offensichtlich unbegründete Klagen abweisen wird.

Darüber hinaus kann die Frage gestellt werden, ob eine Klagewelle tatsächlich negativ ist. Dies bedeutet nicht zwangsläufig, dass nur unberechtigte Klagen eingereicht werden. Vielmehr können auch berechtigte Klagen erhoben werden, die vorher mangels entsprechender Anreize nicht verfolgt wurden.[1361] Dies

---

1354 Ausführlich zu den Besonderheiten WARREN, 37 Brook. J. Int'l L., 1075, 1082 (2012); ebenso SESSLER/REICHERT, WM 2012, 678 f.; nicht mit allen Kriterien MICKLITZ/STADLER, EBLR 2006, 1473, 1481; sowie GRACE, 15 J. Transn'l L. & Pol'y 281, 285 (2006).

1355 STADLER, VuR 2011, 79.

1356 Empfehlung der Kommission 2013/396/EU ErwGr 15; „wesensfremde" Elemente, BUSSIAN/SCHMIDT, CFL 2012, 37, 38.

1357 Keine Befürchtung einer Klagewelle aufgrund der *loser pays* Regelung, STADLER, VuR 2011, 79.

1358 Am Beispiel Schwedens, MICKLITZ/STADLER, EBLR 2006, 1473, 1493; LINDBLOM, 622 AAPSS 231, 234 (2009); KOCH, JZ 2011, 438, 441; in Deutschland HALFMEIER/ROTT/FEESS, S. 61, 64, 86, für die Niederlande aaO, S. 107; mwN, BIARD, S. 38.

1359 Kritisch, WEISS/BECKERMAN, 104 Yale L. J. 2053, 2061 f. (1994–1995); in Deutschland, STACKMANN, NJW 2010, 3185; Zusammenarbeit von Anwälten und „Berufsklägern", BERGMEISTER, S. 180.

1360 Zusammenfassung verschiedener Datenquellen, SELIGMAN, 108 Harv. L. Rev. 438, 445 f. (1994).

1361 Pointiert zu diesem Aspekt, HALFMEIER, NJW 2016, 1126, 1128; Justizbelastung als Folge dessen, DRB, BTA-WP 18/46, S. 35; vgl. POELZIG, S. 350; vgl. BGH, VuR 2023, 25, 26 f.

stellt dann lediglich ein akkurates Bild der Wirklichkeit dar. Dies ist notwendige Folge einer verbesserten Durchsetzungsmöglichkeit von Geschädigten.[1362] Dies führt auch zu einem besseren Informationsaustausch zwischen Anlegern und könnte die Preisermittlung erleichtern. Auch das BVerfG führt dazu aus, dass die Erschwerung des Zuganges zu Recht nicht dem Gemeinwohl entspricht.[1363] Eine solche Klagewelle von berechtigten Klagen erhöht die verhaltenssteuernde Wirkung des Haftungsrechtes.

2. *Erpressungspotential von Klagen*

Anzusprechen ist das Erpressungspotential von Kollektivverfahren. Erfahrungen aus den USA zeigen, dass haltlose Klagen eingereicht werden, über die niemals entschieden wird.[1364] Diese Klagen werden stattdessen nur erhoben, um einen schnellen Vergleich zu erreichen.[1365] Die Vergleichssumme ist regelmäßig nur ein kleiner Bruchteil der geforderten Summe. Die Gesamtsumme, die auf dem Spiel steht, kann in Kollektivverfahren aber enorm sein. In Fällen, in denen für die Einreichung der Klage keine oder nur geringe Kosten anfallen, kann sich dies für die Kläger aber als profitabel erweisen.[1366] Solche Klagen werden als Faktor für eine Unternehmensinsolvenz genannt.[1367]

Bezeichnend ist daher die Formulierung als „legale Erpressung" (*legal blackmail*).[1368] Ob ein solches Erpressungspotential auch außerhalb der USA besteht,

---

1362 Halfmeier/Rott/Feess, S. 85; Erschwerung ist kein Gemeinwohlbelang, BVerfG, NJW 2007, 979, 981.

1363 In der Diskussion um die Zulässigkeit von Erfolgshonoraren wird eine befürchtete Klagewelle als nicht ausreichender Grund für ein Verbot gesehen, BVerfG, NJW 2007, 979, 981.

1364 Vgl. Choi, 57 Vand. L. Rev. 1465, 1469 f. (2004).

1365 Reimann, Bitburger 2008, 105, 134; Stone/Miceli, 10 JLEP 301, 302 (2014); (Missbräuchlicher) Vergleichsdruck auf Beklagte bei jeglicher Bündelung, Bergmeister, S. 40.

1366 Ulen, in: Backhaus et al. (2012), S. 75, 86 f.

1367 Bussian/Schmidt, CFL 2012, 37, 38.

1368 Zur Beutetheorie iRd *class action*, vgl. Schäfer, in: Basedow et al., 67, 71 ff., Verringerung des Erpressungspotentials gefordert, Merk und Bowles nach Clausnitzer, EuZW 2009, 169, 170, 171; sieht ein „Drohmittel" auch bei Zwangsarbeit und sexuellem Missbrauch [sic!], Brand, NJW 2012, 1116 f.; „Ticket für einen garantierten Gewinn", Alexander, 43 Stan. L. Rev. 497, 529 (1991); „[…] offenkundig mißbräuchlichen Art und Weise genutzt, um mit publizistischem Druck […] gefügig zu machen", BVerfG, NJW 2003, 2598, 2599.

ist fraglich.[1369] Die *American rule* macht die Klage risiko- und kostenfrei. Bei der *English rule* kann angezweifelt werden,[1370] ob solche erhoben werden. Denn dann ist bereits die Erhebung mit Kosten verbunden, im Falle der Niederlage (bei haltlosen Klagen der Regelfall) sind auch die Abwehrkosten zu tragen. Solche erpresserischen Klagen sind nur erfolgreich, wenn die Kosten der Beklagten nicht ersetzt werden müssen und die Einleitungskosten übersteigen.[1371] Durch die *English rule* werden erpresserische Klage verhindert.[1372]

Nicht zu unterschätzen sind aber die negativen, nicht-finanziellen Kosten, die entstehen können.[1373] Reputationsverluste können dennoch einen Anreiz für einen schnellen Vergleich setzen,[1374] obwohl das Kostenrecht eigentlich vor haltlosen Klagen schützt. Es ist in der Tat möglich, dass Kollektivverfahren falsche Anreize setzen, die haltlose Klagen wahrscheinlicher machen. Möglicherweise braucht es zur Eindämmung, neben der strikten Beibehaltung der *English rule*, noch zusätzliche Mittel. Im Gespräch sind gerichtliche Sanktionen für missbräuchliche Klagen sowie erweiterte Schadensersatzansprüche der Beklagten.[1375] Die *English rule* minimiert aber das Risiko einer erpresserischen Klage weitestgehend.

Das „Erpressungspotential" ist in Deutschland auch mangels Schadensmultiplikatoren geringer. Mangels vergleichbarer Institute zu *punitive damages*

1369 Die Kritik an Kollektivverfahren hauptsächlich als Kritik der Besonderheiten des US Verfahrensrechts, Grace, 15 J. Transn'tl L. & Pol'y 281, 285 (2006); im Gegensatz werden die Sanktionsmöglichkeiten gegen unberechtigte Klage und erhöhte Zulässigkeitsschranken bereits als wirkungsvolles Instrument gegen unberechtigte Klagen gesehen so, Burch, 43 Ga. L. Rev. 63, 78 f. (2008); hinterfragen grdsl. das Erpressungspotential, sehen den Vergleich lediglich als kostenoptimierten Verfahrensausgang, Haymond/West, 116 Public Choice 91, 100 (2003); Ausprägung des US-Verfahrensrechts, Bussian/Schmidt, CFL 2012, 37, 38.

1370 Vertieft zur Anwendung der *English rule* auch in den USA, Stone/Miceli, 10 JLEP 301, 327 ff. (2014).

1371 Stone/Miceli, 10 JLEP 301, 307 (2014).

1372 „Erzwungene" Vergleiche sind im Rahmen der KapMuG Praxis nicht bekannt geworden, Halfmeier, ZPR 2017, 201.

1373 Diese entstehen auch, wenn die Klage abgewiesen wird, Meyer, WM 2003, 1349, 1354; interne Diversionskosten, Reputationskosten und weitere Abwehrkosten, Schäfer, in: Basedow et al., 67, 72.

1374 „aufgezwungener" Vergleich aufgrund des medialen Drucks, Müller/Steineker, RuP 2016, 98, 99; zur Vermeidung von öffentlichem *shaming*, Stone/Miceli, 10 JLEP 301, 335 (2014); Zirngibl, S. 23; Deutlmoser, EuZW 2013, 652, 654.

1375 Brand, NJW 2012, 1116, 1120.

oder *treble damages* verbleibt das „Risiko" beim kompensatorischen Schadensersatz.[1376] Die Einführung von Kollektivverfahren in anderen europäischen Ländern hat ebenfalls nicht zu einem Anstieg von missbräuchlichen Verfahren geführt.[1377]

Als Mittelweg muss das Maß ermittelt werden, bei der „unnötige" Klagen nicht erfolgen, Klagen, die positive Externalitäten erzeugen, aber weiterhin befördert werden.

3. *Instrument der Profitmaximierung*

Der Vorwurf, dass Kollektivverfahren nur eingeführt werden, damit Anwälte noch höhere Honorare einstreichen können, wird regelmäßig erhoben.[1378] Dieser Vorwurf ist durch die Erfahrung aus US-amerikanischen *class actions* geprägt. Diese wurden tatsächlich teilweise nur genutzt, um Honorare zu maximieren.[1379] Es sind Fälle bekannt, in denen Kanzleien Mandanten mit einem diversifizierten Aktienportfolio „gehalten" haben, um dann bei geringen Kursveränderungen eine *class action* einzureichen.[1380] Das Verfahren diente dann nur noch den Anwälten, die Interessen der Mandanten werden nicht berücksichtigt.[1381] Besonders bei Erfolgshonoraren gelten die Anwälte als eigentliche Organisatoren.[1382] Zum Teil kannten die Mandanten den Sachverhalt nicht oder waren sich sogar nicht der Klage bewusst.[1383]

1376 Schmerzensgeld ist bei Anlegerstreitigkeiten nicht zu erwarten.

1377 Halfmeier, BTA-WP 18/46, S. 14.

1378 Als Versuch der US *law firms* den europäischen Markt zu „erobern" BRAND, NJW12, 1116; ähnlich, Warren, 37 Brook J. Int'l L. 1075, 1095 (2012); Honorarinteresse als Motiv in Kollektivverfahren aktiv zu werden, Klement/Neeman, 20 JLEO 102, 103 (2004); Mittel um auf Kosten der Unternehmen und Aktionäre Profit zu generieren, Sockol, 77 Tul. L. Rev. 1095, 1096 (2003); Zirngibl, S. 219.

1379 Notwendig zur Vergütung des *private attorney general*, FISS, 53 Wash & Lee L. Rev 21, 24 (1996).

1380 Vgl. Macey/Miller, 58 U. Chi. L. Rev. 1, 74 (1991); vgl. Zirngibl, S. 24; in einem besonders dreisten Fall wurde eine Klageschrift eingereicht die offensichtlich bereits in einem anderen Fall verwendet wurde (Tabakkonzern wurde verklagt, und die Klageschrift nimmt Bezug auf den Erfolg im Spielwarenbereich), *Re Philip Morris Securities Litigation*, 872 F. Supp. 97, 98 (S.D.N.Y. 1995).

1381 Reimann, Bitburger 2008, 105, 136.

1382 Verlagerung der Entscheidung über die Prozessführung auf den Anwalt, Bergmeister, S. 34; meistens durch Anwälte initiiert, Issacharoff, 7 Sup. Ct. Rev. 337, 341(1999); unternehmerische Anwälte treffen die wichtigsten Entscheidungen eigenständig, Macey/Miller, 58 U. Chi. L. Rev. 1, 3 (1991); Poelzig, S. 67.

1383 Auflistung, Weiss/Beckerman, 104 Yale L. J. 2053, 2060 Fn. 33 (1994–1995).

Eine entsprechende Entwicklung ist in Deutschland aber zweifelhaft. Zwar sind auch hier Erfolgshonorare erlaubt, deren Höhe und die Voraussetzungen sind aber nicht mit den *contingency fees* aus den USA zu vergleichen.[1384]

Kollektivverfahren verursachen mehr Arbeit für den Anwalt als Individualverfahren. Bei der Vergütung muss daher nachgebessert werden.[1385] Eine angemessene Balance zwischen den Interessen der Kläger, die eine möglichst geringe bis keine Kostenbelastung erwarten, und den Interessen des Anwaltes, der eine angemessene Vergütung für den erhöhten Arbeitsaufwand erwartet, zu finden ist schwierig.

Auch soweit ein Großteil der erstrittenen Summen bei Anwälten landen könnte, bedeutet dies nicht unbedingt das Aus für Kollektivverfahren.[1386] Ob die (interne) Verteilung der erlangten Kompensation Auswirkungen auf die regulatorischen Effekte hat, ist fraglich. Die „monetäre" Sanktion des Schädigers hat stattgefunden, ob danach nur eine Teilkompensation beim Geschädigten stattfindet, beeinträchtigt nicht den entstandenen Abschreckungseffekt.[1387] Der regulatorische Mehrwert bleibt, trotz möglicher Gewinnmaximierung beim Anwalt, erhalten. Diese „Kommerzialisierung" wird zum Teil als spezifisches Charakteristikum von Kollektivverfahren bewertet.[1388]

Langfristig wäre eine Senkung der Honorare zu erwarten. Auch die Anwaltschaft befindet sich im Wettbewerb um Mandate. Bei einem transparenten Markt ist zu erwarten, dass die Honorare sinken. Damit steigt auch der „Anteil", der den Geschädigten unmittelbar zugutekommt.

Exkurs: Coupon Deals

Eine Möglichkeit der Profitmaximierung zugunsten von Anwälten stellen die *coupon deals* dar. Bei diesen werden als Schadensersatz Gutscheine oder Rabatte für zukünftige Leistungen des Beklagten „ausgezahlt".[1389] Erfahrungsgemäß wird ein Großteil davon nicht eingelöst.[1390] Dem Schädiger ist es hierdurch möglich,

1384 Madaus, ZEuP 2012, 99, 108; zur Konzeption des deutschen Erfolgshonorars zur Förderung der Rechtsdurchsetzung von finanzschwachen Mandanten, Kilian, AnwBl 2012, 148, 150.

1385 Als Ausgleich für die Organisation des semi-öffentlichen („*semi-public*") Kollektivverfahrens, Kalven/Rosenfield, 8 U. Chi. L. Rev. 684, 715, 717 (1941).

1386 Zumindest, wenn missbräuchlichen Klagen eingedämmt sind, Reimann, Bitburger 2008, 105, 136 f.

1387 Cassone/Ramello, Eur J. Law Econ. (2011) 32:205–220.

1388 Im Kontext von US *class actions*, mwN Macey/Miller, 58 U. Chi. L. Rev. 1, 7 (1991).

1389 Ulen, in: Backhaus et al. (2012), S. 75, 84.

1390 Madaus, ZEuP 2012, 99, 110 f.; Issacharoff, 7 Sup. Ct. Rev. 337, 386 (1999).

die Kosten für einen Rechtsverstoß massiv zu senken.[1391] Die Anwälte erhalten ihr (Erfolgs-)Honorar weiterhin in bar,[1392] bemessen am Nennwert der angebotenen Gutscheine und Rabatte. Hierdurch haben die Anwälte einen Anreiz diesen *coupon deal* zu empfehlen. Bei solchen Ausgängen ist es zweifelhaft, ob noch im Sinne der Mandanten agiert wird,[1393] die *agency* Probleme hätten sich dann verwirklicht.[1394]

Ein anschauliches Beispiel zeigt der Fall *Redman v. Radioshack.*[1395] Die Kläger sahen in der Angabe ihrer Kreditkartendetails einen Verstoß gegen Datenschutzregelungen und eine Verletzung ihrer Rechte.[1396] Insgesamt wurden 16 Millionen Verletzungshandlungen festgestellt. Das Vergleichsangebot erhielten 5 Millionen Geschädigte.[1397] Dieses sah vor, dass die Geschädigten einen Gutschein in Höhe von 10 USD erhalten, den sie beim nächsten Einkauf bei der Beklagten einlösen können. Es entschieden sich 83.000 Geschädigte (von 5 Millionen) zur Annahme.[1398] Die Beklagte verpflichtete sich zur Zahlung von verschiedenen administrativen Kosten (830.000 USD) sowie zur Zahlung des Honorars der klägerischen Anwälte (ca. 1 Million USD). Die gesamten Kosten des Vergleichs betrugen ca. 4,1 Millionen USD.[1399] Das Honorar der Klägeranwälte hatte die Quote von ca. 25 %. Der Vergleich wurde vom erstinstanzlichen Gericht als angemessen bestätigt.[1400]

Das Berufungsgericht vertrat eine andere Ansicht, das Gericht rechnete bereits die administrativen Kosten aus dem „Wert" des Vergleiches heraus, diese kämen schließlich nicht den Geschädigten zugute.[1401] Die bereinigte Quote für

---

1391 Gutscheine haben einen höheren Nennwert, *Redman v. Radioshack,* 768 F.3d 622, 631 (7th Cir. 2014).

1392 Vgl. Issacharoff, 7 Sup. Ct. Rev. 337, 386 (1999); Zirngibl, S. 22 f.

1393 Klement/Neeman, 20 JLEO 102, 103 (2004).

1394 Biard, S. 34; „Kollusionspotential", Coffee, 42 Md. L. Rev. 215, 243 (1983).

1395 *Redman v. Radioshack,* 768 F.3d 622 (7th Cir. 2014).

1396 Eine Regelung (FACTA) die Identitätsdiebstahl erschweren sollte untersagte die vollständige Angabe der Kreditkartennummer in Verbindung mit weiteren Informationen wie z. B. des Gültigkeitsdatums der Kreditkarte, für weitere Details, *Redman v. Radioshack,* 768 F.3d 622–627 (7th Cir. 2014).

1397 Obwohl nicht klar ist wie groß die tatsächliche Anzahl der Geschädigten war, da Geschädigte auch mehrfach fehlerhafte Quittungen erhalten haben können, *Redman v. Radioshack,* 768 F.3d 622, 628 (7th Cir. 2014).

1398 *Redman v. Radioshack,* 768 F.3d 622, 628 (7th Cir. 2014).

1399 *Redman v. Radioshack,* 768 F.3d 622, 629 (7th Cir. 2014).

1400 *Redman v. Radioshack,* 768 F.3d 622, 629 (7th Cir. 2014).

1401 *Redman v. Radioshack,* 768 F.3d 622, 630 (7th Cir. 2014).

die Anwälte stieg von 25 % auf ca. 55 %. Betont wird, dass Gutscheine nicht einer Geldzahlung entsprechen.[1402] Die Gutscheine führen dazu, dass die Beklagte sogar noch mehr Umsatz von den Geschädigten zu erwarten hat.[1403]

Coupon deals müssen unter besonderer Beobachtung durch Gerichte stehen, da kein Geschädigter ausreichende Anreize hat, um eigenständige Überwachung durchzuführen.[1404] Der gesetzliche Schadensersatz für die Pflichtverletzung lag bereits bei 100 USD,[1405] durch den Vergleich erhielt ein Bruchteil der Geschädigten (83.000 Anträge einer Menge von ca. 5 Millionen) nur ein Zehntel des gesetzlichen Anspruchs, während die Anwälte 1 Million USD an Honorar erhalten.[1406] Konsequenterweise wurde die Angemessenheit verneint.[1407]

Dieser Fall stellt die Gefahr der Kollusion zwischen Klägeranwälten und Beklagten dar. Solche *coupon deals* können vereinzelt ein geeignetes Mittel für die Geschädigten sein. Jedoch bergen sie erhebliches Missbrauchspotential auf Kosten der Geschädigten, die nur unzureichend kompensiert werden.

Um diese Gefahr in Deutschland zu vermeiden, bedarf es einer gerichtlichen Angemessenheitsprüfung von Vergleichen. Idealerweise sollte gesetzlich geregelt werden, dass Schadensersatz nur in Geld zu leisten ist. Dies erhöht zusätzlich die Abschreckungswirkung.

II. Einführung in das deutsche Zivilverfahren

Bei der Einführung von Kollektivverfahren können sich Konflikte mit dem individualistisch geprägten Bild des Zivilverfahrens in Deutschland ergeben. Auch können sich angestammte Rollen und Strukturen verändern.

1. Hohe Vergleichsquote

Eine Vielzahl von Klagen endet in einem Vergleich, besonders bei US Sammelklagen endet die große Mehrheit so.[1408] Grundsätzlich sind Vergleiche auch nicht

---

1402 Der „Verlust" für den Beklagten ist geringer als der *face value* der Gutscheine, *Redman v. Radioshack,* 768 F.3d 622, 631 (7th Cir. 2014).

1403 *Redman v. Radioshack,* 768 F.3d 622, 632 (7th Cir. 2014); zusätzlicher Profit des Schädigers möglich, Scherer, in: Backhaus et al. (2012), S. 27, 29.

1404 *Redman v. Radioshack,* 768 F.3d 622, 635 (7th Cir. 2014).

1405 *Redman v. Radioshack,* 768 F.3d 622, 639 (7th Cir. 2014).

1406 *Redman v. Radioshack,* 768 F.3d 622, 638 f. (7th Cir. 2014).

1407 *Redman v. Radioshack,* 768 F.3d 622, 640 (7th Cir. 2014).

1408 Zwischen 1996–2008 ca. 45–70 % der *securities class actions,* Cornerstone, YIR 2014, S. 14; für ausgewählte Gerichtsbezirke zwischen 1992–1994 wurden zwischen 60–77 % ermittelt, Willging et al., S. 116 Fig. 8; in einer Studie von Romano

negativ zu bewerten, die Arbeitsbelastung der Richter sinkt und das Verfahren beschleunigt sich. Der Vergleich entspricht auch dem Bild des parteigetriebenen Zivilprozesses. Parteien können schließlich ein Verfahren durch Vergleiche gütlich beenden, dies ist Ausfluss der Dispositionsmaxime.

Der Vergleich im Kollektivverfahren muss aber anders bewertet werden.[1409] Ein Vergleich gilt als Möglichkeit, schnell und billig (auf Seite des Beklagten)[1410] bzw. gewinnbringend (auf Seiten der Anwälte und z. T. der Geschädigten) den Streit zu beenden. Die Parteien können die inhärente Unsicherheit über den Verfahrensausgang beseitigen, gerade risikoaverse Parteien begrüßen dies.[1411] Ob die hohe Vergleichsquote aus den USA ohne weiteres zu übertragen ist, ist zweifelhaft. So kann in den USA durch die *pre-trial discovery* bereits frühzeitig eine erste Einschätzung über die Substanz der Klage vorgenommen werden. Mit Ausnahme des selbstständigen Beweisverfahrens ist dies in Deutschland nicht möglich. Die Beweisaufnahme ist Teil des Verfahrens, die Einschätzung der Erfolgswahrscheinlichkeit erfolgt daher später.

Es besteht die Möglichkeit, dass durch einen Hinweis des Gerichts im Verfahren bereits eine Einschätzung erfolgt. Doch ist dies weiterhin nicht vergleichbar mit den Rahmenbedingungen in den USA. Der richterliche Hinweis in Deutschland ergeht erst im Verfahren, nachdem die Gebühren schon angefallen sind und eine Kostenentscheidung ergehen wird. In den USA können durch einen frühen Vergleichsschluss diese Kosten stärker minimiert werden. Ein früher Vergleichsschluss in Deutschland minimiert die Kosten nicht in vergleichbarer Weise.

Es besteht die Vermutung, dass der Schädiger das größte Interesse am Vergleich hat. Er kann einen möglicherweise langwierigen Streit schnell beilegen, zusätzlich wird der Schaden nicht vollständig kompensiert, er erhält damit einen Rabatt.[1412] Daneben bestehen auch Anreize aus der Stellung von Vorstandsmitgliedern als zusätzliche Beklagte sowie dem Leistungsumfang von D&O Versicherern.[1413]

Auf der anderen Seite stehen die Geschädigten, diese haben zu Beginn kein Interesse am Vergleich (soweit sie überzeugt sind, der Anspruch stehe ihnen

---

wurden von 128 Verfahren 83 verglichen, Romano, 7 JLEO 55, 60 (1991); mwN zur Situation in den USA, Alexander, 43 Stan. L. Rev. 497, 525 f. (1991)

1409 Vgl. Stadler, VuR 2020, 163, 165.

1410 Zu dessen Vergleichsanreizen, Choi, 57 Vand. L. Rev. 1465, 1469 (2004).

1411 Alexander, 43 Stan. L. Rev. 497, 504, 524(1991)

1412 Die Erklärung der Vergleichsbereitschaft des Beklagten auch bei aussichtslosen Klagen durch die „Beutetheorie", Schäfer, in: Basedow et al., 67, 71 ff.

1413 Zum Hintergrund, Alexander, 43 Stan. L. Rev. 497, 529–532, 550–557 (1991).

zu, bei aussichtslosen Ansprüchen erhoffen sie sich hingegen einen schnellen Vergleich). Teilweise werden auch bei begründeten Ansprüchen Vergleiche bevorzugt. So können institutionelle Investoren ihre (vergleichsweise) große Verhandlungsmacht nutzen, um einen für sie günstigen Vergleich auszuhandeln.[1414] Damit verringern sie ihre Schadensquote, indem sie ihre Durchsetzung effizienter gestalten.[1415]

Soweit der Anwalt durch ein Erfolgshonorar beteiligt wird, hat er einen Anreiz, einen Abschluss zu erreichen, bei dem sein Anteil höher ist als die investierten Kosten. Dann besteht ein potentieller Interessenkonflikt zwischen den Geschädigten und dem Rechtsbeistand.[1416]

Fallbeispiele lassen darauf schließen, dass durch Urteil eine höhere Summe als durch einen verfrühten Vergleich erzielt worden wäre.[1417] Neben dem Druck, den der (erfolgsbeteiligte) Rechtsbeistand ausübt,[1418] hat auch das Gericht ein Interesse am Vergleich. Ein Urteil kostet Zeit und Arbeit, der Vergleich ist nicht so arbeitsintensiv.[1419]

Die Kollusionsgefahr steigt bei einem Vergleich.[1420] Der Vergleich wird durch Anwälte beider Seiten geschlossen, dieser Kompromiss wird als gemeinsame Arbeit präsentiert. Wenn aber der Konflikt zwischen gegnerischen Anwälten als Basis für die angemessene Repräsentation gilt, ist der Verlust dieser Konfliktbeziehung kritisch zu bewerten.[1421]

Darüber hinaus könnte eine „zu hohe" Vergleichsquote auch nachteilig für das Rechtssystem sein. Rechtsprechung soll nicht nur Streit erledigen, sondern

---

1414 Xu, 45 Int'l Rev. L & Econ. 23, 28 (2016).

1415 Alexander, 43 Stan. L. Rev. 497, 504 (1991)

1416 Missbrauchspotential des Vergleichs, Halfmeier/Rott/Feess, S. 104.

1417 Liste von Fallbeispielen, WEISS/BECKERMAN, 104 Yale L. J. 2053, 2074–2079 (1995).

1418 Für erfolgsbeteiligte Anwälte ist jeder Vergleich besser als eine Niederlage, Issacharoff, 7 Sup. Ct. Rev. 337, 388 (1999).

1419 Vgl. WEISS/BECKERMAN, 104 Yale L. J. 2053, 2066 (1995).

1420 Richterliche Überprüfung als Reaktion auf Kollusionsgefahr, Hensler, 622 AAPSS, 7, 20 (2009); Ursache der Kollusionsgefahr ist Auftrennen des Bandes von Mandanten zu Anwalt, Schäfer, in: Basedow et al., 67, 68; ähnlich mit Fokus auf *sweetheart* und *coupon deals*, Madaus, ZEuP 2012, 99, 110; Zirngibl, S. 22 f.

1421 So Issacharoff, 7 Sup. Ct. Rev. 337, 388 (1999).

auch Recht konkretisieren.[1422] Eine zu hohe Zahl von Vergleichen lässt die Konkretisierungswirkung entfallen.[1423]

Dieses Problem wird verstärkt, wenn Vergleiche ohne Schuldanerkenntnisse geschlossen werden.[1424] Die von der SEC abgeschlossenen Vergleiche im Rahmen des *civil public enforcement* enthalten in der Regel die Formulierung „*neither admits nor denies liability*".[1425] Der Abschreckungseffekt bleibt dann niedrig.[1426] Marktteilnehmer wissen nicht, welches konkrete Verhalten zu dem Vergleich geführt hat, noch wo die Schwelle liegt die, einen Vergleich unmöglich gemacht hätte. Denn üblicherweise findet im Rahmen von Vergleichen keine Auseinandersetzung mit dem tatsächlichen Geschehen statt.[1427]

Soweit Schädigern bewusst wird, dass ein kostengünstiger, unkomplizierter und sanktionsfreier Vergleich möglich ist, werden sie den Verstoß nicht mehr meiden. Diese Vergleiche gefährden damit den Regulierungszweck von Kollektivverfahren.[1428] Der durchschnittliche Anleger könnte sich nicht ausreichend geschützt fühlen, wenn Schädiger sich durch einen Vergleich „freikaufen" können. Das Vertrauen in den Kapitalmarkt als Institution würde dann sinken.

Die Vergleichsbereitschaft befördert auch die Einreichung von ungerechtfertigten Klagen. Denn diese werden gerade im Vertrauen eingereicht, dass ein schneller Vergleich möglich ist.[1429] Diese Bereitschaft erzeugt insoweit erst den

---

1422 Cooter/Rubinfeld, 27 JEL 1067, 1070, die Autoren benennen auch die Erstellung von Regeln als Aufgabe der Gerichte, dies dürfte ein Aspekt sein, der in *civil law* Ländern eine untergeordnete Rolle spielt.

1423 Vgl. Weiss/Beckerman, 104 Yale L. J. 2053, 2123 (1994–1995); „*[…] quite troubling about a […] conclusion of maybe he (they) did it, maybe he (they) didn't, but he's (they are) paying a price for it in any event*" Buell, 82 U. Cin. L. Rev. 505, 510 (2013); Halfmeier/Rott/Feess, S. 82; Zirngibl, S. 26.

1424 Sogenannte „*neither admits nor denies*" Vergleiche, vgl. Buell, 61 Duke L. J. 511, 514 f (2011); fordert daher eine „*admission of liability*" als Bestandteil von Vergleichen (zumindest für Vergleiche im Rahmen des *public enforcement*) Buell, 82 U. Cin. L. Rev. 505, 506 (2013).

1425 MwN Buell, 82 U. Cin. L. Rev. 505, 509 (2013).

1426 Favorisiert daher eine Stärkung von privaten Verfahren zur Eindämmung von geheimen Vergleichen, Burch, 43 Ga. L. Rev. 63, 65 (2008).

1427 Alexander, 43 Stan. L. Rev. 497, 499, 524 (1991); Zirngibl, S. 29.

1428 Vergleiche als Gefahr für öffentliche Interessen, Reich, USA Today v. 11.02.1999, S. 15.A.

1429 Vgl. Sockol, 77 Tul. L. Rev. 1095, 1103 f., 1114 (2003; als Folge der fehlenden Berücksichtigung des tatsächlichen Geschehens, Alexander, 43 Stan. L. Rev. 497, 501, 570 (1991)

Anreiz für haltlose Klagen. Im Interesse der Gesamtwohlfahrt sind diese zu vermeiden.

2. *Erosion des individualistischen Streitbildes*

Das Bild des individualistischen (Zivil-)Prozesses besteht in den meisten Rechtssystemen.[1430] Der Zivilprozess gilt als Streit zwischen (nur) zwei Parteien.[1431] Der kollektive Rechtsschutz könnte dieses Leitbild beeinträchtigen.[1432] Bei einem Einzelverfahren ist das Individuum um die eigene Maximierung bemüht, bei einem Kollektivverfahren ist die Maximierung zugunsten der Gemeinschaft vorherrschender Faktor. Dies ist unproblematisch, wenn die Interessen der Gemeinschaftsmitglieder deckungsgleich sind. Dies immer zu gewährleisten ist schwer.[1433] Zusätzlich wirkt der Gedanke, dass ein (vielleicht wohlmeinender) „Leitkläger" die Gruppeninteressen wahrnimmt, zu denen er keine weiteren Beziehungen hat, bevormundend.[1434] Einer solchen „Instrumentalisierung" des Privatrechts schlägt Skepsis entgegen.[1435]

1430 So auch in den USA, die *class action* ist ein Bruch der individualistischen Rechtstradition, COOPER, 11 Duke J. of Comp. & Int'l L. 215, 223 f. (2001); für Dtl. vgl. REUSCHLE, WM 2004, 966, 97; die *class action* als konträr zum individualistischen Rechtssystem, FISS, 53 FISS 53 Wash. & Lee L. Rev. 21, 31 (1996); MüKo-ZPO\ MICKLITZ, § 3 UKlaG Rn. 2; sieht das Leitbild durch EU-Organe bestätigt WENDT, EuZW 2011, 616; Einzelverfahren und Einzelansprüche, BT-Drs. 15/5091, S. 1.

1431 So ist es im *common law* klar, dass der Geschädigte gegen den Schädiger aus Verletzung an eigenen Rechten klagt, RABKIN, 61 Law. & Contemp. Probs. 179, 185 (1998); ebenso im deutschen Zivilprozess, HAKVERDI, BT-Drs. 18/12961; vertieft POELZIG, S. 30 f., 39 f.; FEESS/HALFMEIER, 20 Eur. J. Fin. 361, 367 (2014).

1432 Unter Rechtfertigungsdruck angesichts des kollektiven Rechtsschutzes, KREDEL/ BRÜCKNER, BB 2015, 2947; Befürchtung des Verlustes der Eigenständigkeit des Privatrechts, vgl. POELZIG, S. 255; HESS, AG 2003, 113, 114,

1433 Sehen auch bei finanziellen Interessen nur ein zu erreichendes Optimum, bezweifeln aber die vollständige Deckungsgleichheit der Interessen, WEISS/BECKERMAN, 104 Yale L. J. 2053, 2121 (1995).

1434 Vgl. WENDT, EuZW 11, 616 f.; befürchtet ungerechtfertigte Prozessführung, REUSCHLE, WM 2004, 966, 970; Geltendmachung durch Geschädigte, MÖLLERS/ PREGLER, ZHR 2012, 144, 181; ZIRNGIBL, S. 111.

1435 „Unbehagen", POELZIG, S. 30; „widerspricht der Idee des Zivilprozesses", HASS, S. 264; vgl. ENGEL, JZ 1995, 213, 214; unterstützend, FIKENTSCHER, § 2 I 3; BRUNS, NJW 2018, 2753; THÖNISSEN, NJW 2023, 945 f., 949.

Dahinter steht der Grundsatz der Dispositionsmaxime. Nach dieser soll Jeder frei darüber verfügen können, ob er seinen Anspruch verfolgen will.[1436] Kollektive Durchsetzung hingegen kann zur Anspruchsverfolgung „zwingen", zumindest aber die Anreize zur kollektiven Durchsetzung erhöhen. Die positiven Effekte von Kollektivverfahren, insbesondere die Überwindung der rationalen Apathie, könnten möglicherweise nicht ausreichend sein, um diese Einschnitte in die Dispositionsmaxime zu überwinden.[1437] Die Akzeptanz könnte sinken, wenn die Parteien nicht eine zentrale Rolle einnehmen.[1438] Auch erscheint der Gedanke, dass ein nicht an der Klage Beteiligter dennoch aus dem Urteil vollstrecken kann, dem deutschen Prozessrecht fremd.[1439]

Der Paternalismus der kollektiven Durchsetzung wird ebenfalls kritisiert. Es wird befürchtet, dass die Eigenverantwortlichkeit des Anlegers zugunsten eines überbordenden Verbraucherschutzes zurückgedrängt.[1440] An dieser Stelle kann die berechtigte Frage gestellt werden, ob eine Änderung der prozessualen Bedingungen tatsächlich Paternalismus darstellt oder lediglich die Eigenverantwortlichkeit des (Privat-)Anlegers bei der Rechtsdurchsetzung gestärkt wird.[1441] Zum Teil wird dies bereits als Verletzung der Privatautonomie gewertet.[1442]

Die Methode, Anreize zu analysieren und zu verändern, um daraufhin erwünschte Effekte bei der Bevölkerung zu erreichen, ist nicht unumstritten. Gerade bei staatlicher Veränderung der Anreize liegt der Verdacht nahe, dass der Bürger somit zum „Objekt" einer paternalistischen Politik gemacht wird.[1443] Eine solche (staatliche) Anreizänderung habe daher einen besonderen Rechtfertigungsdruck.[1444] Meines Erachtens sollte dabei die Schwelle der Rechtfertigung

---

1436 Keine positiv-rechtliche Stütze der Dispositionsmaxime, Halfmeier/Wimalasena, JZ 2012, 649, 656.

1437 Teilw. werden europ. Kollektivverfahren prozessökonomische Ziele anstelle von Zielen des effektiven Rechtsschutzes beigemessen, Stadler, JZ 2009, 121, 122.

1438 Hass, S. 26.

1439 So Reuschle, WM 2004, 966, 970; aA Vergleich mit dem Insolvenzverwalter der im Namen der Gläubigergemeinschaft agiert, Stackmann, NJW 2010, 3185, 3189.

1440 Hopt, WM 2009, 1873, 1879 Kritik an einer überbordenden staatlichen Überwachung; grundsätzliche Kritik an der Konzeption des „unmündigen" Kleinanlegers, Kremer, FAS v. 07.06.2015, S. 29.

1441 Unproblematisch solange Wahlmöglichkeit besteht, Kirchgässner, 43 Eur J. Law Econ., 125, 143 (2017).

1442 Keine Verletzung solange Selbstbestimmung gewahrt ist, Poelzig, S. 330.

1443 „rechtlicher Paternalismus", Eidenmüller, S. 360 f.; vgl. Poelzig, S. 330, 333.

1444 Zum Thema *nudging* aber auch übertragbar, Heinig, verfassungsblog v. 15.12.2014.

nicht besonders hoch sein, denn die individuelle Entscheidung verbleibt weiterhin. Lediglich die Strukturen werden unter Berücksichtigung der Anreize verändert, damit gewisse Ergebnisse, hier die Regulierungswirkung, einfacher erzeugt werden.

Die Berücksichtigung von gesellschaftlichen bzw. klagefremden Belangen in einem Zwei-Parteien Verfahren erscheint in Deutschland für einige befremdlich.[1445] Das Interesse im Zivilverfahren sei schließlich nur die individuelle Kompensation.[1446]

Geleitet vom Bild der Abschreckungswirkung, soll meines Erachtens daneben auch die Ausstrahlung des Verfahrens auf das Fehlverhalten von anderen rechtswidrig handelnden Akteuren berücksichtigt werden. Ob diese Funktionserweiterung des Schadensersatzes in Deutschland mehrheitsfähig ist,[1447] muss sich noch zeigen. Zum Teil wird auch vertreten, dass die ursprüngliche Verleihung von individuellen Rechten vorrangig zum Zweck des Marktschutzes stattgefunden hat.[1448] Insoweit ist die kollektive Verfolgung von individuellen Ansprüchen zur Erhöhung der Regulierungseffekte nicht systemfremd, sondern bedient den ursprünglichen Zweck. Nach anderer Sicht bildet die „Durchsetzungsfähigkeit des Einzelnen" die Basis des Kollektivverfahrens,[1449] dann stellen Kollektivverfahren keinen Bruch mit der individualistischen Tradition dar.

Eine leichte Öffnung in diese Richtung ist bereits zu beobachten. So betont die Rechtsprechung insbesondere im Blick auf Persönlichkeitsrechte die abschreckende Wirkung des Schadensersatzes. Dieser soll gerade dazu dienen, dass nicht die gleiche Handlung erneut begangen wird. Dieser Gedanke findet sich auch im Schmerzensgeld. Zwar werden hier erlittene Schmerzen kompensiert, daneben soll aber auch eine Genugtuung stattfinden.[1450]

Kollektivverfahren werden nicht die individualistische Prägung des Zivilverfahrens beseitigen. Einzig das „Wie" der Durchsetzung wird zugunsten von Effizienz und der Erzeugung von positiven Externalitäten verändert. Die Frage

---

1445 Grundsätzlich auch für das *common law*, RABKIN, 61 Law & Contemp. Probs. 179, 185 (1998).

1446 Vgl. POELZIG, S. 31.

1447 Vgl. TAMM, EuZW 2009, 439, 443; teilw. ist das Zivilrecht zweckmäßiger, ENGEL, JZ 1995, 213, 214; Notwendigkeit der Erweiterung im öffentlichen Interesse, vgl. VAN DEN BERGH/KESKE, ERCL 2007, 468, 476.

1448 POELZIG, S. 432.

1449 KOCH, R., DZWIR 2016, 351, 356.

1450 So die Rspr. mwN MüKo/BGB\OETKER, § 253 Fn. 56, aA MüKo/BGB\OETKER, § 253 Rn. 11.

des „Ob“ der Geltendmachung liegt weiterhin beim individuellen Geschädigten. Auch beim *opt-out* Verfahren ist die Entscheidungshoheit des Geschädigten durch die Austrittsmöglichkeit gewahrt, dies gilt umso mehr beim *opt-in* Verfahren. Der Geschädigte ist im Kollektivverfahren weiterhin Herr über seine Rechte und Forderungen. Die Bindungswirkung des Verfahrens ist dann Folge seiner autonomen Entscheidung über die Teilnahme am Verfahren.

3. Rechtslose Geschädigte

Kollektiver Rechtsschutz birgt die Gefahr, dass das rechtliche Gehör eingeschränkt wird. Der Geschädigte könnte dann seine Rechte nicht geltend zu machen, bei einem expansiven Verfahren erhält er möglicherweise Rechte, nach denen er nie gefragt hat.[1451]

Gänzlich unbekannt ist die automatische Mitwirkung in einem Verfahren nicht. Gegenüber der Bindungswirkung eines Musterverfahrens iSd KapMuG besteht für den einzelnen Kläger keine Ausstiegsmöglichkeit. Die einzige Möglichkeit sich der Bindungswirkung zu entziehen, besteht nur in der Klagerücknahme.[1452] Die faktische Einschränkung geht beim KapMuG Verfahren daher sogar noch weiter als bei anderen *opt-out* Verfahren. Teilweise wird bereits das KapMuG als Einschränkung der Dispositionsmaxime verstanden.[1453]

Generell stellt sich die Frage, wie weit das Recht auf Gehör verstanden werden soll. Zum Teil wird vertreten, dass nicht Partizipation geschützt wird, sondern die Garantie der Repräsentation.[1454] Diese ist auch im Kollektivverfahren zu wahren.

Im Rahmen eines Verfahrens muss gewahrt werden, dass der Einzelne nicht nur bloßes Objekt ist, sondern er auch zu Wort kommen kann, um Einfluss auf das Ergebnis zu nehmen.[1455] Dies bedeutet aber nicht, dass der Einzelne dies wahrnehmen muss. Nicht ausgeschlossen ist, dass er die Wahrnehmung seiner Rechte einem Repräsentanten überlässt. Aus den Grundsätzen der Parteiherrschaft und der Dispositionsmaxime folgt, dass der Kläger selbst entscheiden kann ob, wann und wie er die Durchsetzung seiner Ansprüche organisiert.[1456]

1451 Müller/Steineker, RuP 2016, 98, 99.

1452 Siehe S. 174 f.

1453 Hess, JZ 2011, 66, 69.

1454 Fiss, 53 Wash. & Lee L. Rev. 21, 25 (1996).

1455 BVerfG, NJW 2017, 318; vgl. Poelzig, S. 330, 333; Deutlmoser, EuZW 2013, 654.

1456 Die Musterfeststellungsklage hat schließlich diesen Gedanken übernommen, BT-Drs. 19/2507, S. 16, 27.

Teilweise wird argumentiert, dass im Kollektivverfahren die Einschränkung der individuellen Beteiligungsrechte gerechtfertigt ist. Denn diese Einschränkung wird kompensiert, indem der (beschränkte) Geschädigte dafür von der Arbeit der Aktiven profitiert.[1457]

Letztlich muss festgehalten werden, dass die individuellen Verfahrensrechte im Kollektivverfahren zugunsten der Verfahrenseffizienz beschränkt sein müssen. Dies ist nicht unvereinbar mit dem deutschen Zivilverfahrensrecht. Solange gewährleistet ist, dass kein Zwang ausgeübt wird, ist eine freiwillige (Selbst-) Beschränkung möglich. Schließlich besteht auch kein Zwang, dass die Rechte ausgeübt werden müssen. Als Umkehrschluss muss es möglich sein, dass Geschädigte freiwillig ihre Rechte zugunsten der Teilnahme beschränken.[1458] Dies erfordert natürlich, dass sie über die Tragweite der Entscheidung und ihrer individuellen Verfahrensrechte bewusst sind oder informiert werden.

4. *Wandel in der Rolle der Anwaltschaft*

Der Anwalt ist „Organ der Rechtspflege“[1459] und nicht lediglich Parteivertreter.[1460] Nach der Liberalisierung der Rechtsberatung sind vor allem Kanzleien aus dem anglo-amerikanischen Raum in Deutschland tätig geworden und (scheinen) heute den Markt (nach einer Welle von Fusionen mit angestammten einheimischen Kanzleien) zu dominieren.[1461] Der Beruf des Rechtsanwaltes scheint „unternehmerischer“ geworden zu sein.[1462] Auch in den USA ist das Bild des unabhängigen Anwaltes unter Beschuss geraten.[1463]

Der heutige Anwalt konkurriert mit Anderen um Klienten, seine Rolle als Unternehmer hat sich verfestigt.[1464] Natürlich war dies auch schon vor der

---

1457 Kalven/Rosenfield, 8 U. Chi. L. Rev. 684, 713 (1941).

1458 Vgl. BT-Drs. 19/2507, S. 16.

1459 Die Beratungsfunktion durch die Rechtsanwaltschaft, als zugewiesene öffentliche Aufgabe, ist ein Teil der Rechtspflege, diese Funktion ist die der Rechtsanwaltschaft im „Kampf um das Recht“ Feuerich/Weiyland\Vossebürger, BRAO § 1 Rn 3, 6.

1460 Hass, S. 321.

1461 So für den Bereich des Wirtschaftsrechts, internationale Kanzleien dominieren die Rankings, http://www.juve.de/rechtsmarkt/umsatzzahlen [zuletzt abgerufen: 08.06.2020]; vgl. Reimann/Arbor, RabelsZ 78 (2014), 1, 2.

1462 Vgl. Römermann, NJW 2019, 2986, 2988 f.

1463 Macey/Miller, 58 U. Chi. L. Rev. 1, 3 (1991); auch als Folge der Deregulierung von Freiberuflern Jahn, ZIP 2008, 1314, 1317.

1464 Schneider, BB 2005, 2249, 2251, 2257; Römermann, NJW 2019, 2986, 2988 ff.; Konkurrenz besteht nicht nur mehr aus anderen Anwälten, vgl. Fries, NJW 2021, 2537, 2538.

Liberalisierung der Fall, doch scheint das Ideal des Anwalts als unabhängiges „Organ der Rechtspflege" nicht mehr uneingeschränkt zu gelten.[1465]

Es ist zu beobachten, ob Kollektivverfahren und erhöhte Vergütungen zu einer Verfestigung dieser Unternehmerrolle führen oder ob der Status des unabhängigen „Organs" verteidigt werden kann.[1466] Teilweise werden die Bemühungen um die Einführung von Kollektivverfahren auch als Lobbyarbeit von US-amerikanischen Kanzleien abgetan.[1467] Gerade diese Verfahren seien Instrument der Profitmaximierung.[1468] So wird spezialisierten Anwälten vorgeworfen, dass sie die Verfahren als Portfolio betrachten. Der Anwalt ist dann nur noch als „Investor" zu bewerten und handelt nicht mehr als „Organ der Rechtspflege".[1469]

Auch in Deutschland sind Anzeichen von profitorientierten „Anlegeranwälten" zu erkennen.[1470] Bedenken bestehen, dass diese Profitorientierung das Vertrauensverhältnis zwischen Anwalt und Mandant beeinträchtigt.[1471] Oftmals geht die Initiative zur Einleitung eines Verfahrens nicht mehr von den Geschädigten, sondern von (profitorientierten) Anwälten aus.[1472] Im Rahmen von Kollektivverfahren nehmen Anwälte aufgrund der verstreuten Interessen der

---

1465 Tzankova, 8 JLEP 549, 551 (2012); KOCH, JZ 2011, 438, 439; sehen hier gerade die Stärke von amerikanischen Juristen im Zeitalter der Globalisierung, diese sind pluralistischer, politischer und pragmatischer, Reimann/Arbor, RabelsZ 78 (2014), 1, 3; aA, in Deutschland keine „Klägeranwälte" nach amerikanischen Vorbild, Hass, S. 40.

1466 Auch unter Marktorientierung noch genug Raum für verantwortungsbewusste Anwälte und Richter, KOCH, JZ 2011, 438, 439; *loser pays* Regelung als ausreichende Abschreckung gegenüber gewinnorientierten Anwälten, Stadler, VuR 2011, 79; Notwendigkeit des unabhängigen Anwalts für die funktionierende Rechtspflege, BVerfG, NJW 2007, 979, 980.

1467 Brand, NJW 2012, 1116; vgl. Harnay/Marciano, in: Backhaus et al. (2012), S. 219, 233; Deutlmoser, EuZW 2013, 652.

1468 Baetge/Wöbke, in: Basedow et al., 363; *„greedy"*, Hensler, 11 Duke J. of Comp. & Int'l L 179, 180 (2001).

1469 Vgl. Rabkin, 61 Law & Contemp. Probs. 179, 197 (1998); vgl. Macey/Miller, 58 U. Chi. L. Rev. 1, 74 (1991); empfiehlt den Kanzleien sogar wie eine Investmentbank zu agieren, Backhaus, 32 Eur J. Law Econ., 225, 226 (2011); Alexander, 43 Stan. L. Rev. 497, 547 (1991); Cassone/Ramello, in: Backhaus et al. (2012), 101, 120; Rabkin, 61 Law & Contemp. Probs. 179, 197 (1998).

1470 Zu „Anlegerschutzverbänden", Schönwitz, wiwo.de, 27.01.2009; ebenso Jahn, FAZ v. 06.01.2009, S. 11; zu „Anlegeranwälten" siehe Gottschalck, Die Welt v. 04.05.2014, S. 11.

1471 Müller/Steineker, RuP 2016, 98, 99.

1472 Vgl. Vogel, S. 212.

Mandanten eine sehr viel stärkere Rolle als im Individualverfahren ein. Befürchtet wird daher, dass profitorientierte Anwälte Kollektivklagen einreichen, die ohne (großen) Mehrwert für die Geschädigten sind.

Die Debatte, ob das Idealbild des Anwaltes nicht bereits überkommen ist, wird mit Sicherheit weitergeführt werden. Festgehalten werden kann, dass Kollektivverfahren die Rolle der Anwaltschaft nicht von Grund auf ändern werden. Die bestehende Kommerzialisierung wird möglicherweise intensiviert, aber ein grundlegender Wandel findet nicht statt.[1473] Die Anpassung der Regelungen zum Erfolgshonorar zeigt, dass der Gesetzgeber dies berücksichtigt.[1474]

Unternehmerische Anwälte, deren Interessen (zum Teil) deckungsgleich mit denen der Geschädigten sind, sind auch nicht negativ zu bewerten. Soweit der Zweck die Erzeugung von regulatorischen Externalitäten ist, dann ist dies unschädlich, wenn nicht sogar hilfreich, um die Klagebereitschaft zu erhöhen. Sichergestellt werden muss aber, dass die *agency* Kosten auf ein Minimum beschränkt werden.[1475]

Kollektivverfahren werden sicherlich eine weitere Kommerzialisierung der Anwaltschaft befördern.[1476] Soweit Erfolgshonorare eingeführt werden, wird die Mandatsübernahme (noch) stärker am wirtschaftlichen Erfolg bemessen.[1477] Angesichts der Arbeitsweise von Wirtschaftskanzleien ist die Frage berechtigt, ob diese Situation nicht ohnehin bereits besteht. Anwälte befinden sich im Konkurrenzkampf untereinander, es besteht ein Wettbewerb um das lukrativste Mandat.[1478] Der Anwalt wäre dann nur noch als Dienstleister unter vielen zu betrachten.[1479]

Die bestehenden Diskussionen um die Entstehung einer „kommerziellen Klageindustrie" sind jedoch verfehlt und werden zum Teil mit abstrusen

1473 Eine solche findet auch durch den Wandel im Legal-Tech Bereich statt, vgl. Remmertz, ZRP 2019, 139, 140; vgl. Fries, NJW 2020, 193 ff.

1474 Vgl. Fries, NJW 2021, 2537, 2539.

1475 Der Anwalt als Lenker eines Kollektivverfahrens, Macey/Miller, 58 U. Chi. L. Rev. 1, 4 (1991).

1476 Trotz Bedenken als Modell der Zukunft, Basedow, JZ 2018, 1, 9.

1477 Vgl. BVerfG, NJW 2007, 979, 981; als Element einer Klageindustrie, Bussian/Schmidt, CFL 2012, 37, 43.

1478 „[…] Hauen und Stechen – auch der Anwälte – um einen lukrativen Markt", Hess, BTA-WP 18/46, S. 25.

1479 Normal in der Marktwirtschaft, Halfmeier, BTA-WP 18/46, S. 14.

Argumenten geführt.[1480] Neben der Debatte um die Kommerzialisierung trifft auch die Rolle als *private attorney general* auf Misstrauen. Nach Ansicht einiger ist der Anwalt und nicht der Mandant der *private attorney general.*[1481] Die Übernahme einer solchen aktivistischen Rolle, im öffentlichen Interesse, steht möglicherweise im Widerspruch mit dem Idealbild des unabhängigen Beraters.

III. Nachteilige Auswirkungen

Neben den rechtlichen Aspekten bestehen auch Bedenken für den Wirtschaftsstandort sowie über die tatsächliche Realisierung von positiven Externalitäten.

1. Geringer Abschreckungsfaktor

Der Abschreckungsfaktor von Kollektivverfahren wird teilweise angezweifelt.[1482] Untersuchung legen nahe, dass sich das Verhalten von Vorständen nach einer Klage nicht geändert hat.[1483] Das Kollektivverfahren wird als falsches Instrument wahrgenommen, die Partei, die am Ende zahlt, ist nicht der Akteur, der sich falsch verhalten hat.[1484] Es verbleibe das Problem, das keine unmittelbare Sanktionierung der handelnden Personen erfolgt.[1485] Eine solche würde auch nicht eintreten, wenn Vorstände als weitere Beklagte aufgenommen werden. Durch die Absicherung von D&O Versicherungen dürfte die persönliche Haftung der Vorstände die absolute Ausnahme darstellen.

1480 Windau, zpoblog.de v. 11.05.2018; zu den Rahmenbedingungen in den USA Kutschaty/Freudenberg/Gerhardt, ZRP 2018, 27, 28; Kommerzialisierung von Klageerhebungen nicht „per se verwerflich“, BGH, NJW 2022, 3350, 3353.

1481 MwN Poelzig, S. 55.

1482 Sieht zumindest für Verbandsklagen und Musterklagen ein vermindertes Abschreckungspotential ggü. echten Gruppenklagen, Liegsalz, S. 189, S. 192; skeptisch der Abschreckungswirkung ohne weitere extrakompensatorische Elemente, Scherer, in: Backhaus et al. (2012), S. 27, 36.

1483 Andererseits wird der Abschreckungsfaktor prinzipiell bejaht aber als nichtquantifizierbar angegeben, mwN Burch, 43 Ga. L. Rev. 63, 92 (2008); mögliche Ursache für die geringe Abschreckung könnte in der weiten Verbreitung von D&O Versicherungen liegen, Romano, 7 JLEO 55, 56–58(1991), sieht in Aktionärsklagen nur einen geringen Abschreckungseffekt, ebda. 84 (1991); jedoch wird die Möglichkeit von indirekten Vorteilen durch interne Reorganisation als Ergebnis der Klage akzeptiert ebda. 85.

1484 Am Beispiel von SEC Aktionen gegen Unternehmen, MACEY, 33 Harv. J. L. & Pub. Pol'y 639, 651 f. (2010).

1485 Grdsl. kritisch gegenüber der Abschreckung von Vorständen, Basedow, JZ 2018, 1, 7.

a) *Zirkularitätsproblem*

Das Zirkularitätsproblem[1486] beschreibt einen Effekt, der bei Kollektivverfahren und diversifizierten Anlegern auftritt. Bei einer Aktionärsklage klagen streng genommen Aktionäre gegen andere Aktionäre. Entschädigungen an geschädigte Aktionäre werden von den nichtklagenden Aktionären gezahlt.[1487]

Aktionäre können bei Kollektivverfahren sowohl auf Kläger- als auch auf Beklagtenseite stehen. Die Klägerrolle ist offensichtlich, Aktionäre sind die Kläger. Die Rolle auf Beklagtenseite ist hingegen komplizierter. Die Aktionäre müssen in zwei Klassen unterteilt werden. Die Unterteilung ist zeitlich bedingt, unterschieden werden die Aktionäre vor dem schädigenden Ereignis und die danach.

Aktionäre vor dem schädigenden Ereignis sind die Kläger, bei einem Sieg wird ihnen Schadensersatz zugesprochen. Dieser wird aus Unternehmensmitteln gezahlt. Dies mindert den Aktienwert der Aktionäre, die ihre Anteile danach erworben haben.

Es komme somit zum Kapitaltransfer zwischen den zwei Klassen von Aktionären.[1488] Führt man diesen Gedanken fort, so ist zu erkennen, dass ein diversifizierter Investor mit einer hohen Wahrscheinlichkeit sowohl Kläger als auch „Beklagter" (als Aktionär eines beklagten Unternehmens) wird oder war.[1489] Vorausgesetzt es kommt zu einer hinreichenden Anzahl von Kollektivverfahren.

Die *securities class actions* werden daher in den USA als reine Vermögensumverteilungsmaschine mit hohen Transaktionskosten (für die Anwälte) kritisiert.[1490] Diese Vermögensumverteilung könnte die beabsichtigte Abschreckungswirkung beeinträchtigen,[1491] denn die eigentlichen Schädiger würden nicht sanktioniert werden.

Diese Vermögenstransfers zwischen Aktionären könnten auch überproportional Kleinanleger schädigen. Diese sind dafür anfällig Aktien zu kaufen und langfristig zu halten, auch erhalten Mitarbeiter häufig Aktien als Gehaltsbestandteil

---

1486 Coffee, 106 Colum. L. Rev. 1534, 1556–1561 (2006).

1487 Zum *circularity problem*, Burch, 43 Ga. L. Rev. 63, 86 f. mwN.

1488 Bergmeister, S. 192; Caskey, 30 JLEO 493, 522 (2013); Poelzig, S. 220.

1489 Im Extremfall könnte er bei entsprechender Diversifikation Kläger durch Transaktion vor Manipulation und „Beklagter" durch entsprechende Aktien in seinem Portfolio sein, in diesem Fall würde er an sich selber „zahlen", Coffee, 106 Colum. L. Rev. 1534, 1558 (2006); Klagen seien dann nicht mehr im Aktionärsinteresse, Alexander, 48 Stan. L. Rev. 1487, 1507 (1996).

1490 MwN Alexander, 48 Stan. L. Rev. 1487, 1503 (1996).

1491 Coffee, 106 Colum. L. Rev. 1534, 1536 (2006).

bzw. Bonus. Sie sind regelmäßig nicht ausreichend diversifiziert. Gerade sie müssten dann einen Vermögenstransfer an kurzfristige, diversifizierte Händler in Kauf nehmen, wenn „ihr“ Unternehmen Beklagter ist.[1492]

COFFEE vergleicht die „finanzielle Bestrafung“ der Aktionäre durch ein Kollektivverfahren mit der Bestrafung eines Einbruchsopfers, weil es nicht in der Lage ist, sein Haus besser zu schützen.[1493]

Letztlich scheinen meines Erachtens dennoch die Vorteile zu überwiegen. Dies basiert auf der Annahme, dass Unternehmen, die sich rechtswidrig verhalten, auch häufiger oder schwerwiegender verklagt werden. Dies sollte als Warnsignal verstanden werden,[1494] welches idealerweise auch als Abschreckung von anderen Unternehmen verstanden werden müsste. Dies sollte zu einer nachhaltigen Verhaltensänderung führen.[1495]

b) Unternehmen als falsche Verantwortliche

Die Intention durch Klagen eine Verhaltensänderung herbeizuführen folgt der Idee der Abschreckung, wobei dies bezüglich eines Aspekts problematisch ist. Üblicherweise werden nur Unternehmen verklagt,[1496] die tatsächlichen Entscheidungen wurden aber von deren Vorständen getroffen.[1497]

In den letzten Jahren ist es daher auch vermehrt zu Klagen gegen Vorstandsmitglieder gekommen. Der Abschreckungseffekt gegenüber Vorstandsmitgliedern hält sich aber durch die Nutzung von Organ- oder Manager-Haftpflichtversicherungen in Grenzen.[1498] Stattdessen wird dadurch der Vergleichsdruck erhöht.[1499] Es wird teilweise auch vertreten, dass hohe Versicherungsquoten und die damit verbundene Vergleichsbereitschaft Klagen erst attraktiv gemacht haben.[1500]

1492 COFFEE, 106 Colum. L. Rev. 1534, 1558 (2006), ähnlich ALEXANDER, 48 Stan. L. Rev. 1487, 1502 (1996).

1493 COFFEE, 106 Colum. L. Rev. 1534, 1562 (2006).

1494 Vgl. BAUM ET AL. 48 Int'l Rev. L. & Econ. 14, 24(2016)

1495 I.E zustimmend unter dem Gesichtspunkt der Steuerungsfunktion, POELZIG, S. 222.

1496 MwN ALEXANDER, 48 Stan. L. Rev. 1487, 1498 (1996).

1497 Zu den Schwierigkeiten der Verantwortungsbegründung, THOMALE, NZG 2018, 1007, 1010.

1498 ROMANO, 7 JLEO 55, 56–58 (1991).

1499 ALEXANDER, 43 Stan. L. Rev. 497, 530 (1991).

1500 CASKEY, 30 JLEO 493, 495 (2013).

Es ist verständlich, dass sich Klagen gegen Unternehmen richten.[1501] Auch wenn die Vorstandsvergütung in den letzten gestiegen ist, ist es meistens (auch hochbezahlten) Vorständen nicht möglich die gesamte Schadenssumme alleine zu zahlen.[1502] Gerade bei größeren Unternehmen können bereits geringe Kursverluste hohe Schadensersatzforderungen begründen. Dabei hätten bereits geringe individuelle Zahlungsverpflichtungen von Vorständen möglicherweise einen weitaus höheren Abschreckungseffekt.[1503]

Diese, ökonomisch rationale, Entscheidung bezüglich des Beklagten könnte allerdings den Abschreckungseffekt beschränken. Vorstandsmitglieder, als Handelnde, könnten nicht ausreichend abgeschreckt werden.[1504] Es wird argumentiert, dass eine Verhaltensänderung nicht eintritt, da die Gewissheit besteht keine persönliche Haftung übernehmen zu müssen. Der Schadensersatz wird aus Mittel des Unternehmens gezahlt. Mittelbar zahlen die gegenwärtigen Aktionäre, aufgrund des erwarteten Kursverlustes, den Schadensersatz.[1505]

Weiterhin begründen sich die meisten Streitigkeiten auf Handlungen, die sich auf dem Sekundärmarkt niedergeschlagen haben. Die beklagten Unternehmen profitieren nicht mehr (direkt) von einer Kursmanipulation.[1506] Zur Lösung wird vorgeschlagen, Vorstände immer neben den Unternehmen haften zu lassen. Dies würde die individuelle Abschreckung wiederherstellen.[1507]

Trotz der unbefriedigenden Situation, dass die Handelnden nicht Ziel der Klage sind, wird keine gangbare Alternative zum Unternehmen als Beklagten gesehen. Nur wenn ein zahlungskräftiges Unternehmen Beklagter ist, ist die

1501 Aber auch Aufsichtsbehörden konzentrieren sich aus Kostengründen und Aufwand für die Verfolgung von Unternehmen und nicht Individuen, Macey, 33 Harv. J. L. & Pub. Pol'y 639, 646, 652.

1502 Alexander, 43 Stan. L. Rev. 497, 531 (1991); Coffee, 106 Colum. L. Rev. 1534, 1567 (2006).

1503 Alexander, 48 Stan. L. Rev. 1487, 1512 (1996).

1504 Geringe Abschreckungseffekte durch vorhandene D&O Versicherungen, Romano, 7 JLEO 55, 84 (1991).

1505 Coffee, 106 Colum. L. Rev. 1534, 1536 (2006); zur Zirkularität, S. 237 f.

1506 Sollte man aber einen Vorteil bei einem erhöhten Kurs für das Unternehmen erkennen verliert das Argument an Wert; aA nach der, der Vorstand aus eigenem Profitinteresse den Kurs des Unternehmens manipuliert Coffee, 106 Colum. L. Rev. 1534, 1537 (2006); ebenso Reimann, Bitburger 2008, 105, 116.

1507 Nicht der gesamte Schaden soll von Vorständen getragen werden, es sei bereits ausreichend, dass diese eine Strafzahlung zu leisten haben die über ihrem finanziellen Vorteil aus der rechtswidrigen Handlung zu zahlen haben, Coffee, 106 Colum. L. Rev. 1534, 1555 (2006).

Klage erst für Geschädigte „lohnend". Ohne diesen Anreiz würde der Abschreckungseffekt der zweiten Spur der Regulierung verpuffen.[1508]

Ein anderer Ansatz von COFFEE ist, das Honorar des Anwaltes an die Person des Schuldners zu knüpfen. Eine höhere Quote wird für den Erlös gewährleistet, der von Individuen (üblicherweise den Vorständen) erstritten wird. Dies würde den Anreiz für die Verfolgung der tatsächlich rechtswidrig Handelnden erhöhen.[1509]

Auf der anderen Seite wird dennoch ein Abschreckungseffekt für Vorstände gesehen. So wurde festgestellt, dass Vorstandsmitglieder von Beklagten in einem Kollektivverfahren eine erhöhte Austauschwahrscheinlichkeit haben.[1510] Insoweit können Kollektivverfahren auch einen Beitrag für die Lösung von unternehmensinternen *agency* Problemen bewirken.[1511] Auch behördliche Vollstreckungsmaßnahmen würden nicht zu einer höheren Absetzung von rechtswidrig handelnden Vorstandsmitgliedern führen.[1512]

Als Ergebnis von Verfahren wurden zum Teil die Komposition des Vorstands, die Vergütungsregeln, Restriktionen für Abwehrhandlungen des Vorstands, Restriktionen für eigennützige Transaktionen und andere strukturelle Reformen vereinbart.[1513] Bereits die Möglichkeit des Vorstandswechsels dürfte eine höhere Abschreckung bei den Verantwortlichen erzeugen.[1514]

Indirekt findet eine weitere Abschreckung gegenüber Vorständen statt. Erfolgreiche Klagen lösen Schadensersatzzahlungen aus, diese bedingen eine Wertminderung des Unternehmens, verbunden mit Kursverlust.[1515] Die Vorstandsvergütung ist in vielen Fällen durch variable Vergütungskomponenten an

---

1508 Schlägt eine graduelle Verschiebung der Haftung auf die Vorstände vor, jedoch wegen der Anerkennung der Wirkung der Unternehmenshaftung eine Beibehaltung des *status quo*, COFFEE, 106 Colum. L. Rev. 1534, 1564, 1566 (2006).

1509 COFFEE, 106 Colum. L. Rev. 1534, 1581 (2006).

1510 COFFEE, 106 Colum. L. Rev. 1534, 1554 (2006); Anstieg der Austauschwahrscheinlichkeit bei 14 %, STRAHAN, 1, 3, 22 (1998); bestätigen eine Korrelation nach Auswertung von verschiedenen Verfahren, BAUM ET AL. 48 Int'l Rev. L. & Econ. 14, 15 (2016); ROMANO, 7 JLEO 55, 71–74 (1991).

1511 STRAHAN, 1, 25 (1998).

1512 CHOI/PRITCHARD, 1, 25, 35 (2012).

1513 Tabellarische Zusammenfassung der Ergebnisse, ROMANO, 7 JLEO 55, 64 (1991).

1514 Kritisch, Großteil lediglich als kosmetische Änderungen, ROMANO, 7 JLEO 55, 63 (1991).

1515 So COFFEE, 106 Colum. L. Rev. 1534, 1537 (2006).

den Aktienkurs gekoppelt.[1516] Durch eine Minderung des Unternehmenswertes sinkt damit auch deren Gehalt. Dies fördert normgerechtes Verhalten.

Die Bewertung der Abschreckungswirkung gestaltet sich schwierig. Für diese müssten Vollstreckungskosten, Fehlerraten, Haftungsbewertungen und institutionelle Faktoren berücksichtigt werden.[1517] Eine definitive Antwort, ob ein positiver Abschreckungseffekt mit Kollektivverfahren verbunden ist, wird diese Arbeit nicht bieten können.[1518] Die theoretischen Schlussfolgerungen aus der Analyse legen nahe, dass die Abschreckung für rechtswidriges Handeln gesteigert wird. Beim Vergleich von Handlungsalternativen wird die Wahrscheinlichkeit von Kollektivverfahren „eingepreist". Dies sollte die „Rendite" von rechtswidrigem Verhalten mindern bzw. den Anreiz zum normgerechten Verhalten steigern.

2. *Keine Notwendigkeit bei starker staatlicher Regulierung*

Kritiker sehen keine Notwendigkeit in privaten Sanktionen (dem *private enforcement*), wenn bereits öffentliche Überwachung und Regulierung besteht.[1519] Gerade der Kapitalmarkt sei durch starke Aufsichtsbehörden geregelt, während private Normdurchsetzung nur die Ausnahme darstelle.[1520] Die Stärkung des *private enforcement* könnte zum Konflikt mit bestehenden staatlichen Strukturen führen,[1521] da Private dann staatliche Aufgaben übernehmen.[1522] Wenn sich die Überwachung den Marktmechanismen unterwirft, wird notwendige aber

---

1516 Alexander, 48 Stan. L. Rev. 1487, 1516 (1996).

1517 Vgl. Buell, 61 Duke L. J. 511, 571 f. (2011).

1518 Krit. „Überschätzung des Privatrechts als Steuerungsinstrument"; Basedow, JZ 2018, 1, 6.

1519 Ähnlich für Süd-Ost-Asien in der ein stärkeres Vertrauen auf öffentliche Rechtsverfolgung existiert, begründet jedoch durch die höhere Informationsasymmetrie bei privaten Investoren Lin, 4 NYU JLB 143, 181 (2007); sehen das Aufkommen von *private enforcement* und *private rules* als Versagen des Staates Alternativen zu bieten, am Beispiel des post-sowjetischen Russland, Hay/Shleifer, 88 Am. Econ. Rev. 398, 399 (1998); *class actions* als Baustein eines *regulatory pluralisms,* der erst notwendig wird soweit Staaten ihr Handlungspotential nicht ausschöpfen können bzw. wollen, Issacharoff, 44 Loy. U. Chi. L. J. 369, 371 f., 389 (2012); in Deutschland bestehe angesichts der etablierten Strukturen keine Notwendigkeit für *private enforcement,* Bruns, NJW 2018, 2753, 2756.

1520 Poelzig, S. 253; priv. Durchsetzung könnte optimales Regulierungsniveau beeinträchtigen, vgl. van den Bergh/Keske, ERCL 2007, 468, 474.

1521 Zur Zweiteilung der Rechtsordnung, Poelzig, S. 563 ff.

1522 Vgl. Issacharoff/Miller, 62 Vand. L. Rev. 179, 209 (2009).

kostspielige oder sogar verlustreiche Überwachung gefährdet.[1523] Der Erfolg der öffentlichen Vollstreckung liegt aber sicherlich auch in den behördlichen Untersuchungsmöglichkeiten. Behörden stehen Mittel zur Verfügung, die Private schlicht nicht haben.[1524]

Das Grundbild der starken staatlichen Regulierung lässt sich gut bei der Kapitalmarktregulierung erkennen. Der Kapitalmarkt gilt als öffentliches Gut, welches durch die BaFin beaufsichtigt wird.[1525] In dieser Konzeption lässt sich das Vertrauen in die *top-down* Regulierungsarchitektur erkennen, private Akteure wirken da fremd. Das Instrument zur Durchsetzung sind Straf- und Bußgelder von öffentlichen Akteuren.[1526]

In Staaten mit starkem Vertrauen in die Institutionen erwartet die Bevölkerung auch Überwachung und Vollzug durch öffentliche Träger.[1527] Auf der anderen Seite wird die Transformation zu einer Risikogesellschaft beobachtet, welche ein öffentliches Vollzugsdefizit erwartet.[1528] Es wird teilweise befürchtet, dass *private enforcement* gefördert wird, um Privatisierungsbestrebungen voranzutreiben.[1529] Private haben jedoch nicht die politische Legitimation, die von öffentlichen Regulierern erwartet wird.[1530]

Private Kläger sind auch nicht an der Aufdeckung von systemischen Risiken interessiert, diese wären schließlich ohne Belang für ihre Schadenskompensation. Öffentliche Regulierer würden dies hingegen berücksichtigen. Daher ist fraglich, ob private Kläger bei der systemischen Regulierung hilfreich sind. Öffentliche Regulierer dürften auch über höhere Fachkenntnis des regulierten

---

1523 Vgl. Choi/Pritchard, 1 f. (2012); entspricht nicht dem gemeinwohlorientierten Regulierer, Poelzig, S. 572.

1524 Choi/Pritchard, 1, 34 (2012); zu den Informationserlangungsbefugnissen, Poelzig, S. 20.

1525 BGH, WM 2013, 1511, 1512.

1526 Issacharoff, 44 Loy. U. Chi. L. J. 369, 380 (2012); in China, Xu, 45 Int'l Rev. L & Econ. 23, 25 (2016).

1527 Vgl. koch, JZ 2011, 438, 443; spezialisierte Behörden besser geeignet sein als generalistische Richter, Schäfer, in: Basedow et al., 67, 92; sieht für Europa das staatliche Vorgehen als bessere Alternative gegenüber der *class action*, Warren, 37 Brook. J. Int'l L. 1075, 1077 (2012); Reimann, Bitburger 2008, 105, 108; Ausprägung des deutschen interventionistischen Wohlfahrtstaates, Heinig, verfassungsblog v. 15.12.2014; vgl. Zirngibl, S. 24.

1528 Poelzig, S. 21, 572.

1529 Reimann, Bitburger 2008, 105, 145; vgl. Poelzig, S. 334.

1530 Vgl. Poelzig, S. 326.

Sektors als Richter haben, die, mit Ausnahme von spezialisierten Kammern, Generalisten sind.[1531] Jedoch kann die Häufung von Klagen als Warnsignal verstanden werden, diese Häufung würde dann als Frühwarnsystem fungieren.[1532]

Ein Problem stellt auch die hohe Vergleichsquote im *private enforcement* dar; im Vergleich kann Verschwiegenheit vereinbart werden. Dies könnte zu einem Vertrauensverlust in die Regulierungsstruktur führen.[1533] Sanktionierung erscheint dann als willkürlich und „geheim".

Die Berücksichtigung von kompensatorischen Gesichtspunkten bei einer Schadensersatzklage könnte zu abweichenden Ergebnissen gegenüber der behördlichen Bewertung führen. Im Interesse einer einheitlichen Auslegung des Wirtschaftsrechts sollte dies vermieden werden.[1534]

Auch wird befürchtet, dass bei Einführung von Kollektivverfahren die Gesellschaft sich zu einer *litigious society* entwickelt.[1535] In Kontinentaleuropa werden Gerichtsverfahren (noch) als letztes Mittel der Konfliktbeilegung gesehen. Sollte die Erhebung „zu einfach" sein, würde die Bereitschaft zur Klage ansteigen. Ob dann eine Beilegung mittels „harmonischer" Mittel möglich ist, wird angezweifelt. Um diese „klagefreudige Gesellschaft" zu verhindern, sind Staaten unterschiedliche Wege gegangen. So existiert das Modell des privilegierten Klägers im öffentlichen Interesse.[1536] Hierdurch sollte das Interesse an kollektiver Streitbeilegung befriedigt werden, ohne dass individuelle Verfolgung gefördert wird. Dies ist meines Erachtens vergleichbar mit der Ausweitung des Verbandsklagerechts. Angesichts der grundlegenden kulturellen Unterschiede ist ein Wandel hin zu einer klagefreudigen deutschen Gesellschaft derzeit nicht zu beobachten.[1537]

Diese Kritik verdrängt die Tatsache, dass in einigen Bereichen von staatlicher Seite nicht ausreichend vollstreckt wird. Sei es aufgrund einer negativen Kosten-Nutzen-Analyse des Staats bei kleineren Sektoren oder wegen mangelnder

---

1531 Vgl. mwN, Biard, S. 270.

1532 Signal für schlechte *corporate governance*, Baum et al. 48 Int'l Rev. L. & Econ. 14, 24(2016)

1533 Transparente Urteile könnten das Anlegervertrauen stärken, BUELL, Duke L. J. 511, 519 (2011).

1534 Poelzig, S. 245 f.

1535 Trotz Reformansätze besteht Angst vor einer *litigious society*, vgl. Möllers/Pregler, ZHR 2012, 144, 147.

1536 Am ehesten mit der Verbandsklage vergleichbar; eine öffentlich finanzierte Agentur, die im öffentlichen Interesse eine Klage erhebt und den Schadensersatz bei einem Sieg an die Geschädigten verteilt.

1537 Poelzig, S. 598.

Kenntnis. In solchen Fällen sollen Private eingreifen, um das Defizit wieder auszugleichen.[1538] Schließlich ist zu berücksichtigen, dass die staatliche Autorität im Rahmen des *private enforcement* nicht beeinträchtigt wird. Die endgültige Entscheidung über das Bestehen eines Anspruches obliegt den staatlichen Gerichten, die privaten Akteure initiieren lediglich das Verfahren.[1539]

Aufgrund der bestehenden (öffentlichen und privaten) Vollstreckungsdefizite ist zusätzliches *private enforcement* unschädlich. In der hier vorgestellten Konzeption wird es nur als zusätzlicher Baustein in der bestehenden Regulierungsarchitektur genutzt. Eine Verdrängung der staatlichen Regulierung findet gerade nicht statt.[1540] Das *private enforcement* in Form der Kollektivverfahren soll ergänzend wirken, um der Steuerungsfunktion des Haftungsrechts wieder Geltung zu verschaffen.[1541]

Die Einführung von Kollektivverfahren würde nicht zwangsläufig ein Absenken des öffentlichen Regulierungsauftrages mit sich bringen. Ziel sollte es sein, private und öffentliche Regulierungsansätze zu kombinieren.[1542] Die Kombination von beiden würde zu einer effektiveren Regulierungsarchitektur führen.[1543]

3. Kollektiver Rechtsschutz als Standortnachteil

Sollten sich die Befürchtungen um eine Klagewelle bewahrheiten, so wird angenommen, dass Unternehmen solche Märkte meiden. Eine milliardenschwere *class action* gilt als der „größte Horror“ nach einer Insolvenz.[1544] Die Stärkung von Anlegerrechten könnte als Standortnachteil gesehen werden.[1545] Angesichts der Tatsache, dass der europäische Wirtschaftsraum aber einer der größten

1538 Vgl. Dam, 4 J. Legal Stud. 47, 68 (1975); ähnliches Durchsetzungsdefizit beförderte die Ausweitung des Verbandsklagerechts in Deutschland, Halfmeier, NJW 2016, 1126; „doppelte“ Aufsicht im Datenschutzrecht, Weidlich-Flatten, ZRP 2014, 196, 197; bestehende Struktur historisch geprägt, Poelzig, S. 566.

1539 Poelzig, S. 337 f., 340.

1540 Poelzig, S. 325.

1541 Vgl. Reimann, Bitburger 2008, 105, 127.

1542 Vgl. van Boom/Loos, WP 2008, S. 15.

1543 Poelzig, S. 393.

1544 Mankowski, NZG 2010, 961.

1545 Speziell in Bezug auf den kollektiven Rechtsschutz und die Einführung von typischen US-amerikanischen Verfahrensinstrumenten BRAND, NJW12, 1116, 1120; Kursverluste nach Klageerhebung als typische Marktreaktion; Coffee, 106 Colum. L. Rev. 1534, 1537 (2006).

Märkte weltweit ist, wirken solch pessimistischen Ausblicke eher abwegig.[1546] Es wird gegensätzlich argumentiert, dass der deutsche Justizstandort bei Nichteinführung einen Nachteil hätte, sofern andere europäische Staaten diese einführen.[1547] In einem solchen Fall wäre es denkbar, dass sich (auch deutsche) Kläger zu einem *forum shopping* in Europa entscheiden werden.[1548]

Selbst wenn durch die Abschreckung positive Regulierungseffekte entstehen, wird teilweise eingeworfen, dass die erhöhten Kosten der Verfahren nicht kompensiert werden.[1549] Auch könnten ungerechtfertigte Klagen wohlfahrtsmindernd wirken.[1550] Sie seien dazu geeignet die Balance zulasten der Unternehmen zu verschieben.[1551]

Der U. S. Supreme Court führte in der Sache *Stoneridge* aus, dass eine Ausweitung der *fraud on the market* Theorie kritisch zu bewerten ist, da diese ausländische Unternehmen von Investitionen abhalten können.[1552] Auch in der *Morisson* Entscheidung kann unterstellt werden, dass der Schutz von ausländischen Beklagten vor *f-cubed class actions* intendiert war.[1553] Die möglichen nachteiligen Effekte auf den Wirtschaftsstandort wurden erkannt.

Nach anderer Ansicht wirkt der Verzicht von Kollektivverfahren wohlfahrtssenkend. Danach erhöht sich die Investmentbereitschaft durch die Einführung und senkt mittelbar die Kapitalbeschaffungskosten von Unternehmen.[1554]

Sollte Deutschland keine eigenen Verfahren einführen, besteht die Gefahr, dass es zu einem *forum shopping* kommt.[1555] Die deutsche Justiz könnte dann von der rechtlichen Entwicklung ausgeschlossen sein. Das Ziel der Europäischen Union ist die Schaffung eines gemeinsamen Kapitalmarktes,[1556] soweit dieser

---

1546 Sieht einen möglichen Standortnachteil in der Tatsache, dass unterschiedliche Mitgliedsstaaten der EU unterschiedliche Ansätze des kollektiven Rechtsschutzes eingeführt haben, Stadler, JZ 2009, 121, 122.

1547 Wettbewerb um den attraktivsten Justizstandort, Koch, JZ 2011, 438, 443.

1548 GRACE, 15 J. Transnat'l L. & Pol'y 281, 287; Calabresi/Schwartz, 32 Eur. J. Law Econ. 169, 171 (2011).

1549 So, Dam, 4 J. Legal Stud. 47, 73 (1975).

1550 Vgl. Hensler, 622 AAPSS 7, 10 (2009).

1551 Cassone/Ramello, in: Backhaus et al. (2012), 101, 103.

1552 *Stoneridge v. Scientific-Atlanta,* 552 U. S. 148, 164 (2008).

1553 Vgl. *Morrison v. NAB,* 561 U. S. 247, 268 seqq.

1554 Xu, 45 Int'l Rev. L & Econ. 23 (2016).

1555 Vgl. Grace, 15 J. Transnat'l L. & Pol'y 281, 287 (2006); Koch, R., DZWIR 2016, 351; Röthemeyer, VuR 2021, 43, 47.

1556 Veil, ZGR 2014, 544 ff.

eingerichtet wird und Deutschland keine Kollektivverfahren anbietet, ist die weitere Flucht von Klägern zu erwarten.[1557]

Auch nach der Einführung des KapMuG waren keine negativen Effekte auf dem Kapitalmarkt oder den Finanzplatz zu beobachten.[1558] Zu berücksichtigen ist, dass nachteilige Effekte nicht für alle Unternehmen zu befürchten sind. Rechtstreue Unternehmen würden vielmehr davon profitieren, dass rechtsmissbräuchlich handelnde Konkurrenten sanktioniert werden.[1559]

Eine abschließende Bewertung ist derzeit nicht möglich. Aber insgesamt sollten wohlfahrtssteigernde Effekte gegenüber möglichen Standortnachteilen überwiegen. Angesichts dessen, dass in vielen Staaten der Europäischen Union bereits Kollektivverfahren eingeführt wurden, wirken Bedenken teilweise hysterisch. Ob der Verzicht tatsächlich ein Standortvorteil ist, kann angezweifelt werden. Aus Anlegersicht wirkt er zumindest nicht so.

4. *Das free rider Problem*

Das *free-rider* Problem (auch als Trittbrettfahrer-Problem bekannt) bezeichnet eine Situation in der Akteure von Aufwendungen Dritter profitieren, ohne sich an diesen zu beteiligen.[1560] Im Kontext von Kollektivverfahren beschreibt es die Mitnahmeeffekte für Geschädigte, die ohne eigene Investitionen vom Verfahrensausgang profitieren.[1561] Denkbar sind folgenden Konstellationen: Zum einen können Geschädigte von Ermittlungsaufwendungen einer früheren Klage profitieren. Zum anderen können sie von Ermittlungen der Behörden und Regulierern profitieren, um ihre private Durchsetzung zu erleichtern.

1557 Wettbewerb um den attraktivsten Justizstandort, KOCH, JZ 2011, 438, 443; Deutschland als der „letzte Mohikaner" bei der Einführung von Kollektivverfahren, MELLER-HANNICH, BTA-WP 18/46, S. 18.

1558 HALFMEIER/ROTT/FEESS, S. 39; bereits zur Förderung des Standortes eingeführt, BT-Drs. 15/5091, S. 13.

1559 Vgl. MELLER-HANNICH, BTA-WP 18/46, S. 18; vgl. POELZIG, S. 434; vgl. BALDUS/SIEDLER, BKR 2018, 412, 419.

1560 Zumindest bei öffentlichen Gütern („*public goods*"), COOTER/ULEN, S. 103; SCHÄFER, in: BASEDOW ET AL., 67, 70; BT-Drs. 17/10160, 25.

1561 MÖLLERS/PREGLER, ZHR 2012, 144, 165; KLEMENT/NEEMAN, 20 JLEO 102, 104 (2004); HASS, S. 34; MACEY/MILLER, 58 U. Chi. L. Rev. 1, 20 (1991); zu ähnlichen Effekten iRd *derivative suits*, SOCKOL, 77 Tul. L. Rev. 1095, 1099 (2003).

a) Free-rider bei privatem Handeln

Ein Verfahren, das nur einen Teil der Geschädigten repräsentiert, wird von X initiiert. Y, die übrigen Geschädigten, sind nicht beteiligt und haben keine Bemühungen zur Durchsetzung unternommen. X übernimmt die Kosten, investiert Zeit und Aufwand in Auswahl und Überwachung eines Anwalts, Gutachter und Verhandlungen. Nach erfolgreichem Abschluss ergeht ein Urteil im Sinne des X.

Nun könnte jedes Mitglied der Gruppe Y mit Verweis auf das Urteil direkt die gleiche Schadensquote fordern.[1562] Zwar entsteht keine rechtliche Bindungswirkung für die Mitglieder aus Y. Doch entsteht eine faktische Bindungswirkung.[1563]

Massenverfahren zeichnen sich dadurch aus, dass Sach- und Rechtslagen sehr ähnlich, wenn nicht identisch, sind. Dann ist es für Y als auch für den Schädiger ersichtlich, dass ein neues Verfahren einen vergleichbaren Ausgang nehmen wird. Insoweit kann Y direkt den gleichen Anteil fordern, ist aber nicht an Kosten und Aufwand des Verfahrens des X beteiligt.[1564] Dies stellt eine zusätzliche Rendite für Y dar.[1565]

Noch besser ist es bei *opt-out* Verfahren zu beobachten, insbesondere bei denen mit vielen passiven Geschädigten. Hier besteht X meist nur aus einer kleinen Gruppe, möglicherweise auch nur ein Einzelner. Diese investieren Zeit und Aufwand in die Verfahrensorganisation. Y (die Passiven) profitieren unmittelbar von dem Aufwand des X, dieser profitiert aber nur proportional.[1566] Teilweise wird die *free rider* Gefahr als irrelevant betrachtet, insbesondere wenn institutionelle Investoren den größten Teil des Schadens haben, dann seien die *free riding* Effekte vernachlässigbar.[1567]

Dies könnte nicht als großes Problem wahrgenommen werden. Eine Gruppe erhält dadurch eine höhere „Rendite". Die positiven Effekte des Verfahrens werden dadurch nicht gemindert. Dies übersieht jedoch, dass zu Beginn alle

---

1562 Vgl. van Boom/Loos, WP 2008, S. 9; vgl. Poelzig, S. 384; vgl. Cassone/Ramello, in: Backhaus et al. (2012), 101, 122.

1563 Zur faktischen „Präjudizwirkung", Hess, ZIP 2005, 1713, 1716, 1717; Meyer, WM 2003, 1349, 1353; Bergmeister, S. 342; mwN zustimmend, Hass, S. 41; mwN zum *free-riding* auch Halfmeier/Rott/Feess, S. 100; als Folge eines Anmeldeverfahrens, Hecht, BTA-WP 18/46, S. 62; Deffains/Langlais, in: Backhaus et al. (2012), S. 147, 157; tritt dem ausdrücklich entgegen, BGH, AG 2017, 424, 427.

1564 Vgl. Madaus, ZEuP 2012, 99, 105.

1565 So auch die Arbeit des Musterklägervertreters iRd KapMuG, Rotter nach Hus, Handelsblatt v. 07.12.2004.

1566 Vgl. Ulen, in: Backhaus et al. (2012), S. 75, 82; vgl. Madaus, ZEuP 2012, 99, 105.

1567 Weiss/Beckerman, 104 Yale L. J. 2053, 2110 (1994–1995).

Geschädigten wissen, dass sie die Möglichkeit haben selbst die „Trittbrettfahrerrendite“ einstreichen zu können. Soweit dies alle wissen, sinkt die Bereitschaft überhaupt ein Verfahren zu initiieren bzw. als „Leitkläger“ zu fungieren.[1568]

Die Initiatoren sind gegenüber Trittbrettfahrern schlechter gestellt. Es besteht ein *first mover disadvantage*. Wenn dies zu stark ist bzw. keine Ausgleichsmöglichkeit für die Aktiven gefunden wird, könnte dies die Klagebereitschaft insgesamt senken. Dies würde bedeuten, dass die positiven Effekte des Kollektivverfahrens nicht entstehen. Es ist notwendig Anreize so zu setzen, dass weiterhin ausreichend Klagen erfolgen. Möglich sind Anpassungen der Verjährung, dann können Trittbrettfahrer ausgegrenzt werden.[1569] Soweit die Fristen kurz genug sind, ist ein Abwarten bis zur ersten erfolgreichen Klage nicht mehr möglich. Idealerweise sollten aktive Geschädigte auch eine (geringfügige) zusätzliche Entlohnung erhalten.

b) Free riding bei staatlicher Aktivität

Eine weitere Form des *free riding* kann entstehen, soweit staatliche Ermittlungen von Privaten genutzt werden.[1570] Dann nutzen Private die staatliche Arbeit für sich, dies wird als *follow-on* Klage bezeichnet.[1571] Dies stellt sich als eine Art Subventionierung dar. Denn nicht jede Geschädigtengruppe ist in der Lage staatliche Untersuchungsaktivität für eigene Zwecke zu nutzen.

Das tatsächliche Risiko dessen dürfte in Deutschland jedoch relativ gering sein.[1572] Den deutschen Regulierungsbehörden wird bereits heute vorgeworfen,

1568 Bergmeister, S. 34 f.; Harnay/Marciano, in: Backhaus et al. (2012), S. 219, 226.

1569 Verjährungshemmung erhöht jedoch die Trittbrettfahrergefahr, vgl. Gsell, BKR 2021, 521, 525.

1570 Im Kartellrecht als *follow-on* Klagen bekannt, Poelzig, S. 140; Mengden, NZKart 2018, 398, 400 f.

1571 Ohne es als *free-riding* zu bezeichnen vgl. Lin, 4 NYU JLB 143, 181 f. (2007); ähnliche Interessenlage wie bei der *partie civile*, Voet, EBOR 2015, 121, 122; als Problem der privaten Kartellrechtsdurchsetzung in den USA, Reimann, Bitburger 2008, 105, 114; vgl. Poelzig, S. 384; mit Fallbeispielen, Coffee, 42 Md. L. Rev. 215, 222 Fn. 16 (1983).

1572 Zumindest für den kapitalmarktrechtlichen Bereich, im Kartellrecht stellen diese *follow-on* Klagen wohl den Großteil der privaten Schadensersatzklagen dar (gegen Mitglieder von bereits aufgedeckten und geahndeten Mitgliedern eines Kartells), Mundt, in: FS Möschel, 427, 438; Folge der Bindungswirkung von Behördenentscheidungen welche die nachfolgende zivilrechtliche Verteidigung erschwert, Reimann, Bitburger 2008, 105, 133; zur Tatbestandswirkung von kartellbehördlichen Entscheidungen, Poelzig, S. 193.

nicht genügend Überwachung zu tätigen.[1573] Aber auch für den Fall, dass dieses Phänomen hier entsteht, ist eine Gefährdung der Regulierungseffekte nicht zu befürchten.[1574]

Eine solche Möglichkeit würde die Klagebereitschaft nur erhöhen.[1575] Mittelbar wird dadurch auch der Abschreckungseffekt auf die Akteure erhöht. Auch aus Effizienzgesichtspunkten ist die Nutzung von Ermittlungsergebnissen durch Private sinnvoll. Die Alternative ist das Brachliegenlassen.[1576] Die regulatorischen Effekte werden durch eine anschließende Klage weiter unterstützt.[1577]

Es stellt sich die berechtigte Frage, warum die Behörden nicht eigenständig vollstrecken. Zweifelhaft ist, ob die Nutzung durch Private immer effizienter ist als die Nutzung durch Behörden. Zumindest für den Fall, dass keine behördliche Verwertung der Ermittlungen erfolgte, kann bei der Verwertung der Ermittlungsergebnisse durch Private kein Verlust erkannt werden.[1578] Dies kann tatsächlich als eine Art Subvention betrachtet werden, daraus ergibt sich aber kein echtes Trittbrettfahrerproblem. Im Gegenteil wird dies zum Teil sogar begrüßt, denn die Führung von Zivilverfahren sei keine Stärke von Behörden, diese „Arbeitsteilung" sei dann effizienter.[1579]

Denn potentielle Trittbrettfahrer wissen in der Regel nicht, welche Unternehmen durch die Behörden untersucht werden. Ein Vertrauen auf erkenntnisreiche Ergebnisse besteht nicht. Solche Kalkulationen werden auch durch kurze Verjährungsfristen unterlaufen. Sollten öffentliche Untersuchungsergebnisse nicht verwertet worden sein, erhöht dies im besten Fall lediglich den Anreiz, eine *follow-on* Klage einzureichen. Im schlechtesten Fall wird sie keine Auswirkungen

---

1573 Sieht die Aktivitäten der BaFin im Verbraucherschutz als unzureichend, KRÜGER, VuR 2017, 321, 322; Vernachlässigung von „Randfragen" außerhalb eines Bußgeldverfahrens, MALLMANN/ERNE, NZKart 2019, 77, 80.

1574 Fordert sogar weitergehend die Beteiligung von Aufsichtsbehörden als *amicus curiae*, POELZIG, S. 513–515.

1575 Begrüßenswert zur Forderung der privatrechtlichen Normdurchsetzung, POELZIG, S. 520; ebenso MAUME, ZHR 2016, 358, 388.

1576 Zur Auskunftspflicht der BaFin, POELZIG, S. 523 f.

1577 Vgl. BURCH, 43 Ga. L. Rev. 63, 97 f. (2008); „ergänzendes Instrument [...] zur effektiven Durchsetzung [...]" MUNDT, in: FS Möschel, 427, 439; siehe BT-Drs. 15/5091 S. 16.

1578 Handeln von Privaten ist der Untätigkeit von öffentlichen Stellen zu bevorzugen, REICH, USA Today v. 11.02.1999, S. 15.A; die Kommission antizipiert gerade solche Folgeklagen, Empfehlung der Kommission 2013/396/EU, Nr. 33.

1579 COFFEE, 42 Md. L. Rev. 215, 224 f. (1983); MAUME, ZHR 2016, 358, 395.

auf die Anreize der Geschädigten haben. Eine solche Folgeklage wird auch als akzeptables Verfahren bewertet.[1580]

Über die Nutzung der Ergebnisse hinaus stellt sich die Frage, ob Kollektivverfahren dem Grunde nach bereits „subventioniert" werden.[1581] Ein solches verursacht einen höheren Aufwand als Individualverfahren. Die tatsächlichen Kosten des Verfahrens werden regelmäßig nicht durch die Gerichtsgebühren gedeckt.[1582] Durch die Inanspruchnahme des Gerichts[1583] wird dessen verfügbare Arbeitsleistung geschmälert. Diese „Ressource" steht nicht mehr zur Verfügung. Dies kann als „Subvention" gewertet werden.[1584]

Andererseits kann diese „Subvention" auch als legitim erachtet werden, wenn der gewünschte Effekt in der Regulierungswirkung vorliegt. Solche Ausgaben im öffentlichen Sinne können schwerlich als „Subventionen" bezeichnet werden.

Bereits angesichts des Justizgewährungsanspruchs wird die Lücke dieser Kritik deutlich. Die Bereitstellung der Justiz ist öffentliche Aufgabe. Die Inanspruchnahme der Gerichte stellt immer eine „Subvention" dar. Hierdurch wird die Rechtsdurchsetzung erst ermöglicht.

5. *Gefahr der Zwei-Klassen Überwachung*

Sollten Kollektivverfahren etabliert werden, erreichen diese ihre Attraktivität durch finanzielle Anreize. Unternehmen, deren Kursverlust eine Klage finanziell nicht attraktiv macht, müssen private Vollstreckung nicht befürchten.[1585] In diesem Fall muss weiterhin der Staat agieren.[1586] In solchen Fällen kann sich eine

---

1580 Vgl. die Anerkennung der „Folgeklage", Empfehlung der Kommission 2013/396/EU, Nr. 3e; Nr. 33 f.

1581 *Social costs* als Folge jeglicher privater Rechtsdurchsetzung, Reimann, Bitburger 2008, 105, 108; Vgl. Coffee, 106 Colum. L. Rev. 1534, 1540 (2006).

1582 Für die USA, Dam, 4 J. Legal Stud. 47, 48 (1975); Wilke, ZJS 2014, 365; Alexander, 43 Stan. L. Rev. 497, 572 (1991).

1583 Erhebung von Gebühren für die Inanspruchnahme der Gerichte, Binz/Dörndorfer/Petzold/Zimmermann\Zimmermann, § 3 GKG Rn. 1.

1584 Coffee, 106 Col. L. Rev. 1534, 1540 (2006); ähnlich Shavell, 11 J. Legal Stud. 333, 339 (1982); Staatliches Interesse Gerichte nicht zum Nulltarif anzubieten, BVerfG, NJW 1992, 1673, 1674.

1585 Choi, 57 Vand. L. Rev. 1465, 1467, 1473, 1523 (2004).

1586 Sieht diese Gefahr auch bei dem Zusammenspiel von *class action* und der SEC, aber die Gesamtkonzeption (ergänzende private Gerichtsverfahren und öffentliche Regulierung durch Behörden) versprechen insgesamt eine höhere Verantwortlichkeit der Unternehmen gegenüber der Öffentlichkeit und weitere positive Externalitäten für das Anlegerpublikum, Burch, 43 Ga. L. Rev. 63, 105 (2008).

Zwei-Klassen Vollstreckung etablieren. Eine von Privaten, die finanziell motiviert sind, sowie eine öffentliche, die bei gleichbleibenden Bedingungen wohl hinter der privaten Vollstreckung zurückbleiben wird.

Private sind auch nicht der Öffentlichkeit rechenschaftspflichtig, im Gegensatz zu staatlichen Akteuren.[1587] Es besteht die Gefahr, dass die *ex-post* Regulierung nur durch ökonomische Faktoren geleitet wird.[1588] Dies könnte zu Konflikten mit normativen Zielen führen. Während der öffentliche Regulierer im Gemeinwohlinteresse agiert und die Gesamtwohlfahrt erhöhen will, will der Private eigene Interessen befriedigen.[1589]

Auch kann es zu einem *over-enforcement* kommen.[1590] Während öffentliche Regulierer sich zurückhalten können, um junge Branchen nicht zu beschränken,[1591] müssen sich finanziell motivierte Geschädigte nicht zurückhalten. Diese würden versuchen, ihren Schaden umfassend zu kompensieren, Belange des Gemeinwohls wären nicht erheblich.

Um dieser Debatte vorzubeugen, ist zu betonen, dass es beim *private enforcement* nicht um die Abschaffung der staatlichen Regulierung geht. Es besteht nicht die Notwendigkeit einer „Entweder-Oder"-Entscheidung.[1592] Vielmehr lässt sich die bestehende Struktur ergänzen.

6. *Nur geringe Verbesserungen für Kleinanleger*

Institutionelle Investoren stellen die größte Gruppe der Anteilseigner dar.[1593] Jegliche Verbesserungen bevorteilen diese Gruppe überproportional gegenüber Kleinanlegern.[1594] Es erscheint dann fraglich, ob Kollektivverfahren Kleinanleger ausreichend unterstützen.

1587 Vgl. HENSLER, 11 Duke J. of Comp. & Int'l L. 179, 211 f. (2001).

1588 ISSACHAROFF, 44 Loy. U. Ch. L. J. 369, 387 (2012)

1589 Grundsätzlich ist das Gemeinwohl ist dem öffentlichen Regulierer zugewiesen, da es kein subjektives Recht des Einzelnen darstellt, eine Übertragung ist aber möglich, POELZIG, S. 335, 339.

1590 Zur Debatte zwischen *over-/underregulation*, HENNING, NYT v. 27.10.2014.

1591 Vgl. BUTTIGIEG ET AL., ECFR 2020, 437, 464.

1592 POELZIG, S. 253, 593.

1593 Am DAX-30 ca. 63 %, DIRK/IPREO Studie 2014 S. 7.

1594 Wohl auch eine Folge, dass höherer Schaden die Anreizstruktur so verändert, dass *agency costs* und *collective action costs* nicht mehr so stark ins Gewicht fallen, siehe auch XU, 45 Int'l Rev. L & Econ. 23, 31 (2016); mit Fallbeispielen, ALEXANDER, 43 Stan. L. Rev. 497, 575 f. (1991).

Von institutionellen Investoren wird erwartet, dass sie in der Lage sind, Verluste eigenständig zu verfolgen.[1595] Viele verwalten auch das Vermögen für andere (Rentenfonds, Investmentfonds etc.), um ihrer Vermögensbetreuungspflicht zu entsprechen, sind sie möglicherweise ohnehin dazu verpflichtet einen Schaden zu verfolgen. Reduziert man den Nutzen von Kollektivverfahren auf die Frage, ob es Kleinanlegern Vorteile einbringt, ist Skepsis angebracht. Die Betreibung solcher Verfahren wäre für sie womöglich nicht gewinnbringend. Nach Abzug aller Organisationskosten könnten die erhaltenen Zahlungen nur noch einen Bruchteil ihres Schadens darstellen.[1596]

Diese Ansicht ist jedoch zu vereinfachend. Auch Kleinanleger werden Vorteile erhalten. Die finanziellen Vorteile orientieren sich dabei natürlich an der Höhe ihrer Verluste. Bei genauerer Betrachtung kann sogar angenommen werden, dass Kleinanleger überproportional kompensiert werden. Kleinanleger sind aufgrund ihres geringen Anteils nur selten in der Überwachung und Organisation des Verfahrens beteiligt.[1597] Diese Aktivitäten werden, wegen des höheren „Investments", regelmäßig durch institutionelle Investoren vorgenommen.[1598] Der Kleinanleger profitiert von dieser Überwachungsrendite überproportional, denn er hat keine eigenen Kosten. Er ist dann ein Trittbrettfahrer. Daneben entsteht ein allgemeiner Mehrwert in Form der Abschreckung, welche höhere Normeinhaltung der Akteure verspricht.[1599]

Nach anderer Ansicht ist es für den Kleinanlegerschutz nicht erforderlich, dass die Durchsetzungsmöglichkeiten vereinfacht werden. Vielmehr seien die Informationspflichten der Emittenten und der Intermediäre zu erhöhen. Dies gewährleiste die eigenständige, individuelle Risikobewertung. In den letzten Jahren haben vor allem Intermediäre verstärkt Informationen dazu bereitgestellt.[1600] Die Menge an zum Teil weder notwendiger noch hilfreicher Information führe aber dann zu einem *information overload* bei den Kleinanlegern.[1601]

1595 Merkwürdigerweise verzichten diese dennoch häufig, vgl. Coffee, 106 Colum. L. Rev. 1534, 1547 (2006).

1596 Vgl. Dam, 4 J. Legal Stud. 47, 60 (1975); betrifft nicht nur Kleinanleger, Alexander, 48 Stan. L. Rev. 1487, 1489 (1996); Scherer, in: Backhaus et al. (2012), S. 27, 28.

1597 Siehe S. 108 ff.

1598 Vgl. Weiss/Beckerman, 104 Yale L. J. 2053, 2056 (1994).

1599 Choi, 57 Vand. L. Rev. 1465, 1502 (2004).

1600 Auch als „wirkungsloser Beipackzettel" bezeichnet.

1601 Eidenmüller, JZ 2005, 216, 221; Krüger VuR 2017, 321, 322, zusätzlich zum *framing* der veröffentlichten Informationen, Bar-Gill, verfassungsblog v. 08.01.2015.

Zusammenfassung des vierten Teils

Es lassen sich viele berechtigte Kritikpunkte finden. Die hier erörterten Punkte erheben dabei keinen Anspruch auf Vollständigkeit. Wie dargestellt wurde, sind viele nur scheinbare Kritikpunkte. Viele basieren auf nationalen Besonderheiten und werden hier nicht auftreten.[1602]

Bei anderen Punkten bestehen unterschiedliche Ansichten über die Rolle und Reichweite von Rechtsprinzipien und -institutionen. Sämtliche Kritiker zu überzeugen wird durch diese Arbeit natürlich nicht möglich sein. Ziel ist es die am häufigsten genannten Kritikpunkte darzustellen und zu würdigen. Die Einführung von Kollektivverfahren als Regulierungsinstrument ist letztlich eine gesellschaftliche und politische Aufgabe.[1603]

Ähnliches muss auch zu den sich verändernden Organisationen und Strukturen festgestellt werden. Dass es zu einem Wandel in der Anwaltschaft kommt, ist nicht zu verneinen. Es ist zu beobachten, dass es zu einer stärkeren Professionalisierung und zum Zusammenschluss in Großeinheiten gekommen ist. Deren Arbeitsweise entspricht sicherlich nicht mehr dem Idealbild des unabhängigen Rechtsberaters, den die Anwaltschaft früher innehatte.[1604] Hohe Gehälter und Vorgaben über abrechenbare Stunden[1605] tragen ihr Übriges dazu bei, dass dann Beratung unter dem Gesichtspunkt der Honorarmaximierung stattfindet. Dass die Anwaltschaft wirtschaftlich agiert, stellt lediglich die Realität dar.

Natürlich kann deswegen nicht ohne weiteres geschlussfolgert werden, dass deswegen Anwälte nicht mehr aufgrund von persönlichen Idealen oder aus dem Berufsethos heraus unabhängige und ausführliche Beratung gegenüber auch finanzschwachen Mandanten bzw. „unrentablen" Rechtsstreitigkeiten bieten. Doch muss anerkannt werden, dass der Großteil der Anwaltschaft selber unter Kostendruck (durch eigene Kosten für den Betrieb einer Kanzlei) oder Organisationsdruck (durch Stundenvorgaben) steht und daher bei der Beratung eine Kosten-Nutzen-Rechnung durchführen wird.

1602 Vgl. Poelzig, S. 75.

1603 „*enforcement policy issue*", Hodges, S. 5.

1604 Vgl. Wolf/Flegler, NJW 2018, 3586.

1605 In Wirtschaftskanzleien sind sechsstellige Jahresgehälter zum Berufseinstieg keine Seltenheit, die durchschnittliche *billable* Vorgabe wurde bereits 2017 mit 1.657 Stunden angegeben, vgl. https://www.juve.de/nachrichten/namenundnachrichten/nachrichtkanzleien/2017/04/billable-hours-stundenvorgaben-auf-gleichbleibend-hohem-niveau

Auch die Rolle des Regulierers hat sich gewandelt. Während es in der Vergangenheit möglicherweise gereicht hat, durch Überwachung und gelegentliche Warnungen Stabilität zu erzeugen, haben die Erfahrungen der jüngeren Vergangenheit die Unzulänglichkeit der *laissez-faire* Regulierung aufgezeigt. Auch ist die Anspruchshaltung der Akteure gestiegen. Erwartet wird eine Regulierung nicht nur im öffentlichen Interesse, sondern auch im Interesse der Akteure.

Letztlich stellt sich die Frage, ob akzeptiert wird, dass möglichen Nachteile durch positive Effekte kompensiert werden. Soweit eine Verbesserung der Gesamtwohlfahrt erzielt wird, auch wenn dabei die wirtschaftliche Situation von einigen leiden sollte, sind Kollektivverfahren iSd *Kaldor-Hicks* Theorem effizient.

Teil 5: Optimales Kollektivverfahren

A. Elemente eines optimalen Verfahrens

Die Frage, ob ein optimales Verfahren existiert, ist nur schwer zu überprüfen. Unterschiedliche Akteure haben unterschiedliche Erwartungen an ein Verfahren. Während Geschädigte die finanzielle Kompensation suchen, sind Regulierer oder auch entsprechende Verbände an der Abschreckung interessiert. Dem Justizanbieter und den Beklagten ist in der Regel die Begrenzung der Kosten wichtig. Es ist daher schwer einen einheitlichen Bewertungsmaßstab zu finden. Während die Verfahrenseffizienz noch einheitlich bewertet werden kann, ist die übrige Motivation nur schwer zu erfassen. Unterschiedliche normative Regulierungsziele wie Verbraucherschutz, Stärkung des Anlegervertrauens, Schutz der Wirtschaft, Sicherung der Attraktivität des Kapitalmarktes oder auch die Verfahrensökonomie stehen den (gegensätzlichen) ökonomischen Interessen der Parteien gegenüber.

Es wurde untersucht, wie verschiedene Verfahren Anreize setzen. In Anbetracht dessen, dass dem Kollektivverfahren viel Misstrauen entgegenkommt,[1606] ist es notwendig, eine Einführung in Einklang mit den europäischen Traditionen des Zivilprozessrechts vorzunehmen. Ein reines Transplantat ist nicht praktikabel und auch nicht gewollt.[1607] Es bietet sich nun die Möglichkeit, eine Form zu schaffen, die die Interessen berücksichtigt, ohne dabei dogmatische Grabenkämpfe auszulösen.[1608] Zu berücksichtigende Aspekte der Leistungsfähigkeit sind die Überwindung der rationalen Apathie und der Grad der Rechtsdurchsetzung.[1609]

Die Ausgestaltung als *opt-in* oder *opt-out* Verfahren ist entscheidend. Dies bestimmt die Teilnahmebereitschaft.[1610] Es muss sichergestellt werden, dass die Balance zwischen einfacher Teilnahme und der Eindämmung von „wertlosen"

1606 O-Töne aus Politik und Wirtschaft, Clausnitzer, EuZW 2009, 169.

1607 Schwierigkeiten von Rechtstransplantaten, Reimann, Bitburger 2008, 105, 129; La-Porta et al., 46 JEL 285, 288 (2008); zur Möglichkeit mit einem *clean slate* zu beginnen, Calabresi/Schwartz, 32 Eur. J. Law Econ. 169, 178 (2011); Einführung nur unter Ausschluss des *toxic cocktail,* Empfehlung der Kommission 2013/396/EU, ErwGr 15; BT-Drs. 15/5091, S. 16.

1608 Vgl. Hodges, S. 25.

1609 Schäfer, in: Basedow et al., 67, 70.

1610 Vgl. van Dijck, WP 013/2011, S. 23, 45.

Klagen gewahrt wird.[1611] Die Anreize der Beteiligten müssen ausreichend berücksichtigt werden.[1612]

Besprochen werden sollen auch die Kosten- und Honorarstruktur. Ebenfalls angesprochen werden Möglichkeiten zur Verfahrenseffizienz und Anforderungen an die richterlichen Tätigkeiten im Laufe des Verfahrens. Die hier genannte Auflistung stellt dabei keinen Anspruch auf Vollständigkeit.

I. Notwendigkeit der Bündelung an ausgewählten Gerichten

Es ist sinnvoll, wenn spezialisierte Gerichte für Kollektivverfahren geschaffen werden oder eine Bündelung erfolgt.[1613] Insbesondere bei Verfahren, die sich mit Kapitalmarktstreitigkeiten beschäftigen, bietet sich das an, denn hier ist Kenntnis der wirtschaftlichen Zusammenhänge hilfreich.[1614] Die Bündelung ist bereits heute die Praxis in bestimmten kapitalmarktrechtlichen Streitigkeiten.[1615] Diese werden ausschließlich am Sitz des Unternehmens eröffnet.[1616] Diese Konzentration sollte durch Zuweisung an spezielle Kammern gefördert werden.[1617] Auch in anderen Staaten wird eine vergleichbare Konzentration betrieben.[1618]

Eine solche Konzentration soll nicht ausdrücken, dass andere Gerichte und Richter nicht qualifiziert sind. Für Kollektivverfahren werden jedoch andere Kompetenzen benötigt.[1619] Das Verfahren betrifft eine Vielzahl von weiteren Geschädigten, die nicht unmittelbar daran teilnehmen. Deren Interessen sind zu berücksichtigen, Gerichte müssen das Verfahren aktiver überwachen.[1620]

1611 Zur gleichen Diskussion; Choi, 57 Vand. L. Rev. 1465, 1473 f., 1510 (2004.

1612 Vgl. Meller-Hannich, BTA-WP 18/46, S. 18; zur Vermeidung der *over-deterrence*, vgl. Poelzig, S. 372.

1613 Spezialisierung durch Bündelung als Leitbild des KapMuG, Micklitz/Stadler, EBLR 2006, 1473, 1485.

1614 Poelzig, S. 243, 513; vgl. Tombrink, IWRZ 2018, 275, 279.

1615 § 32b ZPO, weiter gebündelt durch landesrechtliche Verordnungen zur Konzentration.

1616 Für Verfahren wegen falschen, irreführenden oder unterlassenen öffentlichen Kapitalmarktinformationen nach § 32b Abs. 1 ZPO.

1617 Hess/Michailidou, WM 2003, 2318, 2320; zur Spezialisierung, Gutachten A 70. DJT, S. 96; Reuschle, WM 2004, 966, 967; zurückhaltend, Halfmeier/Rott/Feess, S. 89 f.; zustimmend, Choi, 57 Vand. L. Rev. 1465, 1517 (2004).

1618 Z. B. in Italien Togo, GRUR Int 2011, 132; vgl. Biard, S. 289.

1619 Zum *Managerial Judging*, mwN Piché, 2 J. of Civ. L. Stud. 102, 128 ff.; zu den Anforderungen im Kollektivverfahren, Biard, S. 43, 111 f.; Vogel, S. 217; Zirngibl, S. 72, 107, 182.

1620 Hass, S. 327; Resnik, 148 U. Pa. L. Rev. 2119, 2127, 2163 (2000).

Es bestehen (begründete) Vorwürfe über die Arbeitsbelastung an den Gerichten.[1621] In einem solchen Umfeld entsteht zwangsläufig der Wunsch nach weniger bzw. schnellerer Verfahren.[1622] Bei Kollektivverfahren könnte dies problematisch sein. Diese benötigen, u. a. bedingt durch die besondere Prinzipal-Agenten-Beziehung, eine intensivere Überwachung. Daneben muss die Abschreckungswirkung der Verfahren berücksichtigt werden.[1623] Generell sollen Gerichte eine stärkere Rolle bei Organisation und Durchführung von Kollektivverfahren einnehmen.[1624]

Durch die Bündelung kann erwartet werden, dass eine geringe Anzahl von Richtern sich mit Kollektivverfahren beschäftigen wird. Diesen bietet die Bündelung Gelegenheit zur Spezialisierung. Zu erwarten ist, dass diese ihre Kenntnisse vertiefen und erweitern. Diese Spezialisierung stellt kein Novum dar.[1625] Bereits heute werden gewisse Streitigkeiten an bestimmte Gerichte konzentriert, so die Kapitalmarktstreite. Die sind in Hessen ausschließlich dem Landgericht Frankfurt am Main zugewiesen.[1626] Auch ist die Bündelung für spezielle Verfahren nicht ungewöhnlich. Sowohl Nordrhein-Westfalen[1627] als auch Hessen[1628] experimentieren mit englischsprachigen Verfahren an einzelnen Handelskammern.[1629] Diese Tendenz wurde auch für die Musterfeststellungsklage übernommen, die ausschließliche Zuständigkeit wurde den Oberlandesgerichten übertragen.[1630] Damit wird Entscheidungsdivergenz vermieden.[1631] Dies ist bereits grundlegendes Ziel der Kollektivverfahren.

1621 Mit einer Darstellung der Eingangszahlen, Tombrink, IWRZ 2018, 275.

1622 Krit. zu den Reformwünschen der Justiz, Lerch/Valdini, NJW 2023, 420 ff.

1623 Kompensationsfunktion könnte administrative Effizienz senken, Dam, 4 J. Legal Stud. 47, 56 (1975).

1624 Empfehlung der Kommission 2013/396/EU ErwGr 21; Lerch/Valdini, NJW 2023, 420, 423.

1625 Spezialisierung war Thema des 70. DJT, Windau, zpoblog.de v. 09.03.2017.

1626 § 46 Verordnung über gerichtliche Zuständigkeiten in der Justiz und zur Änderung der Verordnung zur Übertragung von Ermächtigungen im Bereich der Rechtspflege.

1627 Kammern an LGs im OLG Bezirk Köln sowie ein Senat am OLG, PM OLG Köln v. 15.01.2010.

1628 Am LG Frankfurt, die Kammer für internationale Handelssachen. https://ordentliche-gerichtsbarkeit.hessen.de/ordentliche-gerichte/lgb-frankfurt-m/lg-frankfurt-m/kammer-f%C3%BCr-internationale-handelssachen.

1629 Gutachten A 70. DJT, S. 15 f.

1630 BT-Drs. 19/2741, S. 24; eine Ausweitung auch für Verbandsklagen im Gespräch, Synatschke et al., ZRP 2021, 197, 198.

1631 BGH, NJW-RR 2013, 1302, 1303; Korth/Kroymann/Suilmann, NJW 2016, 1130, 1131; Voet, EBOR 2015, 121, 129 f.; Stackmann, NJW 2010, 3185, 3188 f.

In den USA war zu beobachten, dass es zum *forum shopping* gekommen ist. Verfahren wurden nur an (vermeintlich) wohlgesinnten Gerichtsbezirken eingeleitet.[1632] Auch um dies zu verhindern, ist eine Konzentration an ausgewählten Gerichten sinnvoll.[1633]

Neben der Bündelung in der ersten Instanz sollten die Rechtsmittel ebenfalls kanalisiert werden. Das bestehende Prinzip, nach dem gegen Entscheidungen mit kollektivem Charakter nur die Revision zum BGH möglich ist,[1634] sollte fortgesetzt werden. Dies vermeidet eine weitere Instanz und die damit einhergehende Verfahrensverzögerung und sichert eine einheitliche Rechtsprechung.

Geeigneter Klagevertreter

Eines der wichtigsten Aspekte ist es, einen geeigneten Leitkläger zu finden und dessen Rechte und Pflichten zu konkretisieren. Idealerweise sollte er in der Organisation des Verfahrens involviert sein und die Überwachung des Anwaltes übernehmen. Problematisch ist, dass dies Kosten für ihn erzeugt. Die freiwillige Übernahme wird nicht der Regelfall sein.

Aufgrund der Bedeutung von Organisation und Überwachung ist sicherzustellen, dass nur geeignete Vertreter diese Position übernehmen. Ein aktives Mitwirkungsrecht aller Geschädigten würde die Organisierbarkeit des Verfahrens beeinträchtigen. Der Leitkläger muss in der Lage sein, den Anwalt zu überwachen. Dies entspricht auch am besten der Stellung als *principal* und *agent*. Die Überwachung ist geboten, um *agency* Kosten zu senken.

Die einfachste Methode zur Bestimmung ist es, den schnellsten Kläger zu beauftragen. Dies erscheint aber aus mehreren Gründen nicht geeignet. Zum einen führt dies zu einem Rennen zum Gericht (*race to the courthouse*). Es droht, dass die Qualität der Überwachung beeinträchtigt wird. Nicht der Beste, sondern nur der Schnellste erhält die Rolle, oft ist dies nur zufällig.

1632 So fassen Cooter/Rubinfeld die ökonometrischen Studien zusammen, die bestätigen dass *jury trials* höheren Schadensersatz zubilligen wenn Beklagte Unternehmen sind, vgl. Cooter/Rubinfeld, 27 JEL 1067, 1088 (1989); über die Flucht von Bundeszuständigkeit zu „angenehmen" Zuständigkeiten der Bundesstaaten in den USA, mwN Palmisciano, 53 B. C. L. Rev. 1847, 1853 f. (2012); kritisch zu *juries* bei *class actions*, Cooper, 11 Duke J. of Comp. & Int'l L. 215, 227–229 (2001); auch getrieben durch unterschiedliche Honorare in den Bundesstaaten, Calabresi, in: Backhaus et al. (2012), S. 10, 19.

1633 Voet, EBOR 2015, 121, 130; Wendt, EuZW 2011, 616, 622.

1634 § 614 ZPO für die Musterfeststellungsklage; § 20 KapMuG für den Musterentscheid.

Ein anderer Ansatz ist es den „Größten" zu beauftragen, denjenigen mit dem größten Schaden. Die Überlegung ist, dass dieser am ehesten zum Wohl der gesamten Gruppe agiert.[1635] Positive Änderungen der Organisation und Strategie haben für ihn die größte „Rendite". Daher hat er den größten Anreiz diese Aufgaben zu übernehmen. Er würde auch am ehesten die Honorarstruktur des Anwaltes überprüfen und ihn überwachen.[1636]

Diese These erscheint nachvollziehbar. Problematisch könnte es bei institutionellen Investoren sein. Zwar wird diesen üblicherweise eine höhere Kenntnis unterstellt.[1637] Deren Organisationsumfang könnte aber dazu führen, dass sie nicht flexibel oder schnell genug reagieren.[1638] Vereinzelt wird angenommen, dass sich ihre Motivation trotz des Schadens in Grenzen hält. Begründet wird dies mit deren Diversifizierung. Verluste in einer Position lassen sich wieder abfedern. Auch besteht eine professionelle Vertrauensbeziehung zwischen institutionellen Investoren und beklagten Unternehmen.[1639] Trotz möglicher Unzulänglichkeiten ist es dennoch ratsam, den „größten" Geschädigten zum Leitkläger zu ernennen. Aufgrund der höheren „Überwachungsrendite" sollten dieser am ehesten zur Übernahme bereit sein.

Kontroverser (zumindest in Deutschland)[1640] erscheint der Vorschlag, den Anwalt als eigentlichen Lenker zu sehen. Konsequenterweise entfiele dann die Notwendigkeit eines Leitklägers.[1641]

Um (lediglich) finanziell Interessierte auszuschließen, wird auch vorgeschlagen, die Klageberechtigung nur an Organisationen zu vergeben, die nicht

---

1635 Weiss/Beckerman, 104 Yale L. J. 2053, 2089, 2110 f.; das Leitbild des PSLRA, Sockol, 77 Tul. L. Rev. 1095, 1107 (2003); Alexander, 48 Stan. L. Rev. 1487, 1521 f. (1996); BT-Drs. 15/5091, S. 25; zur vergleichbaren Situation mit großen Aktionären, Baum et al. 48 Int'l Rev. L. & Econ. 14, 18 f. (2016).

1636 Choi, 57 Vand. L. Rev. 1465, 1475 (2004).

1637 Coffee, 106 Colum. L. Rev. 1534, 1541 (2006).

1638 Zweifel am juristischen Sachverstand, Weiss/Beckerman, 104 Yale L. J. 2053, 2089, 2100 f.

1639 Choi, 57 Vand. L. Rev. 1465, 1475 f. (2004); Alexander, 48 Stan. L. Rev. 1487, 1522 (1996); vgl. Halfmeier/Rott/Feess, S. 58; Alexander, 48 Stan. L. Rev. 1487, 1522 (1996).

1640 Zerschneidung des Bandes zwischen Mandanten und Anwalt, Schäfer, in: Basedow et al., 67, 68; erhöhte „Marktorientierung" der Anwaltschaft, Koch, JZ 2011, 439, 439.

1641 Macey/Miller, 58 U. Chi. L. Rev. 1, 6 (1991); Zuteilung durch Auktion, letztlich ablehnend, Schäfer, in: Basedow et al., 67, 85.

gewerbsmäßig arbeiten.[1642] Es wird vertreten, dass eine neutrale Instanz besser im Interesse der Geschädigten agiert.

Kritisch daran ist, dass durch die Limitierung der Kläger auch die Anzahl der Klagen beschränkt wird. Der regulatorische Effekt könnte gefährdet werden. Es wird auch vorgebracht, dass die Ablehnung eines Jedermanns-Klagerechts vor allem aus der Wirtschaft rührt.[1643] Der neutrale Leitkläger ist meines Erachtens nicht zielführend. Die *agency* Kosten werden gesteigert und er unterliegt nicht optimalen Anreizen.

Die Anreize des Neutralen sind m. E. nicht optimal gesetzt. Um seine Interessen mit denen der Geschädigten anzugleichen, müsste er ein (finanzielles) Interesse am Ausgang haben. Eine solche Angleichung ist auch beim Anwalt notwendig. Soweit man dies auch auf den Dritten ausweitet, so schmälert sich die Kompensationsquote für die Geschädigten noch weiter. Sollte er keine finanziellen Anreize erhalten, ist eine effektive Überwachung und Steuerung zweifelhaft. Es ist vielmehr zu erwarten, dass die fehlenden Anreize zu ähnlichen Effizienzverlusten wie bei staatlichen Stellen führen.[1644]

Idealerweise sollte die daher Organisation durch einzelne Geschädigte übernommen werden. Die Übernahme durch mehrere birgt immer die Gefahr von erhöhten Transaktionskosten durch Koordinierungsschwierigkeiten. Aufgrund der bestehenden Anreize bietet es sich an, dass der „größte" Geschädigte zunächst als Leitkläger erwogen wird. Um den Anreiz zur Übernahme der Rolle weiter zu erhöhen, sollte der Leitkläger eine zusätzliche „Belohnung"[1645] erhalten.

Das Gericht und die übrigen Geschädigten sollen und können ungeeignete Leitkläger ausschließen. Dies sollte bei Interessenkonflikten genutzt werden. Die Geschädigten können durch Mehrheitsentscheidung auch einen Leitkläger auswählen. Dies sollte die Kontrollmöglichkeiten der übrigen Geschädigten bewahren.[1646]

1642 WENDT, EuZW 2011, 616, 622; Öffentliche Bedienstete als Klägervertreter, vgl. KALVEN/ROSENFIELD, 8 U. Chi. L. Rev. 684, 715 (1941); ähnlich zum Prozesspfleger, HASS, S. 300.

1643 Vgl. VÄLIMÄKI, in: BACKHAUS ET AL. (2012), S. 327, 330.

1644 Vgl. STADLER, GPR 2013, 281, 285.

1645 „Belohnung" als Konsequenz der Förderung des Allgemeininteresses, POELZIG, S. 437.

1646 Zu der Beziehung zwischen Geschädigten, „Leitkläger" und Anwalt, HESS, BTA-WP 18/46, S. 71.

Ausgestaltung als *opt-in* oder *opt-out* Verfahren

Eines der streitigsten Themen ist die Ausgestaltung des Verfahrens als *opt-in* oder als *opt-out*.[1647] Aus regulatorischer Sicht erscheint *opt-out* optimal. Dann ist der höchstmögliche *impact* der Klage sichergestellt. Dies erhöht auch den Verhandlungsspielraum für die Parteien[1648] und erlaubt einen „globalen Frieden".[1649] Der Schädiger muss keine (nennenswerten) Folgeklagen befürchten.

Opt-out Verfahren eignen sich zudem für die Überwindung des *status quo bias*.[1650] Es erlaubt die Kompensation der Geschädigten trotz deren Passivität, ebenfalls wird damit die Abschreckungswirkung erhöht.[1651] Auch können sie den Erfolg einer Klage bereits frühzeitig anzeigen, massenhafte Austritte würde die fehlende Bedeutung aufzeigen.[1652]

Die Problematik des *opt-out* Verfahrens liegt in deren kritischen Bewertung in Deutschland,[1653] dieses soll die Verfahrensrechte der Geschädigten unzulässigerweise beschränken. Nach wohl (noch) hM verletzt das *opt-out* Verfahren den Grundsatz des rechtlichen Gehörs.[1654] Damit dies überhaupt möglich wird, müssten erhöhte Mitteilungs- und Informationspflichten realisiert werden. Auch könnte die Dispositionsmaxime beeinträchtigt sein. Diese umfasst das Recht einen Anspruch nicht einzufordern,[1655] *opt-out* Verfahren könnten dieses Recht einschränken.

1647 Grundlegend zur Debatte über *opt-in* und *opt-out*, SUNSTEIN, NYT v. 20.04.2015.

1648 Nach wohl richtiger Ansicht wird der Vergleichsdruck erhöht, vgl. LIN, 4 NYU JLB 143, 161 f. (2007).

1649 Vgl. ISSACHAROFF, 7 Sup. Ct. Rev. 337, 365 (1999)

1650 POELZIG, S. 385, unter Darstellung eigener Erfahrungen, CALABRESI, in: BACKHAUS ET AL. (2012), S. 10 f.

1651 Mit „Erpressungspotential", vgl. LIN, 4 NYU JLB 143, 161 f. (2007); als rechtsökonomisch vorzugswürdige Form, POELZIG, S. 387; Erhöhung der Abschreckung, BIARD, S. 48.

1652 „*sanity-check*", CASSONE/RAMELLO, in: BACKHAUS ET AL. (2012), 101, 111.

1653 Nur zulässig, wenn ansonsten die Normdurchsetzung gefährdet ist, so bei Streuschäden, POELZIG, S. 534 f.

1654 mwN Bergmeister, S. 45; aA JAHN, ZIP 2008, 1314, 1316; wobei die Befürworter der Zulässigkeit langsam steigen, mit Beispielen für *opt-out / no-option* Verfahren in Deutschland HALFMEIER/ROTT/FEESS, S. 108.

1655 STADLER, VuR 2011, 79; BERGMEISTER, S. 44 f.; krit. ggü. der Reichweite der Dispositionsmaxime mangels positiv-rechtlicher Stütze, HALFMEIER/WIMALASENA, JZ 2013, 649, 656.

Obwohl das *opt-out* System Vorteile verspricht,[1656] herrscht (vor allem in Europa) eine Abneigung dagegen.[1657] Kroes sprach sich nur für die Einführung von *opt-in* Verfahren aus,[1658] dies sei Bedingung für eine Einführung von Kollektivverfahren.[1659] Dann seien durch „geringe" Streitwerte die Existenzgefährdung und auch das Missbrauchspotential gemindert.[1660] *Opt-in* Verfahren sollen das rechtliche Gehör bewahren.[1661] Bedenklich ist jedoch, dass die Partizipationsrate dann regelmäßig weit unter der von *opt-out* Verfahren liegt.[1662] Viele scheuen die Anmeldung bei niedrigen Schäden. Durch die niedrige Partizipationsrate sinkt auch der Abschreckungseffekt.[1663]

Die rechtliche Zulässigkeit von *opt-out* Modellen wird in Deutschland größtenteils abgelehnt.[1664] Teilweise wird die Zulässigkeit unter verschärften Bedingungen (Briefsendung an alle Betroffene) wohl bejaht.[1665] Die Information müsste nicht über die förmliche Zustellung übermittelt werden, die Nutzung von Onlineportalen bietet sich als günstige Alternative an.[1666] Damit ließen sich auch die hohen Kosten der Benachrichtigung[1667] mindern. Gegen *opt-out*

1656 *Opt-out* Verfahren werden höhere Beteiligungsraten zugesprochen, vgl. van Dijck, WP 013/2011, S. 18.

1657 *Opt-out* Verfahren als Zukunftsmodell, Basedow, JZ 2018, 1, 12; zumindest als zulässige Möglichkeit iRd Verbandsklagerichtlinie 2020/1828, ErwGr 43.

1658 Nach Clausnitzer, EuZW 2009, 169, 170; *opt-out* wird ebenfalls von Wirtschaftsvertretern abgelehnt ebda; ebenfalls von europäischen Parteien, vgl. Stadler, GPR 2013, 281, 283; nach aA wird *opt-out* langsam in Europa anerkannt, Voet, EBOR 2015, 121, 131; zumindest kein grundsätzlicher Ausschluss, Stadler, in: van Boom/Wagner (2014), 197, 214; Wendt, EuZW 2011, 616, 621.

1659 Wendt, EuZW 2011, 616, 621.

1660 So wird dem KapMuG wegen der *opt-in* Ausgestaltung kein Missbrauchspotential beigemessen, Bergmeister, S. 311.

1661 Kritisch, weil die faktische Bindungswirkung des Kollektivverfahrens die rechtliche Gestaltungsmöglichkeit des Individualklägers beeinträchtigt [Sic], Meyer, WM 2003, 1349, 1353.

1662 So die Ergebnisse der Studie von van Dijck, WP No. 13/2011, S. 18; zur Motivation, Macey/Miller, 58 U. Chi. L. Rev. 1, 28 (1991).

1663 Hensler, 622 AAPSS 7, 16 (2009); Stadler, GPR 2013, 281, 286.

1664 Bergmeister, S. 45 mwN; auch in den USA kritisiert, vgl. Hensler, 622 AAPSS 7, 16 ff. (2009); vgl. Kern/Uhlmann, ZEuP 2022, 849, 869 f.

1665 Halfmeier/Wimalasena, JZ 2012, 649, 654; bei (möglichst persönlicher) rechtzeitiger Information wohl zulässig, Stadler, VuR 2011, 79.

1666 So bereits iRd KapMuG, Jahn, ZIP 2008, 1314, 1316; auch als Möglichkeit zum Austausch zwischen Geschädigten, Gsell, BKR 2021, 521, 523.

1667 Bei postalischer Benachrichtigung ca. 500.000 USD, Macey/Miller, 58 U. Chi. L. Rev. 1, 27 (1991).

Modelle wird darüber hinaus angeführt, dass es unmöglich sei alle Betroffenen zu recherchieren und benachrichtigen.[1668]

Anlegerstreite lassen sich als Experimentierfeld für Mitteilungsformen nutzen.[1669] Trotz Charakterisierung als typische Streuschäden ist die Zahl der tatsächlichen Anleger in Deutschland in Relation zur Gesamtbevölkerung überschaubar.[1670] Informationen über das Verfahren könnten dann durch Massenmedien verbreitet werden.[1671] Es sollte ausreichen, dass die Mitteilung elektronisch übermittelt wird, beispielsweise durch E-Mail.[1672] Teilweise wird vertreten, dass die ordentliche Briefzustellung als Benachrichtigung erforderlich sei.[1673]

Zu überlegen ist, ob bei der Mitteilung die Intermediäre unterstützen können. So könnten Banken bzw. Depotverwahrer über ein Verfahren informieren. Bei institutionellen Investoren ist es wohl ausreichend, wenn diese über die jeweiligen Fachmedien informiert werden.

Soweit *opt-out* Verfahren eingeführt werden, müssen zur Wahrung des rechtlichen Gehörs der Geschädigten umfangreiche Möglichkeiten des Ausstiegs angeboten werden. Dies sollte zu jedem Status des Verfahrens (bis zum Urteil) möglich sein. Bereits nach Rechtshängigkeit sollte eine *cool off* Periode von mehreren Monaten eingerichtet werden (ca. 6 Monate), währenddessen die Mitteilungs- und Informationsphase läuft und Anleger die Ausstiegsmöglichkeit nutzen können. Soweit ein Vergleichsvorschlag vorliegt, sollte ausreichend Zeit (ca. 3 Monate) bestehen, um auszusteigen. Nach dem Urteil sollte hingegen keine Möglichkeit eines Austrittes bestehen, denn es wurde dann bereits über den Anspruch entschieden.

1668 Hass, S. 320.

1669 Aktionärslisten ließen sich ohne größeren Aufwand erstellen, Zirngibl, S. 64.

1670 Darüber hinaus auch stark vom Einkommen abhängig und regional konzentriert, DAI 2019, 9, 11 f.

1671 In Kanada ist eine Benachrichtigung über Flugblätter möglich, vgl. Bachmann, in: Basedow et al., 379, 402.

1672 Angesichts dessen, dass Twitter als anerkannte Form einer Investorenbenachrichtigung gelten kann sollten E-Mails nicht ausgeschlossen sein, zur Tweetbenachrichtigung, vgl. Brummer, 84 Fordham L. Rev. 977, 979 (2015); zu den Vorteilen der elektronischen Kommunikation bei Massenverfahren, BT-Drs. 15/5091, S. 27.

1673 Halfmeier/Wimalasena, JZ 2012, 649, 654; Halfmeier, Stellungnahme, S. 3; „Tod der *class action*" wenn, förmliche Benachrichtigung notwendig wird, Woode Hutchinson, 1983 Sup. Ct. Rev. 459, 491.

Alternativ zum *opt-out* Verfahren besteht auch die Möglichkeit eines vereinfachten *opt-in* Verfahrens.[1674] Aufgrund des überschaubaren Klägerkreises sollten diese umfassende Informationen erhalten können.[1675] Als praktischer Nebeneffekt erleichtert dies auch die tatsächliche Kalkulation des Streitwertes und der Kostenverteilung.[1676] Zu berücksichtigen ist, dass ein *opt-in* Verfahren aber nicht in der Lage ist, die rationale Apathie komplett zu überwinden, lediglich eine Reduzierung findet statt.[1677] Bei Anlegerstreitigkeiten könnte durch die höheren Streitwerte und engeren Kreis dennoch eine breite Beteiligung erfolgen.[1678] Eine solche Ausgestaltung dürfte auch Bedenken hinsichtlich der Wahrung des rechtlichen Gehörs entgegenwirken.

Angesichts der Zweifel die einer *opt-out* Ausgestaltung entgegengebracht werden, erscheint die Beitrittslösung als pragmatischer Mittelweg.[1679] Diese wird als verfassungsrechtlich zulässig gewertet und wahrt die Parteiautonomie.[1680] Ein solches Verfahren wird auch von der europäischen Kommission empfohlen.[1681]

Zum Teil wird vorgeschlagen, dass ein Beitritt auch zu einem späteren Zeitpunkt möglich sein soll. Auch erst nachdem ein Grundurteil schon ergangen ist.[1682] Dies erscheint zwar für die Geschädigten ideal, denn sie können sich dann alle Optionen bewahren. Aufgrund der *free rider* Probleme könnte dies aber dazu führen wird, dass keine ausreichende Zahl von Klagen mehr eingeleitet wird. Die Klage durch einen Verband oder sonstige Dritte ist aufgrund deren begrenzter Mittel und der fehlenden Anreize auch keine Option.

Belgien verfolgt hierzu ein interessantes Modell; gesetzlich sind die Kollektivverfahren nicht auf *opt-in* oder *out* festgelegt. Vielmehr entscheidet das Gericht nach der Zertifizierung als Kollektivverfahren, wie das konkrete Verfahren ausgestaltet wird. Hier können die Umstände des konkreten Sachverhalts

---

1674 Feess/Halfmeier, 20 Eur. J. Fin. 361, 376 (2014); durch Klageregister, Müller/Steineke, RuP 2016, 98.

1675 Erzeugt jedoch weitere Kosten iRd Verfahrensorganisation, Poelzig, S. 385.

1676 Alexander, 48 Stan. L. Rev. 1487, 1529 (1996).

1677 Stuhr, BTA-WP 18/46, S. 20; Kessler, BTA-WP 18/46, S. 80; Hass, S. 59.

1678 Höherer Schaden erhöht die Beteiligung; vgl. van Dijck, WP 013/2011, S. 30.

1679 Halfmeier/Rott/Feess, S. 83; letztlich politische Entscheidung, Biard, S. 49, 280; Zirngibl, S. 208.

1680 Halfmeier, Stellungnahme, S. 3; vgl. Togo, GRUR Int 2011, 132, 133; Voet, EBOR 2015, 121, 130.

1681 Empfehlung der Kommission 2013/396/EU, Nr. 22.

1682 Vgl. Woode Hutchinson, 1983 Sup. Ct. Rev. 459, 471; in Frankreich, Tilp/Schiefer, NZV 2017, 14, 18.

berücksichtigt werden. Bei geringen Massenschäden kann (um der rationalen Apathie entgegenzuwirken) ein *opt-out* System angeordnet werden.[1683] Angesichts der Skepsis in Deutschland gegenüber *opt-out* Verfahren ist eine solche Umsetzung aber zweifelhaft.

Kostentragung

Eine der wichtigsten Fragen ist die Gestaltung der Kosten.[1684] Hier sind zwei Fragen zu beantworten. Zunächst die grundsätzliche Frage, welche Seite die Kosten trägt, und die genauso wichtige Frage, wer der konkrete Kostenschuldner ist.

1. Loser pays

Über die Kostentragungsregeln lassen sich die Anreize derart setzen, dass sie über den Erfolg des Verfahrens entscheiden.[1685] Gegenüber stehen sich hier die *English rule* und die *American rule*

Der teilweise vorgeschlagene Mittelweg des *one-way shifting*, wonach nur der Beklagte zum Kostenersatz verpflichtet ist,[1686] würde keine guten Anreize setzen. Dies birgt weiterhin die Gefahr, dass unberechtigte Klagen eingereicht werden. Eine finanzielle Abschreckung besteht dann nicht.[1687] Schließlich widerspricht es auch dem Gerechtigkeitsempfinden, wenn ein siegreicher Beklagter auch noch die Prozesskosten übernehmen soll.

Die Einführung der *American rule* in Deutschland ist wohl aussichtslos.[1688] Auch wäre dieses meines Erachtens nicht zielführend. Das Risiko von missbräuchlichen Klagen muss gesenkt werden. Diese haben keine wohlfahrtssteigernden Effekte. Die *English rule* erweist sich als bestes Mittel zur Vorbeugung.[1689] Dies würde auch keinen Bruch mit deutschen Prozesstraditionen mit sich bringen. Dass die *English rule* von praktisch jeder Rechtsordnung geteilt wird, bestärkt deren Anwendung.

1683 Voet, EBOR 2015, 121, 132.

1684 Vgl. MüKo-ZPO\Schulz, vor § 91 Rn. 2.

1685 Vgl. Reimann, Bitburger 2008, 105, 131.

1686 Auch um nützliche Klagen zu fördern, Poelzig, S. 66 f., 518; vgl. Reimann, Bitburger 2008, 105, 131, 132; Resnik, 148 U. Pa. L. Rev. 2119, 2139 (2000).

1687 Vgl. DRB, BTA-WP 18/46, S. 41.

1688 Reimann, Bitburger 2008, 105, 132.

1689 Entspricht auch dem europäischen Ansatz, Montag, ZRP 2013, 172, 174; vgl. Kern/Uhlmann, ZEuP 2022, 849, 863.

2. *Kostenschuldner*

Die verbleibende Frage ist, wer auf Geschädigtenseite Kostenschuldner bei einer Niederlage ist. Die Übernahme durch Geschädigte und/oder den Leitkläger erscheinen nicht sinnvoll. Das Prozesskostenrisiko mindert gerade die Klagebereitschaft bzw. die Bereitschaft als Leitkläger zu fungieren.[1690] Wie bereits erörtert, sind die Anreize für eine Klageerhebung ohnehin niedrig. Die Beibehaltung des Prozesskostenrisikos mindert dies weiter. Gekoppelt mit bestehenden *free-rider* Effekten wäre dann zu befürchten, dass keine ausreichende Zahl von Klagen eingeleitet wird. Die Kostentragungspflicht würde auch die Beteiligungsbereitschaft an bestehenden Verfahren mindern.

Ein Alternativvorschlag, nach der die öffentliche Hand oder Verbände das Risiko übernehmen sollen, erscheint ebenfalls nicht zielführend.[1691] Durch begrenzte Haushaltsmittel müssen diese ihre potentiellen Klageaktivitäten limitieren. Auch decken sich deren Anreize nicht vollständig mit denen der Geschädigten. Solange die Initiatoren nicht von einem Verfahren profitieren, sind deren Klageanreize ebenfalls gemindert.

Ein öffentlich finanzierter Fonds, der Anschubfinanzierung leisten soll,[1692] ändert dies nicht. Auch hier liegen begrenzte Mittel vor. Darüber hinaus würde es zu einen dem *race to the courthouse* vergleichbaren Druck zur schnellen Einreichung erzeugen. Schließlich dürften durch diese „Subventionierung" auch unbegründete Klagen wahrscheinlicher werden. Auch zur Vermeidung des Anscheins von Interessenkollusionen sollte die private Durchsetzung von der Staatsferne geprägt sein.

Meines Erachtens sollte der Klägeranwalt auch das Prozesskostenrisiko übernehmen. Dies erscheint zunächst nicht vereinbar mit dem deutschen Idealbild des Rechtsanwaltes als unabhängiger Beistand. Doch wie ausgeführt, ist die Rolle des Anwaltes im Kollektivverfahren nicht vergleichbar mit seiner Rolle im Individualverfahren. Durch die verminderte Überwachung kann und wird er unabhängiger arbeiten, *agency* Konflikte verstärken sich dadurch. Anwälte können dadurch profitorientierter arbeiten.

Daher sollte es möglich sein, dass Anwälte auch das Risiko übernehmen. Bei diesem Vorschlag würden die Klägeranwälte zunächst die Kosten für die Initiierung des Verfahrens übernehmen, im Falle der Niederlage dann auch die

---

1690 HESS, BTA-WP 18/46, S. 65.

1691 Am Beispiel Kanadas, vgl. SCHÄFER, in: BASEDOW ET AL., 67, 79.

1692 In Québec werden so 2/3 der Kollektivverfahren finanziert, vgl. BACHMANN, in: BASEDOW ET AL., 379, 417.

(gesetzlichen) Kosten für die Verteidigung des Beklagten. Im Falle des Sieges würden sie dann auch die gesetzlichen Kosten neben den Gerichtskosten vom Beklagten erhalten sowie mögliche weitere „Risikoprämien".[1693]

Jedoch, stand in der Vergangenheit, diesem Vorschlag die Regelung des § 49b Abs. 2 S. 2 BRAO a.F. entgegen, wonach die Übernahme der Gebühren durch den Anwalt unzulässig war. Aus den besonderen Anreizen, denen die Beteiligten im Kollektivverfahren unterliegen, sollte dieses Verbot für den Bereich von Kollektivverfahren ausgesetzt werden.[1694] Nunmehr[1695] ist durch die Anpassung von § 49b Abs. 2 S. 2 BRAO die weitere Kostentragung durch den Anwalt möglich, soweit für die gesamte Angelegenheit ein Erfolgshonorar vereinbart wird.[1696]

Die Kostenübernahme durch Anwälte sollte sicherstellen, dass unbegründete Klagen nicht eingereicht werden, schließlich haften sie dann bei der Niederlage.[1697] Auch sollte dies Befürchtungen einer Klagewelle entgegentreten. Anwälte gelten bereits heute als die maßgeblichen Akteure bei der privaten Normdurchsetzung,[1698] konsequenterweise sollten sie sich auch an den Kosten beteiligen. Realistischerweise ist aber zu erwarten, dass dann Prozessfinanzierer wieder tätig werden und das Risiko letztlich übernehmen werden. Zu hoffen ist aber, dass deren Einfluss durch den Leitkläger und aktiver Überwachung des Gerichts im Interesse der Geschädigten minimiert wird.

Vergleichsverfahren

Die Gestaltung des Vergleichsverfahrens stellt ein besonderes Problem dar.[1699] Ausfluss der Dispositionsmaxime ist, dass Parteien ihren Streit durch Vergleich

---

1693 Detailliert zum Vorschlag, Madaus, ZEuP 2012, 99, 107 f.; im Gegensatz wird kein Nutzen von Erfolgshonoraren gesehen, stattdessen wird eine Beteiligung der Kläger an den Kosten gefordert (im Gegenzug jedoch geringere Gerichtsgebühren für Gruppenverfahren), Micklitz/Stadler, EBLR 2006, 1473, 1499 f.

1694 Auch der Entwurf der FDP für eine Reform des RDG sieht die Möglichkeit der Gerichtskostenübernahme vor, BT-Drs. 19/9527, S. 12; krit. Remmertz, ZRP 2019, 139, 142; für (rechtsberatende) Inkassodienstleister soll dieses Verbot gerade nicht gelten, als gewollte Ungleichbehandlung der Rechtsanwälte, BGH, NJW 2020, 208, 229 f.

1695 Geändert zum 01.10.2021.

1696 Die geltende Regelung zu den Erfolgshonoraren unterstellt eher einen Einzelmandanten und keine Geschädigtengemeinschaft, näher zum Erfolgshonorar S. 115 f.

1697 Warren, 37 Brook J. Int'l L. 1075, 1085 f. (2012).

1698 Poelzig, S. 67.

1699 Nur dann nicht, wenn das Verfahren den Vergleich als einziges Ziel hat wie bei dem WCAM siehe S. 143 f.

beenden können. Der Vergleich kann effizienter sein, die Parteien nutzen ihre Verhandlungsspielräume und können Kosten sparen.[1700] Auch für Gerichte mindert sich die Arbeitsbelastung.

Nach der Untersuchung der Anreize von Beklagten und Klägeranwalten ist bei Kollektivverfahren aber Vorsicht geboten. Klägeranwalte können ihr Honorar maximieren, Beklagte können Kosten senken.[1701] Die Geschädigten haben möglicherweise nur geringes Interesse am schnellen Vergleich, sie interessiert die höchstmögliche Schadenskompensation.

Mangels ausreichender Anreize der Geschädigten, das Verfahren aktiv zu überwachen, können Anwälte weitestgehend autonom agieren.[1702] Bereits die reine Möglichkeit von Vergleichen kann bereits Anreize für unbegründete Klagen setzen,[1703] verstärkt tritt dies aber wohl nur bei der *American rule* auf.[1704]

Vergleiche haben auch den Nachteil, dass sie die regulatorischen Externalitäten nicht in gleicher Art und Weise erzeugen. Vergleiche, die nicht umfassend kompensieren, mindern den Abschreckungseffekt.[1705] Zudem sind sie nicht mit rechtlichen Erwägungen verbunden, so dass nicht konkretisiert wird, welches Verhalten sanktioniert wird.[1706] Weiterhin fehlt oftmals ein Schuldanerkenntnis.

Gleichzeitig muss nicht jedes Verfahren mit Urteil enden. Ein solcher Zwang würde einen Eingriff in den parteibetriebenen Zivilprozess darstellen. Nichtsdestotrotz müssen aus Gründen des Allgemeininteresses und zum Schutz der passiven Geschädigten erhöhte Anforderungen an den Vergleich im Kollektivverfahren gestellt werden. Es ist eine stärkere gerichtliche Überprüfung nötig.[1707] Eine Alternative zu der gerichtlichen Prüfung könnte auch darin bestehen, ein positives Votum mit hohen Zustimmungsquoten der Geschädigten für die Zulässigkeit zu fordern.

1700 Zur Begrenzung der Transaktionskosten, STONE/MICELI, 10 JLEP 301, 319 (2014); STADLER, in: VAN BOOM/WAGNER (2014), 197, 215.

1701 Kollusionsgefahr möglich, KERN/UHLMANN, ZEuP 2022, 849, 879.

1702 *Redman v. Radioshack,* 768 F.3d 622, 635 (7th Cir. 2014).

1703 SOCKOL, 77 Tul. L. Rev. 1095, 1114 (2003).

1704 Zumindest ist dies zu erwarten, steigende nicht kompensierbare Verfahrenskosten erhöhen aber den Vergleichsdruck, vgl. COOTER/RUBINFELD, 27 JEL 1067, 1076 (1989).

1705 ULEN, in: BACKHAUS ET AL. (2012), S. 75, 84.

1706 Vgl. SOCKOL, 77 Tul. L. Rev. 1095, 1103 (2003).

1707 Minimierung von schlecht informierten Klägern, COOPER, 11 Duke J. of Comp. & Int'l L. 215, 239 (2001).

Die Überprüfung von Allgemeininteressen im Zivilverfahren wirkt in Deutschland befremdlich.[1708] Doch ist es geboten, denn Kollektivverfahren entsprechen gerade nicht mehr dem Idealbild des Verfahrens zwischen (nur) zwei vernünftigen Parteien. Aufgrund der breiten Wirkung, der Passivität der Geschädigten sowie der Regulierungswirkung für die Allgemeinheit ist eine Berücksichtigung von weiteren Belangen auch im Zivilverfahren nötig.[1709] Eine solche Prüfung im Rahmen des Vergleichs ist auch milder als Vorschläge, Vergleiche bei Kollektivverfahren komplett abzuschaffen.[1710] Die inhaltliche Prüfung des Vergleichs dämmt auch die Gefahr von „erpresserischen" Klagen ein.[1711]

Da der Vergleich regelmäßig von Kläger- und Beklagtenanwälten gemeinsam erarbeitet wird, werden diese ihn nur positiv darstellen.[1712] Eine unabhängige, inhaltliche Prüfung zum Schutz der passiven Geschädigten ist daher unverzichtbar.[1713]

Eine notwendige gerichtliche Kontrolle von Vergleichen wirkt zunächst befremdlich, bisher wurde versucht das Verfahren so effizient wie möglich zu gestalten. Die gerichtliche Kontrolle erhöht den Aufwand bis zum Abschluss. Unter diesem Gesichtspunkt wirkt der Vorschlag kontraproduktiv.

Die divergierenden Interessen der Beteiligten machen die Überprüfung für einen angemessenen Interessenausgleich aber notwendig.[1714] Teilweise wird argumentiert, eine dritte, neutrale Instanz, als besonderen Interessenvertreter der passiven Geschädigten, die Angemessenheit prüfen zu lassen.[1715] Teilweise wird auch gefordert, dass Aufsichtsbehörden in die Prüfung eingebunden

---

1708 Vgl. Poelzig, S. 50; vgl. Kern/Uhlmann, ZEuP 2022, 849, 879.

1709 Nach einem Vorschlag soll auch die Person des Schuldners bei der Angemessenheitsprüfung berücksichtigt werden, zum Erhalt der Abschreckungswirkung sollen die primär Verantwortlichen (Vorstände und Unternehmen) die Vergleichssumme bezahlen, vgl. Coffee, 106 Colum. L. Rev. 1534, 1571 (2006).

1710 Zumindest solche die unterhalb einer vergleichbaren regulatorischen Sanktion bleiben, letztlich aber verworfen, Alexander, 48 Stan. L. Rev. 1487, 1526 (1996); Resnik, 148 U. Pa. L. Rev. 2119, 2158 f. (2000).

1711 Biard, S. 104; Eindämmung von räuberischen Klagen als Vorteil, Madaus, ZEuP 2012, 99, 113.

1712 Gemeinsame *„pep rallies"*, Macey/Miller, 58 U. Chi. L. Rev. 1, 46 (1991).

1713 Ulen, in: Backhaus et al. (2012), S. 75, 84; *Redman v. Radioshack*, 768 F.3d 622, 629 (7th Cir. 2014).

1714 *Redman v. Radioshack*, 768 F.3d 622, 629 (7th Cir. 2014); siehe auch Voet, EBOR 2015, 121, 134.

1715 *Guardian* Modell, Macey/Miller, 58 U. Chi. L. Rev. 1, 47 (1991); Zirngibl, S. 73.

werden sollen.[1716] Solche Vorschläge erhöhen den zusätzlichen Aufwand m. E. aber unangemessen und sind angesichts einer gerichtlichen Überprüfung auch nicht mehr erforderlich.

Auch müssen die Austrittsmöglichkeiten der Geschädigten gewahrt werden.[1717] Aufgrund der Kosten und Mühen eines eigenständigen Verfahrens wird der Austritt die Ausnahme sein.[1718] Ein Austritt aus einem Vergleichsvorschlag signalisiert aber umso stärker die Unzufriedenheit und die fehlende Angemessenheit.

Idealerweise wäre die Gültigkeit eines Vergleichs an ein positives Votum gekoppelt. Jedoch ist nicht zu erwarten, dass der Großteil der Geschädigten sich aktiv positioniert. Daher sollte ein niedriges Quorum ausreichen. Um die Schwelle nicht zu hoch anzusetzen, sollte am Schadensanteil gemessen werden. Dann reicht es, wenn sich institutionelle Investoren, als Großgeschädigte, aktiv positionieren. Ein Mindestquorum würde auch die Interessen des Beklagten berücksichtigen. Dieser hätte kein großes Interesse an einem Vergleich, wenn weiterhin eine Vielzahl von Individualklagen droht.[1719] Das Votum sichert die zusätzliche Überprüfung des Vergleiches und beugt einer gefälligen gerichtlichen Prüfung vor.

Zusammenfassend müssen Vergleichsmöglichkeiten fortbestehen. Angesichts der divergierenden Interessen müssen die Anreize aber gegen einen vorschnellen Vergleichsschluss gesetzt werden.

Recht auf rechtliches Gehör und Dispositionsmaxime

Das rechtliche Gehör und die Dispositionsmaxime sind Prinzipien des (nicht nur deutschen) Verfahrensrechts.[1720] Eine umfassende Bindungswirkung und ein effizientes Kollektivverfahren stehen dem individuellen rechtlichen Gehör und den Beteiligungsrechten der Geschädigten gegenüber.[1721] Die Verfahrenseffizienz könnte beeinträchtigt werden, soweit alle Geschädigte sich umfassend

---

1716 Biard, S. 272.

1717 Kritisch, wegen Unsicherheit werden Verhandlungen gefährdet, Windau, zpoblog.de v. 11.05.2018.

1718 Austretende als „*naive class members*", Macey/Miller, 58 U. Chi. L. Rev. 1, 46 f. (1991).

1719 Vgl. Bussian/Schmidt, CFL 2012, 37, 43.

1720 Zum *Anglo-American law*, Kalven/Rosenfield, 8 U. Chi. L. Rev. 684, 710 (1941).

1721 „Echte" Verfahrenseffizienz ist nur mit eingeschränkten Verfahrensrechten möglich, vgl. Kern/Uhlmann, ZEuP 2022, 849, 852.

am Verfahren beteiligen.[1722] Zwar ist zu erwarten, dass der Großteil der Geschädigten ohnehin passiv bleibt,[1723] Mindestbeteiligungsrechte müssen dennoch verbleiben.[1724]

Diese sind im Hinblick auf die Besonderheiten des Kollektivverfahrens anzupassen. Die Durchführbarkeit des Verfahrens soll nicht durch exzessive Beteiligungsrechte verhindert werden.[1725] Effizienzgewinne gehen auf Kosten der Beteiligungsrechte des Einzelnen.[1726] Eine Balance ist zu finden zwischen effizienten Verfahren und umfassenden Beteiligungsrechten.[1727]

Teilweise wird angezweifelt, ob überhaupt umfassende Beteiligungsrechte gewünscht sind. Nicht ausgeschlossen ist, dass Geschädigte mit einem hohen Schaden stärker involviert sein werden. Bei Geschädigten, die ansonsten der rationalen Apathie unterliegen, wird die Notwendigkeit angezweifelt.[1728] Vor Klageerhebung waren deren Ansprüche aufgrund der rationalen Apathie praktisch wertlos. Weil sie keine Anreize zur Durchsetzung hatten, blieben sie passiv. Es ist daher zweifelhaft, ob sie die ihnen gewährten Beteiligungsrechte aktiver nutzen werden. Die gleichen Anreize, die Überwachung und Organisation unattraktiv machte, wirken auch hier.[1729] Jede positive Beteiligung kommt primär der Gemeinschaft zugute und nur zum Bruchteil dem Aktiven.[1730] Ob dann umfassende Beteiligungsrechte gewünscht werden, ist fraglich.

Es wird daher vertreten, dass auch kein Verstoß gegen das rechtliche Gehör vorliegt. Das Argument ist, dass aufgrund der rationalen Apathie keine Durchsetzung erfolgt wäre. Die fehlende Beteiligungsmöglichkeit stelle dann keine

---

1722 Vgl. Zirngibl, S. 71.

1723 Zu den Anreizen der Kläger siehe S. 102; zum *Telekom* Verfahren, Halfmeier/Rott/Feess, S. 56.

1724 Steineke, BT-Drs. 18/12957.

1725 Am Beispiel des KapMuG, Bergmeister, S. 317 f.; Poelzig, S. 241, um die Normdurchsetzung zu sichern, S. 538; Woode Hutchinson, 1983 Sup. Ct. Rev. 459, 503; Eingriff sei nur bei einer hohen Anzahl (Tausende) von Geschädigten gerechtfertigt, Hess, BTA-WP 18/46, S. 71.

1726 Bergmeister, S. 43; Macey/Miller, 58 U. Chi. L. Rev. 1, 9 (1991).

1727 Zum *collective action problem* von Aktionären, Choi, 57 Vand. L. Rev. 1465, 1466 (2004).

1728 Anschaulich zur Motivation der passiven Geschädigten, Macey/Miller, 58 U. Chi. L. Rev. 1, 28 (1991); Kern/Uhlmann, ZEuP 2022, 849, 870.

1729 Organisationskosten können den Schaden übersteigen, Backhaus, in: Backhaus et al. (2012), S. 69, 70.

1730 Choi, 57 Vand. L. Rev. 1465, 1466 (2004); Biard, S. 33.

Verletzung dar.[1731] Auch sei diese aufgrund von Fairnesserwägungen unschädlich, denn die Passiven profitieren schließlich im Erfolgsfall ohne eigene Aufwendungen.[1732]

Diese Ansicht dürfte in Deutschland nicht durchsetzungsfähig sein. Der einzelne Geschädigte soll nicht „zu seinem Glück gezwungen werden", sollte er „irrational" sein und seinen Schaden nicht verfolgen, so soll dies seine mündige Entscheidung sein. Der Geschädigte ist alleiniger „Inhaber" seines Schadens und soll eigenständig über dessen „Verwertung" entscheiden können, ohne dass andere, möglich altruistische agierende, diese Entscheidung für ihn übernehmen. Gegenüber einem paternalistisch agierenden Staat, der die klageweise Verfolgung forciert, besteht daher Skepsis.[1733]

Aus der liberalen Tradition des Verfahrensrechts ergibt sich die individualistische Prägung.[1734] Aber aufgrund der Gleichgerichtetheit der Ansprüche muss ein Ausgleich zwischen Prozessökonomie und verfahrensrechtlicher Teilhabe möglich sein.[1735] Bei *class actions* in den USA zum Beispiel kann das Verfahren zum Teil stattfinden, ohne dass der einzelne Geschädigte überhaupt darüber informiert wird, wer seine Vertreter sind.[1736]

Das Kollektivverfahren an sich verletzt dabei nicht das rechtliche Gehör. Der Gesetzgeber ist nicht verpflichtet, jedem Geschädigten ein optimales Einzelverfahren zu ermöglichen. Bereits heute sind Bündelungen bei gleichartigen Verfahren möglich und geboten. Bei Massenverfahren und Streuschäden ist eine Zuweisung des Einzelnen in ein Kollektivverfahren ebenfalls gerechtfertigt.[1737]

1731 Vgl. Halfmeier/Wimalasena, JZ 2012, 649, 657.

1732 Kalven/Rosenfield, 8 U. Chi. L. Rev. 684, 713 (1941).

1733 Wobei sich der Paternalismusvorwurf üblicherweise nur gegen den Staat richtet, die im eigenen Interesse handelnden Leitkläger und Anwälte könnten demnach nicht davon betroffen sein; zur ökonomischen Kritik vgl. mwN, Kirchgässner, 43 Eur J. Law Econ., 125, 133 (2017).

1734 So dass bereits die Verbandsklage skeptisch beäugt wurde, Staudinger/Schlosser, Einleitung zum UKlaG Rn. 1; keine Bindungswirkung gegenüber nicht Beteiligten, BT-Drs. 15/5091, S. 16.

1735 Reuschle, WM 2004, 966, 977; am Beispiel des KapMuG, Bergmeister, S. 317 f.; zur gleichen Diskussion bei der *class action*, Woode Hutchinson, 1983 Sup. Ct. Rev. 459, 473; zur Diskussion ob der Beigeladene im KapMuG einfacher oder streitgenössischer Nebenintervenient sein sollte, BT-Drs. 15/5091, S. 24.

1736 Über eigene Erfahrungen in einer *class action*, Calabresi, in: Backhaus et al. (2012), S. 10, 11.

1737 Hess, ZIP 2005, 1713, 1715.

Beim *opt-out* Verfahren wird diskutiert, ob der fehlende Austritt aus einem Kollektivverfahren auch einen Verzicht auf Beteiligungsrechte darstellt.[1738] Dies erscheint nachvollziehbar, denn es besteht natürlich kein Zwang am Verfahren teilzunehmen. Solange sichergestellt ist, dass eine Benachrichtigung erfolgt ist und die Austrittsmöglichkeit dann nicht wahrgenommen wurde, erscheinen verminderte Beteiligungsrechte unschädlich. Den Geschädigten verbleibt immer die Möglichkeit zum Austritt und der eigenständigen Durchsetzung.

Das gleiche Argument wirkt auch im *opt-in* Verfahren mit verminderten Beteiligungsrechten. Denn Geschädigte würden sich bewusst, in Kenntnis der verminderten Rechte anschließen.[1739] Dies entspricht schließlich dem Grundgedanken des „verständigen Bürgers", der autonom seine eigenen Entscheidungen trifft.

Umstritten ist, ob das rechtliche Gehör gewahrt ist, soweit dies durch einen Vertreter wahrgenommen wird. Generell ist die Vertreterklage nicht verbreitet. Der Gedanke, dass ein nicht partizipierender Geschädigter aus dem Urteil vollstrecken kann, erscheint dem deutschen Prozessrecht fremd.[1740] Das rechtliche Gehör durch einen Vertreter wahrnehmen zu lassen, erscheint aber nicht unvereinbar mit deutschen Rechtsprinzipien.[1741] Verbandsklagen und auch die Musterfeststellungsklage basieren darauf, dass ein Verband die Interessen der Verbraucher bzw. der Geschädigten im Verfahren für sie wahrnimmt. Ein „Hauptkläger" bzw. ein Leitkläger, anstelle eines Verbandes in einem Kollektivverfahren erscheint daher nicht als grundlegender Systembruch. Notwendige Prämisse ist weiterhin die Entscheidung der Geschädigten, zumindest aber die jederzeitige Ausstiegsmöglichkeit.

Ein anderer Vorschlag will zwei Klassen von Teilnehmern schaffen. Einfache Teilnehmer haben beschränkte Beteiligungsrechte, sind dafür von den Kosten befreit. Qualifizierte Teilnehmer behalten ihre Beteiligungsrechte und das Kostenrisiko. Rechtliche Bedenken bestünden nicht, denn die Geschädigten ließen sich in Kenntnis der Beteiligungsrechte darauf ein.[1742]

1738 Halfmeier, Stellungnahme, S. 4; krit., Issacharoff, 7 Sup. Ct. Rev. 337, 368 f. (1999).

1739 Empfehlung der Kommission 2013/396/EU, Nr. 22; Halfmeier, BTA-WP 18/46, S. 13; aA „unverzichtbare Verfahrensvorschrift", Fölsch, BTA-WP 18/46, S. 11; Stadler, EBLR 2013, 731, 743.

1740 Vgl. Reuschle, WM 2004, 966, 970.

1741 Zur gleichen Diskussion in den USA, Woode Hutchinson, 1983 Sup. Ct. Rev. 459, 499.

1742 Halfmeier/Rott/Feess, S. 102.

Die Einführung eines Verfahrens mit verminderten Beteiligungsrechten sollte möglich sein. Allen Geschädigten muss aber die jederzeitige Austrittsmöglichkeit (bis zum Urteil) offenstehen. Das zuständige Gericht hat in jedem Verfahrensstadium sicherzustellen, dass Geschädigten ausreichend Möglichkeiten geboten werden.[1743]

Mit Verwunderung wird zum Teil wahrgenommen, dass die Kritik über fehlende Partizipationsmöglichkeiten oftmals nicht von Geschädigten oder deren Interessenvertreter geäußert wird. Stattdessen kommen diese Bedenken oftmals aus der Sphäre der möglichen Beklagten. Dass deren Bedenken altruistisch motiviert sind, wird angezweifelt.[1744]

Die Beteiligungsrechte müssen in angemessenem Ausgleich mit der Verfahrenseffizienz stehen. Meines Erachtens sind diese aber gewahrt, solange den Geschädigten immer die Austrittsmöglichkeit bzw. die Entscheidung über den Beitritt offensteht.[1745] Hierzu sind Benachrichtigungspflichten unerlässlich. Darüber hinaus muss den Geschädigten insbesondere ein Austritt nach einem Vergleichsvorschlag verbleiben, neben der Möglichkeit der Anhörung. Auch soll er eine Möglichkeit haben bei der Auswahl des Leitklägers mitzuwirken.[1746] In Ausnahmefällen soll die Möglichkeit bestehen, eine Gegenvorstellung bei Gericht vorzunehmen, ohne dass dieses in ein förmliches Antragsrecht münden soll.

Minimierung der Trittbrettfahrergefahr

Um den Anreiz für eine Klage zu bewahren, sollte die Trittbrettfahrergefahr auf ein Minimum begrenzt werden. Zum Teil wird in der Trittbrettfahrergefahr keine echte Gefahr gesehen. Schäfer sieht bereits eine Lösung in privaten Absprachen zwischen Schädiger und Geschädigten, es sei ausreichend, dass eine verbindliche Erklärung über eine begrenzte Bindungswirkung getroffen wird.[1747] Diese Möglichkeit bietet sich nur für die Fälle an, in denen alle Geschädigten bereits frühzeitig bekannt und willens sind solche Vereinbarungen zu unterzeichnen.

Gänzlich auszuschließen sind Mitnahmeeffekte nie. *Opt-in* Verfahren ersparen die Klageerhebung für die Beitretenden,[1748] *opt-out* Verfahren benötigen keinerlei Aktivitäten der Geschädigten. Durch die Anreizstrukturen bleibt der

---

1743 Vgl. Woode Hutchinson, 1983 Sup. Ct. Rev. 459, 476.
1744 Vgl. Calabresi, in: Backhaus et al. (2012), S. 10, 16 f.
1745 Für *opt-in* Modelle, Hass, S. 320.
1746 Vgl. Stadler, GPR 2013, 281, 288; vgl. Hass, S. 315.
1747 Schäfer, in: Basedow et al., 67, 71.
1748 van Boom/Loos, WP 2008, S. 9.

Großteil passiv. Diese profitieren dann vom Engagement der Handelnden. Problematisch wird dies, wenn durch die Trittbrettfahrerrendite die Klageeinleitung gefährdet wird. Um diese Problematik zu umgehen, bieten sich verschiedene Möglichkeiten an.

Zum einen ist es denkbar, dass die Einleitung für die Geschädigten ohne Kosten möglich ist. Auch könnten Leitkläger einen Bonus erhalten. Ebenfalls können durch Verjährungsfristen Trittbrettfahrer abgeschreckt werden. Solange diese sich nicht in einer verjährungshemmenden Weise betätigen, riskieren sie den Verlust ihrer Ansprüche. Sie können schließlich nicht darauf vertrauen, dass ein Kollektivverfahren vor Ablauf ihrer Verjährungsfrist beendet ist.

Ausschluss von missbräuchlichen Klagen

Essentiell ist der Ausschluss von missbräuchlichen Klagen. Als solche gelten chancenlose Klagen die nur in der Absicht eines schnellen Vergleiches eingereicht werden.[1749] Diese werden eingeleitet, obwohl sie einen negativen Erwartungswert haben. Sie werden dennoch erhoben, wenn die Abwehrkosten über den Kosten der Rechtsdurchsetzung liegen.[1750] In diesem Fall eröffnen sich Verhandlungsspielräume, die der Kläger nutzen kann.[1751] Dies tritt vor allem bei der *American rule* auf, denn dann werden die Anwaltsgebühren des siegreichen Beklagten nicht erstattet. Missbräuchliche Klagen erzeugen weitere negative Externalitäten (Vertrauensverlust in die Rechtsordnung, unerwünschte Umverteilung, erhöhte Kosten der Produktion, Effizienzverluste).[1752]

Es müssen Wege gefunden werden, diese zu unterbinden, gleichzeitig dürfen aber die Anreize zur Klageerhebung nicht vollständig wegfallen. Andernfalls wäre es auch nicht mehr möglich die positiven Externalitäten wohlfahrtssteigernd zu nutzen.

Die *English rule* erscheint dabei als geeignetstes Mittel zur Eindämmung, nur irrational Handelnde würden dann klagen.[1753] „Klagewellen" in den USA sind vor allem Folge der *American rule*[1754] und der weiteren *toxic cocktail* Elemente.[1755]

1749 Hubbard, 32 JLEO 545 f. (2016).

1750 Vgl. Schäfer, in: Basedow et al., 67, 72; Madaus, ZEuP 2012, 99, 110.

1751 mwN Hubbard, 32 JLEO 545, 548–550 (2016).

1752 Schäfer, in: Basedow et al., 67, 73.

1753 Cooter/Rubinfeld, 27 JEL 1067, 1083 (1989); Bergmeister, S. 312; Steineke, BT-Drs. 18/12957; vgl. BGH, NJW 2022, 3350, 3352 f.

1754 BVerfG, NJW 2007, 979, 981.

1755 Vgl. Jahn, ZIP 2008, 1314, 1316.

Mangels Strafschadensersatzes (*punitive damages*) in Deutschland ist die „Missbrauchsgefahr" ohnehin minimiert.[1756] Beklagte müssen nicht weitere Strafzahlungen neben dem Schadensersatz befürchten. Ob reguläre kompensatorische Klagen als solche überhaupt ein Missbrauchspotential haben, kann bereits angezweifelt werden.[1757] Auch besteht die Möglichkeit, dass neben den Rechtskosten noch weiterer Schadensersatz gegen die Einleiter von missbräuchlichen Klagen geltend gemacht wird.

Daneben empfiehlt es sich, bei Kollektivverfahren bereits im frühen Stadium eine Schlüssigkeitsprüfung vorzunehmen, um missbräuchliche Klagen zu erkennen und damit die Kosten für Beklagte niedrig zu halten.[1758] Dies ist vergleichbar mit der Funktion der *certification* aus der US *class action*.

Anwaltshonorar

Einer der bedeutendsten Faktoren für die Verfahrenseinleitung ist die Honorargestaltung des Anwaltes.[1759] Aufgrund der Passivität der Geschädigten ist deren eigenständige Verfahrenseinleitung die Ausnahme. Die Initiative geht in der Regel von gewinnorientierten Anwälten aus.[1760]

Unterschiedliche Honorarmodelle erzeugen unterschiedliche Anreize.[1761] Der Anwalt sollte idealerweise ein (finanzielles) Interesse am Verfahrensausgang haben, so dass eine optimale Arbeitsleistung und Interessenangleichung erreicht werden kann.

Das (reine) zeitbasierte Modell stellt sich als unzureichend dar. Durch die fehlende Überwachung besteht die Gefahr, dass zur Honorarmaximierung unnötige Arbeit auf Kosten der Geschädigten verrichtet wird.

Zur Interessenangleichung sollte das Honorar mit dem „Erfolg" verknüpft werden.[1762] Zwar entspricht dies nicht dem deutschen Bild des unabhängigen Beistandes, doch ist dies aufgrund der Anreizstrukturen im Kollektivverfahren

---

1756 Empfehlung der Kommission 2013/396/EU Nr. 31.

1757 Zulässige Durchsetzung wohl kein unzulässiger Druck auf den Gegner, vgl. BGH, NJW 2022, 3350, 3352.

1758 Empfehlung der Kommission 2013/396/EU Nr. 8.

1759 Hass, S. 307.

1760 Hodges, S. 4, 5; als „Belohnung" für komplexe Fälle, Halfmeier, BTA-WP 18/46, S. 53.

1761 Siehe S. 110 ff.

1762 MwN Halfmeier/Rott/Feess, S. 81; Macey/Miller, 58 U. Chi. L. Rev. 1, 17 (1991).

geboten.[1763] Eine Erfolgsbeteiligung sollte die Anreize für Verfahrenseinleitung und Leistung auf einem hohen Niveau halten.[1764] Aussichtslose Klagen werden gleichzeitig mangels Rendite nicht mehr erhoben.[1765]

Das Erfolgshonorar oder das *lodestar*[1766] Modell bieten sich dazu an. Das Erfolgshonorar wird in Deutschland noch nicht verstärkt genutzt,[1767] stellt aber die einfachste Methode dar. Bereits im frühen Stadium ist der „Ertrag" kalkulierbar. Dies sollte dazu führen, dass „unsichere" bzw. „unrentable" Verfahren früh erkannt und vermieden werden.[1768]

Als Variation besteht das „Auktionsmodell". Dann würden verschiedene Anwälte um das Vertretungsrecht im Verfahren konkurrieren. Im Rahmen einer Auktion würden sie Gebote abgeben, der ihrem Erfolgsanteil entspricht. Ein Gericht würde das Verfahren demjenigen zuteilen, der die niedrigste Beteiligung geboten hat. Hierdurch sollen die *agency* Kosten minimiert werden.[1769] Dies erzeugt jedoch bereits vor Klageerhebung erhebliche Arbeit, daneben bestehen erhebliche Unsicherheiten über den möglichen Ertrag, welcher sich bei Abgabe des Angebotes niederschlagen würde.[1770]

Das *lodestar* Modell ist flexibel um besonders schwierige Fälle angemessen zu kompensieren. Anekdotische Berichte über die Vergütung legen jedoch nahe, dass sie in der Höhe letztlich dem klassischen Erfolgshonorar entspricht.[1771] Es ist unwahrscheinlich, dass die Gerichte tatsächlich einschätzen können, wie hoch der angemessene Arbeitsaufwand für Anwälte war. Die gerichtliche Bestimmung eröffnet darüber hinaus die Gefahr von Willkürvorwürfen, zusätzlicher Streit dürfte vorprogrammiert sein.

1763 So wurde auch in Kanada trotz vorheriger Ablehnung des Erfolgshonorars bezüglich Kollektivverfahren solche eingeführt, vgl. BACHMANN, in: BASEDOW ET AL., 379, 393.

1764 Sehen in der eingebrachten Klage einen Vorteil, der selbst hohe Erfolgshonorare rechtfertigt, MACEY/MILLER, 58 U. Chi. L. Rev. 1, 60 (1991).

1765 Vgl. HALFMEIER/ROTT/FEESS, S. 60; BVerfG, NJW 2007, 979, 981 f.; HALFMEIER, BTA-WP 18/46, S. 53.

1766 Siehe S. 113.

1767 Der eingeschränkte Anwendungsbereich hat dies auch nicht unterstützt, S. 115.

1768 EMONS/FLUET, 47 Int'l Rev. L. & Econ. 16, 22 (2016); als Filter, HALFMEIER, BTA-WP 18/46, S. 53.

1769 Zum Auktionsmodell, MACEY/MILLER, 58 U. Chi. L. Rev. 1, 105 ff. (1991).

1770 Es kann angezweifelt werden, dass sich ausreichend Kanzleien überhaupt beteiligen werden.

1771 Vgl. ZIRNGIBL, S. 90.

Es bestand schon früher die Möglichkeit der Anpassung der Gebühren. Dies ergab sich durch die Streitwertanpassung.[1772] Das Gericht konnte den Streitwert um bis zu 90 % ändern.[1773] Da die Kostenerstattung streitwertabhängig ist, ist es hierdurch möglich gewesen, beim Sieg einen Bonus zukommen zu lassen bzw. bei Unterliegen die Kosten zu senken. Die Begründung für diese Anpassung wird in dem Durchsetzungsanliegen von Sondergesetzen begründet.[1774] Durch diese Form der Anpassung sei es möglich das Gewinnstreben für die Rechtsdurchsetzung zu mobilisieren,[1775] die Intention ist deckungsgleich mit der des Erfolgshonorars.

Als Alternative bietet sich ein Modell des niedrigen Erfolgshonorars an. Diese Basisvergütung kann angehoben werden, soweit besondere Umstände nachgewiesen werden. Diese können sein: Besonders hohe Arbeitsbelastung, hohe Geschädigtenzahlen, besonders hoher Streitwert und/oder besondere Komplexität. Dies bewahrt die Möglichkeit besonders schwierige Einzelfälle entsprechend zu kompensieren, ohne dass exzessive Honorare zur Norm werden. Eine Deckelung des Honorars dürfte Anwälte von einer Übernahme eines Verfahrens, selbst ohne Kostenschuldner zu sein, nur unnötig abschrecken.[1776]

Eine gerichtliche Kontrolle des Honorars muss aufgrund der unzureichenden Überwachung durch die Geschädigten erfolgen.[1777] Die Überprüfung ist zum Schutz der Passiven notwendig. Die gleichen Aspekte, die eine Überprüfung des Vergleichs notwendig machen, sind auch hier einschlägig.[1778] Zur Vermeidung von Interessenkonflikten ist die richterliche Überprüfung notwendig,[1779] dies auch trotz des erhöhten Arbeitsaufwandes.[1780] Eine separate Überprüfung, losgelöst von der Hauptsache, bietet sich hierfür an. Dies erlaubt, es einen sinnvollen Vergleich oder Urteil beizubehalten und unabhängig davon

---

1772 Als Mittel der Förderung der privaten Rechtsdurchsetzung, Poelzig, S. 195.

1773 Krit. Wolf/Flegler, NJW 2018, 3586.

1774 Zur Streitwertanpassung bei kollektiven Rechtsbehelfen, Hess, JZ 2011, 68, 73; Poelzig, S. 195, 516; zum UWG vgl. BGH, NJW 2018, 3581, 3585 f.; zur Förderung von Allgemeininteressen, BGH, NJW-RR 2022, 782, 783, ebenso Kern/Uhlmann, ZEuP 2022, 849, 867.

1775 Poelzig, S. 196.

1776 Vgl. Baetge, RabelsZ 73 (2009), 669, 677.

1777 Resnik, 148 U. Pa. L. Rev. 2119, 2175 f. (2009).

1778 Honorarprüfung fast wichtiger als die Vergleichsprüfung, Macey/Miller, 58 U. Chi. L. Rev. 1, 48 (1991).

1779 Zirngibl, S. 42 f.

1780 Biard, S. 170.

ein angemessenes Honorar sicherzustellen.[1781] Dann könnten Geschädigte auch Bedenken gegen das Honorar des Anwaltes vorbringen, ohne die erreichte Kompensation zu gefährden.

B. Entwurf eines Kollektivverfahrens

Nachfolgend wird ein Entwurf eines angemessenen Kollektivverfahrens vorgestellt. Dieses soll die Anreizstrukturen derart berücksichtigen, dass ein Optimum an privater Rechtsdurchsetzung erreicht wird, und die Kritikpunkte berücksichtigt werden.

- *Einfacher Zugang für Geschädigte*

Ein Kollektivverfahren sollte ohne größere Barrieren erhoben werden können. Anwälte werden regelmäßig Initiatoren eines Kollektivverfahrens sein. Die eigenständige Koordination durch eine Vielzahl von Geschädigten wird die Ausnahme sein. Anwälte, die ein solches verfolgen möchten, sollten in der Lage sein, ein entsprechendes Verfahren anhängig zu machen. Hierzu sollte eine Klageerhebung mit einer geringen Anzahl von Klägern, mindestens zehn Geschädigte,[1782] ausreichen. Die übrigen Voraussetzungen der ordnungsgemäßen Klageergebung gem. § 253 ZPO bleiben unberührt. Der Anwalt hat die Gerichtskosten bereits mit Klageerhebung, bemessen an den benannten Klägern, zu entrichten. Die Einreichung wird in einem speziellen Klageregister veröffentlicht.[1783] Die Kosten für die Benachrichtigung der Geschädigten sind vom Initiator zu tragen. Eine Werbung zum Zweck der Teilnahme am Kollektivverfahren ist zulässig.[1784]

Besonderer Wert muss auf die „Zugangsschwelle" gelegt werden. Denn nur solange ein einfacher Beitritt für die Geschädigten besteht, lassen sich die regulatorischen Effekte erzeugen.[1785] Dies sollte mit einer verjährungshemmenden Wirkung für die Ansprüche verknüpft werden.[1786] Die Anmeldung sollte

1781 vgl. ALEXANDER, 48 Stan. L. Rev. 1487, 1533 ff. (1996).

1782 Genaue Zahl ist streitig; fordert 50, HESS, BTA-WP 18/46, S. 73; 10 bereits zu viel, VZBV, aaO, S. 101.

1783 Empfehlung der Kommission 2013/396/EU, Nr. 35; HASS, S. 339.

1784 Erst nach einer gerichtlichen Plausibilitätsprüfung, DEUTLMOSER, EuZW 2013, 652, 653; für das Musterfeststellungsklage gerade vorgesehen, BeckOK-ZPO\LUTZ, § 606 ZPO Rn. 51.

1785 HALFMEIER/ROTT/FEESS, S. 101.

1786 Vgl. HALFMEIER/ROTT/FEESS, S. 103; STUHR, BTA-WP 18/46, S. 20.

ohne Anwaltszwang möglich sein, um die Schwelle für den Beitritt niedrig zu halten.[1787]

Nach der Einreichung sollte ein Zeitraum von drei bis sechs Monaten bestehen, in der sich weitere Geschädigte anmelden können. In dieser Zeit können und sollen sich auch andere Anwälte um die Vertretung der Geschädigten bewerben können. Das Gericht hätte in dieser Phase bereits Gelegenheit, offensichtlich unzulässige Klagen abzuweisen.[1788] Das Missbrauchspotential wird dadurch weiter verringert.[1789] Diese Phase ist vergleichbar mit der *certification* Phase der *class action.*[1790] In dieser Zeit kann auch der Beklagte durch Beobachtung der Teilnahmezahlen abschätzen, wie „gefährlich" das Verfahren für ihn werden kann.[1791]

- *Leitkläger und Klägeranwalt*

Als Leitkläger soll zunächst der Geschädigte mit dem höchsten Schaden gelten. Dieser sollte die stärksten Anreize zur ordnungsgemäßen Überwachung und Organisation haben.[1792] Der Leitkläger soll nicht für die Kosten des Verfahrens haften. Nach Ablauf der *cool-off* Periode werden alle Geschädigte aufgefordert eine Wahl hinsichtlich des Leitklägers und des Klägeranwaltes abzugeben, wobei der Anteil an der Schadenssumme den Stimmanteil bestimmt. Der Leitkläger ist über alle Maßnahmen des Anwaltes zu informieren und ist an den gerichtlichen und außergerichtlichen Verhandlungen beteiligt. Der Leitkläger erhält für seine Aufwendungen einen Bonus von 0,5–1 % der erlangten Summe.

Ebenfalls ist der Klägeranwalt zu wählen. Dieser hat nach der Wahl die aktualisierten Gerichtsgebühren, bemessen am Schadenswert aller angemeldeten Geschädigten, zu entrichten. Sollte der gewählte Anwalt nicht personenidentisch mit dem ursprünglich einleitenden Anwalt sein, hat letzterer einen Anspruch auf Erstattung der anfänglichen Gerichts- und Benachrichtigungsgebühren.

Sollte der Klägeranwalt nicht in der Lage sein, die Gerichtsgebühren zu zahlen, ist die Klage zurückzunehmen. Die Verjährungsfrist der Ansprüche läuft

---

1787 Vgl. vzbv, BTA-WP 18/46, S. 102.

1788 Vgl. Empfehlung der Kommission 2013/396/EU, Nr. 8; vergleichbares „Eröffnungsverfahren", Hass, S. 337; Stadler, GPR 2013, 281, 287; *cool-off* auch in Belgien, Kessler, ZRP 2016, 2, 4.

1789 Biard, S. 72.

1790 In Italien, Togo, GRUR Int 2011, 132, 133.

1791 Vgl. Alexander, 48 Stan. L. Rev. 1487, 1530 (1996); Kern/Uhlmann, ZEuP 2022, 849, 872.

1792 Vgl. Macey/Miller, 58 U. Chi. L. Rev. 1, 62, 84 (1991).

dann weiter. Der konkrete Anwalt wird für eine gewisse Dauer wegen Unzuverlässigkeit für die Vertretung in Kollektivverfahren ausgeschlossen. Ein neues Kollektivverfahren kann dann durch einen neuen Anwalt initiiert werden.

- *Loser pays bleibt bestehen*

Das Prinzip der *English rule* bleibt bestehen.[1793] Die Verfahrenskosten werden durch die unterlegene Seite getragen. Unbegründeten Klagen wird damit vorgebeugt und „amerikanische Verhältnisse“ sind nicht zu befürchten.

- *Vergleichsverfahren*

Soweit ein Vergleichsvorschlag vorliegt, sind über diesen die Geschädigten zu benachrichtigen. Parallel wird dem Gericht der Vorschlag zur Angemessenheitsprüfung vorgelegt. Geschädigte können dem Gericht Bedenken gegen den Vergleich schriftlich einreichen. Sollte das Gericht, unter Berücksichtigung der Gesamtumstände und den Interessen der Geschädigten, den Vergleich als angemessen anerkennen, ist diese Entscheidung bekannt zu machen. Alle Geschädigten haben dann eine Frist von mindestens einem Monat, um ihren Austritt aus dem Verfahren zu erklären. Die Verjährung der Ansprüche läuft nach einem Austritt weiter.

Der Vergleichsvorschlag muss erkennen lassen, mit welcher Nettoquote der Schaden kompensiert wird. Hierbei muss das Honorar des Klägeranwaltes bereits abgezogen sein.[1794] Grundsätzlich sind nur Barvergleiche zugelassen, Gutscheine oder Rabatte sind ausgeschlossen.

Der Vergleich ist unwirksam, wenn nicht mindestens 20 % der Geschädigten zustimmen oder mehr als 50 % der Geschädigten austreten. Der Anteil bemisst sich dabei an der Quote des Gesamtschadens. Sollte der Vergleich nicht akzeptiert werden, wird das übrige gerichtliche Verfahren fortgeführt. Eine „Rückkehr“ der zuvor Ausgetretenen ist bei Fortsetzung des Verfahrens möglich.

- *Rechtsanwalt als Kostenschuldner*

Der Klägeranwalt ist Kostenschuldner für die Gerichtsgebühren sowie den Verfahrenskosten des Gegners im Falle des Unterliegens. Die Übernahme des

---

1793 Empfehlung der Kommission 2013/396/EU, Nr. 13

1794 Alexander, 48 Stan. L. Rev. 1487, 1528 (1996); Hensler, 11 Duke J. of Comp. & Int’l L. 179, 200 (2001).

Kostenrisikos wird die Gesamtzahl der Verfahren reduzieren[1795] und sichert eine höhere Erfolgswahrscheinlichkeit der Klagen.

- *Erfolgshonorar*

Der letztliche Klägeranwalt erhält ein Erfolgshonorar, bemessen am tenorierten Schadensersatz bzw. an der Vergleichssumme. Als Richtwert sollte dies zunächst 15 % betragen. Zusätzlich erhält er auch die Verfahrensgebühren und Gerichtsgebühren, wenn der Beklagte unterliegt. Damit wird seine ursprüngliche Vorleistung der Gerichtsgebühren kompensiert.

Anwälte können beantragen den Faktor des Erfolgshonorars wegen Komplexität des Falls oder besonders hoher Arbeitsbelastung zu erhöhen. Dies muss frühzeitig gegenüber dem Leitkläger angezeigt werden, welcher die Erhöhung unterstützen oder ablehnen kann. Eine Erhöhungsanzeige erst nach Abschluss von Vergleichsverhandlungen oder des gerichtlichen Verfahrens wäre dann präkludiert.

Das Erfolgshonorar hat den Vorteil, dass das Honorar am einfachsten kalkuliert werden kann. Das Gericht kann schnell Honorar und erstrittene Summe miteinander vergleichen. Es erleichtert den organisatorischen Aufwand, umfangreiche Stundenzettel müssen nicht geführt werden. Nach den bisherigen Erkenntnissen ist es derzeit am besten dafür geeignet, die Interessen zwischen Geschädigten und Anwälten anzugleichen.

Anwälte können zwar dadurch erhebliche Summen erlangen, gleichzeitig gehen sie durch die Kostentragungspflicht aber auch ein erhebliches Kostenrisiko ein. Das erhöhte Honorar stellt sich dann als „Risikorendite" dar.[1796]

Soweit der Leitkläger der Kostenerhöhung des Rechtsanwaltes zustimmt, muss über diese nicht mehr entschieden werden, bei fehlender Zustimmung entscheidet das Gericht. Dies ergeht durch separaten Beschluss, unabhängig von der Hauptsache und ohne Beteiligung der Geschädigten und Beklagten.[1797] Der unstreitige Teil des Erlangten wird bereits dann an die Geschädigten ausgezahlt. Das Gericht berücksichtigt die Umstände des Verfahrens und entscheidet mit Begründung über die Erhöhung, bei (teilweise) nicht gewährter Erhöhung ist dann auch die restliche Summe an die Geschädigten abzuführen.

1795 Vgl. Choi, 57 Vand. L. Rev. 1465, 1499 (2004); vgl. Alexander, 43 Stan. L. Rev. 497, 546 (1991).

1796 Backhaus, 32 Eur J. Law Econ., 225, 226 (2011); Poelzig, S. 437.

1797 Vgl. Alexander, 48 Stan. L. Rev. 1487, 1528 (1996).

- *Bündelung und Rechtsmittel*

Für Kollektivverfahren soll eine ausschließliche Zuständigkeit an den Oberlandesgerichten bestehen, zumindest soll eine Bündelung an ausgewählten Landgerichten erfolgen. Zur Verfahrensbeschleunigung ist anstelle einer Berufung nur noch eine Revision zum BGH möglich.

Fazit und Ausblick

Das Thema des kollektiven Rechtsschutzes bleibt weiter kontrovers. Alle Anreize der Akteure abzubilden, kann diese Arbeit nicht erreichen. Zwar konnten die ökonomischen Anreize noch recht gut dargestellt werden, doch sind sich auch die stärksten Verfechter der ökonomischen Analyse dessen bewusst, dass darüber hinaus noch eine Vielzahl von bewussten und unterbewussten nicht-ökonomischen Anreizen bestehen. Es darf nicht unterschätzt werden, dass neben „rationalen" Faktoren[1798] eine Vielzahl von weiteren (teilweise „irrationalen") Erwägungen zu berücksichtigen sind.

Diese Arbeit soll lediglich eine Anregung in diesem weiten Feld sein. Betont werden muss, dass die ökonomische Analyse nicht als Fremdkörper in der deutschen Rechtstheorie gesehen werden muss. Auch bei Ablehnung der zugrundeliegenden Annahmen kann es zumindest als Instrument zur Effizienzanalyse akzeptiert werden. Die darüberhinausgehende Frage, ob Effizienz überhaupt ein Merkmal eines „guten" Rechtssystems sein muss,[1799] bleibt davon unberührt.

In Deutschland bestehen viele (teilweise unbegründete) Einwände gegen Kollektivverfahren. Die Aufgabe, eine Balance zwischen den Interessen der Geschädigten und den Beklagten zu finden, obliegt der Politik.[1800] Die Notwendigkeit von effizienten Kollektivverfahren hat zuletzt die Überlastung der Gerichte in den Darlehenswiderrufsfällen und den noch anhaltenden Fällen im Dieselskandal gezeigt.[1801] Beiträge wie der vorliegende dienen lediglich als Aufruf, den kollektiven Rechtsschutz in Deutschland offensiver voranzutreiben und die Pauschalablehnung zu beseitigen. Die massenhafte klageweise Durchsetzung von Forderungen wird nicht verschwinden,[1802] weitere Anwendungsbereiche abseits von den in der Arbeit genannten werden durch fortwährende technische Entwicklung von kommerziellen Anbietern weiter betrieben werden.

1798 Ob die ökonomische Analyse tatsächlich die rationalste Form der Analyse von rechtlichen Instrumenten ist, kann angezweifelt werden.

1799 Zumindest nicht als alleiniges oder vorrangiges Ziel, Eidenmüller, S. 12.

1800 Keine Möglichkeit der Justiz über den bestehenden Rahmen hinaus eigenständige Kollektivrechtsbehelfe zu gestalten, Möllers, BKR 2022, 339, 351 f.

1801 Mit weiteren Anwendungsbereichen, Stuhr, BTA-WP 18/46, S. 21.

1802 Vgl. Heese/Schumann, NJW 2021, 3023; „Deutschland ist Massenklageland", Lerch/Valdini, NJW 2023, 420, 424.

Eine pauschale Verweigerung in Deutschland hätte wohl zur Folge, dass die europäische Entwicklung in diesem Bereich ohne Mitwirkung Deutschlands voranschreitet.[1803]

Die Implementation von Kollektivverfahren ist selbstverständlich kein Allheilmittel, das sämtliche Unzulänglichkeiten in der Regulierung und das Kompensationsdefizit von Geschädigten beseitigen wird. Wie dargestellt, leiden sämtliche Kollektivverfahren an gewissen Unzulänglichkeiten. Eine (neue) deutsche Version wird ebenfalls nicht perfekt sein. Möglich, wenn nicht sogar wahrscheinlich, sind nicht-intendierte Konsequenzen. So wird die Missbrauchsgefahr lediglich minimiert, gewinnorientierte Akteure sind aber wahrscheinlich in der Lage, neue Mittel und Wege zur eigenen Nutzenmaximierung zu finden.

Grundsätzliches Problem einer Einführung ist die Beurteilung der Wirksamkeit. Mangels ausreichender empirischer Studien ist es schwer, die Auswirkungen von Rechtsdurchsetzungsmöglichkeiten auf die *compliance* zu ermitteln.[1804] Auch wäre es vermessen zu vermuten, dass eine erhöhte *compliance* lediglich auf die prozessuale Möglichkeit zurückzuführen ist und andere (nicht-rechtliche) Faktoren auszublenden.[1805]

Der größere Steuerungseffekt geht auch nicht vom Verfahrensrecht aus, sondern wird primär durch das materielle Haftungsrecht gesetzt. Durch Änderungen in der Beweislastverteilung oder auch in Fragen der Kausalität kann eine wesentlich höhere Lenkung erreicht werden, als nur durch Anpassungen im Verfahrensrecht.[1806] Die hier genannten Vorschläge dienen auch nur zur Verwirklichung der bestehenden Steuerungsfunktion des Haftungsrechts, schließen aber natürlich nicht die Verschärfung oder auch Lockerung in der Zukunft aus. Diese Arbeit soll darstellen, dass die private Schadensdurchsetzung durchweg auch öffentlichen Interessen dienen kann.[1807]

Ein Ausblick auf die Zukunft von Kollektivverfahren ist wie jede Vorhersage mit äußerster Vorsicht zu genießen. Aufgrund der Erfahrungen der letzten Jahre kann aber versucht werden die nächsten Entwicklungen vorherzusagen.

1803 Vgl. Koch, R., DZWIR 2016, 351, 355; Richtlinie als Zwang zur Einführung von Verfahrensformen, Gsell, BKR 2021, 521 f.; Heese/Schumann, NJW 2021, 3023, 3029; zum deutschen „Nachholbedarf" im Rahmen der Verbandsklagenrichtlinie, Schuschnigg, EuZW 2022, 1043, 1044.

1804 Reimann, Bitburger 2008, 105, 128; vgl. Schmolke, NZG 2016, 721, 727 f.

1805 Halfmeier/Rott/Feess, S. 3.

1806 Halfmeier/Rott/Feess, S. 77.

1807 Poelzig, S. 595; vgl. Heese/Schumann, NJW 2021, 3023, 3028 f.

Kollektivverfahren in Deutschland werden weiterhin als unzureichend bewertet. Unter Hinweis auf drohende „amerikanische Verhältnisse“[1808] wird darauf verzichtet weitreichende Verfahren einzuführen. Aufgrund der erkannten Unzulänglichkeiten werden bestehende Verfahren aber punktuell ausgebaut,[1809] durch europäische Vorgaben wird auf den deutschen Gesetzgeber weiterer Druck ausgeübt.[1810]

Das Musterverfahren, welches für das KapMuG eingeführt wurde, wird weiter fortgeführt. Daneben wird die Verbandsklage ausgebaut. Diese beiden Verfahren erlauben es Kollektivverfahren auf sanftem Wege einzuführen. In diesem Sinne muss auch das neu eingeführte Musterfeststellungsklagengesetz verstanden werden. Dies stellt keine deutsche Sammelklage dar,[1811] sondern ist lediglich eine Verbesserung der bestehenden Instrumente.

Dies wurde durch die Verbandsklagenrichtlinie und der Umsetzung in das VDuG fortgeführt. Die eigentlichen Ziele des kollektiven Rechtsschutzes, effektiver Rechtsschutz des Einzelnen und die erhöhte Regulierungswirkung, bleiben aber noch unerreicht. Die Gesamtzahl an Rechtsstreiten mit *erga omnes* Wirkung wird erhöht. Gleichzeitig wird die Möglichkeit der einfachen Teilnahme behindert.

Dieser Ansatz erlaubt es begrenzte Kollektivverfahren in Deutschland einzuführen, durch Missachtung der Anreizstrukturen werden die damit einhergehenden Regulierungseffekte weitestgehend ungenutzt gelassen.[1812]

Aufgrund der mangelnden Möglichkeit der echten kollektiven Durchsetzung wird diese Lücke durch andere gewerbliche Anbieter geschlossen,[1813] die Zessionsklage wird durch spezialisierte Anbieter ausgeweitet. Gerade in standardisierten Massengeschäften, wie z. B. den Flugverspätungen, der Mietpreisbremse oder auch bei überschaubaren Produkthaftungsfällen, werden Inkassoanbieter

---

1808 „märchenhafte Vorstellungen von den amerikanischen Verhältnissen“, Halfmeier, BTA-WP 18/46, S. 12.

1809 „das bereits bestehende zu pflegen […] anstatt […] Aktionismus hinzugeben“, Launert, BT-Drs. 18/12961; Musterfeststellungsklage als „Halbes und nichts Ganzes“, Basedow, JZ 2018, 1, 9; „halbherzig“, Stadler, EBLR 2013, 731; Kranz, NZG 2017, 1099.

1810 Vgl. Müller, IWRZ 2022, 49, 50.

1811 Bezeichnet dies sogar als „Sammelklagenverhinderungsgesetz“, Windau, zpoblog.de v. 11.05.2018.

1812 Zu europäischen Ansätzen, Stadler, GPR 2013, 281, 283.

1813 Die möglicherweise von rein kommerziellen Interessen geleitet werden, Wernicke/Mehmel, ZEuP 2020, 1, 7.

bzw. neue Legal-Techs[1814] in eingeschränktem Maße mit Rechtsanwälten konkurrieren und Geschädigten die kostengünstigste Möglichkeit zur Durchsetzung bieten.[1815]

Idealerweise wird es zu einer Einführung eines umfassenden Kollektivverfahrens kommen, möglicherweise auch nur in einem begrenzten Sektor oder auch nur für Bagatellschäden. Dies würde die Möglichkeit bieten, die vermuteten Regulierungseffekte zumindest in diesem Bereich zu untersuchen. Ob dies aber ausreichend ist, ist fraglich. Erforderlich ist ein kohärenter Ansatz, wobei nicht nur Experimentiergesetze auf beschränkte Sektoren eingeführt werden oder nur als *ad-hoc* Maßnahme aufgrund von einzelnen Massenschadenereignissen errichtet werden.[1816]

1814 Wohl auch als Folge der nunmehr möglichen Analyse von einer Vielzahl von (nutzer-) generierten Daten, vgl. Wernicke/Mehmel, ZEuP 2020, 1 f.

1815 Wobei Anwälte derzeit einen Wettbewerbsnachteil haben, BGH, NJW 2020, 208, 229; Fries, NJW 2020, 193 ff.; Henssler, NJW 2019, 545, 547.

1816 Vermisst eine „Gesamtstrategie zur Streiterledigung“, Hess, BTA-WP 18/46, S. 53; Tilp/Schiefer, NZV 2017, 14, 19.

Literaturverzeichnis

ALLEN, WILLIAM T. / KRAAKMAN, REINIER / SUBRAMANIAN, GUHAN: Commentaries and Cases on The Law of Business Organization, 2nd ed. 2007.

ALEXANDER, JANET COOPER: Do the Merits Matter? A Study of Settlements in Securities Class Actions, 43 Stan. L. Rev. 497–598 (1991).DIES.: Rethinking Damages in Securities Class Actions, 48 Stan. L. Rev. 1487–1537 (1996).

ARMOUR, JOHN / BLACK, BERNHARD / CHEFFINS, BRIAN / NOLAN, RICHARD: Private Enforcement of Corporate Law: An Empirical Comparison of the United Kingdom and the United States, 6 J. Emp. Leg. Stud. 687–722 (2009).

BACHMANN, BIRGIT: Die Class Action im kanadischen Recht, in: BASEDOW, JÜRGEN / HOPT, KLAUS / KÖTZ, HEIN / BAETGE, DIETMAR (HRSG.): Die Bündelung gleichgerichteter Interessen im Prozeß – Verbandsklage und Gruppenklage, 1999 Tübingen, S. 379–427.

BAETGE, DIETMAR / WÖBKE, JÖRN: Die Class Action im US-amerikanischen Börsenrecht in: BASEDOW, JÜRGEN / HOPT, KLAUS / KÖTZ, HEIN / BAETGE, DIETMAR (HRSG.): Die Bündelung gleichgerichteter Interessen im Prozeß – Verbandsklage und Gruppenklage, 1999 Tübingen, S. 363–378.

BAETGE, DIETMAR: Germany, 622 American Academy of Political and Social Science, p. 125–137 (2009). DERS.: Erfolgshonorare wirtschaftlich betrachtet – Eine ökonomische Analyse der Entscheidung des Bundesverfassungsgerichts über die Zulässigkeit anwaltlicher Erfolgshonorare, RabelsZ 73 (2009), 669–682.

BACKHAUS, JÜRGEN: The law firm as an investment bank in class actions, 32 Eur. J. Law Econ. 225–228 (2011). DERS.: Class action as a remedy for market failure, in: BACKHAUS, JÜRGEN G. / CASSONE, ALBERTO / RAMELLO, GIOVANNI (eds.): The Law and Economics of Class Actions in Europe, 2012, S. 69–74.

BACKHAUS, JÜRGEN G. / CASSONE, ALBERTO / RAMELLO, GIOVANNI: The law and economics of class action litigation: setting the research agenda, in: BACKHAUS, JÜRGEN G. / CASSONE, ALBERTO / RAMELLO, GIOVANNI (eds.): The Law and Economics of Class Actions in Europe, 2012, S. 3–9.

BALDUS, BIANCA / SIEDLER, RAINER: Kompensation von „Streuschäden“ im Bankgeschäft nach § 8 UWG?, BKR 2018, 412–420.

BAR-GILL, OREN: Information and Paternalism, 08.01.2015, https://verfassungsblog.de/information-paternalism/ [letzter Abruf: 08.06.2020], *zitiert als*: BAR-GILL, verfassungsblog v. 08.01.2015.

BASEDOW, JÜRGEN: Rechtsdurchsetzung und Streitbeilegung, JZ 2018, S. 1–12.

Baum, Christopher F. / Bohn, James G. / Chakraborty, Atreya: Securities fraud and corporate board turnover: New evidence from lawsuits outcomes, 48 Int'l Rev. L. & Econ. 14–25 (2016).

Baum, Harald / Yamanaka, Toshiaki: Investment Services Regulation in Germany and Japan, ECFR 2021, 464–516.

Baumann, Wolfgang: Ökonomie und Recht – Ökonomische Effizienzjurisprudenz, RNotZ 2007, 297–308.

Baumbach, Adolf / Hopt, Klaus: Handelsgesetzbuch, 38. Aufl. 2018, München.

Beckemper, Katharina: Das Rechtsgut „Vertrauen in die Funktionsfähigkeit der Märkte", ZIS 2011, 318–323.

Becker, Gary S.: Crime and Punishment: An Economic Approach, 76 J. Pol. Econ. 169–217 (1968).

Behrens, Jost: Die zivilprozessuale Musterfeststellungsklage, ZJS 2018, 514–523.

van den Bergh, Roger / Keske, Sonja: Private Enforcement of European Competition Law: Quo Vadis?, ERCL 2007, 468–486.

Bergmeister, Felix: Kapitalanlegermusterverfahrensgesetz (KapMuG), 2009 Tübingen.

Bernau, Varinia / Wilhelm, Hannah / Janisch, Wolfgang: Ein Fehler, der Millionen kosten kann, SZ v. 12.12.2014, S. 23.

von Bernuth, Wolf H. / Kremer, René: Das neue KapMuG: Wesentliche Änderungen aus der Sicht der Praxis, NZG 2012, 890–895

Biard, Alexandre Pierre Gilbert Claude François: Judges and Mass Litigation – A (Behavioural) Law & Economics Perspective, Rotterdam 2015.

Biard, Alexandre / Kramer, Xandra: The EU Directive on Representative Actions for Consumers: a Milestone or Another Missed Opportunity?, ZEuP 2019, 249–259.

Binz, Karl Josef / Dörndorfer, Josef / Petzold, Rainer / Zimmermann, Walter: Gerichtskostengesetz – Gesetz über Gerichtskosten in Familiensachen – Justizvergütungs- und -entschädigungsgesetz, 3. Aufl. 2014 *zitiert als*: Binz/Dörndorfer/Petzold/Zimmermann\Bearbeiter.

van Boom, Willem H. / Loos Marco: Effective Enforcement of Consumer Law in Europe: Synchronizing Private, Public, and Collective Mechanisms, Working Paper 2008, http://ssrn.com/abstract=1082913 [letzter Abruf: 08.06.2020].

Brand, Peter-Andreas: US-Sammelklagen und kollektiver Rechtsschutz in der EU, NJW 2012, 1116–1120.

BRAUNBERGER, GERALD: Deutsche sind sehr schlechte Kapitalanleger, F.A.Z. v. 26.09.2013, S. 17.

BRAUNROTH, ANNA: Die zivilprozessuale Musterfeststellungsklage – ein Instrument zur kollektiven Durchsetzung des AGG?, VuR 2018, 455–460.

BRUMMER, CHRIS: Disruptive Technology and Securities Regulation, 84 Fordham L. Rev. 977–1052 (2015).

BRUNS, ALEXANDER: Instrumentalisierung des Zivilprozesses im Kollektivinteresse durch Gruppenklagen?, NJW 2018, 2753–2757.

BUELL, SAMUEL W.: What is Securities Fraud?, 61 Duke L. J. 511–581 (2011). DERS.: Liability and Admissions of Wrongdoing in Public Enforcement of Law, 82 U. Cin. L. Rev. 505–522 (2013).

BURCH, ELIZABETH CHAMBLEE: Securities Class Actions as Pragmatic Ex Post Regulation, 43 Ga. L. Rev. 63–131 (2008).

BUSSIAN, WOLF / SCHMIDT, ANDREAS: Der Regierungsentwurf zur Reform von Kapitalanleger-Musterverfahren – Auf dem Weg zu Class Actions in Deutschland, CFL 2012, 37–45.

BUTTIGIEG, CHRISTOPHER P. / CONSIGLIO, JOHN A. / SAPIANO, GERD: A Critical Analysis of the Rationale for Financual Regulation Part I: Theories of Regulation, ECFR 2020, 419–436. DIES.: A Critical Analysis of the Rationale for Financual Regulation Part II: Objectives of Regulation, ECFR 2020, 437–477.

CALABRESI, GUIDO: Class actions in the U. S. experience: the legal perspective, in: BACKHAUS, JÜRGEN G. / CASSONE, ALBERTO / RAMELLO, GIOVANNI (eds.): The Law and Economics of Class Actions in Europe, 2012, S. 10–25.

CALABRESI, GUIDO / SCHWARTZ, KEVIN S.: The costs of class actions: allocation and collective redress in the US experience, 32 Eur. J. Law Econ. 169–183 (2011).

CALLIESS, GRALF-PETER: Gutachten A zum 70. Deutschen Juristentag: Der Richter im Zivilprozess – Sind ZPO und GVG noch zeitgemäß? *zitiert als*: Gutachten A 70. DJT.

CASKEY, JUDSON: The Pricing Effects of Securities Class Action Lawsuits and Litigation Insurance, 30 JLEO 493–532 (2013).

CASSONE, ALBERTO / RAMELLO, GIOVANNI B.: The simple economics of class action: private provision of club and public goods, EUR J. Law Econ. (2011) 32:205–224. DIES.: Private club and public goods: the economic boundaries of class action litigation, in: BACKHAUS, JÜRGEN G. / CASSONE, ALBERTO / RAMELLO, GIOVANNI (eds.): The Law and Economics of Class Actions in Europe, 2012, S. 101–126.

CHOI, STEPHEN J.: The Evidence on Securities Class Actions, 57 Vand. L. Rev. 1466–1525 (2004).

Choi, Stephen J. / Pritchard, Adam C.: SEC Investigations and Securities Class Actions: An Empirical Comparison, U of Michigan Law & Econ. Research Paper No. 12–22; NYU Law and Economics Research Paper No. 12–38; https://ssrn.com/abstract=2109739 [letzter Abruf: 08.06.2020].

Choi, Stephen J. / Silberman, Linda J.: Transnational Litigation and Global Securities Class Action Lawsuits, 2009 Wis. L. Rev. 465–506.

Clausnitzer, Jochen: Experiment EU-Sammelklagen: Brüsseler Podiumsdiskussion mit Wettbewerbskommissarin Neelie Kroes, EuZW 2009, 169–172.

Coase, Ronald H.: The Problem of Social Cost, 3 J. Law & Econ. 1–44 (1960).

Coffee, John C. Jr.: Rescuing The Private Attorney General: Why The Model of The Lawyer as Bounty Hunter is Not Working, 42. Md. L. Rev. 215–288 (1983). Ders.: Reforming the Securities Class Action: An Essay on Deterrence And Its Implementation, 106 Colum. L. Rev. 1534–1586 (2006).

Cooper, Edward H.: Class Action Advice in Form of Questions, 11 Duke J. of Comp. & Int'l L. 215–247 (2001).

Cooter, Robert D. / Rubinfeld, Daniel L.: Economic Analysis of Legal Disputes and their Resolution, 27 JEL 1067–1097 (1989).

Cooter, Robert / Ulen, Thomas: Law and Economics, 6th ed. 2012.

Dam, Kenneth: Class Actions: Efficiency, Compensation, Deterrence and Conflict of Interest, 4 J. Legal Stud. 47, 73 (1975).

Deffains, Bruno / Demougin, Dominique / Desrieux, Claudine: Choosing ADR or litigation, 49 Int'l Rev. L. & Econ. 33–40 (2017).

Deffains, Bruno / Langlais, Eric: A case for information sharing in class action suits, in: Backhaus, Jürgen G. / Cassone, Alberto / Ramello, Giovanni (eds.): The Law and Economics of Class Actions in Europe, 2012, S. 147–177.

Deutlmoser, Ralf: Die Büchse der Pandora: Kollektiver Rechtsschutz in Europa, EuZW 2013, 652–656.

Deutsches Aktieninstitut: Aktionärszahlen des Deutschen Aktieninstituts (jährlicher Bericht), https://www.dai.de/de/das-bieten-wir/studien-und-statistiken/statistiken.html [letzter Abruf: 08.06.2020] *zitiert als*: DAI 2013 bzw. DAI 2019.

van Dijck, Gijs: When do Individuals participate in Class Actions, Tilburg Law School Legal Studies Research Paper Series, WP No. 013/2011, p. 1–49, https://ssrn.com/abstract=1641174 [letzter Abruf: 08.06.2020].

Duve, Christian / Pfitzner, Tanja V.: Braucht der Kapitalmarkt ein neues Gesetz für Massenverfahren? – Der Entwurf eines Gesetzes über die

Musterverfahren in kapitalmarktrechtlichen Streitigkeiten (KapMuG) auf dem Prüfstand, BB 2005, 673–679.

Economist, The: Investing in Litigation – Second Hand Suits, The Economist v. 06.04.2013, http://www.economist.com/news/finance-and-economics/21575805-fat-returns-those-who-help-companies-take-legal-action-second-hand-suits [letzter Abruf: 08.06.2020].

Eidenmüller, Horst: Effizienz als Rechtsprinzip, 3. Aufl. 2005, Tübingen. Ders.: Der homo oeconomicus und das Schuldrecht: Herausforderungen durch Behavioural Law and Economics, JZ 2005, 216–224.

Emons, Winand / Fluet, Claude: Why plaintiffs' attorneys use contingent and defense attorneys fixed fee contract, 47 Int'l Rev. L. & Econ. 16–23 (2016).

Engel, Christoph: Does Class Action Have a Deterrent Effect?, 172 JITE 104–107 (2016). Ders.: Zivilrecht als Fortsetzung des Wirtschaftsrechts mit anderen Mitteln, JZ 1995, 213–218.

Engel, Martin: Außergerichtliche Streitbeilegung in Verbraucherangelegenheiten – Mehr Zugang zu weniger Recht, NJW 2015, 1633–1637.

Erttmann, Dorothee / Keul, Thomas: Das Vorlagefragen nach dem KapMuG – zugleich eine Bestandsaufnahme zur Effektivität des Kapitalanlegermusterverfahrens, WM 2007, 482–485.

Epping, Volker / Hillgruber, Christian (Hrsg.): Beck'scher Online-Kommentar Grundgesetz, Edition 21, Stand: 01.06.2014 *zitiert als*: BeckOK-GG\Bearbeiter.

Feess, Eberhard / Halfmeier, Axel: The German Capital Markets Model Case Act (KapMuG) – a European role model for increasing the efficiency of capital markets? Analysis and suggestions for reform, 20 Eur. J. Fin. 361–379.

Feuerich, Wilhelm E. / Weyland, Dag: Bundesrechtsanwaltsordnung, 8. Aufl. 2012 München *zitiert als*: Feuerich/Weyland\Bearbeiter.

Fikentscher, Wolfgang: Wirtschaftsrecht, München 1983.

Fiss, Owen M.: The Political Theory of the Class Action, 53 Wash. & Lee L. Rev. 21–31 (1996).

Fleischer, Holger: Grundfragen der ökonomischen Theorie im Gesellschafts- und Kapitalmarktrecht, ZGR 2001, 1–32.

Friedman, David: Efficient Institutions For The Private Enforcement Of Law, 13 J. Legal Stud. 379–397 (1984).

Fries, Martin: Rechtsberatung durch Inkassodienstleister: Totenglöcklein für das Anwaltsmonopol, NJW 2020, 193–195. Ders.: De minimis curat mercator: Legal Tech wird Gesetz, NJW 2021, 2537–2541.

Fromme, Herbert: Der Anwalt gewinnt immer, SZ v. 30.06.2014, S. 24.

GAIER, REINHARD: Nützliche Konkurrenz? FAZ v. 18.02.2016, S. 6.

GAIER, REINHARD / FREUDENBERG, TOBIAS: Ist die Zivilprozessordnung noch ein modernes Verfahrensrecht?, ZRP 2013, 27–29.

GOTTSCHALCK, ARNE: Anwalts Liebling, Die Welt v. 04.05.2014, S. 11.

GRACE, STEFANO M.: Strengthening Investor Confidence in Europe: U.S.-Style Securities Class Actions and the *acquis communautaire*, 15 J. Transnat'l L. & Pol'y 281–304 (2006).

GROUT, PAUL A. / MEGGINSON, WILLIAM L. / ZALEWSKA, ANNA: One Half-Billion Shareholders and Counting – Determinants of Individual Share Ownership Around the World, http://ssrn.com/abstract=1364765 [letzter Abruf: 08.06.2020].

GRUNEWALD, BARBARA / SCHLITT, MICHAEL: Einführung in das Kapitalmarktrecht, 4. Aufl. 2020.

GSELL, BEATE: Europäische Verbandsklagen zum Schutz kollektiver Verbraucherinteressen – Königs- oder Holzweg?, BKR 2021, 521–529.

GSELL, BEATE / RÜBBECK, JOHANNES: Beseitigung als Folgenbeseitigung? – Kollektivklagen der Verbraucherverbände auf Rückzahlung unrechtmäßig erzielter Gewinne, ZfPW 2018, 409–429.

HAAR, BRIGITTE: Investor Protection Through Model Case Procedures, EBOR 2014, 83–105.

HÄCKER, BIRKE: Die Rolle der Rechtsprechung im Zivilrecht: Eine rechtsvergleichende Etüde – Wolfgang Schön zum 60. Geburtstag zugeeignet, ZEuP 2023, 10–41.

HALFMEIER, AXEL: Zur Neufassung des KapMuG und zur Verjährungshemmung bei Prospekthaftungsansprüchen, DB 2012, 2145–2151. DERS.: Die neue Datenschutzverbandsklage, NJW 2016, 1126–1129. DERS.: Stellungnahme zum Gesetzesentwurf „Einführung von Gruppenverfahren" (BT-Drs. 18/1464) v. 10.03.2015 https://www.bundestag.de/blob/364596/5cfe56980addbfcf3922975acae90b8f/halfmeier-data.pdf [letzter Abruf: 08.06.2020]. DERS.: Musterfeststellungsklage: Nicht gut, aber besser als nichts, ZRP 2017, 201–204.

HALFMEIER, AXEL / WIMALASENA, PHILIP: Rechtsstaatliche Anforderungen an Opt-out Sammelverfahren: Anerkennung ausländischer Titel und rechtspolitischer Gestaltungsspielraum, JZ 2012, 649–658.

HALFMEIER, AXEL / ROTT, PETER: Verbandsklage mit Zähnen? – Zum Vorschlag einer Richtlinie über Verbandsklagen zum Schutz der Kollektivinteressen der Verbraucher, VuR 2018, 243–251.

HALFMEIER, AXEL / ROTT, PETER / FEESS, EBERHARD: Evaluation des Kapitalanleger-Musterverfahrensgesetzes – Abschlussbericht v. 14.10.2009, https://www.caplaw.eu/file_download.php?l=de&sect=ov&mod=Ka&type=artikelgese

tze&c=276&q=KapMuG-ReformG&d=Abschlussbericht_KapMuG_Frankfurt_School_2009.pdf [letzter Abruf: 08.06.2020].

HARNAY, SOPHIE / MARCIANO, ALAIN: Collective litigation versus legislation: a rent-seeking approach to class actions, in: BACKHAUS, JÜRGEN G. / CASSONE, ALBERTO / RAMELLO, GIOVANNI (eds.): The Law and Economics of Class Actions in Europe, 2012, S. 219–236.

HASS, DETLEF: Die Gruppenklage – Wege zur prozessualen Bewältigung von Massenschäden, 1996 München.

HAY, JONATHAN R. / SHLEIFER, ANDREI: Private Enforcement of Public Laws: A Theory of Legal Reform, 88 Am. Econ. Rev. 398–403 (1998).

HAYMOND, JEFFREY / WEST, JAMES E.: Class action extraction?, 116 Public Choice 91–108 (2003).

HEESE, MICHAEL: Was der Dieselskandal über die Rechtsdurchsetzung, deren Protagonisten und die Funktion des Privatrechts verrät, NZV 2019, 273–279.

HEESE, MICHAEL / SCHUMANN, EKKEHARD: Ein Vorabentscheidungsverfahren beim BGH, NJW 2021, 3023–3029.

HEINIG, HANS-MICHAEL: Gibt es eine Ethik des Nudging?, 15.12.2014, https://verfassungsblog.de/gibt-es-eine-ethik-des-nudging/ [letzter Abruf: 08.06.2020]

HEMPEL, ROLF: Ende des kollektiven Rechtsschutzes im deutschen Kartellrecht?, NJW 2015, 2077–2080.

HENNING, PETER J.: The Debate over Wall St. Enforcement, 27.10.2014, http://dealbook.nytimes.com/2014/10/27/the-debate-over-wall-st-enforcement/ [letzter Abruf: 08.06.2020].

HENSLER, DEBORAH: The Globalization of Class Actions: An Overview, 622 AAPSS 7–29 (2009). DIES.: The Future of Mass Litigation: Global Class Actions and Third-Party Litigation Funding, 79 Geo. Wash. L. Rev. (2011) 306–323. DIES.: Revisiting the Monster: New Myths and Realities of Class Actions and Other Large Scale Litigation, 11 Duke J. of Comp. & Int'l L. 179–213 (2001).

HENSSLER, MARTIN: Prozessfinanzierende Inkassodienstleister – Befreit von den Schranken des anwaltlichen Berufsrechts?, NJW 2019, 545–550.

HERR, ANNE-CHRISTINE: Im Gespräch mit einem Prozessfinanzierer, LTO v. 02.10.2014, https://www.lto.de/recht/job-karriere/j/prozessfinanzierung-voraussetzungen-anwalt-vorteil-risiko-rechtsschutz-datenschutz/ [letzter Abruf: 08.06.2020].

HESS, BURKHARD: Musterverfahren im Kapitalmarktrecht, ZIP 2005, 1713–1719. DERS.: Deutsches Zivilprozessrecht zwischen nationaler Eigenständigkeit und europäischem Anpassungszwang, R. L. R. 2010, 191–208. DERS.: Sammelklagen im Kapitalmarktrecht, AG 2003, 113–125.

Hess, Burkhard / Michailidou, Chrisoula: Die kollektive Durchsetzung von Schadensersatzansprüchen im Kapitalmarktrecht, WM 2003, 2318–2325.

Hess, Burkhard / Reuschle, Fabian / Rimmelspacher, Bruno: Kölner Kommentar zum KapMuG, 2. Aufl. 2014 *zitiert als*: KK-KapMuG\Bearbeiter.

Hirsch, Günter: Paralleljustiz? Der Verbraucher hat die Wahl, FAZ v. 19.02.2015, S. 8.

Hirsch, Günter / Gerhardt, Rudolf: Der „Kampf ums Recht" bleibt den Gerichten überlassen, ZRP 2016, 28–29.

Hodges, Christopher: Collective Redress in Europe: The New Model (February 12, 2010). Civil Justice Quarterly, Forthcoming; Oxford Legal Studies Research Paper No. 24/2010. Available at SSRN: https://ssrn.com/abstract=1551985

Hoffmann, Hermann: Von „Law – Made in Germany" zu „Commercial Litigation in Germany", IWRZ 2018, 58–64.

Hopt, Klaus J. / Baetge, Dietmar: Rechtsvergleichung und Reform des deutschen Rechts – Verbandsklage und Gruppenklage, in: Basedow, Jürgen / Hopt, Klaus / Kötz, Hein / Baetge, Dietmar (Hrsg.): Die Bündelung gleichgerichteter Interessen im Prozeß – Verbandsklage und Gruppenklage, 1999 Tübingen, S. 11–64.

Hopt, Klaus J.: 50 Jahre Anlegerschutz und Kapitalmarktrecht: Rückblick und Ausblick, WM 2009, 1873–1881. Ders.: Die Haftung für Kapitalmarktinformationen, WM 2013, 101–112.

Hosemann, Eike Götz: „The New Private Law", Max Planck Private Law Research Paper No. 13/29, S. 1–34 *zitiert als*: Hosemann, MPPL RP 13/29.

Hubbard, William H. J.: Sinking Costs to Force or Deter Settlement, 32 JLEO 545–584 (2016).

Hus, Christian: Erfolgreiche Akquise per Massenklage, Handelsblatt v. 07.12.2004, https://www.handelsblatt.com/unternehmen/management/massenklaeger-anwaelte-sind-eine-neue-spezies-die-ihren-erfolg-der-presse-verdankt-erfolgreiche-akquise-per-massenklage/2448790-all.html [letzter Abruf: 08.06.2020].

Hutter, Michael / Teubner, Gunther: Der Gesellschaft fette Beute – *Homo juridicus* und *homo oeconomicus* als kommunikationserhaltende Fiktionen in: Fuchs, Peter / Göbel, Andreas (Hrsg.): Der Mensch – das Medium der Gesellschaft, 1994 Frankfurt a. M., S. 110–145.

Issacharoff, Samuel: Class Actions and State Authority, 44 Loy. U. Chi. L. J. 369–390 (2012); ders.: Governance and Legitimacy in the Law of Class Actions, 7 Sup. Ct. Rev. 337–392 (1999).

Issacharoff, Samuel / Miller, Geoffrey P.: Will Aggregate Litigation Come to Europe?, 62 Vand. L. Rev. 179–210 (2009).

Jahn, Joachim: Der Telekom-Prozess: Stresstest für das Kapitalanleger-Musterverfahrensgesetz, ZIP 2008, 1314–1317; ders.: Bedrohliche Sammelklagen, FAZ v. 06.01.2009, S. 11. ders.: Richter wittern die nächste Flut von Anlegerklagen, FAZ v. 04.06.2010, S. 25.

Jalsovec, Andreas: Einer für Alle – Die EU Kommission will Sammelklagen erleichtern, SZ v. 12.06.2013, S. 17.

von Jeinsen, Ulrich: Schadensersatzklagen in den USA – unbegrenzte Möglichkeiten?, IWRZ 2018, 51–57.

Jelsma, Karen / Cordewener, Manon: The Settlement of Mass Claims: A Hot Topic in The Netherlands, ILQ, Summer 2011, p. 13–20.

Jensen, Michael / Meckling, William H.: Theory of the Firm: Managerial Behaviour, Agency Costs And Ownership Structure, 3 J. of Fin. Econ. 305–360 (1976).

Kainer, Friedemann / Persch, Johannes: Die CDC-Entscheidung des OLG Düsseldorf: Kollektiver Rechtsschutz und europarechtliches Effektivitätsprinzip, WuW 2016, 2–7.

Kalven, Harry / Rosenfield, Maurice: The contemporary function of the class suit, 8 U. Chi. L. Rev. 684–721 (1941).

Kasiske, Peter: Marktmissbräuchliche Strategien im Hochfrequenzhandel, WM 2014, 1933–1940.

Kerber, Wolfgang: Regelorientierte Wettbewerbspolitik aus rechtsökonomischer Sicht in: Bechtold, Stefan / Jickeli, Joachim / Rohe, Mathias (Hrsg.): Recht, Ordnung und Wettbewerb – Festschrift zum 70. Geburtstag von Wernhard Möschel, Baden-Baden 2011, S. 341–353.

Kern, Christoph A. / Uhlmann, Christian: Kollektiver Rechtsschutz 2.0? Möglichkeiten und Chancen vor dem Hintergrund der Verbandsklagen-RL, ZEuP 2022, 849–883.

Kessler, Jürgen: Verbraucherschutz reloaded – Auf dem Weg zu einer deutschen Kollektivklage?, ZRP 2016, 2–4.

Kilian, Matthias: Die Verwendung von Erfolgshonorarvereinbarungen durch die Anwaltschaft, AnwBl 2012, 148–150. Ders.: Musterfeststellungsklage – Meinungsbild der Anwaltschaft, ZRP 2018, 72–75.

Kirchgässner, Gebhard: Soft paternalism, merit goods, and normative individualism, 43 Eur J. Law Econ. 125–152 (2017).

Klement, Alon / Neeman, Zvika: Incentive Structures for Class Action Lawyers, 20 JLEO 102–124 (2004).

Kline, Julia: Basic's "Bitter Harvest": The Court's Continued Adherence to a Flawed Economic Theory in Halliburton, 48 Loy. L.A. L. Rev. 557–571 (2014).

Koch, Harald: Sammelklage und Justizstandorte im internationalen Wettbewerb, JZ 2011, 438–445. Ders.: Non-Class Group Litigation Under EU And German Law, 11 Duke J. of Comp. & Int'l L. 355–367 (2001).

Koch, Raphael: Grund und Grenzen kollektiver Rechtsdurchsetzung, DZWIR 2016, 351–360.

Köhler, Helmut / Bornkamm, Joachim: Gesetz über den unlauteren Wettbewerb, 33. Aufl. 2015, München *zitiert als*: Köhler/Bornkamm\Bearbeiter.

Korth, Peter / Kroymann, Johannes / Suilmann, Martin: Der ausschließliche Gerichtsstand bei fehlerhaften öffentlichen Kapitalmarktinformationen, NJW 2016, 1130–1134.

Kranz, Dagmar: Der Diskussionsentwurf zur Muster-Feststellungsklage – ein stumpfes Schwert?, NZG 2017, 1099–1103.

Kredel, Nicolas / Brückner, Jonas: Sammelklagen – das richtige Instrument für den Umgang mit kartellrechtlichen (Streu-)Schäden?, BB 2015, 2947–2950.

Kremer, Dennis: Gott bewahre uns vor Anlegerschutzgesetzen, FAS v. 07.06.2015, S. 29.

Krüger, Wolfgang / Rauscher, Thomas: Münchener Kommentar zur Zivilprozessordnung Band 1 – §§ 1–354, 4. Aufl. 2013 München. Band 3 – §§ 1025–1109 – EGZPO – GVG – EGGVG – UKlaG – Internationales und Europäisches Zivilprozessrecht, 4. Aufl. 2013 München *zitiert als*: MüKo-ZPO\Bearbeiter.

Krüger, Ulrich: Wachhund an die Leine – Verbraucherschutz bei Finanzdienstleistungen: Deregulierung in den USA, Stagnation in Deutschland, VuR 2017, 321–323.

Kuhr, Daniela: Gemeinsam einsam, SZ v. 24.04.2012, S. 25.

Kutschaty, Thomas / Freudenberg, Tobias / Gerhardt, Rudolf: Wir brauchen eine verbraucherrechtliche Musterfeststellungsklage, ZRP 2018, 27–29.

La-Porta, Rafael / Lopez-de Silandes, Florencio / Shleifer, Andrei: The Economic Consequences of Legal Origins, 46 JEL 285–332 (2008).

Lerch, Marcus P. / Valdini, Christina: Herausforderungen an den Zivilprozess bei Massenverfahren – Ein Blick aus der anwaltlichen Praxis, NJW 2023, 420–424.

Leutheuser-Schnarrenberger, Sabine: Zur Lage der Justiz in Deutschland, LTO v. 21.09.2017, https://www.lto.de/persistent/a_id/24641/ [letzter Abruf: 08.06.2020].

LIEBERKNECHT, MARKUS: Die materiell-rechtliche Ersatzfähigkeit von Kosten der Prozessfinanzierung, NJW 2022, 3318–3323.

LIEGSALZ, ANDREAS: Die US-amerikanische Class Action im Lichte der ökonomischen Analyse des Rechts, Hamburg 2012.

LIN, YU-HSIN: Modeling Securities Class Actions outside the US: The Role of Nonprofits in the Case of Taiwan, 4 NYU JLB 143–198 (2007).

LINDBLOM, PER HENRIK: Sweden, 622 AAAPS 231–241 (2009).

LODGE, MARTIN / WEGRICH, KAI: Managing Regulation – Regulatory Analysis, Politics and Policy, 2012.

LORITZ, KARL-GEORG / WAGNER, KLAUS-R.: Sammelklagen geschädigter Kapitalanleger mittels BGB-Gesellschaften – Kollision mit dem Rechtsberatungsgesetz?, WM 2007, 477–481.

LOSS, LOUIS / SELIGMAN, JOEL: Fundamentals of Securities Regulation, 4th Ed. New York 2001.

LÜHMANN, TOBIAS B.: Der Vorschlag einer europäischen Verbandsklage, NJW 2019, 570–575.

LUTHER, JÖRG: The constitutional impact of class actions in European legal systems, in: BACKHAUS, JÜRGEN G. / CASSONE, ALBERTO / RAMELLO, GIOVANNI (eds.): The Law and Economics of Class Actions in Europe, 2012, S. 306–325.

MACEY, JONATHAN R.: The Distorting Incentives facing the U. S. Securities and Exchange Commission, 33 Harv. J. L. & Pub. Pol'y 639–670 (2010).

MACEY, JONATHAN R. /MILLER, GEOFFREY P.: The Plaintiffs' Attorney's Role in Class Action and Derivative Litigation: Economic Analysis and Recommendations for Reform, 58 U. Chi. L. Rev. 1–118 (1991).

MADAUS, STEPHAN: Keine Effektivität einer Europäischen class action ohne „amerikanische Verhältnisse" bei deren Finanzierung, ZEuP 2012, 99–116.

MALLMANN, ROMAN A. / ERNE, SARAH: Musterfeststellungsklage und Kartellschadensersatz, NZKart 2019, 77–83.

MANN, MARIUS E.: Rechtsverfolgungsgesellschaften und Rechtsdienstleistungsgesetz, NJW 2010, 2391–2396.

MANKOWSKI, PETER: Extraterritoriale Reichweite des US-Wertpapierrechts? – Die Entscheidung des US-Supreme Court in Morrison v. National Australia Bank und der 2010 Wall Street Reform and Consumer Protection Act, NZG 2010, 961–967.

MARCIN, RAYMOND B.: Searching for the Origin of the Class Action, 23 Cath. U. L. Rev. 515–524 (1974).

Markworth, David: Coding a Collective Consumer Redress in Germany – How Debt Collection Services Became Consumer Allies and what that Means for Directive 2020/1828, EuCML 2023, 89–96.

Mattil, Peter / Desoutter, Vanessa: Die europäische Sammelklage – Rechtsvergleichende und EU-rechtliche Betrachtungen, WM 2008, 521–526.

Maume, Philipp: Staatliche Rechtsdurchsetzung im deutschen Kapitalmarktrecht: eine kritische Bestandsaufnahme, ZHR 180, 358–396 (2016).

Mauske, Sandra: Die EU-Sammelklage – Status und Perspektiven, VuR 2013, 157–160.

Mausz, Irmgard / Dickert, Thomas / Hauser, Alexandra / Kuonath, Angela / Frey, Dieter: Untersuchung zur Belastung am Richterarbeitsplatz in Bayern, DRiZ 2019, 254–259.

Mayrhofer, Ann-Kristin: Gleichstellung von Rechtsanwälten und registrierten Inkassodienstleistern bei der Einziehung fremder oder abgetretener Forderungen? – zugleich Besprechung von BGH, Urt. v. 13.07.2021 – II ZR 84/20 – AirDeal –, ZfPW 2023, 110–132.

Mekat, Martin / Nordholtz, Christian: Die Flucht in die Musterfeststellungsklage, NJW 2019, 411–414.

Meller-Hannich, Caroline: Das Kapitalanleger-Musterverfahrensgesetz (KapMuG) – Eine Zwischenbilanz, ZBB 2011, 180–191.

Mengden, Martin: David gegen Goliath im Kartellschadensersatzrecht – Lassen sich Musterfeststellungsklage bzw. EU-Verbandsklage als kollektive Folgeklage einsetzen?, NZKart 2018, 398–405.

Meyer, Andreas: Aspekte einer Reform der Prospekthaftung – Eine Würdigung der Verhandlungen des 64. Deutschen Juristentages, WM 2003, 1349–1355.

Micklitz, Hans-W. / Stadler, Astrid: The Development of Collective Legal Actions in Europe; Especially in German Civil Procedure, EBLR 2006, 1473–1503.

Möllers, Thomas M. J.: Bestätigungsvermerk des Wirtschaftsprüfers und KapMuG, BKR 2022, 339–352.

Möllers, Thomas M. J. / Puhle, Kristian: Effektive Rechtsdurchsetzung nach § 4 KapMuG, NZG 2008, 579–582.

Möllers, Thomas M. J. / Pregler, Bernhard: Zivilrechtliche Rechtsdurchsetzung und kollektiver Rechtsschutz im Wirtschaftsrecht, ZHR 176 (2012), 144–183.

Möllers, Thomas M. J. / Weichert, Tilman: Das Kapitalanleger-Musterverfahrensgesetz, NJW 2005, 2737–2741.

MÖLLERS, THOMAS M. J. / WOLF, LISA: Die Causa Telekom und das Recht auf effektiven Rechtsschutz – zur überfälligen Reform des KapMuG – Zugleich Anmerkung zu BGH, Beschl. v. 15.12.2020 – XI ZB 24/16, BKR 2021, 249–255.

MONTAG, JERZY: Kollektiver Rechtsschutz in Europa und der Gesetzesentwurf zur Einführung von Gruppenklagen, ZRP 2013, 172–175.

MORGENSON, GRETCHEN: Shareholders, Disarmed by a Delaware Court, NYT v. 25.10.2014, http://www.nytimes.com/2014/10/26/business/shareholders-disarmed-by-a-delaware-court.html [letzter Abruf: 08.06.2020].

MÜLLER, KLAUS / STEINEKE, SEBASTIAN: Brauchen Deutschlands Verbraucher Sammelklagen?, RuP 2016, 98–99.

MÜLLER, PETER: Sind US-amerikanische Punitive-damages-Urteile in Deutschland vollstreckbar? DB 2001, 83–85.

MÜLLER, WERNER: Zur kollektiven Leistungsklage, IWRZ 2022, 49–50.

MUNDT, ANDREAS: Kartellverfolgung im 21. Jahrhundert: Erfolgreich durch wirksame Abschreckung, in: BECHTOLD, STEFAN/JICKELI, JOACHIM/ROHE, MATHIAS (HRSG.): Recht, Ordnung und Wettbewerb – Festschrift zum 70. Geburtstag von Wernhard Möschel, Baden-Baden 2011, S. 427–440.

MURDOCK, CHARLES W.: Janus Capital Group Inc. v. First Derivative Traders: The Culmination of The Supreme Court's Evolution from Liberal to Reactionary in Rule 10b-5 Actions, 91 Denv. U. L. Rev. 369–440 (2014).

NAMYSŁOWSKA, MONIKA: "Dieselgate" and Consumer Law: Repercussions of the Volkswagen scandal in Poland, EuCML 2017, 87–90.

NICOLAI, JAKOB / WÖLBER, JILL: Zukunftsoffene und verbraucherfreundliche Justiz, ZRP 2018, 229–233.

OLSON, WALTER, Loser Pays, Point of Law 21.05.2004, http://www.pointoflaw.com/loserpays/overview.php [letzter Abruf: 08.06.2020]

PALMISCIANO, MICHAEL: Going Dutch: The Effects of Domestic Restriction and Foreign Acceptance of Class Litigation on American Securities Fraud Plaintiffs, 53 B. C. L. Rev. 1847–1888 (2012).

PAULUS, DAVID: Keine unechten Sammelklagen in Verbrauchersachen, NJW 2018, 987–991.

PETRASINCU, ALEX / UNSELD, CHRISTOPHER: Zwergenaufstand im Zivilrecht, FAZ-Einspruch v. 09.05.2018, http://einspruch.faz.net/einspruch-magazin/2018-05-09/f467996aafe224e97e88819a0974baef/?GEPC=s5 [letzter Abruf: 08.06.2020]. DIES.: Das Sammelklage-Inkasso im Lichte der BGH-Rechtsprechung und der RDG-Reform, NJW 2022, 1200–1205.

PICHÉ, CATHERINE: The Cultural Analysis of Class Action Law, 2 J. of Civ. L. Stud. 102–145 (2009).

Poelzig, Dörte: Normdurchsetzung durch Privatrecht, 2012 Tübingen.

Porrini, Donatella / Ramello, Giovanni: Class action and financial markets: insight from law and economics, JFEP, Vol. 3, No. 2, p. 140–160 (2011).

Rabkin, Jeremy A.: The Secret Life of the Private Attorney General, 61 Law & Contemp. Probs. 179–203 (1998).

Raeschke-Kessler, Hilmar: Ein Lehrstück über den Lästigkeitswert: Der Vergleich Kirch/Deutsche Bank, NJW 2019, 2678–2864.

Rath, Christian: Gemeinsam gegen Abzocke, taz v. 25.04.2018, https://www.taz.de/!5497605/ [letzter Abruf: 08.06.2020]

Rebehn, Sven: Ziviljustiz am Beginn einer tiefen Krise, DRiZ 2021, 439–439.

Reich, Robert B.: Regulation is out, litigation is in, USA Today v. 11.02.1999, S. 15.A.

Reimann, Mathias: Präventiv-Administrative Regulierung oder *Private Law Enforcement*?, in: Bitburger Gespräche: Jahrbuch 2008, 105–146.

Reimann, Mathias/Arbor, Ann: The American Advantage in Global Lawyering, RabelsZ 78 (2014), 1–36.

Remmertz, Frank R.: Automatisierte Rechtsdienstleistungen im RDG, ZRP 2019, 139–142.

Resnik, Judith: Money Matters: Judicial Market Interventions Creating Subsidies and Awarding Fees and Costs in Aggregate Litigation, 148 U. Pa. L. Rev. 2119–2195 (2000).

Reuschle, Fabian: Möglichkeiten und Grenzen kollektiver Rechtsverfolgung – Zu den Defiziten im deutschen Prozessrecht, der Übertragbarkeit ausländischer und den Grundzügen eines kollektiven Musterverfahrens, WM 2004, 966–978.

Ring, Gerhard: Die neue zivilprozessuale Musterfeststellungsklage, NJ 2018, 441–446. Ders.: Erfolgshonorar und Prozessfinanzierung – Reform des RVG und des RDG infolge des Legal Tech-Gesetzs, NJ 2021, 525–532.

Rittner, Fritz / Dreher, Meinrad: Europäisches und deutsches Wirtschaftsrecht, 3. Aufl. 2008, Heidelberg.

Römermann, Volker: Die anwaltliche Unabhängigkeit – Entmythologisierung eines Core Value, NJW 2019, 2986–2990.

Röthemeyer, Peter: Musterfeststellungsklage und Individualanspruch – Zur Kritik und zu den Entwicklungsmöglichkeiten, VuR 2019, 87–93. Ders.: Die neue Verbandsklagen-Richtlinie, VuR 2021, 43–53. Ders.: Qua vadis Ampel? – Weiterentwicklung der Musterfeststellungsklage auch gegen Verfahrensfluten, jM 2022, 178–183.

ROHLFING, BERND: Wirtschaftsaufsicht und amtshaftungsrechtlicher Drittschutz, WM 2005, 311–319.

ROMANO, ROBERTA: The Shareholder Suit: Litigation without Foundation?, 7 JLEO 55–87 (1991).

ROTHER, CHRISTOPHER / UNSELD, CHRISTOPHER: Private Enforcement als Kernidee des kollektiven Rechtsschutzes, 09.08.2018, http://www.zpoblog.de/private-enforcement-kollektiver-rechtsschutz-europarecht/ [letzter Abruf: 08.06.2020].

ROTT, PETER: Rechtsdurchsetzung durch Legal Tech-Inkasso am Beispiel der Mietpreisbremse – Nutzen oder Gefahr für Verbraucher?, VuR 2018, 443–447.

ROTTER, KLAUS: Der Referentenentwurf des BMJ zum KapMuG – Ein Schritt in die richtige Richtung!, VuR 2011, 449–449.

RUBENSTEIN, WILLIAM B.: On what a "Private Attorney General" is – And why it matters, 57 Vand. L. Rev. 2129–2173 (2004).

SÄCKER, FRANZ JÜRGEN / RIXECKER, ROLAND (Hrsg.): Münchener Kommentar zum Bürgerlichen Gesetzbuch Band 1 – Allgemeiner Teil, §§ 1–240, ProstG, AGG, 6. Aufl. München, 2012, Band 2 – Schuldrecht – Allgemeiner Teil, §§ 241–432, 6. Aufl. München 2012 *zitiert als*: MüKo-Gesetz/BEARBEITER

SAUTER, NICOLAS: Das schwache Pflänzchen Aktienkultur, Economic Research & Corporate Development Working Paper 139 v. 21.05.2010.

SCHÄFER, HANS-BERNHARD: Anreizwirkungen bei der Class Action und der Verbandsklage in: BASEDOW, JÜRGEN / HOPT, KLAUS / KÖTZ, HEIN / BAETGE, DIETMAR (HRSG.): Die Bündelung gleichgerichteter Interessen im Prozeß – Verbandsklage und Gruppenklage, 1999 Tübingen, S. 67–100. DERS.: Legal Rules and Standards, German Working Papers in Law and Economics 2002, Paper 2, available at: http://ssrn.com/abstract=999860 [letzter Abruf: 08.06.2020].

SCHERER, FREDERIC M.: Class actions in the U. S. experience: an economist's perception, in: BACKHAUS, JÜRGEN G. / CASSONE, ALBERTO / RAMELLO, GIOVANNI (eds.): The Law and Economics of Class Actions in Europe, 2012, S. 27–36.

SCHIRP, WOLFGANG / KONDERT, KERSTIN: Kapitalanlagen und „Klageindustrie" – Plädoyer für eine grundlegende Revision des kollektiven Rechtsschutzes, NJW 2010, 3287–3289.

SCHMITZ, BERND-WILHELM / RUDOLF, JÖRN: Entwicklungen der Rechtsprechung zum KapMuG, NZG 2011, 1201–1207.

SCHMOLKE, KLAUS ULRICH: Private Enforcement und institutionelle Balance, NZG 2016, 721–728.

SCHNEIDER, BURKHARD: Auf dem Weg zu Securities Class Actions in Deutschland? – Auswirkungen des KapMuG auf die Praxis kapitalmarktrechtlicher Streitigkeiten, BB 2005, 2249–2257.

SCHÖNWITZ, DANIEL: Zweifelhafte Erfolgsaussichten – Falschberatung bei Anlegeranwälten, 27.01.2009, http://www.wiwo.de/finanzen/steuern-recht/zweifelhafte-erfolgsaussichten-falschberatung-bei-anlegeranwaelten/5143516-all.html [letzter Abruf: 08.06.2020].

SCHRÖDER, GERHARD: Die neue Klageindustrie, Deutschlandfunk v. 10.04.2017, https://www.deutschlandfunk.de/rechtsdienstleister-die-neue-klaegerindustrie.766.de.html?dram:article_id=383495 [letzter Abruf: 08.06.2020].

SCHUSCHNIGG, ARTUR: Die Verbandsklagen-Richtlinie – Umsetzungsbreite und ihre Grenzen, EuZW 2022, 1043–1046.

SCHWARTZ, MATTHATIAS: Should You Be Allowed to Invest in a Lawsuit?, NYT Magazine v. 22.10.2015, http://www.nytimes.com/2015/10/25/magazine/should-you-be-allowed-to-invest-in-a-lawsuit.html [letzter Abruf: 08.06.2020].

SCHWEMMER, SOPHIA: Päjudizvermeidung im Zivilprozess – Problematik und Gegenstrategien, ZfPW 2022, 41–55.

SCHWINTOWSKI, HANS-PETER: Fehlsteuerungen im Rechtssystem – kein Rechtsschutz für den Verbraucher, VuR 2017, 241–243.

SELIGMAN, JOEL: The Merits do Matter, 108 Harv. L. Rev. 438–457 (1994).

SELTMANN, JULIA VON (HRSG.): Beck'scher Online-Kommentar, Rechtsanwaltsvergütungsgesetz, 40. Edition *zitiert als*: Beck-OK RVG\BEARBEITER.

SESSLER, ANKE / REICHERT, MAXIMILIAN: Zwei Jahre nach Morrison v. NAB – Wird der Arm der US-Justiz kürzer? WM 2012, 678–688.

SHAVELL, STEVEN: The Social Versus The Private Incentive to Bring Suit in a Costly Legal System, 11 J. of L. Stud. 333–339 (1982). DERS.: The Optimal Structure of Law Enforcement 34 JEL 255–287 (1993).

SMEDDINCK, ULRICH: Der Nudge-Ansatz – eine Möglichkeit, wirksam zu regieren?, ZRP 2014, 245–246.

SMID, STEFAN / MOHR, NATHALIE: Die Novelle des KapMuG, DZWIR 2013, 343–352.

SOCKOL, ANDREW J.: A Natural Evolution: Compulsory Arbitration of Shareholder Derivative Suits in Publicly Traded Corporations, 77 Tul. L. Rev. 1095–1117 (2003).

SPIESSHOFER, BIRGIT: Wir brauchen eine Erweiterung des Rechtsbegriffs, IWRZ 2018, 145–146.

STACKMANN, NIKOLAUS: Kein Kindergeburtstag – Fünf Jahre Kapitalanleger-Musterverfahrensgesetz, NJW 2010, 3185–3190.

STADLER, ASTRID: Wider die Mär von der europäischen class action, VuR 2011, 79–80. DIES.: Grenzüberschreitender kollektiver Rechtsschutz in Europa, JZ 2009, 121–133. DIES.: Die Vorschläge der Europäischen Kommission zum kollektiven Rechtsschutz in Europa – der Abschied von einem kohärenten Lösungsansatz?, GPR 2013, 281–292. DIES.: Schadensersatzklagen im Kartellrecht – Forum shopping welcome!, JZ 2015, 1138–1149. DIES.: Developments in Collective Redress: What's New in the "New German KapMuG"?, EBLR 2013, 731–749. DIES.: Mass damages in Europe – Allocation of Jurisdiction – Cross Border Multidistrict Litigation, in: VAN BOOM, WILLEM H. / WAGNER, GERHARD (eds.): Mass torts in Europe: cases and reflections, 2014, 197–230. DIES.: Musterfeststellungsklagen im deutschen Verbraucherrecht?, VuR 2018, 83–89. DIES.: Pyrrhussieg für den Verbraucherschutz – vzbv umgeht durch die Vereinbarung mit VW gesetzliche Sicherungsmechanismen, VuR 2020, 163–165.

VON STAUDINGER, JULIUS (BEGR.): Kommentar zum Bürgerlichen Gesetzbuch: Staudinger BGB – Buch 2: Recht der Schuldverhältnisse: §§ 305–310; UKlaG (AGB-Recht 1 und Unterlassungsklagengesetz), 18. Aufl. 2019 *zitiert als*: Staudinger/BEARBEITER.

VON STAUDINGER, JULIUS (BEGR.) / BECKMANN, ROLAND MICHAEL / BUSCHE, JAN / COSTER, MICHAEL (HRSG.): Eckpfeiler des Zivilrechts, 5. Aufl. 2014 *zitiert als*: Staudinger-Eckpfeiler\BEARBEITER.

STERNLIGHT, JEAN R. / JENSEN, ELIZABETH: Using Arbitration to Eliminate Consumer Class Actions: Efficient Business Practice or Unconscionable Abuse?, 67 Law & Contemp. Probs. 75–103 (2004).

STÖHR, ALEXANDER: Approaches to financial regulation in the view of the crisis, 23 JFRC 73–83 (2015).

STONE, MICHAEL P. / MICELI, THOMAS J.: The Impact of frivolous Lawsuits on deterrence: Do they have some redeeming value?, 10 JLEP 301–344 (2014).

STOUT, LYNN, A.: Social Norms and Other-Regarding Preferences, in: DROBAK, JOHN N. (ED.): Norms and the Law, 2006, S. 13–34.

STRAHAN, PHILIP E.: Securities Class Actions, Corporate Governance and Managerial Agency Problems, http://ssrn.com/abstract=104356 [letzter Abruf: 08.06.2020].

SUNSTEIN, CASS R.: What, Exactly, Do you Want? 20.04.2015, http://opinionator.blogs.nytimes.com/2015/04/20/is-freedom-of-choice-really-what-we-want/ [letzter Abruf: 08.06.2020].

SYNATSCHKE, DAGMAR / WÖLBER, JILL / NICOLAI, JAKOB: Umsetzung der Verbandsklagerichtlinie ins nationale Recht, ZRP 2021, 197–201.

TAMM, MARINA: Die Bestrebungen der EU Kommission im Hinblick auf den Ausbau des kollektiven Rechtsschutzes für den Verbraucher, EuZW 2009, 439–443. DIES.: Das Kapitalanleger-Musterverfahrensgesetz – Hintergrund, Ausgestaltung und Reformüberlegungen, ZHR 2010, 525–556.

THÖNISSEN, STEFAN F.: ESG-Klagen und kollektiver Rechtsschutz, NJW 2023, 945–949.

THOMALE, CHRIS: Kapitalmarktinformationshaftung ohne Vorstandswissen, NZG 2018, 1007–1013.

TIETZEL, MANFRED: Die Rationalitätsannahme in den Wirtschaftswissenschaften oder Der homo oeconomicus und seine Verwandten, Jahrbuch für Sozialwissenschaft, Bd. 32, 115–138 (1981).

TILP, ANDREAS W.: Das Kapitalanleger-Musterverfahrensgesetz: Stresstest für den Telekom-Prozess, in: BLAUROCK, UWE / BORNKAMM, JOACHIM / KIRCHBERG, CHRISTIAN (HRSG.): Festschrift für Achim Krämer zum 70. Geburtstag am 19. September 2009, Berlin 2009, S. 331–360.

TILP, ANDREAS W. / SCHIEFER, MARC: VW Dieselgate – die Notwendigkeit zur Einführung einer zivilrechtlichen Sammelklage, NZV 2017, 14–19.

TOGO, FEDERICA: Das neue Sammelklageverfahren in Italien, GRUR Int 2011, 132–134.

TOMBRINK, CHRISTIAN: Der deutsche Zivilprozess – „alternativlos"?, IWRZ 2018, 275–279.

TREBILCOCK, MICHAEL J. / IACOBUCCI, EDWARD M.: Privatization and Accountability, 116 Harv. L. Rev. 1422–1453 (2003).

TZANKOVA, JANIKA N.: Funding of Mass Disputes: Lessons from the Netherlands, 8 JLEP 549–591 (2012).

ULEN, THOMAS S.: The economics of class action litigation, in: BACKHAUS, JÜRGEN G. / CASSONE, ALBERTO / RAMELLO, GIOVANNI (eds.): The Law and Economics of Class Actions in Europe, 2012, S. 75–98.

VÄLIMÄKI, MIKKO: Introducing class actions in Finland: an example of lawmaking without economic analysis, in: BACKHAUS, JÜRGEN G. / CASSONE, ALBERTO / RAMELLO, GIOVANNI (eds.): The Law and Economics of Class Actions in Europe, 2012, S. 327–341.

VEIL, RÜDIGER: Europäische Kapitalmarktunion, ZGR 2014, 544–607.

VENTORUZZO, MARCO: Like Moths to a Flame? International Securities Litigation after Morrison: Correcting the Supreme Court's "Transactional Test", 52 Va. J. Int'l L. 405–444 (2011–2012).

VOETH, STEFAAN: Consumer Collective Redress in Belgium: Class Actions to the Rescue?, EBOR 2015, 121–143.

VOGEL, MARKUS: Kollektiver Rechtsschutz im Kartellrecht, 2010 Köln.

VORWERK, VOLKERT / WOLF, CHRISTIAN (HRSG.): Beck'scher Online-Kommentar ZPO, 19. Edition 2015 *zitiert als*: BeckOK-ZPO\BEARBEITER.

WACKERBARTH, ULRICH: No private rights of action – basta!, Corporate BLawG v. 22.08.2013, http://blog.fernuni-hagen.de/blawg/2013/08/22/no-rights-of-private-action-basta/ [letzter Abruf: 08.06.2020].

WALTER, GERHARD: Mass Tort Litigation in Germany and Switzerland, 11 Duke J. of Comp. & Int'l L. 369–379 (2001).

WARDENBACH, FRANK: KapMuG 2012 versus KapMuG 2005: Die wichtigsten Änderungen aus Sicht der Praxis, GWR 2013, 35–39.

WARREN, MANNING GILBERT III: The U. S. Securities Fraud Class Action: An unlikely Export to the European Union, 37 Brook. J. Int'l L. 1075–1114 (2012).

WEIDLICH-FLATTEN, EVA: Verbraucherschutzverbände als Heilsbringer für den Datenschutz?, ZRP 2014, 196–198.

WEISS, ELLIOTT / BECKERMAN, JOHN: Let the Money Do the Monitoring: How Institutional Investors can reduce Agency Costs in Securities Class Actions, 104 Yale L. J. 2053–2127 (1995).

WEITBRECHT, ANDREAS: Alternativen beim Management kartellrechtlicher Schadensersatzansprüche: Mediation und Schlichtung, NZKart 2018, 201.

WENDT, DOMENIK HENNING: Kollektiver Rechtsschutz in Europa – Kompetenzen, Alternativen und Safeguards, EuZW 2011, 616–622.

WERNICKE, STEPHAN: Perspektiven des deutschen Rechts im Wettbewerb der Rechtsordnungen, NJW 2017, 3038–3043.

WERNICKE, STEPHAN / MEHMEL, FRIEDRICH-JOACHIM: Privatisierung des Rechts als Folge der Digitalisierung der Wirtschaft, ZEuP 2020, 1–10.

WIECHMANN, JÖRG: Billionen-Segen für Aktionäre, dasinvestment.com http://www.dasinvestment.com/investments/maerkte/news/datum/2014/03/03/billionen-segen-fuer-aktionaere/

WILHELM, JENS: Noch ist es nicht zu spät, mehr für die Aktie zu tun, Börsenzeitung v. 23.11.2013, S. B1.

WILKE, FELIX M.: Einführung in das Kostenrecht der ZPO, ZJS 2014, 365–370.

WILLGING, THOMAS E. / HOOPER, LAURAL L. / NIEMIC, ROBERT J.: Federal Judicial Center 1996.

WILLIAMSON, OLIVER E.: Transaction Cost Economics, 1 Handbook of Industrial Organization, 135–182 (1989).

WINDAU, BENEDIKT: Obligatorische Spezialkammern an den Landgerichten kommen nun doch, zpoblog.de v. 09.03.2017, http://www.zpoblog.de/obligatorische-spezialkammern-an-den-langerichten-kommen-nun-doch-wahrsch einlich/ [letzter Abruf: 08.06.2020]. DERS.: Der Regierungsentwurf zur Musterfeststellungsklage – etwas Licht, viel Schatten, zpoblog.de v. 11.05.2018, http://www.zpoblog.de/regierungsentwurf-musterfeststellungsklage-bindungswirkung-vergleich-klagebefugnis-verbandsklage/ [letzter Abruf: 08.06.2020].

WOLF, CHRISTIAN / LANGE, SONJA: Wie neu ist das neue Kapitalanleger-Musterverfahrensgesetz?, NJW 2012, 3751–3757.

WOLF, CHRISTIAN / FLEGLER, NADJA: Anmerkung zu BGH, Urt. v. 13.09.2018 – I ZR 26/17, NJW 2018, 3586.

WOODE HUTCHINSON, DIANE: Class Actions: Joinder Or Representational Device?, 1983 Sup. Ct. Rev. 459–507.

XU, WENMING: Reforming private securities litigation in China: The stock market has already cast its vote, 45 Int'l Rev. L & Econ. 23–32 (2016).

YEAZELL, STEPHEN C.: Group Litigation and Social Context: Toward a History of the Class Action, 77 Colum. L. Rev. 866–896 (1977).

ZHOU, CUI: Neue Verbandsklage in der VR China, RIW 2016, 202–207.

ZIMMERMANN, STEFAN / PARREIDT, MAY-IVONNE: BGH bestätigt die Zulässigkeit des „Sammelklage-Inkassos" der financialright GmbH, VuR 2023, 25–28.

ZIRNGIBL, EVA: Kollektiver Rechtsschutz im Zivilprozess in den USA und Deutschland, 2006 Augsburg.

ZIVANIC, ALEKSANDAR: Bündelung von Ansprüchen mittels Inkassozession im VW-Abgasskandal, ZJS 2016, 687–697.

Weitere Dokumente:

Arbeitsdokument der Kommissionsdienststellen – Öffentliche Konsultation: Kollektiver Rechtsschutz: Hin zu einem kohärenten europäischen Ansatz. Brüssel, den 4. Februar 2011, SEK (2011) 173 endg. *zitiert als*: SEK (2011) 173 Rdnr.

Bundestagsausschuss für Recht und Verbraucherschutz, Wortprotokoll der 46. Sitzung vom 18.03.2015, Entwurf eines Gesetzes über die Einführung von Gruppenverfahren, Protokoll Nr. 18/46. *zitiert als*: BTA-WP 18/46.

CORNERSTONE RESEARCH: Securities Class Action Filings – 2014 Year in Review http://securities.stanford.edu/research-reports/1996-2014/Cornerstone-Research-Securities-Class-Action-Filings-2014-YIR.pdf [letzter Abruf: 08.06.2020] *zitiert als*: CORNERSTONE YIR 2014.

DIRK/IPREO: Investoren der Deutschland AG – Die Aktionärsstruktur des deutschen Leitindex DAX, Juni 2014. https://www.dirk.org/dirk_webseite/static/uploads/Ipreo%20%20DIRK%20-%20DAX-Studie%20Juni%202

014%20%28final%29.pdf [letzter Abruf: 08.06.2020] *zitiert als*: DIRK/IPREO Studie 2014.

Empfehlung der Kommission vom 11. Juni 2013: Gemeinsame Grundsätze für kollektive Unterlassungs- und Schadensersatzverfahren in den Mitgliedsstaaten bei Verletzung von durch Unionsrecht garantierten Rechten. (2013/396/EU) L 201/60 v. 26.07.2013 *zitiert als*: Empfehlung der Kommission 2013/396/EU ErwGr.